日韓「女性」共同歴史教材編纂委員会 編

ジェンダーの視点からみる日韓近現代史

梨の木舎

韓日「女性」共同歴史教材
発刊にあたって

女性運動の交流のなかから

　新しい歴史教材『ジェンダーの視点からみる日韓近現代史』を、ここに刊行することができました。これまでの日本と韓国のかかわりを、フェミニストの視点で掘り起こし、市民の新たな歴史を構築していこうと、共同研究を続けてきた成果です。

　1990年代の日本は、私たちが危惧してきた公教育の場の右傾化がいっそう進みました。そして、いまだ清算されていない過去の植民地主義の歴史を歪曲した歴史教科書が、次世代に手渡される危険性がでてきました。

　私たちは、この危機的な状況のなかで、日本軍「慰安婦」問題解決運動を通じて連帯してきた韓国の女性たちと共に、2001年10月から「日韓女性による共通歴史教材づくり」に取り組んできました。

　刊行に至るまでには厳しい議論の応酬もありましたし、多くの困難も伴いました。しかし共有する基本的な視点に立ち返りつつ、4年の歳月を費して、ようやくこの書を世に送り出すことができました。

　日本側の執筆は、「女性・戦争・人権」学会のメンバーを中心に多くの人たちが担いました。「女性・戦争・人権」学会の設立は1997年5月です。その趣意書に、次のように記しました。

　1993年のウィーン国連人権会議で、「女性の権利は人権である」ということが世界的に認知され、その後95年の北京女性会議では……日本軍「慰安婦」問題が大きく取り上げられ、世界の女性たちによって、それが

女性の人権問題として理解され、その解決を求められました。……
　私たちは学会設立の目的として、これまでの男性中心の歴史が封じ込めてきた「女性に対する暴力」の究明を通して、支配・従属の権力構造を明らかにしていきたいと思います。身近な問題から地球規模の問題まで、……個々人が自由に、主体的に活動していくことを原則に、既成の学会にはない開かれた論争の場にしていきたいと考えます。

「女性・戦争・人権」学会　設立趣意書（1997年5月）より抜粋

　私たちはこの趣旨を生かすべく、これまでさまざまな場において活動を展開してきました。2000年12月の「女性国際戦犯法廷」の女性運動の交流の後、2003年以降浸透してきたいわゆる「韓流ブーム」の大衆文化交流が、今後東アジア全体の近現代を再構成する普遍的な視点の共有へと向かうことを私たちは願っています。そのための第一歩として、いまジェンダーの視点に立って書かれたこの書の持つ意味を思わずにはいられません。
　この本の刊行にたいして有形無形の励ましと助言を与えてくださった尹貞玉先生と、戦後一貫して反戦の短歌を通じて世にメッセージを発信しつづけるなか、このプロジェクトに共感して多大な援助を与えてくださった歌人の深山あきさんに、心からの感謝を捧げたいと思います。

2005年8月15日
「女性・戦争・人権」学会　代表　志水紀代子

韓日「女性」共同歴史教材
発刊にあたって

「女性の眼」から歴史をとらえる

　　韓国と日本の女性がともに共同歴史教材を刊行できたことを心からうれしく思います。
　　ちょうど今年は乙巳条約(ウルサ)(第二次日韓協約)が調印されてから100年、アジア太平洋戦争が終わってから60年、韓日条約の締結から40年を迎えます。過去の歴史と現在についてさまざまなことに思いを馳せざるを得ません。
　　この教材は、長いあいだ疎外されてきた「女性の眼」から歴史を捉えてみようと試みたものです。
　　振り返ってみますと、アジアの人びとが日本帝国主義の侵略を受けはじめたころ、日本では天皇を頂点とした家父長制家族国家の形成をほぼ完成させたころと思います。
　　日本帝国主義は、欧米の帝国主義に追随して、アジアを占領・支配し、その地の人びとに言い尽くせぬ苦痛と悲しみ、絶望感を与えました。
　　アジア太平洋戦争においては、日本軍性奴隷制を実施し、多くの女性たちの人権・尊厳を剝奪しました。彼女らは、「現人神(あらひとがみ)」とあがめられ、陸海軍を束ねる「大元帥陛下(たば)」天皇裕仁が、その「股肱の臣下(ここう)」である日本軍将兵に「下賜品」としてくだされたのです。
　　これは、女性への重大な人権侵害です。女性の立場からみて、家父長制の女性支配がきわまったものです。しかし、そうした事実は今までの歴史からは抜け落ちていました。

老齢の性奴隷制の被害者たちは、恨(ハン)を抱いたまま次々とこの世を去っています。被害者とともにわたくしたちはこの「地球村」に正義と平和をもたらすことを切実に望んでいます。2000年と2001年、東京とオランダのハーグにおいて「女性国際戦犯法廷」をわたくしたちが開催したのは、ただされなかった歴史を糺(ただ)し、正義を取り戻し、二度とこのような戦争犯罪を起こさせない、平和な世界を渇望したからにほかなりません。

　このことは、この「教材」づくりの目的でもあるでしょう。過去10余年、日本軍性奴隷制問題で人権回復のために手を携えてきた韓国と日本の女性・市民が共同し、研究者の参加も得てここに発刊にいたったことをともに喜びたいと思います。

　韓国と日本で編集の総責任者として尽された鄭鎮星さん(ソウル大学校教授)と鈴木裕子さん(女性史研究家)、そして執筆にあたられた韓日の皆さまに心から感謝する次第です。

　最後になりますが、日本軍性奴隷制問題が社会的に問題化されて以後、一貫してこの問題に真摯(しんし)に向き合ってこられ、わたくしたちの運動にも多大な支援を惜しまず、この教材発刊にあたっても援助をしてくださった深山あきさんに深甚の謝意を表します。

2005年8月15日

尹　貞玉(元・韓国挺身隊問題対策協議会共同代表)

ジェンダーの視点からみる日韓近現代史・目次

韓日「女性」共同歴史教材発刊にあたって
女性運動の交流のなかから……………志水紀代子
「女性の眼」から歴史をとらえる………尹　貞玉

第1章
日本帝国主義の拡張と「韓国併合」（韓国強占）

1｜近代化の動きと日本帝国主義の確立
　日本の近代化と植民主義（鈴木裕子）………………………012
　天皇制国家の確立（井桁　碧）………………014
　韓末の近代化の試みと挫折（康　宣美）………………017
　韓国強制占領と乙巳条約（康　宣美）………………022
　在朝日本人社会の形成と女性（神谷丹路）……………………023

2｜近代女性支配の法的基盤の構築
　近代法における女性の地位（植田朱美）……………………027
　日帝強占期の戸主制度の移植（康　宣美）………………029
　日本の公娼制度と朝鮮への導入
　1　近代日本の公娼制度の確立（神山典子）……………031
　2　朝鮮への公娼制度の導入（山下英愛）………………032

3｜社会運動と女性意識の発展
　自由民権運動と女性（宮崎黎子）………………………034
　大逆事件と管野須賀子（大越愛子）………………………037
　韓国における国権守護と女性の意識の発展（康　宣美）………………041
　日本帝国主義の土地調査事業と朝鮮女性の貧困化（康　宣美）………………044

●コラム
　北海道「開拓」と「慰安所」（星　玲子）………………014
　琉球処分（宮城晴美）………………016
　からゆきさん（宮崎黎子）………………016
　東学農民戦争（康　宣美）………………018
　女性宣教師と朝鮮の教育運動（康　宣美）………………020
　「韓国併合」と『婦女新聞』（宮崎黎子）………………022
　奥村五百子（鈴木裕子）………………024
　先駆者の光と影──淵沢能恵（植田朱美）………………024
　良妻賢母主義（植田朱美）………………028
　娼妓たちの自由廃業運動（星　玲子）………………032
　平民社の女性たち（鈴木裕子）………………038
　賛襄会と韓国最初の女権宣言「女権通文」（康　宣美）………………041
　女性義兵運動将尹煕順（康　宣美）………………042
　貧しい女性たちの生（康　宣美）………………044

●資料
　岸田俊子「同胞姉妹に告ぐ」（1884）………………036
　「嗚呼増税！」（『週刊平民新聞』社説1904年3月27日）より………………040

第2章
3・1独立運動と社会運動の展開

1｜3・1独立運動と朝鮮女性の覚醒
朝鮮人女子留学生と3・1独立運動（申　栄淑）……………………048
3・1独立運動と抗日女性運動の本格的開始（申　栄淑）……………049

2｜女性運動の進展
『青鞜』における諸論争（大越愛子）……………………052
日本の廃娼運動（大越愛子／鈴木裕子）……………………055
日本の女性参政権運動（鈴木裕子）……………………058
朝鮮の女性教育運動（申　栄淑）……………………059
朝鮮の新女性と社会の変化（申　栄淑）……………………061

3｜抗日民族主義運動と女性
女性運動の広がり（申　栄淑）……………………063

4｜関東大震災・朝鮮人虐殺・金子文子
関東大震災と朝鮮人虐殺（金　栄）……………………066
金子文子の思想と行動（井桁　碧）……………………068

5｜社会主義・共産主義運動と女性運動
日本の社会主義・共産主義運動と女性（大越愛子）……………………072
山川菊栄の社会主義フェミニズム（鈴木裕子）……………………076
朝鮮女性同友会と社会主義女性運動（申　栄淑）……………………080
朝鮮の共産主義運動と女性（申　栄淑）……………………081

6｜左右統一女性運動──槿友会へ
槿友会の運動とその意義（申　栄淑）……………………083

7｜女性民衆運動
水平社運動と女性（熊本理抄）……………………085
衡平社運動と女性（申　栄淑）……………………088
米騒動・小作争議と女性（菊地夏野）……………………088
女性農漁民運動（申　栄淑）……………………090
女性労働者運動（申　栄淑）……………………092
女性労働者と労働争議（菊地夏野）……………………093

●コラム
柳寛順と金瑪利亜（申　栄淑）……………………050
平塚らいてう（大越愛子）……………………054
母性保護論争（大越愛子）……………………056
文字普及および啓蒙運動「知ることは力、学ばねば生きられない」（申　栄淑）……………………060
「赤い恋」と許貞淑（申　栄淑）……………………064
物産奨励運動「自分の生活は自分のもので」（申　栄淑）……………………065
海外民族運動の力、女性（申　栄淑）……………………065
『クラルテClarté』と『種蒔く人』…フランスから日本、そして植民地時代の朝鮮へ（李　修京）……………………070
先住民の声（大越愛子）……………………086
済州島の海女運動（申　栄淑）……………………090
姜周龍（1901〜31）（申　栄淑）……………………092
岸和田紡績労働争議（金　聖一）……………………094

●資料
金子文子「権力の前に膝折って生きるよりは……」……………………071
山川菊栄「人種的偏見・性的偏見・階級的偏見」(『雄弁』1924年6月号)より……………………079
高橋くら子「女性解放は男女間における水平運動」……………………087

第3章
日本帝国主義期民衆生活の変化

1｜教育の拡張と女性の生活
女と教育(井桁　碧)……………………098
朝鮮の学校教育と学校外教育
　1　学校教育(金　恵慶)……………………099
　2　学校外での教育(金　恵慶)……………………103

2｜帝国主義と宗教
天皇像の変容と天皇制の再編(北原　恵)……………………104
国民教化政策と「国家神道」(神戸　修)……………………106
日本のキリスト教と女性(井桁　碧)……………………109
キリスト教の伝播と朝鮮の女性(金　恵慶)……………………111

3｜資本主義の発展と女性の労働
「富国強兵」と「女工」(金　友子)……………………113
1920～30年代の植民地農業政策(金　恵慶)……………………115
1920～30年代の植民地産業構造の変化と女性労働(金　恵慶)……………………116

4｜家族と性別役割
日本の近代家族と「主婦」(菊地夏野)……………………119
植民地朝鮮の新たな家族概念と性別役割
　1　日本式家族法と西洋式の夫婦中心家族(金　恵慶)……………………120
　2　新たな女性役割規範の登場――母性と主婦(金　恵慶)……………………121
　3　家庭生活と主婦の労働(金　恵慶)……………………123

5｜優生政策と出産、産児調節運動
近代日本の産児調節――女が子どもを産むということ(石島亜由美)……………………126
朝鮮における優生思想と出産(蘇　賢淑)……………………128
日本における優生思想と優生政策(鈴木裕子)……………………130

6｜在日朝鮮人、在朝日本人
在日朝鮮人社会の形成(金　栄)……………………132
在朝日本人(金　済正)……………………133

●コラム
文部省唱歌とジェンダー(箕浦正樹)……………………098
皇国臣民の誓詞(金　恵慶)……………………100
「靖国」思想と「軍国の母」(井桁　碧)……………………108
「帝国のフェミニズム」(大越愛子)……………………110
朝鮮人と日本人の通婚政策(金　恵慶)……………………120
住み込み女中(金　恵慶)……………………122
ナチズムと優生思想(堀田義太郎)……………………128
小鹿島更生園(鈴木裕子)……………………130

第4章
戦時動員と日本軍「慰安婦」

1│アジア太平洋戦争の勃発
　アジア太平洋戦争と女性の役割(朴　貞愛)……………………136
　南京事件とミニー・ヴォートリンの証言(大越愛子)……………138

2│日本軍国主義の政策
　帝国日本の女性教化政策(村田晶子)……………………140
　植民地朝鮮の経済統制(崔　炳澤)……………………142
　「満州」への移民政策
　1　朝鮮人の「満州」移民(朴　貞愛)……………………143
　2　日本の「満州」侵略と「満州」移民(井桁　碧)……………………145

3│「内鮮一体」の試み
　「内鮮一体」と民族性抹殺(朴　貞愛)……………………147
　皇国臣民化政策(朴　貞愛／崔　炳澤)……………………147

4│総動員体制
　総力戦体制の「銃後」(植田朱美)……………………152
　朝鮮における戦時強制動員(崔　炳澤)……………………155
　朝鮮における戦時女性動員(朴　貞愛)……………………158

5│日本軍「慰安婦」制度
　日本軍「慰安婦」制度(森川万智子)……………………162
　朝鮮人日本軍「慰安婦」(朴　貞愛)……………………165

6│女性の戦争協力
　親日女性(朴貞愛)……………………168
　日本女性の戦争協力(宮崎黎子)……………………170
　日本の宗教の国策協力
　1　キリスト教系団体の純潔報国運動(田代美江子)……………………173
　2　キリスト教の戦争責任(山下明子)……………………175
　3　戦時下の日本の仏教教団(神戸　修)……………………176

●コラム
大陸花嫁(宮崎黎子)……………………144
内鮮結婚(宮崎黎子)……………………148
サハリン棄民(宮崎黎子)……………………150
リズムにのせて、戦意高揚(植田朱美)……………………154
戦争と映画——亀井文夫(佐藤　真)……………………154
モンペ(朴　貞愛)……………………156
戦時期の朝鮮映画(朴　貞愛)……………………157
偽りの希望の歌——親日歌謡(朴　貞愛)……………………158
日本軍「慰安婦」・挺身隊・「従軍慰安婦」・性奴隷(朴　貞愛)……………………164
日本軍「慰安婦」は公娼であるから問題がないのか？(朴　貞愛)……………………164
在朝日本女性の「内鮮一体」「皇民化」政策への加担——津田節子(鈴木裕子)……………………168
「お望みならば、私を売国奴と呼んでくださってもけっこうです」——長谷川テル(鈴木裕子)
　……………………170
沖縄における「集団自決」(宮城晴美)……………………172
女性文学者の戦争加担(渡邊澄子)……………………174
「戦争と美術」(北原　恵)……………………177

第5章
日本敗戦と朝鮮半島分断・朝鮮戦争

1｜「大日本帝国」の崩壊と女性たち
　日本敗戦と女たち――女たちの8.15(志水紀代子)………………………180
　解放と女性(李　恵淑)………………………183

2｜GHQの占領と女性政策
　昭和天皇の免責(清水さつき)……………………184
　日本国憲法・戦後改革と女性(大林美亀／中澤紀美子)………………………185
　韓国の米軍政の女性政策(李　恵淑)………………190

3｜アメリカ占領期の女性運動
　GHQの「民主化」政策から大衆運動の弾圧・分裂へ(藤目ゆき)………………………193
　韓国の米占領期の女性運動(李　恵淑)………………195

4｜分断国家の形成と朝鮮戦争
　南韓のみの単独政府樹立と女性(李　恵淑)………………198
　朝鮮戦争勃発と日本(藤目ゆき)……………………202
　朝鮮戦争(韓国戦争)と韓国女性の生(李　恵淑)………………………204

5｜解放直後の在日朝鮮女性
　解放後の在日朝鮮人社会の形成(金　栄)………………207

6｜米軍基地と女性
　沖縄・米軍基地と性暴力(宮城晴美)……………………210
　韓国社会と基地村女性(李　恵淑)……………………212

7｜講和後の女性運動と反基地闘争――沖縄のたたかいを中心に
　サンフランシスコ講和条約と日米安全保障条約(藤目ゆき)………………………215
　沖縄における米軍基地反対のたたかい(宮城晴美)………………………215

●コラム
　RAA(特殊慰安施設協会)(冨田幸子)………………………182
　憲法9条と24条(柳本祐加子)……………………186
　民法改正と「家」制度(中澤紀美子)………………188
　労働基準法と労働省婦人少年局(鈴木裕子)………………………190
　日教組婦人部の男女平等のたたかい(冨田幸子)………………………194
　4・3抗争と女性(李　恵淑)………………………200
　婦女局主導の生活改善運動(李　恵淑)………………200
　最初の姦通双罰罪告訴事件(李　恵淑)………………201
　「自由夫人」と女性の性(李　恵淑)………………204
　母の日の制定(李　恵淑)………………206
　昭和天皇の沖縄メッセージ(宮城晴美)………………212
　憲法改悪・家族制度復活反対運動(鈴木裕子)………………………215
　うれうべき教科書・日教組勤評闘争(冨田幸子)………………………215
　第1回日本母親大会(志水紀代子)………………219
　山代巴と農村女性の生活記録運動と原水禁百万人署名運動(牧原憲夫)………………………219
　近江絹糸人権争議とバス車掌の身検闘争(鈴木裕子)………………………220

●資料
　1945年の朝鮮女性たちの社会経済的状態………………………182
　建国婦女同盟の綱領と行動綱領………………196
　基地村女性たちの望み………………213

第6章
ウーマン・リブと社会運動

1｜東アジアの冷戦体制と女性
日本のアジア経済侵略と性侵略(大越愛子)……………222
韓国の開発独裁体制と女性動員(金　秀映)……………223
冷戦体制と日韓会談(鈴木裕子・金　秀映)……………225

2｜民主化への闘い
韓国の民主化運動と女性(金　秀映)……………229
日米安保闘争と日本の学生運動(大越愛子／井桁　碧)……………230
韓国の学生運動と女性(金　秀映)……………233
光州民衆抗争と女性(金　秀映)……………235
韓国における反米軍闘争(金　秀映)……………237
日本における反基地闘争・反米軍闘争(菊地夏野)……………238

3｜労働運動・市民運動と女性
韓国の労働運動と女性(金　秀映)……………241
日本の市民運動と女性(高原幸子)……………245

4｜ベトナム戦争
韓国軍のベトナム参戦(金　秀映)……………248
日本におけるベトナム反戦運動((石川雅也)……………251

5｜日本のウーマン・リブ
ウーマン・リブとは(水溜真由美)……………253
家父長制への反逆とシスターフッド(水溜真由美)……………255
性と生殖の自己決定権(水溜真由美)……………257

6｜家族生活の変化
日本の民法改正運動と生の多様化(大越愛子)……………259
韓国の戸主制度と家族法改正運動(金　秀映)……………260

7｜在日「朝鮮人」女性運動と移住労働者問題
在日「朝鮮人」女性運動(方　清子)……………262
移住労働者問題(高原幸子／金　秀映)……………264

8｜日本の若者文化とマイノリティ運動
若者文化のさまざまな位相(箕浦正樹／堀田義太郎)……………266
マイノリティ運動(大越愛子／MOMOCO)……………267

9｜韓国の大衆文化と反体制文化
若者と反体制文化(金　秀映)……………269
映画とドラマのなかの女性(金　秀映)……………270

●コラム
妓生観光(金　秀映)……………224
沖縄の米軍基地と韓国(洪　玧伸)……………240
東一紡織労組闘争(金　秀映)……………242
三清教育隊(金　秀映)……………242
全泰壱と李小仙(金　秀映)……………243
在日韓国人留学生政治犯問題(金　聖一)……………244
主婦論争(大越愛子)……………246
高校野球とジェンダー、ナショナリズム(舟場保之)……………254

世界女性会議(中川志保子)……………………254
「日本」の「女性」の歴史(井桁　碧)………………256
女性差別撤廃条約と男女雇用機会均等法(大越愛子)……………………258
少女マンガ(日合あかね)……………………266
民族、民主、民衆の念願を込めた魂の響き、民衆歌謡(金　秀映)……………………269

●資料
日韓会談・日本首席代表の「妄言」(要約・抜粋)……………………227
「ごめんなさい　ベトナム」……………………250
民衆歌謡「その日が来れば」……………………271

第7章
女性運動と「女性国際戦犯法廷」

1｜女性運動の発展
韓国の民主化運動と70、80年代の女性運動(安　真)……………………274
女性学の発展
1　韓国における女性学(安　真)……………………276
2　日本における女性学(大橋　稔)……………………277
90年代以降の韓国女性運動の発展と多様化(安　真)……………………279
反性暴力運動
1. 日本の反性暴力運動――セクシュアル・ハラスメント反対運動を中心に(柳本祐加子)
……………………283
2　韓国の反性暴力運動(安　真)……………………285
2000年代韓国女性運動の課題(安　真)……………………287

2｜日本軍性奴隷問題解決のための運動
韓国における日本軍性奴隷問題解決運動の展開(安　真)……………………290
日本における日本軍性奴隷制問題への取り組みの開始(鈴木裕子)……………………293
日韓女性協力とアジア連帯(山下英愛)……………………295
国連人権機構を通じた運動(申　蕙秀)……………………296
「国民基金」反対運動(鈴木裕子)……………………298
立法解決運動(高城たか)……………………300
世界フェミニズム運動の転換(大越愛子)……………………305

3｜日本軍性奴隷制を裁く「女性国際戦犯法廷」
女性国際戦犯法廷と女性運動(西野瑠美子)……………………306
日本軍性奴隷制を裁く女性国際戦犯法廷(尹　貞玉)……………………309
天皇を「有罪」とする判決は何を意味するのか(井桁　碧)……………………311
ハーグ判決の意味(中原道子)……………………313
ハーグ判決以後の課題(戸塚悦朗)……………………315
ハーグ判決後の活動方向(申　蕙秀)……………………317

●コラム
アンチ・ミスコリア・フェスティバル(金　秀映)……………282
ソウル大申教授事件(安　真)……………………284
尹　貞玉(申　蕙秀)………………………292
水曜デモ(安　真)……………………294
国連人権委員会・女性にたいする暴力特別報告者(申　蕙秀)……………297
心のノート(冨田幸子)……………………304
女性国際戦犯法廷南北共同起訴状(尹　貞玉)……………306
松井やより(中原道子)……………………308
VAWW-NET JAPAN(中原道子)……………310
NHK裁判の意味(東海林路得子)……………312
国際刑事法廷(ICC)(戸塚悦朗)……………316
ビデオ塾(池田恵理子)……………………319
公共空間に介入する女性たちの反暴力行動――Women in Black(山本央子)……………319
アクティブ・ミュージアム――女たちの戦争と平和資料館(池田恵理子)……………319

●特設コラム
教科書問題(冨田幸子・安　姸宣)……………301

参考文献……………………321
年表………………………337
編集を終えて――事実を知ることから　鈴木裕子……………351
編集を終えて――韓日の理解に寄与することを　鄭　鎮星……………352
人名索引……………………353
執筆者紹介……………………355

凡例
1 韓国・朝鮮の使用は原則的に以下のようにしました。朝鮮朝時代は「朝鮮」、大韓帝国時代(1897〜1910年)は「韓国」、日本の植民地統治時代(1910〜45年)は「朝鮮」、解放後は朝鮮民主主義人民共和国(略称・北朝鮮)を指すときのほかは「韓国」を使用しています。また現在の韓国では、たとえば「朝鮮半島」を「韓半島」、「朝鮮戦争」を「韓国戦争」と呼称していますが、本書では「朝鮮半島」「朝鮮戦争」と表記しました。ただし、団体名などはその限りではありません。
2 日本では日本に居住する在日コリアンの人びとについて、その国籍(韓国籍・朝鮮籍)いかんを問わず多くの場合、「在日朝鮮人」と呼称しています。本書でも原則としてそれに従いました。
3 「女中」「女工」などジェンダー・バイアスのかかっている用語については、それらの言葉のもつ歴史的背景を考えたうえで、そのまま使用しているものがあります。その他の「差別語」についても同様に扱っています。
4 資料として本文中に引用した文章は、原則として現代仮名づかいにしました。
5 敬称を省略しました。

第1章
日本帝国主義の拡張と「韓国併合」
（韓国強占）

1 近代化の動きと日本帝国主義の確立

日本の近代化と植民主義

「内国植民地」

　尊王攘夷を旗印に徳川幕藩体制を打倒した明治新政府は、一転して欧米の文物・法制度を積極的に取り入れ近代化を推進した。殖産興業・富国強兵を掲げて廃藩置県・地租改正・兵制改革(国民皆兵)などを断行し、天皇を中心とした中央集権国家づくりを急いだ。

　北海道の先住民族・アイヌ民族から土地をはじめ生産手段、言語文化などを奪い、同化政策を展開するとともに、1868年札幌に開拓使を設置、屯田兵制をしき、「内地」から大量移民導入を図り、北海道「開拓」を進めた。

　一方、72年明治政府は琉球王国を廃止して琉球藩とし、さらに79年軍を投入し、沖縄県として強制的に日本支配下に組み込んだ(琉球処分)。台湾・朝鮮の植民地化に先行する北海道・沖縄の「内国植民地」化である。

近代天皇制国家の確立と植民主義

　明治政府は、成立早々からアジア侵略を志向した。早くも73～74年にかけて「征韓」論・「征台」論が噴出、「時期尚早」論から政府内部では「征韓」論はいったん収まった。しかし、「征韓」派の巨頭・西郷隆盛が下野し、鹿児島に帰郷するや、不平士族らの動きとつながり、西南戦争(77)を起こし、各地でも士族反乱が引き起こされた。が、反乱は政府軍によってことごとく鎮圧された。一方、「征韓」論で敗れ、下野した板垣退助らは、74年に民撰議院設立の建白を出し、政府専制を批判、これにより自由民権運動がはじまった。以後各地に民権結社が誕生し、民衆の間に民権思想が広まり、国会開設を求める声も高まった。

　伊藤博文ら薩長藩閥政府の指導者は1881年政府内部の穏健的改革派・大隈重信らを放逐(明治14年の政変)し、民権運動の機先を制して、明治天皇に「国会開設の詔」を出させ、運動の懐柔・弾圧を図り、成功した。89年大日本帝国憲法、90年教育勅語が公布され、近代天皇制国家の制度的・イデオロギー的基礎固めがなされた。

台湾・朝鮮の領有

　1880年代、民間でも「脱亜論」が唱えられた。なかでも有名なのは、代表的「啓蒙家」福沢諭吉の「脱亜論」(1885)である。福沢は、隣国の朝鮮や中国を「固陋」と断定し、日本は「欧米文明諸国」と「進退」をともにして両国に厳しく接せよ、と「脱亜入欧」を説き、東アジアにおける日本の覇権確立を主張した。こうしてアジア蔑視の風潮がかき立てられ、日本の民衆はアジアにたいする差別意識を刻みこまれていった。94年朝鮮に甲午農民闘争(東学農民戦争)が起こると、明治政府は朝鮮出兵を画策した。宗主国・清国が朝鮮の要請を受けて出兵すると、日本もすかさず出兵し、さらに清国艦隊を奇襲攻撃、同年8月宣戦布告(日清戦争)、翌年勝利し、下関条約で台湾領有などを認めさせた。しかし台湾住民による抗日闘争は続き、一時は台湾民主国が成立した。台湾総督府は領有後7〜8年かけてようやく武力鎮圧した。◆1

帝国議会の開院式を報じる『読売新聞』号外1890年11月29日付

　日清戦争の勝利は、日本人のアジア蔑視・「大国民」意識をいっそう膨らませた。一方、明治政府は1900年治安警察法を公布し、労働運動など社会運動を厳しく取り締まった。04年、日英同盟(02年締結)を背景に、また米国の資金的援助を得て、ロシアとの開戦に踏み切り(日露戦争)、翌年ポーツマス条約で、日本の韓国(当時の国号は大韓帝国)における「保護権」を承認させた。同年、大韓帝国政府にたいして武力的威嚇のもと第2次日韓協約(乙巳条約)を締結、翌06年韓国統監府を設置(初代統監は元老の伊藤博文)し、事実上、日本の支配下においた。10年にいたり「韓国併合」(「韓国強占」)を強行、大韓帝国を廃滅させ、朝鮮総督府を設置、天皇直隷の総督に陸軍大将・寺内正毅(のち首相)が着任、19年、3・1独立運動が勃発するまで武断政治をおこなった。◆2

(鈴木裕子)

◆1　日本支配にたいして台湾住民は、武力を含む抗日闘争を展開、1895年5月25日台湾民主国建国を宣言した。

◆2　1905年の第2次日韓協約(乙巳条約)は、日本が武力的威嚇を背景に強制締結、さらに1910年の「韓国併合に関する条約」も強制されたもので、現在、韓国では「強制的な占領」という意味で、広く「韓国強占」という言葉を用いる。本書では「強制」による「韓国併合」「韓国占領」と捉え、「韓国併合」、「韓国強占」両方の用語を場合に応じて使った。

天皇制国家の確立

「天皇制」国家が「国民」を創出

　明治政府にとって、江戸幕府がアメリカと結んだ日米修好通商条約(1858)をはじめとして、オランダ、ロシア、イギリス、フランスとの間で結んだ不平等条約の改正は最重要課題であった。そのため、国境・領土を確定し、強大な武力とそれを支える経済的基盤を築き、欧米列強と対等の立場に立ち、対抗できる「文明」国となることが国家課題とされた。しかし、欧米諸国から「文明」国として認められるには、憲法を基礎とする「立憲政体」国家をつくり出す必要があった。こうした状況のもと、岩倉具視や大久保利通、伊藤博文らが、政府内部の覇権を掌握し、民間で活発化していた自由民権運動、天賦人権思想の進展を弾圧・抑圧し、欽定憲法として制定・発布(1889)させたのが「大日本帝国憲法」であった。
　帝国憲法の制定によって、「天皇」という制度を国家の基幹とする帝国日

コラム●北海道開拓と「慰安所」

　蝦夷地といわれていたころの北海道は、道南の一部を除いて、アイヌの人びととの自由の天地であった。1869年、明治政府は全道の「開拓」を推進するため、開拓使を設置した。72年、開拓使は札幌を本府に定め、都市計画を立てた。このとき学校、病院と並んで遊廓の設置も重要として建設にかかった。その趣旨は「開拓のために集まった人夫たちが遠隔の地であるため、逃げ出すかもしれない。それを防ぐために妓楼を設置し、売女に免許を与える」というものであった。こうして薄野遊廓が設置された。
　開拓使は薄野遊廓で最大の東京楼の建設のために、官金(税金)から資金として無利息で貸し与えている。さらに同楼が東京から呼び寄せた遊女18人を開拓使の官船に乗せて連れてくるなど、特別な便宜と援助を与えた。こうして遊廓は開拓の進展とともに全道に広がり、開拓使が設置されてからわずか14年で、東西海岸線に沿って38カ所に遊所が設置された。「性の慰安所」は開拓の進展とともに増加していった。

(星　玲子)

本が成立した。近代天皇制国家の確立である。政府が天皇という制度を必要とし、天皇制国家が「国民」を創出したのであった。それ以前に日本国民としての「日本人」が存在していたのではない。天皇という名さえ知らない人は決して少なくなかった。天皇の統治を正当なものとして受容し、天皇の国家に自発的に服従する「臣民」意識をもつ「日本国民」、徴兵および納税の義務を負う国民としての「男」、また彼らを生み育て支えるべき国民としての「女」は、祝祭日の行事、天皇・皇后の巡行や新聞等のメディアを通して、あるいは学校教育や軍隊という制度を通してつくり出されていった。

釜山と下関を結んだ連絡船。日本の韓国強占後、関釜連絡船で多くの人びとが往き来した（朝鮮総督府鉄道局『朝鮮之風光』1927）

天皇による統治の根拠

帝国憲法は、第1条で「大日本帝国は万世一系の天皇これを統治す」とし、第4条で「天皇は国の元首にして統治権を総攬し、此の憲法の条規に依り之を行う」としている。これは、対外的に意味をもつ立憲政体をとることと、統治原理における帝国日本の「固有性」の主張とを接合させたものと捉えることができる。帝

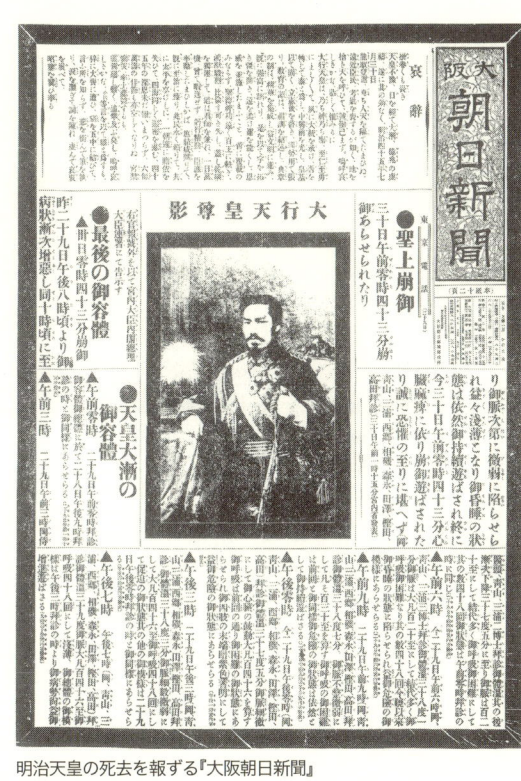

明治天皇の死去を報ずる『大阪朝日新聞』1912年7月30日付。

国日本は、国内に向けては、天皇による統治の正当性の根拠を、天照大神の子孫という「血統」と、建国の皇祖の遺訓にあることに求めた。さらに天皇が、皇室を宗家としてあおぐ臣民を「仁慈」をもって統治する「国体」は、契約からなる欧米諸国の統合原理にくらべて、絶対的にすぐれていると主張した。

コラム●琉球処分

1879年3月27日、明治政府は軍隊と警官を琉球に派遣し、「琉球処分」を断行した。500年続いた王国は滅び、中国への臣従や朝貢貿易をすべて断ち切られた琉球は、「沖縄県」として、日本の近代国家体制のなかに強制的に組み込まれていった。そして琉球王国の終焉とともに、王府の祭政一致の一翼を担った祭祀組織の女性たちも公的地位を失った。

琉球人の「日本人化」をはかるため、いち早く学校教育が導入された。「王妃といえども女は一字をも知らず」という長年の慣習を破り、富裕層の女性たちがはじめて学んだのが、「良妻賢母」であり「家父長制」であった。その受け皿を整えるため、学校では「琉装」から和装への「衣替え」、ハジチ(手の甲の入墨)の除去など、沖縄独特の言語や文化、習俗を「改良」し、女性の「日本人化」を積極的に進めていった。

(宮城晴美)

コラム●からゆきさん

からゆきとは海外への出稼ぎの意味であったが、海外の娼楼で性を切り売りさせられる女性を指す言葉となった。「海外醜業婦」、「娘子軍」と蔑称され、その多くは「売春」業者によって誘拐された九州の天草・島原などの貧しい家の少女や女性たちであった。1870年ころからシンガポールを中心に東南アジア、北方へは1868年にウラジオストックからシベリア、ヨーロッパ、北米へと進み、1910年代前半には総数23万3362人に及ぶとの統計もある。これは「売春」業者と結託した公娼制度の海外輸出であった。1890年代以降、日本政府は外交上の体面から方便として何度か訓令を発して規制したが、その一方で抜け道を用意し、女性の性を奪い、管理して、海外植民・膨張の先導役を負わせた。

(宮崎黎子)

天皇制は「臣民」を序列化

　天皇の臣民にたいする「一視同仁」、「四民平等」を唱えた明治政府は、「穢多・非人の称を廃止」（賤称廃止令、1871）するなどとして幕藩体制の身分制度を解体し、同年、戸籍法を設けた。戸籍法は、のちに制定される民法の家族法とともに、個人ではなく「家」を単位とし、原則として長男を戸主とするものとし、家族を戸主の権限のもとにおいた。しかも、「天皇は神聖にして侵すべからず」とし、皇室典範で「男系男子」にのみ皇位継承を認めるとした。天皇制国家は、天皇・皇族を最高位の「貴種」とした。さらに84年、華族令を制定し、天皇によって授けられ、男子のみが世襲を認められる「爵位」を有する華族を上位とし、臣民をその下位に位置づけた。こうして支配・管理の対象とする身分秩序を新たに編成した。

明成皇后殺害の第一報を報じた
『ニューヨーク・ヘラルド』（1895年10月15日付）
（角田房子『閔妃暗殺』新潮社、1988）

　また、国土として領有した北海道のアイヌや沖縄の人びとを「本来の日本人」にくらべて「人種」的あるいは「習俗」において劣ったものとみなしつつ、戸籍制度のなかに組み入れた。このように「性」や「血」あるいは「文化」によって人間を序列化し、優劣関係を社会的に固定するという国民統合原理を樹立した天皇制国家は、さらに植民地化した地域の人びと・民族を劣った存在とみなし、しかも帝国への同化を強制し「皇民」化しようと試みた。

　こうした差別的体制は、国内においては劣位におかれた人びとに、天皇制の否定ではなく、むしろ「臣民としての平等」を志向する傾向をもたらしたといえる。もとより政府は、天皇制国家の差別構造の打破を主張し、あるいは植民地支配からの独立を唱える人びとに、容赦なく弾圧を加えた。だが、厳しい弾圧も、人間としての平等や民族独立を求める人びとの願いや運動を、完全に滅ぼすことはできなかった。

（井桁　碧）

韓末の近代化の試みと挫折

　国王中心の伝統的な家父長的支配構造を長期間にわたって維持してきた朝鮮社会は、19世紀半ばをすぎて歴史上最も大きな激変期を迎えた。国内的には既存の両班支配体制に挑戦する民衆勢力が形成され、対外的には日

本と西欧列強による帝国主義侵略が露骨なものとなっていった。幼い国王・高宗(コジョン)の父、興宣大院君(フンソンテウォングン)(執権期間1864〜73)は専制王権を強化し、通商修交を拒否して危機を乗り越えようとしたが、彼が退いたのち、ついに朝鮮の門戸が開かれた。その後、朝鮮は開化政策を試み、近代化を急いだものの、結局、世界列強による侵略競争の舞台となってしまった。

王権中心の近代的改革と明成皇后

1864年に朝鮮王朝第26代の王として即位した高宗(コジョン)は73年12月、父である興宣大院君の長期にわたる摂政(せっしょう)から脱して親権体制をとり、開化政策を推進しはじめた。その勢力基盤は明成皇后(ミョンソン)(諡号(しごう)。高宗の王妃・閔妃(ミンピ)のこと)を主軸とする閔(ミン)氏勢力であった。明成皇后は、儒教的倫理観により父の鎖国政策に正面から挑戦することのできなかった高宗のために、その「内助

コラム●東学農民戦争

東学農民戦争とは、1894年に東学教徒と農民が力を合わせて引き起こした2度にわたる大規模な農民戦争である。東学は社会改革と外国勢力排斥を求める農民たちの思想を裏づけていた新興宗教として全羅(チョルラ)・忠清(チュンチョン)・慶尚(キョンサン)地方に広まっていた。東学農民の大規模抗争の背景にあるのは、政治腐敗と支配階層の搾取、税金の過度な賦課(ふか)など深まった伝統的統治体制の矛盾と、外国勢力の侵略により不安定化した民衆の生活である。東学農民の弊政(へいせい)改革を求める武装闘争に大多数の農民たちが呼応して4月27日に全州(チョンジュ)城を占領した。これに鼓舞された農民たちは全国各地で蜂起し、抗争を起こした。しかし農民軍は、政府の農民軍鎮圧要請を受けて朝鮮に軍隊を派遣した清と、これを口実に朝鮮に軍隊を進軍させた日本との軍事的圧力により国家の存亡が危うくなるなか、政府との和約という形を通じて進んで解散した。以後、農民軍は一時的ではあれ「執綱所」を設置して弊政改革案の実施を統制し、監督するほどに伝統的王朝体制を無力化させた。農民軍は同年秋に第2次農民戦争に立ち上がり日本軍追放と開化政権打倒を試みたものの、日清戦争の勝利で朝鮮の国政を掌握しはじめた日本の軍事力の前に膝を屈しなければならなかった。

この運動は朝鮮の伝統社会の解体の契機をつくり、また日本帝国主義による韓国植民地化の契機もつくり出した。　　　　　　　　　　（康　宣美）

者」として政治の前面に立ち、親権体制の完全な自立と朝鮮独立の意志を守るための実務を担った。明成皇后は開化政策を高宗親権体制の基本方針としたが、朝鮮の開化には日本の協力と支援が不可欠であり、王権そのものも否定しうると考えた急進的開化派とは立場を異にしていた。

高宗の開化政策推進は、日本・清・ロシア・米国などと連携した多様な開化派と、それに抗う守旧諸勢力との厳しい政治的葛藤と交渉の過程であった。まず76年の開港の推進、開化派の登用を通じた開化政策の実行は、保守勢力である旧軍人と衛正斥邪運動の中心となっていた儒生らの反発を呼び起こした（壬午軍乱）。これによる大院君の再執権により明成皇后は一時権力を剝奪され死の危機さえ乗り越えねばならなかった。

甲午農民戦争の農民軍
（ハンギル社編『韓国史』ハンギル社、1994）

壬午軍乱とは1882年6月、日本式軍制の導入と閔氏政権にたいする反抗により発生した旧式軍隊の反乱である。82年当時朝鮮の国家財政は開化政策の推進と閔氏政権の不正腐敗、王室の奢侈によって底をついていた。旧軍人に支払う月給も滞っていた。旧軍人の怒りを煽ったのは、別技軍という名のもとに日本人教官の訓練を受けていた新式軍隊とのひどい差別待遇であった。軍乱は久しぶりに支給された旧軍人にたいする糧穀分配の不公平と誠意のなさにたいする不満からはじまり、明成皇后の一族を殺害し日本公使館を襲撃する事件へと拡大した。この旧式軍隊の反乱には梨泰院と往十里の貧民らも加わった。この事件で何人かの閔氏一族の者が殺害され、生命の危険を感じた明成皇后は宮女の服に変装して地方に身を隠した。日本公使の花房義質は本国へ逃亡したが、別技軍の堀本礼造少尉ら13人の日本人が殺害された。この事件は閔氏一族政権が倒れ大院君がしばらくの間再執権する契機となったが、結果的には日清戦争への導火線となった。

高宗親権体制の再度の危機は、大院君が軍乱の責任者として清に護送されたのち、政界に復帰した明成皇后とその一族が日本を牽制するために親清政策をとるなかで訪れた。日本の支援を受けてきた開化派が失権の危機を克服するとともに新たな近代政治システムを構築するために、84年12月4日に日本公使の支援のもとに甲申政変を起こしたのである。この政変

は清の軍隊の干渉により3日のうちに失敗に終わった。再執権した明成皇后と閔氏勢力は排日親清政策を続ける一方、清を牽制するためにドイツと米国を活用する多角的外交政策を推進した。

東学農民戦争と甲午改革

1894年、全羅道の古阜で、伝統的支配階級である両班官吏の長期にわたる虐政に反発した農民らが蜂起した。この東学農民戦争の勃発により高宗親権体制は再び危機に直面した。当時の執権層は農民たちの内政改革の要求にきちんと対応するだけの力量を備えていなかった。これは運動の鎮圧のために日・清両国軍が朝鮮に進軍する口実を与えた。日・清両国軍の対峙と葛藤、日清戦争の勃発は執権層の無力化と農民運動指導部の解散をもたらした。

日本は戦争に勝利したあと、明成皇后を押しのけ、大院君を摂政とする第一次金弘集内閣の組閣に深く介入した。これにより始まった甲午改革(1894)は、日本公使が顧問となる超政府的な議決機関である軍国機務処の

コラム●女性宣教師と朝鮮の教育運動

1885年の開港以降、朝鮮で展開されたプロテスタントの女性宣教師の教育運動は、日帝強占期末期まで日本とは異なっていた朝鮮女性たちの近代的な意識形成過程における重要な要素である。1886年の梨花学堂創立を皮切りに次々と建学されたミッション系の私立女学校は、朝鮮最初の女子教育令により官立女学校が建てられた1908年にはすでに29校に達しており、当時12校に達していた民族系私立女学校を量的に2倍以上上回っていた。日本帝国主義との微妙な交渉関係のなかで展開されていたプロテスタント女性宣教師の教育運動は、朝鮮の女性にたいする教育熱を引き起こす動因であり、「学んだ女性」としての新たな意識を成長させる糧となった。「学んだ女性」たちは、「女性の地位は国家発展の尺度」であり、女性教育は朝鮮の近代的な民族国家建設において必須であると力説していた女性宣教師たちと、「学びを通じた女性的愛国」を期待していた民族指導者たちとの力関係のなかで意識を形成していった。朝鮮の新女性たちは西欧文明にたいする「盲信」あるいは抵抗、伝統文化への回帰など多様な生の様相を展開した。

(康 宣美)

設置と日本の工作による大院君の失権、そして甲申政変の失敗以来日本に亡命していた開化派人士の入閣へと続き、王権は弱まる一方だった。

乙未改革と明成皇后弑逆事件

日清戦争以後、日本の内政干渉はひどくなった。95年に三国干渉による日本の勢力の退潮を機に、明成皇后の主導のもと高宗は2次、3次の内閣改造を通じて親露排日政策を推進した。

女性宣教師による教育啓発運動風景
(『写真でみる韓国の100年』東亜日報社、1978)

同年高宗は文武百官を率いて宗廟に赴き、独立誓告文を捧げて洪範14条を発表、朝官の服式還元に関する勅令第1号を公表して、日本の訓練隊の解散を通告した。

このような一連の措置は、朝鮮保護国化の手はじめとして進められていた日本の近代的内政改革の挫折を意味した。そこで駐韓日本公使三浦梧楼(観樹)は日本の正規軍、領事警察および浪人をそれぞれ動員し、95年10月8日明け方を期して乾清宮で明成皇后を刺殺し、死体を宮殿の外に運び出して焼却した(乙未事変)。この事件は国際的には重大事件としてクローズアップされることのないまま迷宮入りすることとなった。しかし、国内的には全国各地で義兵運動を触発する要因となった。

97年に高宗は専制君主体制である大韓帝国の皇帝として推戴される。大韓帝国の執権層は甲午・乙未改革の急進性を批判して漸進的な改革を追求し、経済・教育・施設の面での国力増強を図った。しかし、その保守的な性格と列強の干渉により大きな成果をあげることはできなかった。

(康　宣美)

◆1　ロシアが主導しフランスとドイツの協力を得て、日本が朝鮮政府を脅して得た独占的権限を撤回し、日清戦争の勝利で日本が得た遼東半島を放棄させたことをさす。
◆2　今日の憲法にあたり、朝鮮の制度・経済・社会面での大改革を目的としていた。

韓国強制占領と乙巳条約

第1次日韓協約の締結

　日清戦争以降、日本は「満州」と朝鮮半島を独占的に支配しようとしてロシアと鋭い対立をみせていたが、1904年、ついに日露戦争を引き起こした。日露戦争が勃発すると大韓帝国はただちに局外中立を宣言した。しかし、日本帝国主義は戦争挑発とともに韓国侵略の足場を固めるため大規模な兵力を韓国に投入し、ソウルをはじめとした全国の軍事的要衝を占領した。また韓国政府を脅迫して、日本軍が戦略上必要な地域を思いのままに使用し、韓国が日本の同意なしに第3国と条約を締結することはできないという内容の日韓議定書を押しつけた。その後、戦況が日本に有利に展開すると、日本は韓国植民地化の方案を確定し、続いて第1次日韓協約の締結を強い、外交と財政の分野に彼らが推薦する外国人顧問をおくようにした。しかし実際には、協約にない軍部・内部・学部・宮内部などの各部にも日本人顧問をおいて韓国の内政に干渉した。

コラム●「韓国併合」と『婦女新聞』

　日本のジャーナリズムは日本の朝鮮への侵略と植民地支配にたいしてどのような立場をとったのか。女性ジャーナリズムの先がけである『婦女新聞』(1900〜42)を例にしてみよう。創刊以来『婦女新聞』は穏健な女権拡張と実践を主張していたが、「韓国併合」に際しては、「建国以来の盛事」と讃え、また朝鮮民衆を「無智」と決めつけ、さらには、朝鮮民族の日本同化のために日本女性が率先して植民地へ「進出」する必要があると訴えた。日本女性が渡韓する際に最も適した職業として「女医」と「女教師」をあげている。その趣旨は、日本「内地」では開業が困難な女性医師と、「内地」では「二流」扱いされる女性教師を植民地に送り出せば、一石二鳥であるというものである。そこには、はっきりと、侵略者の安易さと民族蔑視・女性蔑視がうかがえる。国内にあっては女性差別の不当性を訴え、女権拡張を目指した『婦女新聞』でさえ、自らの民族差別意識にはまったく無自覚であり、侵略主義、国家膨張主義を鼓吹した。

（宮崎黎子）

乙巳条約の締結

　日本は日露戦争に勝利したのち、いっそうあからさまに植民地化政策を強行した。すなわち日露戦争と相前後して米国・イギリス・ロシアなど欧米列強から韓国の独占的支配権を認められたあと、韓国を保護国としようとする、いわゆる乙巳条約(第2次日韓協約)の締結を強いてきた(1905)。日本は、軍事的な恫喝を加えて一方的に条約成立を公布するとともに大韓帝国の外交権を剥奪し統監府を設置して内政にまで干渉した。そこで高宗皇帝は、自らが条約締結を拒否し、署名捺印をしなかったことをあげて国内外に条約の無効を宣言し、1907年ハーグに特使を派遣して条約の無効を繰り返し明らかにした。

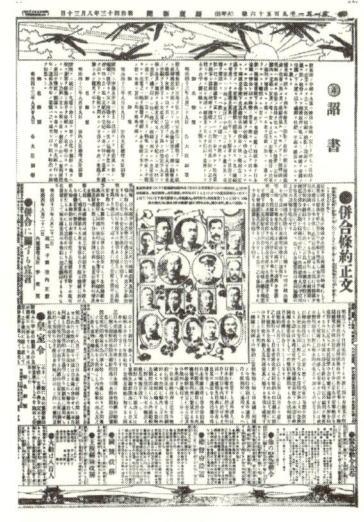

「韓国併合」を報じる『読売新聞』
1910年8月30日付

　統監府を設置して大韓帝国の内政権を掌握した日本は、大規模の日本軍を朝鮮半島に派兵して朝鮮民族の抵抗を弾圧し、ハーグへの特使派遣を口実に高宗皇帝を強制的に退位させた。そして皇帝の同意なしに第3次日韓協約(丁未七条約)を強制的に締結し、韓国政府の各部に日本人の次官をおいた。さらに軍隊の解散に反対して蜂起した大韓帝国軍の抵抗を武力で鎮圧し、韓国を無防備な国にした。強制的に貨幣・金融制度と鉄道・郵便・通信機関を掌握しただけでなく、鉱業権と漁業権も略奪した。また不法であった日本人の土地所有を保証し促進するために、土地家屋証明規則を公布して外国人の土地所有を合法化した。

　その後、日本帝国主義は、燎原の火のように湧き起こった韓国民衆の、各種の政治結社を通した主権守護運動を武力で弾圧し、司法権・警察権を奪ったのち、1910年ついに国権さえも奪った(韓国強占・韓国併合)。

(康　宣美)

在朝日本人社会の形成と女性

朝鮮の開港場と日本人居留民

　日本人の朝鮮居留は、1876年の日朝修好条規(江華島条約)の締結にはじまる。これにより以後、順次、釜山、元山、仁川が開港場に、ソウル南山

下一帯(チンコゲ)が開市場とされて、それぞれ日本人居留地が定められた。この条約で、日本は朝鮮に、日本人居留地における治外法権を認めさせたばかりでなく、貿易品の無関税、日本通貨の流通権など、日本が欧米列強から強要されていた不平等条約にもなかった、はなはだしく不平等で日本に有利な内容を強要した。また日本人居留地以外の日本人の自由通行、貿

コラム●奥村五百子

奥村五百子(1845〜1907)は、愛国婦人会(1901創立)の創立者として有名だが、彼女は徹底した植民主義者・膨張主義者であった。「朝鮮を取るを以て日本の国是」と信じ、「征韓」論者・西郷隆盛を熱烈に支持した。

その後、近衛篤麿(のちの首相・近衛文麿の父)や大隈重信(のち首相)、樺山資紀(初代台湾総督)ら政界・軍の有力者と結びつき、朝鮮に渡った。光州に「日本村」の建設を図り、また仁川、釜山近辺に桑園を借り入れ、養蚕業をおこすことを企てたが、いずれも失敗に帰した。さらに実業学校の設立を期して、日本人植民者の養成を図ろうとした。まさに政治・経済・教育の分野にわたり、朝鮮侵略の先兵的役割をはたした。

(鈴木裕子)

コラム●先駆者の光と影——淵沢能恵

淵沢能恵(1850〜1936)は、薄幸の子ども時代から向学心に溢れ、29歳のとき渡米し、メイドをしながら英語と家政学を独学した。帰国後は東洋英和女学校、熊本女学校等で教壇に立った。1905年、朝鮮視察団に同行し、朝鮮女性の「皇民化」を図る女子教育を委嘱された。能恵は、まず朝鮮女性の覚醒を目的とした韓日婦人会(総裁・厳妃)を設立し、総務を担当した。また朝鮮私立女学校の愛国教育に抗し、日本の「婦徳」涵養を徹底するための女学校設立を企図して、06年、明新女学校(現・淑明女子大学校)を開校、32年間、学監兼主任教師(実質的な校長職)を務めた。能恵の業績について「朝鮮女子教育界の先駆者」「朝鮮女子教育の母」との評価があるが、その一方で朝鮮総督府の方針に沿って侵略の先頭に立った「先駆者」としての役割の大きさを忘れてはならない。多くの日本人女性指導者が、高い能力と熱い心を国家主義にとりこまれていったのと同じ道を、能恵もまた歩いた。

(植田朱美)

奥村五百子(小野賢一郎『奥村五百子』愛国婦人会、1934)

淵沢能恵。1930年頃(鈴木裕子編・解説『日本女性運動資料集成』第9巻、不二出版、1998)

易品の自由売買をいっさい認めようとしなかった朝鮮にたいして、日本は居留地の外まで、当初は4km、のち40kmまでを認めさせた。しかしこうした範囲の規定は最初から軽視され、これを逸脱して通行、商売する日本人が後を断たなかった。さらには、居留地とその周辺の定められた区域以外に「不法定住」する日本商人も現れ、その傾向は日清戦争後強まった。

朝鮮渡航の奨励と植民熱

　日本政府は釜山開港直後から日朝間の航路開設などに補助金を出し、渡航、貿易を奨励してきたが、日清戦争(1894〜95)以後、日本では戦勝の勢いに乗って朝鮮への膨張主義的な思潮が民衆の間にも広まった。従軍した兵士や商人によって朝鮮事情が日本へもたらされ、一獲千金を狙う日本人が続々と海を渡った。なかには武装して朝鮮人を脅したり粗悪品を売りつけたりした日本人行商団がいたので、朝鮮の人びとの強い反発を買った。また日本人居留民は、仲買・貿易・雑貨商などのかたわらで高利貸業をおこなうものも多く、借金の担保に朝鮮農民から土地を取り上げ、やがて地主、農場主へと転じたものも少なくなかった。

　朝鮮へ渡航した日本人の出身地域は地理的に近い九州や中国地方が比較的多く、また大阪商人も多かった。朝鮮で彼らの扱った物品、買い占めた

◆1　鎖国から開国へいたるとき、段階的に、一定の区域に限定して、外国人の居住と通商を特別に許可した地域。

ものは、主として米、砂金であり、また朝鮮へ売りつけたものは雑貨、綿布などだった。だがこうした日本商人の多くは、明治維新以降の社会変動の過程で弾き出された日本社会の「底辺」の人びとであった。植民熱の高まりとともに朝鮮に活路を求めようと渡航した人びとは、「日本人」であるということだけで優越意識をもち、特権を振りかざし、朝鮮の人びととの生活や心を踏みにじった。

在朝日本人人口の推移

1876年	54人
1895年	12303人
1905年	42460人
1911年	210989人
1919年	346619人
1931年	514666人
1942年	752823人

出典:『朝鮮を知る事典』(平凡社、1986)

増加する日本人植民者

　日露戦争(1904〜05)を経て、日本による朝鮮植民地化が加速されるのと軌を一にして、日本人の植民は本格化する。日本人の朝鮮渡航には旅券が不要となった。完全植民地化である「韓国併合」までは、日本人の定住は、居留地と周辺のみに法的には制限されていたが、実際には京釜鉄道沿いの町を中心に、日本人の「不法定住」は増加の一途をたどり、なし崩し的に日本人定住が押し進められていった。

　日本人植民者を大別すると、巨大資本家、官吏、軍人、商人、サービス産業従事者、それに農漁民であった。朝鮮に植民した日本人は、農漁民を除けば、おおかたが都市の一部に日本人町を形成してまとまって居住し、朝鮮人と交わることはあまりなく、したがって被植民地の人びとを理解するということもほとんどなかった。

　朝鮮の日本人町にかならず存在したのが、高利貸・質屋と遊廓である。これは植民地期を貫く在朝日本人社会の大きな特徴であった。日本人女性のうち、家族として渡航したもの以外の多くが、「酌婦」「芸妓」「娼妓」と呼ばれる女性たちであった。また都市の遊廓とは別に、日本人の植民した港町でも季節的に来航する漁夫相手の性産業が栄えた。

(神谷丹路)

2 近代女性支配の法的基盤の構築

近代法における女性の地位

天皇制と家制度

　明治政府は先進諸国と対等の関係を結び、富国強兵策を推し進めるために、近代法体系の整備を急いだ。大日本帝国憲法を公布し、天皇を頂点とする「天皇制国家体制」を法的に確立するため、民法をはじめとする各種の法律がこの体制を支えた。「国民」は天皇を家父長とする日本国―家の家族としての権利と義務を与えられた。国民の権利は天皇から与えられる「御恩」であり、義務は天皇への「忠誠」を尽くすことにある。天皇の「家」すなわち日本国を構成する国民の「家」では、家父長＝戸主が家族にたいして支配命令する権力をもった。家族は戸主の権威に服従した。この関係を法で定めたのが民法と戸籍法である。

民法と戸籍法

　1871年戸籍法が制定され、翌年これに基づいて壬申戸籍が編成された。国民は戸主を筆頭者とした家を1単位として登録された。民法は1890年公布、93年施行予定であったが、92年に延期案が成立して、98年改めて施行された。この経緯は「民法典論争」と呼ばれる。フランス法をモデルとした内容は物権・債権関係には引き継がれたが、親族・相続関係には生かされなかった。延期を決めた意見は、家族関係を法律で定めること、つまり家族関係に権利義務を導入するのは日本固有の美しい伝統や習慣に反するというものであった。その結果、98年施行の「明治民法」(公布から1947年改正までを「明治民法」と表記)は戸主と長男の権利を強くし、女性の権利を制限するという特徴を備えていた。

家制度と女性

　「明治民法」が「家」のなかの女性に与えた地位は男性よりもずっと低く、「家」の外では、女性は国民としても認められず、無権利状態におかれた。戸主制度と長男単独相続制、一夫一妻制の届出による婚姻等が「明治民

法」の特徴だが、女性は主に「妻」、「母」としてだけ登場する。

　婚姻、養子縁組等に戸主の同意が必要であり(第750条)、妻は婚姻によって、夫の家に入る(第788条)。また、夫と同居する義務を負う(第789条)。夫は妻の財産を管理し、妻は制限つき無能力者とされる(第801条)。

　離婚に際し、「妻の姦通」は法定離婚原因であり(第813条)、夫にたいしては寛大であった。

　「子」については、「子は父の家に入る」(第733条)を原則として、婚姻外の関係で生まれた子を「私生子」、そのうち父が認知した子を「庶子」として区別する。家督相続の順位は「親等が同じなら男子を先に、その上で嫡出子を先に」(第970条)と定めた。戸籍法と「明治民法」によって、子は「嫡出子、庶子、私生子」という差別構造を法的に与えられた。

刑法・公的権利と女性

　女性の地位の低さは「明治民法」だけではなく、「刑法」(1880年7月公布、82年1月施行)にもみられる。新律綱領(1871)では「妾」、「妻」は二親等として認められたが、「刑法」で「妾」の規定は削除され、一夫一妻制が貫かれたかにみえた。しかし、姦通罪で罰せられるのは原則として、妻のみであり、

コラム●良妻賢母主義

　近代の初期、日本は「良妻賢母」を西欧近代の一夫一婦制家族における理想の女性像として採り入れた。キリスト教系女学校はこの理念により、女性を封建制から解放し、「妻・母」として才能を伸ばす教育をおこなった。

　しかし1899年2月、高等女学校令が制定され、日本型良妻賢母主義は女子教育の理念として、家制度を補い強化する機能をはたした。儒教の「婦徳」や武家社会の「婦道」がそのモデルとなっていた。初代文部大臣森有礼は、良妻賢母の養成こそが国家富強の策であると女子教育を位置づけ、強調した。良妻賢母は戦時下の「軍国の母」像に最もはっきりとした姿を現した。とくに日本の近代化の過程で中等・高等教育を受けた女性たちが、全階層の指導者となって国家目的にそった良妻賢母主義を広めていったことは重要である。敗戦後、民法改正、女性参政権獲得、男女共学が実現されたが、なお良妻賢母主義教育は女子教育の理念として根強く浸透している。

(植田朱美)

夫の婚姻外の女性関係は刑法でも問われなかった(刑法第311条、第353条)。

さらに市町村、府県郡各議会と衆議院議員選挙法は、女性の選挙権を否認、1890年7月、集会及政社法にいたっては、女性の政談演説会への参加、政党政社への加入も禁止された。こののち、女性の政治活動禁止は治安警察法第5条に引き継がれていく。公民権、参政権等が与えられなかったことにより戦後の改革が実施されるまで、ほとんど女性は政治の枠外に排除されていた。

開校(1901年)当時の日本女子大学校の講義風景。
日本女子大は女性の高等教育とともに「良妻賢母」を標榜した。
(『一億人の昭和史』11、毎日新聞社、1976)

家制度のなかの女性たち

このように家制度は戸籍制度、民法、刑法と公民権等のあらゆる場面で、女性を差別し、権利を制限した。また家制度の枠外で生きざるを得ない女性たち(とりわけ公娼制度のもと、男たちの「快楽の性」のために、性的搾取・性的隷属を強いられた娼妓たち)を産み出した。女性を「家」の内と外に分断し支配するシステムは、女性相互の差別と反目をもたらし、女性支配構造の強化に役立った。

(植田朱美)

日帝強占期の戸主制度の移植

韓末の戸主制の移植準備

朝鮮にも伝統的に戸籍制度があった。これは日帝強占期の戸籍制度とは異なり、実際の生活共同体、すなわち世帯の実態を把握するためのものであった。戸籍には戸主およびその血族、同居する子女および奴婢などが記載されており、戸籍に現れた世帯主の名称もまた戸主、戸首人、家長など多様であり、男だけでなく女も戸主になることができた。

伝統的な戸籍制度の近代化は、1896年に実施された戸口調査規則から始まった。甲午改革以降、大韓帝国建設を主導していた親日勢力はこの新

制度で、日本のように世帯主の名称を「戸主」という法律上の用語とし、戸主に家の代表者、主宰者としての明確な地位を与えた。しかし1906年の統監府設置以降、日本が保護政治という名目で09年4月1日に民籍法を施行したが、日本式の家や戸主、家督相続の観念は、韓国の伝統的な家族慣習を規制する概念として定着していくことはなかった。

日本式戸主制度の本格的移植

　民事に関する適用法令を規定した1912年の朝鮮民事令(制令第7号)第11条は、朝鮮人の親族および相続に関しては、別段の規定がある場合を除いては慣習によると規定している。しかし日本帝国主義は、朝鮮民事令第1条に依拠して「植民地朝鮮に該当法規がない」という理由で日本の近代的家族法を導入した。

　日本式戸主制度の本格的移植は、15年、朝鮮総督府の民籍法改定から始まる。この改定の核心は、既存の人口調査方式を廃止して実際の居住状態と無関係な抽象的な「家」概念を導入することであった。これによって戸籍は観念的な「家」を編制単位とし、「家」に属する個人の親族的身分関係を証明する公的文書の性質を帯びることとなった。戸籍には戸主、戸主の直系尊属、戸主の配偶者、戸主の直系卑属およびその配偶者、戸主の傍系親およびその配偶者、戸主の非親族の順序で記載され、出生、死亡、戸主変更、分家、一家創立、廃家、廃絶家再興、改名、移居の場合には戸主の申告義務が課された。

　日本式戸籍制度の移植は1920年代初めに完了した。21年12月18日の朝鮮戸籍令は朝鮮の相続制である祭祀相続と遺産相続に新たに家督相続制を追加し、戸主相続の概念を導入し、戸主の権利と義務を宣言した。22年12月7日の第2次朝鮮民事令改定においては家族事項の変化にたいする登録主義原則が採択された。これにより、結婚、出生、死亡、養子、養子縁組の破棄、分家、復興家など家族事項のすべての変動は戸籍関係の役所に報告し、戸籍にその事実を記録することで認められることとなった。

　このような家族事項の登録の法制化は国家が承認する一定の家族モデルのみが許されるという統制効果をもたらした。さらに植民地朝鮮では国籍法などその他の身分法が適用されなかったため、戸籍は身分を明らかにする唯一の文書であり制度として機能した。これは、植民地下朝鮮人のアイデンティティが家族的アイデンティティを中心に形成されるのに重大な影響を及ぼした。

（康　宣美）

日本の公娼制度と朝鮮への導入

1 近代日本の公娼制度の確立

　近代公娼制度は、単なる遊廓制度の延長ではなかった。より新たな装いをこらした「買売春」統制であり、性の国家管理制度であった。「娼妓登録」制という名の国家権力による「売春女性」の完全掌握と強制検黴(性病検査)制度の導入は、性の国家管理の露骨な表現であった。

娼妓解放令の布告

　1872年6月(旧暦)マリア・ルーズ号事件がおこった。マリア・ルーズ号事件とは、ペルーの船マリア・ルーズ号が横浜港に碇泊中、事実上の監禁状態におかれていた中国人労働者が海に飛び込み、同じく碇泊中のイギリス軍艦に救助され、虐待を訴えたことに始まる。イギリス代理公使のすすめで、神奈川県権令大江卓のもとで裁判がおこなわれ、中国人労働者たちは解放された。ところがペルー船側の代理人デッキンズは、娼妓の人身売買を指して、「奴隷売買は日本の法律も慣習も禁ずるところではない」と反論した。この事件は、欧米をはじめとする諸外国の注目を浴び、近代国家への仲間入りをめざす明治政府にとって、「人身売買」国でない体裁を示す必要に迫られた。こうして同年10月(旧暦)、明治政府は太政官達第295号(いわゆる娼妓解放令)と司法省達第22号の布告、布達の措置をとるにいたった。

近代公娼制への再編

　娼妓解放令を布告したものの、明治政府はもとより遊廓制度を廃止する意思はまったくなかった。形式上、人身売買を禁じる法的体裁をととのえたものの、「今後当人の望みにより遊女、芸妓等の渡世致したき者はそれぞれ吟味の上、差し許すべき次第もこれあり」(人身売買厳禁に関する東京府布令、1872)とあるように、芸娼妓の「自由意思」ならば稼業を許すという形で、実際は遊廓制度存続の政策をとった。さらに「遊女屋渡世」はすべて「貸座敷」に名称を改めさせ、残存させた。こうしてそれまでの人身売買的な奉公関係を一掃したようにみせかけたものである。つまり、娼妓は自由意思による営業者という装いをもたせ、遊廓の楼主らを娼妓に座敷を貸

貸座敷業者へと粉飾させ、営業を再開させ、その実施権限を地方長官に一任させた。

性の国家管理

一方、私娼撲滅策がすすめられ、76年1月、太政官布告により、いわゆる「売淫」取締りは、警察権力の一元的な管轄のもとにおかれた。「私娼」は警察の監視、摘発、弾圧の的とされ、徹底的な取締りの対象となった。このように私娼が犯罪者扱いされる一方、公娼は、軍隊保護などのため、人身が拘束され、強制検黴検査が厳しく課された。

1900年10月、内務省は、省令第44号をもって「娼妓取締規則」を定め、警察の権限と統制をさらに強化し、国家による性の統制・管理を確立した。

(神山典子)

2　朝鮮への公娼制度の導入

日本の公娼制度は、朝鮮を植民地支配下におく過程で朝鮮社会にもしかれた。その過程はおよそ3つの段階に分けることができる。

日本人居留地での遊廓の形成

第1は、開港後、港を中心にしだいに増加した日本人居留地に日本の「売

コラム●娼妓たちの自由廃業運動

1900年は、日本の公娼制度が大きく揺さぶられた年であった。この年、函館の娼妓坂井フタは史上初めて裁判によって廃業を勝ちとった。このフタの行動に刺激を受けて廃娼運動はいっきょに高まった。政府もこうした動きに押されて同年10月、娼妓取締規則を定め、娼妓の廃業は本人が口頭で述べるだけで受理されることになった。

娼妓たちは勇気づけられ、全国に自由廃業が起こった。制定されてからわずか2カ月の間に全国で1056人(東京で659人、北海道では139人)が廃業を遂げている(『北海道新聞』)。その廃業理由の大半は病気・病弱だが、そのなかで少数ではあるが、「娼妓こそしておれ、私たちは人間なり」と団結して、楼主に待遇改善を迫った娼妓たちも出ている(『北海道新聞』)。この事件は、娼妓たちの史上初めての抵抗運動だった。

(星　玲子)

春業者」が女性を引き込み、遊廓が形成されはじめる段階である。最初の開港場であった釜山では、1881年に「貸座敷及芸娼妓営業取締規則」が発布され、彼女たちにたいする性病検査も実施された。その他、元山(ウォンサン)、仁川(インチョン)、鎮南浦(チンナンポ)をはじめとするすべての日本人居留地に同様の遊廓が形成されていった。

龍山にあった弥生町遊廓(『写真でみる近代韓国』瑞文堂、1996)

朝鮮社会の性買売への介入

第2は、日清・日露戦争を経て、朝鮮に統監府を設置したのち、日本人居留地の「売春業」のみならず、朝鮮社会の売春業の統制に着手する段階である。記録(統監府警務第2課「妓生及娼妓ニ関スル書類綴」隆熙2年)によれば、統監府設置直後の1906年2月から、朝鮮人「売春婦」にたいする性病検査を強引に実施した。また08年9月には、警視庁令として「妓生(キーセン)取締令」と「娼妓取締令」を発令し、朝鮮社会の性買売慣行の公娼制度化を図った。

植民地政策としての公娼制度

第3は、10年以降、総督府が朝鮮全土に公娼制度を広めてゆく段階である。当初は各道の警務部が中心となってそれぞれに取締規則をつくったが、16年には警務総監部令として全国統一の規則を定め、実施するにいたった。同年3月31日に発布された「貸座敷娼妓取締規則」は、朝鮮人と日本人、そして各道で異なっていた娼妓の年齢下限を17歳(日本国内では18歳)に統一し、夫のいる者の娼妓稼業を禁じた。また、朝鮮人娼妓の稼業を目的とする貸座敷営業については、指定地域での営業を定めた第3条を適用せず、朝鮮人の貸座敷売春営業は事実上、市内に散在することとなった。この規則は、米軍政下の1947年11月に廃止されたが、その後の韓国における性買売集結およびそこでの性買売構造の土台となった。　　　　(山下英愛)

3 社会運動と女性意識の発展

自由民権運動と女性

女性と民権

　「征韓論」争に敗れ、下野した参議の板垣退助らが「民撰議院設立」の建白をした1874年から自由民権運動は始まった。板垣とともに高知の民権結社立志社で活動した植木枝盛は77年、国会開設、地租軽減、不平等条約撤廃を建白、81年には現在の日本国憲法にも劣らない憲法草案を著わした。民権家たちは全国の町や村を行脚し、各地で演説会や学習会を開いた。2000社に及ぶ民権結社が生まれ、憲法草案の起草も各地で試みられた。
　女性の民権結社も各地に誕生した。82年設立の岡山女子懇親会をはじめ、83年豊橋婦女協会(愛知)、仙台女子自由党、84年愛甲婦女協会(神奈川)などが知られている。岡山女子懇親会は発足時に女性民権演説家第1号といわれる岸田(中島)俊子(1864〜1901)を招いての演説会をおこなったが、俊子の演説に感激した景山(福田)英子(1865〜1927)がこの懇親会から民権運動家として巣立った。

女性民権家

　岸田俊子が演説活動で主張したのは女権論(男女同権論)と民権論(政府批判)であった。のちに男女平等論、女性の参政権獲得、廃娼論を唱えた植木枝盛でさえ当初は遊廓通いをしたという、男性民権家の男尊女卑を俊子は鋭く突いた。景山英子は女性のための私塾「蒸紅学舎」を設立し教鞭をとった。昼夜2部制、6歳から60歳までの女性を受け入れ「土曜日には討論会、演説会」を開いて知識の交換をはかり、「旧式の教授法に反対して、ひたすら進歩主義」をとるという、裁縫など技芸を習うだけの女塾とは違ったユニークなものだった。英子は他にも学校を設立、1885年大阪事件に関わって逮捕・拘禁されたが、後に『世界婦人』を発刊(1907)するなど、生涯にわたって果敢な挑戦を続けた。
　2人のほかに、78年納税の義務がありながら、選挙権がないのはおかしいと納税を拒否する訴えをした高知の楠瀬喜多(1833〜1920)、80年「艱難

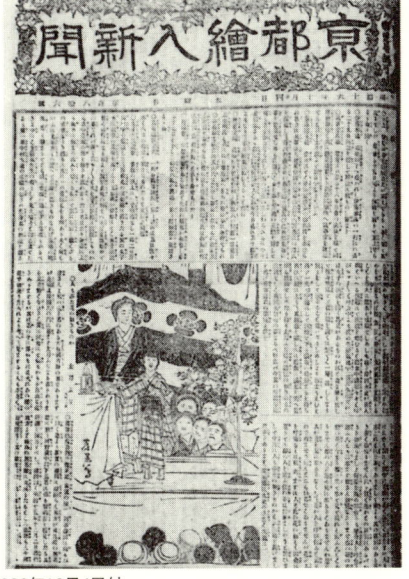

岸田俊子(左)と演説する俊子を描いた『京都絵入新聞』1883年10月4日付
(鈴木裕子編『岸田俊子研究文献目録』不二出版、1986)

福田(景山)英子(左)とその自伝『妾の半生涯』(1904年刊行)
(鈴木裕子編『岸田俊子研究文献目録』不二出版、1986)

◆1　自由党左派の大井憲太郎らが「朝鮮改革」と日本国内の立憲政治確立を連動させ、朝鮮に騒乱を起こし、それを機に日本国内政治の革新をもくろんだ事件。事前に発覚し、女性では景山英子が唯一加わり、逮捕された。

は楽を得るの機」演説をした新潟・新発田の吉田ハマ、81年「男女同権論」演説の新潟・柏崎の西巻開耶(1866～1908)、参政権を含めた政治的権利を要求した清水紫琴(1868～1933)、山崎竹幽(1866～1908)など、多くの女性たちが活躍した。

民権と国権

　本来、民権家とは国権よりも民権を優位と考える人びとのことであるが、徹底して民権を第一、国権を第二と考えた植木枝盛のような人は例外で、多くの民権家は民権と国権は不可分とみなし、対外的な脅威の宣伝の前では国権優位に転じた。それは女性も例外ではなく、岸田俊子も景山英子も甲申政変(1884)に際しては国家意識と無縁ではなかった。対外的な「危機」に際会すると容易に「愛国者」になった。民権を性別・身分・階層・民族の違いによって差別してはならないという普遍的権利として認識していなかったのが、圧制に抵抗する力を持ち得なかった理由である。「国内において社会的差別を許す人民は必ず排外主義に転落する」と喝破したのは中江兆民であった。国家による外交情報の独占と排外主義的な世論操作の前に、国権を優位におき大陸侵攻を是としたとき、民権運動の自壊が始まった。

集会及政社法──女性の政治的権利の剝奪

　1890年第1回衆議院議員選挙(総選挙)が実施され(有権者は国民の1％)、第1回帝国議会が開かれた年に集会及政社法が公布された。それまでも政府の女性にたいする弾圧は激しく、たとえば岸田俊子は1883年滋賀県大津での演説が集会条例違反・官吏侮辱容疑で勾留、罰金5円を科せられた。また景山英子が蒸紅学舎の生徒とともに自由党の納涼大会に参加したのが、集会条例違反とされ、学舎閉鎖に追い込まれた。罰則が強化された集会及政社法によって女性の政談集会会同禁止、政治結社加入禁止となり、

> **資料●岸田俊子「同胞姉妹に告ぐ」(1884)**
>
> 　「汝等〔男性民権家〕は、口を開きぬれば改進といい、改革というにあらずや。何とてひとりこの〔男女〕同権の一点においては旧慣の慕いぬるや、俗流のままに従いぬるや。わが親しく愛しき姉よ妹よ、旧弊を改め、習慣を破りてかの心なき男らの迷いの夢を打破りたまえや」

管野須賀子（鈴木裕子・近藤和子編『女・天皇制・戦争』オリジン出版センター、1989）

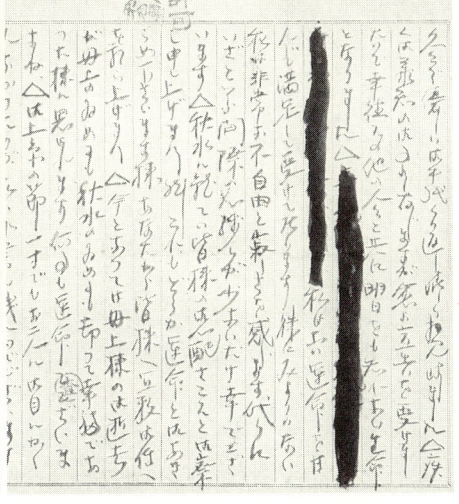

死刑4日前に管野が獄中でしたためた書簡（『別冊太陽』No.26、1979）

女性は徹底的に政治から締め出された。　　　　　　　（宮崎黎子）

大逆事件と管野須賀子

大逆事件の発端

　1910年8月に「韓国併合に関する条約」が調印されるその3カ月前の5月、長野県の明科で、宮下太吉、新村忠雄、古河力作と共に管野須賀子が検挙され、前年11月の爆裂弾試作実験が発覚した。ついで6月、湯河原にいた幸徳秋水も拘引された。いわゆる「大逆事件」の発端である。

　日本は、アジアでさらに強力な帝国主義国家に上昇するために、国内の反体制勢力に徹底的な弾圧を加える必要があった。明科の小事件は、反体制勢力の領袖とみなされた無政府主義者幸徳を狙い打ちにして、綿密なシナリオのもとに山県有朋と桂太郎内閣により政治的に利用された。

管野須賀子

　明科と東京を結びつけたのは、管野須賀子（本名・スガ。1881〜1911）である。彼女は関西在住の記者時代に基督教婦人矯風会に所属し、公娼制度をはじめとする男性中心的な社会制度に反対する健筆を振るっていた。彼女は社会主義に共鳴し、東京に出て堺利彦・幸徳の平民社を訪れた。1908年管野は「赤旗事件」に巻き込まれ、逮捕されたときに残酷な取り調べを受

け、天皇制を頂点とする国家権力にたいする反逆を決意した。彼女は、直接行動をめざす宮下らとともに、天皇もまた血を流す人間であることを示すため爆弾投擲計画を立案した。その計画が発覚したとき、強権的な桂太郎内閣は、これを強引に幸徳と結びつけ、彼と彼の関係者を芋蔓式に逮捕することで、明治天皇に「大逆」を冒すものとする、大規模な謀反事件へとでっちあげた。

コラム●平民社の女性たち

1903年11月、『万朝報』が「日露非戦」から「開戦」に転じたため、同紙記者、堺利彦・幸徳秋水は朝報社を辞し、日露非戦、自由・平等・博愛の社会主義を掲げて、平民社を創立、『週刊平民新聞』を創刊した。平民社は日露戦争に強く反対し、「社説・露国社会党に与える書」で「ああ、諸君と我らとは同志なり。兄弟なり。姉妹なり。断じて戦うべきの理あるなし。諸君と我らの共通の敵なる悪魔は、今やさかんにその兇焔を吐き、毒手を伸べて、百万生民を凌辱す。…ともに奮って一致同盟団結すべき」と訴えた。

平民社の人びとは各地に「伝道行商」をおこない、その主義・思想を広め、継続的に社会主義婦人講演を開き、女性解放を論じた。

平民社の主張や思想に共鳴する女性たちが集いはじめた。西川文子(1882～1960)・延岡(堺)為子(1872～1959)・福田英子・管野スガをはじめ、学生出身の神川松子(1885～1936)・大須賀さと子(1881～1913、のち山川均と結婚)、遅れて小暮れい子(1890～1977)らが参加。この間05年，平民社の女性を中心に治安警察法第5条改正請願運動を展開、07年には福田英子主宰による日本初の女性社会主義新聞を標榜する『世界婦人』が創刊された。後年の「新しい女」(山川均による命名)という言葉のできる以前の「新しい女」と称された神川松子は同誌に女性解放論をしばしば寄稿した。

08年、同志の山口孤剣の出獄歓迎会で荒畑寒村ら直接行動派が赤旗を振り、革命歌を歌いながら示威運動をおこなうと、警官隊によって弾圧される、いわゆる「赤旗事件」が引き起こされた。管野・神川・大須賀・小暮の4人は男性同志とともに東京監獄(のちの市谷刑務所)に投獄され、凄惨な仕打ちをうけた。管野がのち天皇の暗殺計画を企図した一因といわれる。

(鈴木裕子)

赤旗事件で検挙された大須賀さと子(左側)と神川松子と小暮れい子(右側)(鈴木裕子提供)

　事件の中心とみなされた幸徳秋水は、日露戦争前夜に、堺利彦とともに平民社をおこし、『週刊平民新聞』などで非戦論を展開した。幸徳は、筆禍事件での出獄後、1905年に渡米、アメリカにおける日本移民の惨めな状況を目撃し、在米のアナーキストたちと交流して直接行動の重要性を確信した。日本へ戻ったあとに、田添鉄二や片山潜らの議会政策派にたいして直接行動論を強く主張し、日本政府に警戒心を強く喚起させた。

家父長制と天皇制に抗する闘い

　初期社会主義運動には女性の積極的な参加があったが、大阪で女性差別に抗する評論活動を展開していた管野も、自己主張をためらわず、「奮起せよ婦人、磨け肱鉄砲を」(「肱鉄砲」1906)といった、女権論的姿勢を貫いた。幸徳は女性にたいして「『生意気』ならんことを望む」と呼びかけ、女性の権利回復を説いた(「婦人と政治」1904)。管野とともに発行した『自由思想』(09年創刊)の「発刊の辞」では、彼は「一切の迷信を破却せよ、一切の陋習を放擲せよ、一切の世俗的伝説的圧制を脱却せよ」と記した。彼らは「自由思想」の実践として恋愛関係に入ったが、これはむしろ周囲の仲間から激しい非難を呼び起こした。しかし、幸徳も当時の大方の男性運動家と同じく、建前として男女平等を説くものの、実際には女性を完全に対等視していたとはいえなかった。

◆1　旧刑法第73条に「天皇、太皇太后、皇太后、皇后、皇太子又皇太孫に対し危害を加えまたは加えんとした者は死刑に処す」の規定がある。

男性社会主義者たちの女性軽視・蔑視に抗して、管野は、家父長制にたいする闘いが天皇制への闘いとつながることを実践的に示すため、直接行動に向かった。逮捕後の事情聴取において、彼女は天皇睦仁（明治天皇）個人の問題ではなく、「天皇」という制度的存在が「経済上には略奪者の張本人」「政治上には罪悪の根源」「思想上には迷信の根本」になっていると述べ、天皇制の構造こそが解体されるべき対象であることを明らかにした。そのうえで彼女は、天皇制が「天皇の神聖化された家父長的身体」を通して存続している矛盾を、その行動で天下に知らせようとした、と証言した。

公判の審理は非公開でおこなわれ、11年1月幸徳・管野ら24名に死刑判決がくだった（のちに12人を無期懲役に減刑）。この不当な判決が伝えられると、アメリカ等の日本大使館に数多くの抗議が寄せられた。しかし国内において、この大逆事件は人々に天皇制の権力にたいする恐怖心を植え付け、従属＝臣民（subject）化を促進したのである。　　　　　　（大越愛子）

資料●「嗚呼増税！」（『週刊平民新聞』社説1904年3月27日）より

「今の国際的戦争が、単に少数階級を利するも、一般国民の平和を撹乱し、幸福を損傷し、進歩を阻害するの、きわめて悲惨の事実たるは吾人のしばしば苦せるところなり、しかも事ついにここに至れる者一に野心ある政治家これを唱え、功名に急なる軍人これを喜び、狡猾なる投機師これに賛し、而して多くの新聞記者、これに付和雷同し、曲筆舞文、競うて無邪気なる一般国民を煽動教唆せるのためにあらずや、……武威四方に輝くも国民はために一領の衣を得たるにあらざるなり、多数の同胞は鋒鏑に曝されその遺族は飢餓に泣き、…物価は騰貴し、労働者は業を失い、…而して軍債の応募をしいられ、貯蓄の献納は促され、その極多額の苛税となって、一般細民の血を涸らし骨をえぐらずんばやまざらんとす」

＊この「社説」のため、『平民新聞』は発売禁止となり、発行・編集人の堺利彦は起訴され、軽禁固2カ月の刑を受けた。

韓国における国権守護と女性の意識の発展

独立協会と愛国啓蒙運動

　独立協会は、明成皇后死後の断髪令の強行に触発された第一期義兵運動によって高宗がロシア公館に身を隠していた時期に創設された(1896)。協会が主導した愛国啓蒙運動は、改革志向の進歩的知識人たちが都市民層を中心に学生・労働者・女性など広範な社会階層の支持を基盤としておこなったものであった。

　まず彼ら・彼女らは、国民の募金を集めて中国の使臣を迎えていた迎恩門の跡地に独立門を建立し、講演会と討論会の開催、新聞と雑誌の発刊などを通じて近代的知識を伝播し、民族思想を広めた。その一方、万民共同会(街頭集会)を開催して外国の内政干渉と利権要求および土地調査要求などに抗して自主国権運動を展開していった。しかし、協会は王政を廃止して共和制を実施しようとしているという保守勢力の讒言と弾圧を受けて、進歩的内閣の崩壊とともに98年に解散した。

コラム●賛襄会と韓国最初の女権宣言「女権通文」

　「耳目口鼻と四肢五官、肉体に男女の違いがあろうか。どうして男が稼いでくるもののみをだまって食べ、一生を奥まった部屋に閉じこもって他人の節制ばかりを受けていられようか！」

　これは1898年9月1日、ソウル北村に暮らしていた両班(ヤンバン)女性300人あまりが思いを一つにして発表した、最初の女権宣言文である「女権通文」の冒頭部である。「唖・盲・聾」の生を生きねばならなかった朝鮮の女性たちが男性と同等な参政権・教育権・職業権を持つためには、女学校を設立しなければならないと主張したのである。これは、天賦人権思想を背景に女性たちが文明開化政治をおこなうのに加わる意志を明らかにしたもので、韓国女性参政権運動の嚆矢(こうし)ということができる。しかしこの動きは、「驚くべくも不思議な」(『皇城新聞』)ことであるとか「珍しい」(『帝国新聞』)ハプニングとして扱われたのみで、社会的な注目と支持を引き出すことはできなかった。

(康　宣美)

女権論の登場

　女権論は、朝鮮の準植民地化により誕生した開化派政治家たちが近代的な自主国家建設を推進するなかで初めて登場した。1888年に朴泳孝が高宗に上奏した28カ条の開化上疏文には、女性の人格の尊重と虐待・蔑視の禁止、女性の奴隷化禁止、教育の男女均等、寡婦再嫁許可、蓄妾廃止、早婚廃止、内外法（男女の接触を規制する法律）廃止などを内容とする女権論の主張が含まれていた。

　しかしその大衆的な広がりは、独立協会が発行していた『独立新聞』を筆頭に、『毎日新報』『大韓日報』『万歳報』『毎日新聞』『帝国新聞』『皇城新聞』など民族啓蒙のための出版運動が本格化するなかで始まったものである。とりわけ女性教育の重要性はこのすべての新聞できわだって強調された。これは、開化派知識人たちの自主的民族国家建設という目標に関わって、女性の動員が不可欠であった朝鮮の特殊な状況を反映している。彼ら・彼

コラム●女性義兵運動将尹熙順

　尹熙順（？〜1935）は1895年の義兵運動当時、「妻の義兵歌」「義兵軍歌」「兵丁軍歌」などを作詞・作曲して女性たちの抗日独立精神を鼓吹する一方、親日派と日本兵に書信を送って彼らの罪状を叱りつけた。1907〜08年には義兵戦争を支援するために江原道春城郡で女子義兵30人あまりを組織して軍資金を集める一方、男装をして軍の情報を収集した。1911年4月、「満州」へ亡命したが、以後も独立運動を支援した。尹熙順が作詞して各家庭の妻たちに配った「妻の義兵歌」は以下の通りである。
（康　宣美）

　　いかに倭奴が強かろうと
　　われらも団結すれば倭奴を捕えるのはやさしかろう
　　いかに女とはいえ国への愛を知らずにいようか
　　いかに男女が違うとはいえ国がなければなんの意味があろう
　　われらも義兵として立ち上がろう、義兵隊を助けよう
　　禽獣に捕えられれば倭奴の施政を支えるのか
　　わが義兵を助けよう
　　わが国が成功すればわが国万歳だ
　　わが妻万万歳だ

女らはアジア各国で女性教育機関を設立運営していたキリスト教女性宣教師たちの理念を借用・再解釈して、女性たちが近代的な賢母良妻として子女教育と内助を担(にな)うようになれば、家庭が近代化されるとともに国家もまた自主的な近代化を成し遂げることができるという認識を女性たちに植え付けた。

賛襄会の結成と女性教育運動の展開

このような開化派知識人たちを中心とした女権論の展開と、1886年から始まったキリスト教の女性宣教師たちの活発な社会活動および女性教育機関の設立と運営は、身分の違いをこえた女性たちの女権にたいする自覚と女性教育運動へと引き継がれた。98年9月にソウルの北村両班(ヤンバン)女性たちは独立協会の姉妹団体である賛襄会を結成し、最初の女権宣言である「女権通文」を通じて女性の社会進出を強く主張した。そして10月11日には100人あまりの女性たちが王宮の門の前までデモ行進をしたあと、高宗に官立女学校の設立を請願した。

しかし、女性たちが中心となった純粋な女権運動は、保守勢力の跋扈(ばっこ)と無理解のなかで順調に成長することができなかった。1905年以降日本帝国主義の侵略による亡国の危機に接すると、数多くの女性教育団体と女学校が設立されたが、この時期の女性教育運動はほとんど男性が推進したものである。1886～1910年に設立された私立女学校をみると、147校のうち21校だけが女性設立者によるものであり、1905～10年の女性教育諸団体のうちで規模の大きいものは主に男性によって組織・運営されていた。したがって、この時期の女性教育をはじめとした多様な女性運動は、抗日救国的な性格を強く帯びた男性中心社会に適した運動に限られ、女権意識の成長にはさほど大きな影響を及ぼすことができなかったのである。

国債報償運動と女性の活躍

国債報償運動は1907年1月に大邱(テグ)において徐相敦(ソ・サンドン)の発議により始まった。これは、ソウルと地方の官吏と愛国啓蒙運動家、商人、女性、さらには子どもが加わって日本にたいする借款(しゃっかん)を返済しようと組織、展開した挙国的運動である。日本からの借款1300万円は大韓帝国政府の1年の予算に匹敵(ひってき)する金額であり、国家の財政能力では償還が不可能な巨額であった。

周囲の反対を押し切って義兵活動をした尹熙順

この運動は、日本に経済的に完全に隷属するかもしれないという危機的状況を克服するために始まった、抗日の自主的国権守護運動であった。

　各種新聞キャンペーンを通じてこの運動を伝え聞いた女性たちは、身分と階層をこえて初期段階から「国民の一分子として国民たる義務を果たす」という確固たる国民平等意識を見せ、これに積極的に加わった。国債報償のための女性の参加が活発になるなか、女性たちは自発的に独自の団体を組織し、男性よりも多様な方法で募金をし、国家・民族問題の解決の先頭に立って、能力を遺憾なく示した。女性たちの独自で自律的な国債報償運動への参加は、伝統的な身分差別・性差別を打破・克服し、男女同権を実現するための重要な歴史的転換点を用意することとなった。

女性と義兵運動

　韓末の義兵運動は1905年の乙巳(ウルサ)条約の締結以降本格化し、07年の高宗皇帝の譲位と軍隊解散以後は元軍人も参加した大規模な軍事闘争の形を取った。07年から11年にわたった義兵団体数は約600、一団の兵力は3000〜6000人であった。

　この闘争の最前線にいたのはほとんどが男性であったが、乙巳条約が締

コラム●貧しい女性たちの生

　19世紀末〜20世紀初めの朝鮮社会で貧しい女性たちが受ける苦痛は最も悲惨なものであった。「口減らし」という昔の言葉通り貧しい生活において経済的負担とみなされていた、多くの農村の女児たちは生まれたときから粗末に扱われ、飢饉になると捨てられたり売られたりした。女性たちは結婚をすれば友だちや家族から離れて、よく知りもしない夫とその家族の「財産」へと変わった。女性の実家、とりわけ父と兄が彼女の生活について責任を負っていたものの、目立って不法なものでないかぎり、どんな婚姻であってもそれから解放されることは難しかった。捨てられた子どもたち、売買あるいは死から救われた女性たち、残酷な舅・姑と夫に苦しめられる女性たちの物語は、朝鮮を訪れた西洋人の手紙や小説、雑誌への寄稿文に登場する恰好な話題となった。このような記録は当時の女性たちの全般的な状況を示しているわけではないが、貧しい家庭に生まれた女性たちの悲劇的生の一面をよく表している。

　　　　　　　　　　　　　　　　　　　　　　　　　　（康　宣美）

結されると、江原道春城郡において女子義兵を組織してこの運動に加わった尹熙順のような女性もいた。しかし、ほとんどの女性は歴史の周辺部にいた。息子安重根の伊藤博文暗殺を立派なことであるとみなし死を堂々と受け入れるよう励ましていたその母や、1909年に湖南地域(現在の全羅道地域)の「義兵掃蕩」という名の日本軍の殺戮作戦で犠牲となった数多くの女性や子どもたちがその例である。義兵運動への参加が女性であるという条件によって制限されていたためだ。しかしこのような事実は、女性たちの、身分・性別を超える国民平等への意識と国権守護運動に参加しようという意思が相当に高いものであったことを語っている。

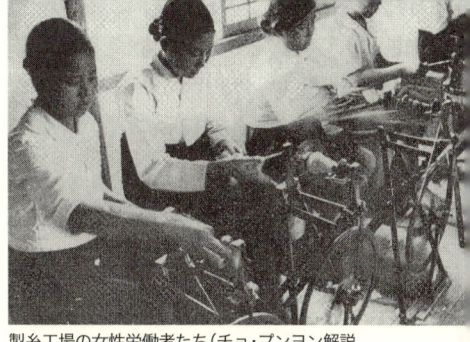

製糸工場の女性労働者たち(チョ・プンヨン解説『写真でみる朝鮮時代──生活と風俗』瑞文堂、1999)

(康　宣美)

日本帝国主義の土地調査事業と朝鮮女性の貧困化

　1910年に韓国を強制的に併合した日本帝国主義は、いわゆる朝鮮統治方針を決定した。それは、
1. 朝鮮を永遠の農業国家として統治する。
2. 日本の商品販売市場として統治する。
3. 大陸侵略のための兵站基地として統治する。

というものであった。

　日本はこのための地ならしとして「土地調査事業」を実施して、大陸侵略に備えた基盤施設建設の土地を確保し、植民地農業政策の遂行のための基盤を用意した。一方、「会社令」を公布・施行して会社設立に許可制による縛りをかけ、日本の国内工業と競合する業種の設立をさえぎることで民族資本の形成を抑制した。

土地調査事業と朝鮮農民の土地離脱

　土地調査事業は1910年から18年にわたって実施された。事業規模は、10年に総督府に設置されていた臨時土地調査局の職員だけで3200人にのぼるほどきわめて大きかった。これは、未完に終わった大韓帝国期の量田(土地測量)事業と地契(土地所有権証明書)事業に代わるものであり、農地税を徴収するためのものであった。

この事業の結果として日本人大資本家には投資のための莫大な土地が確保され、多くの日本人大地主が出現した。その一方、大部分の朝鮮農民たちは小作農へと転落し、土地調査事業終了後には、今度は小作料の高騰により土地を離れて流浪民化する例が急増することとなった。このようにして「満州」・中国・台湾・日本などに安価な労働力として売られていった者だけでも180万人を超えていた。

女性の貧困化と経済的地位の低下

　土地調査事業と並行しておこなわれた日本帝国主義による植民地農業政策は、戸主制度とともに女性たちの経済的地位を急激に低下させる結果を招いた。日本帝国主義は1910年代から官憲を動員した暴力的な方法で伝統的農業体系を破壊し、米・綿花・蚕の増産のための土地改良事業と新品種への切りかえ事業、蚕・綿花の指定共販制を導入した。

　ほとんどの朝鮮女性農民は伝統的な性別分業により畑作と養蚕業、綿業などに従事していた。彼女たちの畑仕事は伝統的農家における食糧自給の重要な源泉であり、養蚕と綿業は農家経済において大きな比重を占めていた。しかし、日本帝国主義の植民地農業政策は、朝鮮農民一般の小作農化・流浪民化はもとより、女性の男性にたいする従属を深める結果を招いた。男性農民たちの仕事であった稲作に比重をおく政策、指定共販制を通した養蚕業・綿業の生産物の販売と、収益金の管理権限を農会や組合に単独加入した戸主に帰属させる政策などがその原因であった。これによって女性の農業生産労働は家族の生計に関して副次的なものへと転落し、女性農民の困窮はいっそう深まった。

女性工場労働者の出現

　土地を奪われ異郷をさまようこととなった女性農民たちは、どんなことをしてでも新たな職を求めなければならない潜在的失業者であった。彼女たちの一部は、1910年代に朝鮮に入りはじめた紡織・ゴム・食料品・煙草などの製造業分野の工場労働者として働きはじめた。この最初の女性工場労働者たちは劣悪な労働環境と条件のなかにおかれていた。彼女たちは民族・階級・性差別によって受け取る賃金が最低で、時には賃金が支払われない苦痛に耐えなければならなかった。しかし、農村を離れた大部分の若い女性たちにとっては、早婚の強制を受けるか、妾や娼妓として売られていく以外には生計を維持する道がなかった。　　　　　　　　（康　宣美）

第2章
3・1独立運動と社会運動の展開

1 3・1独立運動と朝鮮女性の覚醒

朝鮮人女子留学生と3・1独立運動

　1919年3月1日朝鮮総督府の支配と抑圧に抗してはじまった3・1万歳独立運動は、全国に広がっていった。この運動は、搾取の対象であった民衆がそのありったけの力を噴出させた非暴力直接運動として世界的な民族独立運動史の一つの高い嶺をなした。

　朝鮮人の日本留学は1881年の紳士遊覧団の派遣以後、95年の政府派遣留学生からはじまった。新たな近代国家建設に必要な人材養成のための日本留学は、伝統社会の解体と近代社会体制への変化に適応しようという努力の一環であった。とりわけ女性にとっては、自己を実現しようという欲求とともに社会進出または身分上昇のための道でもあった(下記の表参照)。

　1915年4月に発足した「在東京朝鮮女子留学生親睦会」は留学生間の親睦を図るだけでなく、国内女性たちに先進知識を伝えるのにも力を注いだ。同会の劉英俊、羅蕙錫らは17年から『女子界』という機関誌を発行した。親睦会は20年3月には名前を変えて「朝鮮女子留学生学興会」とし、休みには朝鮮で全国巡回講演会を開くなど女性の教養と民族意識の高揚に努力し

日本留学生の変化(カッコ内の数字はそれぞれが占める割合)

年度	男子学生数	女子学生数
1910	386人(91.9)	34人(8.1)
1920	1085人(88.2)	145人(11.8)
1926	3711人(94.1)	234人(5.9)
1929	4181人(94.3)	252人(5.7)
1930	5070人(95.9)	215人(4.1)
1931	4762人(94.1)	300人(5.9)
1935	6798人(93.2)	494人(6.8)
1938	1万1441人(92.6)	915人(7.4)
1940	1万9117人(91.8)	1707人(8.2)
1942	2万6480人(90.7)	2947人(9.3)

出典:朴宣美「朝鮮社会の近代的変容と女子日本留学:1910〜1945年」『史林』82-4(史学研究会、1999)

た。
　また第1次世界大戦終結後、民族自決主義の原則による植民地解放の気運に励まされて、1919年に東京留学生たちは2・8独立宣言を主導するなど民族独立運動の狼煙(のろし)をあげた。　　（申　栄淑）

3・1独立運動で示威行進する女子学生たち（『写真記録　日帝侵略』語門閣、1983）

3・1独立運動と抗日女性運動の本格的開始

3・1独立運動と民衆女性の覚醒

　1919年に3・1独立運動が起こると、女学生はもとより妓生(キーセン)など多様な階層の女性たちが集団的に参加した。参加した女性たちは、引き続いて上海臨時政府◆1に支援するなどの抗日民族運動を担っていった。それにとどまらず、以後の女性運動の強固な基盤となった。

　1913年9月ころに平壌(ピョンヤン)の崇義女学校（プロテスタント系）の教師と学生らがはじめた松竹決死隊は、女性の救国意識をつちかうことを目的に組織された秘密団体である。松竹決死隊のひそかな活動は3・1独立運動に全国の女性たちを結集する受け皿となった。このような女性の組織的活動には、日本帝国主義当局の厳しい監視と査察を、女性であるということで逃れられるかもしれないという思惑があった。

◆1　3・1独立運動を契機として1919年4月11日に臨時議政院を構成し、各道の代議員30人が集まって臨時憲章10ヵ条を採択、13日に中国・上海で大韓民国臨時政府樹立を宣布した。以後ロシアの大韓国民会議政府と国内で組織された漢城臨時政府など他の諸組織を集めて同年9月11日、上海臨時政府へと統合した。初期政府の構成は、大統領・李承晩(イ・スンマン)、国務総理・李東輝(イ・ドンフィ)（在ロシア）、内務総長・安昌浩(アン・チャンホ)（在米）と、名実ともに国内外独立運動勢力の結集体であった。

抗日女性団体の活動

1919年6月、大韓民国愛国婦人会は金瑪利亜(キム・マリア)、黄愛施徳(ファン・エスター)たちによる組織改編をへて、約2カ月間に100人以上の会員を集め、6000ウォンあまりの資金を上海臨時政府に送金した。しかし、同年11月末に日本当局に発覚したことで、会長の金瑪利亜を含め会員9人が投獄された。大韓民国愛国婦人会は3・1独立運動以後最大の女性組織で、秘密裡に女性抗日独立運動を展開した。このほかにも女子郷村会などの女性愛国諸団体が、軍資金募集、隠れ家の提供といった臨時政府の活動の支援から日本帝国主義の公共機関爆破などに至るまで、危険をおかして献身した。これは民族の独立に民族の一員である女性たちも責任があると考えたうえでのことであり、さらには一般女性たちを覚醒させ、女性解放運動の礎となったのである。

(申　栄淑)

コラム●柳寛順と金瑪利亜

柳寛順(1904〜20)は忠清南道天安(チュンチョンナムド・チョナン)に生まれ、梨花学堂在学中の1919年3月1日に全国的な万歳運動が起こるとデモに飛び込んだ。同年陰暦3月1日、柳寛順は両親はじめ村人たちを引き連れて彼女の故郷である竝川(アオネ)市場へと赴き、太極旗を配った。「わたしたちは団結しなければなりません。三千里江山に響きわたるまで万歳を叫びましょう。大韓独立万歳！」

柳寛順は、ソウル高等法院で法廷冒涜罪も加算されて7年の刑を言い渡された。西大門刑務所で厳しい拷問を受けながらも、万歳を叫び同志たちを励ますなか16歳で息を引き取った。

金瑪利亜(1892〜1944)は、黄海道長淵(ファンヘド・ドチャンヨン)のキリスト教徒の家庭に生まれた。1914年に日本に留学し、19年の2・8独立宣言式に参加した。3・1運動で逮捕されると、法廷で「独立運動は男女がともになさねばならず、朝鮮と日本の幸福と世界の平和を図るためもの」であることを堂々と陳述した。乳房を切り取られるほどのひどい拷問を受け、後遺症が残った。21年に病気で保釈された彼女は国外へ脱出し、上海、米国などで独立運動を続けた。この時すでに女性運動家にたいする性拷問がおこなわれ、深刻さをましていたことに留意しなければならない。

(申　栄淑)

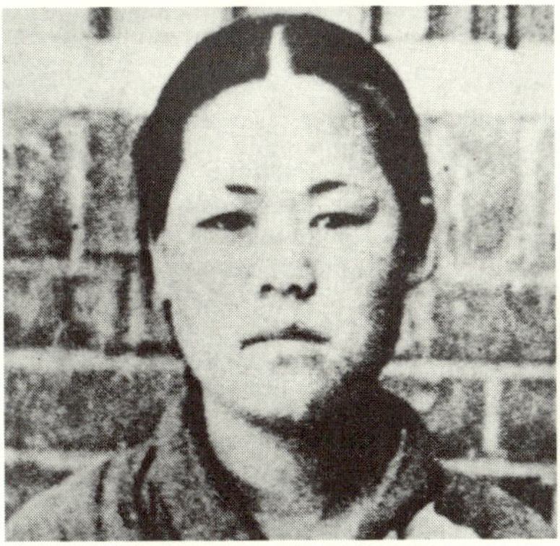

投獄された柳寛順は西大門刑務所で獄死した。 　　生まれ故郷にたつ柳寛順の像(鈴木裕子提供)

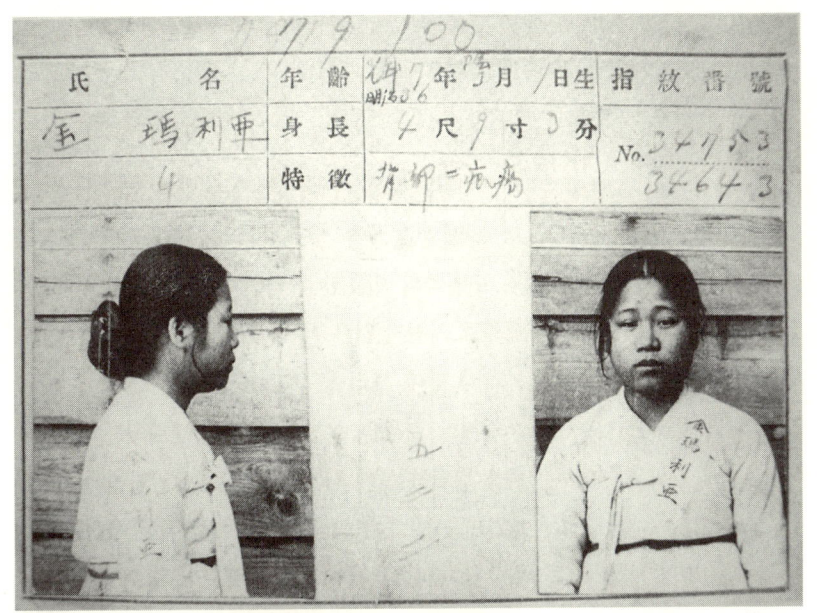

日本の官憲によって捕われ、写真撮影された金瑪利亜

3・1独立運動1周年記念演説会で検挙された朝鮮女学生、1920年3月1日、東京・朝鮮基督教会館（日本近代史研究会『国民の歴史』第12巻、国文社、1964）

2 女性運動の進展

『青鞜』における諸論争

『青鞜』の誕生

　近代日本において、女性たちの自我の叫びが社会的衝撃を与えたのは、1911年に発刊された『青鞜』を通してである。前年の大逆事件は、天皇制に刃向かうものにたいする大弾圧を意味し、社会運動は冬の時代を迎えた。そのようななかで『青鞜』の女たちは、近代日本の支配イデオロギーである天皇制を日常的に支えた家制度と、戸主とそれを支える妻というジェンダー秩序に抗する反逆の意志を、「女性」と「性」をキーワードとして世に問うた。

　『青鞜』は、中心メンバーである平塚らいてうが、生田長江の勧めで、女性による女性のための文芸雑誌を企画し、保持研（1885〜1947）、中野初（1886〜1983）、木内錠（1887〜1919）、物集和（1888〜1979）など賛同する女性たちとともに青鞜社を立ち上げたことにはじまる。11年9月1日に発行された創刊号の巻頭において、与謝野晶子（1878〜1942）は「山の動く日来る」と謳いあげ、創刊の辞としてらいてうが「元始女性は太陽であった」と宣言した。

　『青鞜』は、女性の時代を切りひらく目的で創刊された。女性の連帯によって、男性中心社会が強いる良妻賢母主義に異議申し立てをおこない、女性の自己解放を呼びかけるスタイルは斬新なもので、大きな反響を呼び、新たな知と生の可能性を求めて葛藤していた女性たちの心を揺さぶった。当時の女性規範に抵触する彼女たちの言動は、メディアに注目された。「新しい女」というレッテルが貼られ、「五色の酒」の試飲、「吉原遊廓」見学が嘲笑的に報道されるなど、彼女たちはスキャンダルにされた。しかし実際には、彼女たちの提起は非常に真摯なものだった。だからこそ、発禁処分などの激しいバッシングの対象となったのである。

　『青鞜』の意義は、なんらかの既成の主義に基づいてではなく、自分自身の生活体験から噴出してきた言葉を、女性たちが率直にぶつけ合い、生と性に関わるさまざまな論争をおこなったところにある。なかでも「貞操」論

『青鞜』創刊号(表紙の制作は長沼智恵子)と青鞜社同人たち。右から2人目平塚らいてう、中央で坐っているのが長沼智恵子(日本近代史研究会『国民の歴史』第10巻、国文社、1964)

争(1914～15)、「堕胎」論争(1915)、「廃娼」論争(1915～16)は、家制度を守るために女性に「貞操」の遵守を要求し、「堕胎」を禁じ、他方男性の欲望を充足するために家制度の外に公娼制度を容認するという、性の二重規範をえぐり出し、画期的であった。

「貞操論争」「堕胎論争」「廃娼論争」

　貞操論争では、生田花世(1888～1970)が、男性中心社会における女性労働が女性の性的危機を内包している現状を明らかにしている。彼女は、雇い主からの性的要求に屈した自らの体験を「自分と弟と二人が食べると云ふ事が第一義的な要求であって、自分一箇の操のことは第二義的要求であった」と記し、「食べることと貞操」という問題に直面している女性の窮境を訴えて、今日のセクシュアル・ハラスメント問題に通じる鋭い問題提起をおこなった。

　これにたいして安田皐月(1887～1933)は、「貞操」を「何物を以っても何事に合っても砕く事の出来ないもの」、つまり女性の基本的生存権と読みかえて、「貞操」を遵守することは「人間として生きる事」の基盤であるとして、生田を批判した。伊藤野枝やらいてうも参加した激しい論争のなかで、「貞操」の意味をめぐる道徳論争へと変容し、女性の労働権の侵害とい

◆1　ここでは、家父長的一夫一婦制において採用されていた、結婚もしくはそれに類似する関係のなかにいる相手との性関係を特権化するモラルのこと。

う重要な問題が見失われてしまったことが、指摘されねばならない。

「堕胎」論争では、安田皐月が、当時、施行された堕胎罪について、「単独のものでなく母胎の命の中の一物であるうちに母が胎児の幸福と信ずる信念通りにこれを左右する事は母の権内にあっていいと思ひます」と記し、生殖における女性の自己決定権を主張した。他方、伊藤野枝は、生命自然主義の立場から、「『いのち』を殺すと云ふことは如何に多くの口実があろうともあまりに、自然を侮辱したもの」と述べ、中絶に猛然と反論した。結局論争が中絶の是非をめぐる問題に終始してしまって、近代国家の性管理システムを象徴する「堕胎罪」に関する論点が曖昧となった点が惜しまれる。

「廃娼」論争では、伊藤野枝(1895〜1923)が、日本基督教婦人矯風会による廃娼運動を批判した。彼女は、運動が上流婦人の「虚栄のための慈善的立場」からおこなわれていて、そこに自然な性的欲望や、「娼婦」とされた女性たちにたいする蔑視がみられると主張した。それにたいし、青山(のちに山川)菊栄は、伊藤の「男の本然の要求」として性欲を自然視する考え方

コラム●平塚らいてう

平塚らいてう(1886〜1971)は、本名・明。日本女子大学在学中の哲学・宗教書の耽溺、禅の見性体験などを経た彼女の解放思想は、男性中心社会のもとで抑圧されていた女性の自我の解放をめざすなど、内面的傾向が強かった。それは「元始女性は太陽であった」という『青鞜』の精神を表わすとされる文章によく現れている。その思想的中核には、日本の伝統的な男尊女卑思想との絶縁から生じた近代的恋愛幻想と、女性の精神的連帯を説く女性中心主義がある。しかし結婚・出産によって日常生活の諸問題に直面し、『青鞜』廃刊以降、1919年に市川房枝らとともに新婦人協会を結成し、治安警察法第5条修正と花柳病(性病)男子結婚制限法制定の運動を展開した。女性の社会的・精神的自己実現を「母性」に求める平塚の母性主義は、個を突破して国家に献身する「母性」思想へと直進していった。40年代になると、「国民優生」の重視を通して国家主義に加担し、「国体」尊重、天皇の名のもとの戦争を肯定するなど、このころの言説に現れる戦争責任は免れ得ない。しかし第2次大戦後は反戦・平和の立場をとり、非武装中立を求める女性運動の先頭に立った。

(大越愛子)

が男性中心に形成された欲望のあり方に迎合するものと指摘し、日本の封建的性文化が生み出した公娼制度を問題化した廃娼運動の意義を擁護した。そして性売買の背景には、私有財産制に基づく富の不均衡と女性の隷従があることを明示した。

　これらの論争は、男尊女卑的性道徳に抗する女性たちの試行錯誤に満ちた挑戦を反映するものである。しかし「恋愛」で結ばれた男と女の関係を特権化する異性愛主義、一夫一婦制結婚道徳主義、また「母性」を女性の本能とする母性本質主義など、国家の性管理の枠内の性道徳に基づいたもので、今日的に見れば限界がある。とはいえ、彼女たちの提起の多くが現在も依然として未解決であることを見過ごしてはならない。

　『青鞜』は、平塚のあとに編集を継いだ伊藤野枝によって、16年、第6巻第2号で廃刊となった。

伊藤野枝（鈴木裕子監修『先駆者たちの肖像』ドメス出版、1994）

（大越愛子）

日本の廃娼運動

世界の廃娼運動

　1870年代に、ジョセフィン・バトラーを中心とした女性運動家、労働者、キリスト教徒などの連帯を通じて、女性の性の収奪としての性買売に反対する国際的な運動が盛んとなった。しかし次第にそれは、女性の純潔を重視し、堕落した女性の救済を目的とする、キリスト教倫理に基づく社会浄化運動に変質した。1877年に万国廃娼同盟会の第1回世界大会がジュネーブで開かれ、公娼制度は「自由の原則に反する」という決議が出された。公娼制度廃止の機運が世界的に高まった。

（大越愛子）

◆1　刑法第29章第212条は、「堕胎の婦女薬物を用ひ又は其他の方法を以て堕胎したるときは1年以下の懲役に処す」とある。

◆2　男女の性欲の発動は本能に基づく自然的なものだから抑制することはよくないとする考え方。家父長制社会においてはとくに男性中心的な性欲の発動を正当化するために主張されたが、近年の性医学の発達でこの説は崩壊した。

婦人矯風会の誕生と活動

日本においても、万国婦人矯風会本部からの特派員派遣に触発され、1886年東京婦人矯風会(会頭・矢島楫子。1833〜1925)が誕生し、一夫一婦制確立、海外「醜業婦」取締りなどの建白・請願運動を展開した。1900年2月に、「娼妓の廃業は自由である」とする大審院判決が出ると、女性たちや支援者、救世軍が応援した、娼妓たちの自由廃業運動が全国的に広がった。

全国各地に婦人矯風会がつぎつぎと誕生したが、1893年にはそれらを統合して、日本基督教婦人矯風会(会頭・矢島)が発足した。一夫一婦制確立、公娼制度廃止を掲げた「廃娼運動」には矢島をはじめ、林歌子(1865〜1946)、久布白落実(1882〜1972)など婦人矯風会の女性たちが、積極的に関わることとなった。

1911年には廃娼運動に取り組む団体の組織化がはかられ、男女共同の廓清会(会長・島田三郎、副会長・矢島)が発足した。矯風会と廓清会は、各地で遊廓設置反対運動を展開したが、17年に大阪の文教地区であった飛田に遊廓が設置されることが決定したのち、地元大阪を中心に起こった飛田遊廓設置反対闘争はとりわけ激しく、矯風会大阪支部が議会へ請願デモをおこなうなど、精力的に活動したことで知られる。

矯風会が、貧しい女性が前借金で縛られ、性を搾取されることに義憤を

コラム●母性保護論争

1918年から翌19年にかけて展開された論争。与謝野晶子が、出産・育児は私的領域に属する問題として、国家による母性保護の要求を厳しく批判したことを契機に、激しい論争が起こった。平塚らいてうは「母は生命の源泉」と「物の生産」に優先するべき「生命の再生産」の意義を唱え、母性保護の国家的意味を主張した。この両者にたいして、山川菊栄は、女性の経済的独立と母としての権利の両立を不可能にする元凶として、資本主義の女性搾取体制を指摘した。母性をめぐる当時の3つの立場、女権主義(女性の個人的自由を重視する立場)、母性主義(女性の特質とされる種の再生産を高く評価する考え方)、社会主義(資本主義による女性搾取、階級、性、民族の分断を構造的に解明する論理)がぶつかりあい、激しい論争が展開した。「母性」にのみ焦点が当てられ、男性の責任が問われていないなど、今日的課題が残る。　　　(大越愛子)

第3回全国廃娼同志大会(1928年6月)。右は日本基督教婦人矯風会会頭・矢島楫子、左は廓清会会長・島田三郎。（鈴木裕子編・解説『日本女性運動資料集成』第8巻、不二出版、1997）

感じ、「娼妓」とされた女性たちの救済に全力を尽くしたことは明らかである。しかし廃娼運動が、「娼妓」とされた女性を「醜業婦」と呼んだ点からも、女性を「妻」と「娼婦」に分断し、性買売を罪とみなす、当時の男性中心的キリスト教の性道徳に基づいて行動していたという限界を持っていたことは否めない。 　　　　　　　　　　　　　　　　　　　　　（大越愛子）

全国公娼廃止期成同盟会から廃娼連盟・国民純潔運動へ

　23年9月、大地震が関東地方を襲い、震災救護活動のなかから同月28日、東京連合婦人会が誕生した。思想や党派を超えて東京連合婦人会に参加した女性たちはともに手を携えて公娼廃止や参政権獲得でも共同行動をおこなった。同年11月公娼廃止を求めて、全国公娼廃止期成同盟会が結成され、アピール「国民に訴う」を山川菊栄が執筆、従来の女性キリスト者を中心とする廃娼運動の潮流に社会主義の立場に立つ山川らが加わり、廃娼の女性共同戦線が志向された。しかしこの試みは、まもなく挫折した。

　それに代わって2つの廃娼団体、日本基督教婦人矯風会と廓清会が廃娼に狙いを定めて、26年6月廓清会婦人矯風会連合を発足させ、運動の全国的展開を図った。同連合（のち廓清会婦人矯風会廃娼連盟と改称。略称・廃娼連盟）は、第1期運動として中央運動（対政府・対帝国議会運動）、地方運動（対府県会、府県別廃娼同盟会の結成）、教育宣伝運動を展開、埼玉・福井・福島・秋田の4県会で廃娼決議を勝ちとった。この成果をバネに30年、5カ年計画により地方から帝国議会への包囲網をつくり、最後の年の34年いっきょに廃娼令を獲得するという目標のもとに第2期運動が着手された。

ところが34年、廃娼陣営の一部と貸座敷(遊廓)業者との間に妥協が成立し、「公娼廃止、私娼黙認」の線で合意が成立し、一部を除いて廃娼陣営はおおむねこの妥協に傾いた。一方、取締り当局の内務省も強い国際的批判を意識してこの動きを歓迎した。しかし廃娼は断行されぬまま、廃娼連盟は、35年3月、「廃娼近し」とみて、早々と改組・解散を決め、新たに国民純潔同盟を発足させた。同盟は、「官民協力」して「国民純潔の精神を鼓舞」し、「男女道徳理想化の一大倫理運動」を標榜した。「娼妓」の人権は後景に追いやられた。

(鈴木裕子)

日本の女性参政権運動

新婦人協会の結成と治安警察法第5条改正運動

1890年公布の集会及政社法は、女性の政談集会会同、政治結社加入禁止を打ち出し、政治的権利を剥奪した。10年後、集会及政社法は、新たに制定された治安警察法(治警法)第5条に引き継がれた。1910年代のデモクラシー機運のなかで、19年、平塚らいてう、市川房枝(1893〜1981)、奥むめお(1895〜1997)らは新婦人協会を結成し、女性・母・子どもの権利擁護、家庭の社会的意義の闡明などを綱領に掲げ、治警法第5条改正運動、花柳病(性病)男子結婚制限運動を展開した。新婦人協会は22年4月にいたり、治警法5条の一部改正を実現させ、政談集会発起・会同を勝ちとった。

しかし新婦人協会にはすでに分裂の兆しがさしており、22年12月、解散し、後継団体として婦人連盟が発足した。翌23年2月婦人連盟・新真婦人会・婦人禁酒会等が結集し、婦人参政同盟が結成され、婦選運動の大同団結が目指された。

婦選獲得同盟と婦選運動

東京連合婦人会の結成は、参政権問題でも一歩、駒を進めさせた。同会政治部設置を経て婦人参政権獲得期成同盟会(24年12月結成)や政治研究会婦人部(25年3月設置)の発足にいたった。25年3月、治安維持法と抱き合わせの、男子「普通選挙法」が成立すると婦人参政権獲得期成同盟会は、同年4月「婦選」の二文字に思いをこめ、婦選獲得同盟と改称した。他方、関西・西日本においても婦選要求は活発化していった。西日本の婦人会組織を結集した全関西婦人連合会は、24〜25年ころより大会議題に婦選を掲げた。

婦選獲得同盟の確立は、戦前日本における女性参政権(婦選)運動の本格的展開をもたらした。同盟を軸に婦選運動は30年を画期に最高頂に達した。しかし31年柳条湖事件(9・18事件)が勃発し、次第に軍部ファシズムが強まるにつれ、「婦選」要求の運動はカベに突き当たる。
　そこで婦選運動陣営がとった戦術は、婦選の旗は掲げつつも、自治体政治や自治振興への協力に活路をみいだすという「戦術転換」「方向転換」であった。35～36年にかけて展開された半官半民の選挙粛正運動への参加は、この「方向転換」をいっそう推し進め、つぎのステップである戦時総動員体制へのなだれ込みを容易にさせた。　　　(鈴木裕子)

新婦人協会の人びと。新婦人協会第1回総会で左から3人目平塚らいてう、その右が奥むめお、1人おいて市川房枝
(日本近代史研究会『国民の歴史』第12巻、国文社、1964)

朝鮮の女性教育運動

女子教育の必要性

　3・1独立運動以降朝鮮女性の教育熱は高まっていき、女性教育の必要性が強調された。女性教育は大韓帝国期の富国強兵、愛国啓蒙運動の一環としての女性教育から一歩進んで、民族独立運動の一方法として積極的に要請されていった。このような意味での女性教育の必要性と緊急性は3・1運動を機にはるかに高まった。教育内容においては伝統的な女性像の克服が十分になされていなかったものの、女性にたいする近代的な新教育の量的広がりは、女性自身や一般社会の意識をある程度変化させるのに寄与した。
　しかし、女性のための教育機関は依然としてひどく不足しており、その需要を満たしていなかった。そのため、新教育を先駆けて受けた女性たちは女性団体を組織して教育運動を展開した。教育内容も文字習得や修身斉家、子女教育のためのレベルを超え、しだいに女性問題や政治思想の討論へと拡張されていった。

女子教育団体の組織と活動

1920年2月、朝鮮女子教育会は一般の家庭婦人のための夜学講習所から出発した。22年に朝鮮女子教育協会と改称して槿花学院を設立し、25年には槿花女学校を設立した。純ハングル雑誌である『女子時論』を発行し、21年からは全国巡回講演会、演劇公演などを通して女性教育の重要性を訴えた。この団体は女性の意識啓発と実生活に役立つ内容を中心に、正規の学校に行くことのできない寡婦女性たちの教育に力を注いだ。22年4月に創立された朝鮮女子青年会も、家庭の女性を対象に常設の夜学である朝鮮女子学院を運営し、朝鮮語・算術・漢文を教える講習会も開いた。そのほか婦人見学団、活動写真大会、音楽会など多様な活動が繰り広げられた。

とりわけ貧民下層階級の女性の教育と自立を模索した女子苦学生相助会は、22年4月から学資金を用意するためにミシンを設置して働きながら学んだ。同時に全国巡回講演会を開いたり社会運動に積極的に参加する学生団体として活動した。つまり女性教育諸団体は、大韓帝国時期の民族独立と救国運動の性格を帯びた女性教育運動の流れを継いで、夜学運動などを

コラム●文字普及および啓蒙運動「知ることは力、学ばねば生きられない」

女性のための正規の教育施設は不足し、女性が教育を受ける機会はきわめて制限されていた。そこで女性たちは書堂や夜学、講習会などに通った。初等教育を受ける女学生の数は、1910年には1274人から42年には50万人余と390倍以上に増加した。しかし日本帝国主義末期にいたるまで、普通学校に通うことができたのは20～30％程度にすぎなかった。そのうち女学生の構成比が10分の1から5分の1程度であったことを考えるなら、正規の教育を受けられる女性の数はまったく微々たるものであった。こうしたなかで、1930年代の『朝鮮日報』『東亜日報』のヴ・ナロード(民衆の中へ)運動に女性団体が積極的に協力したのは当然のことであった。とりわけ夜学など農村女性を対象にした識字運動は、「知ることは力、学ばねば生きられない」というスローガンのもとにもっともさし迫った課題を追求したものであった。20年代の都市女性中心の教育運動が30年代に農村にまで大きく広がっていったのである。しかし30年代後半になると、日本帝国主義の戦争に協力する日本語普及運動へと大きく変質した。　　　　(申　栄淑)

全国巡回公演会に出発する朝鮮女子教育会会員
(『東亜日報』1921年10月1日)

推し進めることで新女性の出現と職業進出の契機を用意することとなった。こうして女性教育運動は日帝時期を通して代表的な女性運動として持続的に展開された。　　　　　　　　　　　　　　　　　　　　（申　栄淑）

朝鮮の新女性と社会の変化

新女性の出現

　第1次世界大戦とロシア革命前後の歴史的産物として登場した「新女性」は、朝鮮において3・1独立運動前後に出現した。これは戦争中に男性に代わって本格的な産業の担い手となった女性が、従来の家庭を守っていた「賢母良妻」という女性像とは異なる、社会的人格として浮上したことを意味する。
　当時、短髪(毛断＝modern)に洋装の新女性は、キリスト教式洗礼名と西洋式文化生活を追求し、社会主義女性解放論に目覚め、自由恋愛、自由結婚を主張しつつ女性にだけ押しつけられる「貞操」イデオロギーの不当さを積極的に批判した。これにより男女差別的な従来の社会認識は少しずつ揺らぎはじめ、女性の生活像もじょじょに変化することとなる。代表的な第1世代の新女性としては西洋画家の羅蕙錫(ナ・ヘソク)、小説家の金一葉(キム・イリョプ)、金明淳(キム・ミョンスン)、声楽家の尹心悳(ユン・シムドク)らがいる。しかし、彼女らを容易には受け入れなかった当時において新女性が背負わねばならないリスクは大きかった。

新女性の生活の様相

　1920年に新女子社の主幹として活動した一葉金元周が自由恋愛と結婚を主張、実践したのにくらべて、金活蘭のように独身を通した新女性も多かった。また早くに夫と死別して女性教育や運動に身を捧げた女性や、家族の生計を担った職業女性たちも少なくなかった。

　新女性には、教師、記者、医師などの専門職のみならず、音楽家、画家、文人、俳優などの芸術家や女性飛行士もいる。また事務職、サービス職のようないわゆる近代的女性職と女性労働者が増えはじめた。彼女らは伝統的家父長制の弊害と植民地支配に苦しめられながら、それを克服しようとする女性運動に積極的に飛び込むこともあった。新女性は理念と思想において民族主義と社会主義などに大きく分かれて活動する。

（申　栄淑）

結婚直後の羅蕙錫（1920年ころ）

3 抗日民族主義運動と女性

女性運動の広がり

　1920年代の民族運動は、キリスト教・仏教・天道教などの宗教界と教育界の人物が大挙して加わった実力養成運動と、国内外での組織的な抗日武装独立闘争に分かれた。たとえば物産奨励運動は、民族資本である朝鮮人所有の民族企業育成を支援して日本人の大資本の経済侵略を阻止し、民族経済の自立を促そうとする民族運動の一つであった。

　民族解放運動が発展するとともに女性運動もさらに進展した。キリスト教・仏教・天道教などの民族主義系女性諸団体は実力養成運動の次元で教育、生活改善、節約と節制を強調し、女性の地位向上を図った。

　国内において武装独立闘争をおこない、また海外へと亡命した女性たちが団体を組織、抗日独立資金を調達するなど活発な運動を展開した。

抗日女性独立運動

　抗日女性独立運動とは、大韓帝国期の義兵運動などの国権回復運動の延長線上で男性たちの独立運動を手伝うことにとどまらず、女性も直接に武力抗争に加わったものをいう。1920年に趙信聖（チョ・シンソン）が組織した「大韓独立青年団」は抗日独立資金の募金、独立運動家の隠れ家提供とレポ（連絡）などはもとより、抗日テロ工作も試み、独立思想の鼓吹と実践運動に積極的に加わった。平安南道孟山郡（ピョンアン・メンサン）のある虎の巣穴に本部をおいたこの組織は、寧遠（ヨンウォン）、孟山、徳川（トクチョン）の3つの郡の多数の青年たちを集めて日本人巡査および親日派の暗殺を図るなどして、大いに朝鮮独立思想を宣伝した。寧遠で逮捕された趙信聖は、全国を騒がして日本警察の肝を冷やさせ「女将軍」と呼ばれた。

　また安敬信（アン・ギョンシン）は3・1運動以後平壌で愛国婦人会活動をしていたが、20年初めに夫の金行一（キム・ヘンイル）とともに上海に亡命した。同年8月米国の議員団が朝鮮を通過すると聞いて朝鮮の熱烈な独立思想を知らせるため帰国し、平安南道の道庁に爆弾を投げた。しかしこのような抗日女性独立運動は主に間島（カンド）地方（豆満江、鴨緑江の北岸地帯。「満州」における独立運動の拠点）など海外で活発に展開され、国内ではさほど多くはない。のちに現われる共産党再建運

動に関わる女性たちの秘密組織運動もこれにあたる。

国外の女性独立運動

　3・1独立運動を前後した時期、「満州」とロシア領内の韓人居住地は独立軍の基地としてさまざまな抗日団体が組織された。1919年の上海臨時政府愛国婦人会をはじめ、琿春愛国婦人会、南京朝鮮婦女会、ロシア沿海州の新韓村婦人独立会など、海外女性諸団体の組織的な活動が展開された。とりわけ「満州」では、社会主義団体の婦女夜学運動と抗日宣伝事業、遊撃隊または革命軍にたいする援護事業、負傷者の治療と看護など抗日運動の一翼を担った。このような女性独立運動は戦時の重慶などでの韓国愛国婦人会などの活動へと引き継がれた。

　米大陸地域でも、大韓女子愛国団(1918年8月結成)や槿花会(1928年2月結成)などが資金を集めて韓国内の民族解放運動を支援し、米国をはじめとした世界列強に韓国の独立を請願した。また、韓人女子学院を設立して教育と文化運動にも力を注ぐとともに、国語教育奨励、日本商品排斥、被災同胞救済などの活動を展開した。そのほかにも米州婦人会、メキシコ大韓婦人愛国会など米州地域の多くの女性諸団体が民族運動と女性運動に積極的に加わった。これら海外女性独立運動は朝鮮民族の生を維持することや海外で韓国同胞が根を下ろすのに大きく貢献した。　　　　（申　栄淑）

コラム●「赤い恋」と許貞淑

　許貞淑(ホ・ジョンスク)は弁護士であり民族運動家であった許憲(ホ・ホン)の娘で、咸鏡北道(ハムギョンブクト)の明川(ミョンチョン)で1902年に生まれた。培花女学校を卒業後、日本の関西学院、米国のコロンビア大学に留学した。20年5月の高麗共産党創建のころ、社会主義に接した彼女は、当時ロシアの女性革命家で『赤い恋』の著者アレクサンドラ・コロンタイにならって社会主義女性運動に関わるかたわら数度の自由恋愛と結婚、離婚を敢行し、『赤い恋』の使徒の役割を果たした。『赤い恋』は社会主義者の間の同志的恋愛を標榜、恋と革命を同時におこなうことを意味する。許貞淑は朝鮮青年総同盟などの組織運動に父親の積極的な支援を引き出す一方、女性同友会と槿友会のソウル女学生万歳運動を主導した。　　　　（申　栄淑）

コラム●物産奨励運動「自分の生活は自分のもので」

「朝鮮人は、朝鮮のもので」というスローガンのもと、多くの女性たちが物産奨励運動に積極的に呼応した。馬山(マサン)の妓生(キーセン)組合も総会を開いて朝鮮物産を使用し質素な生活をすることを決議した。とりわけこれに参加した女性たちは、食べ物や日用品は自国産品を使用することなどを基本とした。たとえば黒の無地のチマチョゴリをはく運動も展開されたが、これはむしろ日本帝国主義が「白衣民族」の同質性を打ち砕くのに悪用された。ともかく「自国産品愛用にたいする女の責任」のような講演会も開き、女性たちが自分たちのものを買って使い、節約してこそ民族と家庭をおこすことができ、そうしてこそ民族経済の自立と復興が可能になると主張した。このような運動は生活改善運動の一環として女性が参加しやすい利点はあったものの、改良主義的実力養成運動という限界があった。

(申　栄淑)

コラム●海外民族運動の力、女性

李華林(イ・ファリム)(1905〜)は1927年に朝鮮共産党に加入した後、30年に上海で金九(キム・グ)の率いる韓人愛国団の中核メンバーとして活動、日本軍の密使たちを誘引、殺害するのに荷担した。同時にナムル売り、洗濯、刺繡(ししゅう)などをして臨時政府要員たちの生活を助けた。

32年1月李華林は同志李奉昌(イ・ポンチャン)による昭和天皇裕仁暗殺のための手榴弾を製造し、32年4月には虹口公園(現・魯迅公園)義挙のために尹奉吉(ユン・ボンギル)と偽装結婚した。36年1月に金元鳳(キム・ウォンボン)の民族革命党婦女隊長を経て38年に朝鮮義勇隊に入隊。主に医療保健事業と宣伝活動をおこない、朝鮮女性の組織化、中国女性たちとの統一戦線結成などに尽力するなか延安で解放を迎えた。李華林のほかにも上海臨時政府の財政を担っていた鄭靖和(チョン・ジョンファ)など多くの海外在住女性運動家たちが民族独立運動に献身した。

(申　栄淑)

4　関東大震災・朝鮮人虐殺・金子文子

関東大震災と朝鮮人虐殺

「流言蜚語」

　23年9月1日、関東地方を襲った大地震は14万人あまりの死者・行方不明者を出す甚大な被害を出した。そして人びとが恐怖と不安に陥っているとき、「朝鮮人が放火した」、「朝鮮人が井戸に毒を入れた」という「流言蜚語」(デマ)が流れた。混乱と恐怖に包まれた人びとはそのデマを信じ、各地で組織された自警団に軍隊や警察も加わり、多くの朝鮮人や中国人を虐殺する行為に及んだ。◆1

　「朝鮮人・社会主義者暴動」の流言蜚語が起こると、政府はかえってこれを煽り、警察も虐殺を阻止せず、このため多くの朝鮮人が日本民衆によって虐殺された。デマを容易に信じさせた背景には、朝鮮人への根強い偏見と不信感があった。

　19年の3・1独立運動後、軍と警察は朝鮮人を「不逞鮮人」として警戒を強め、取締り対象としてみるようになっていた。また、新聞は「独立の陰謀を企てる不逞鮮人」という記事をことさらに強調して報道し、根拠もなく朝鮮人にたいする不信感を与える場合もあった。たとえば22年の『横浜貿易新報』は、「小田原町の電柱へ不穏文書を貼る火事頻発人心動揺の折柄不逞鮮人が入り込んだ噂」と、根拠もなく火事と朝鮮人を結びつける報道をおこなっている。

　こうしたなか、治安当局の松井茂は「民衆警察」の気風を国民がもつようにと繰り返し主張し、それを受けて、朝鮮人と社会主義者を警戒の対象にしたと思われる自警団組織が生まれていった。関東大震災直前の23年7月のことである。朝鮮人の独立運動が盛りあがりをみせたために、警察は朝鮮人が数人集まるだけで過度に警戒し、取締りを強めるようになり、一般の人びとに朝鮮人への敵愾心と恐怖心を植え付けた。

朝鮮人虐殺の背景

　民衆は竹槍や鳶口などで武装して、自衛行為であるかのように朝鮮人を

襲った。しかし殺されたのは、彼らのいうところの「不逞鮮人」だけでなく、女性や子どもも含まれていた。女性にたいしてはとくに残忍な虐殺行為が目立った。また、警察に保護された朝鮮人までもが引きずり出されて殺されるケースもあった。それはもはや、恐怖心による自衛行為をこえていた。それどころか、朝鮮人虐殺を「天下晴れての人殺し」と言って、殺した数を手柄話のように語る者までいた。官憲が「鮮人と見れば打殺してよろしい」と触れ回ったという複数証言からわかるように、権力の後ろ盾があったからこそ罪の意識が失われ、虐殺をさらに拡大させた。また政府は、虐殺をおこなったのは自警団のみであるとしたが、これに怒った自警団員たちは軍と警察が直接「朝鮮人狩り」をおこなった事実を暴露した。殺された朝鮮人犠牲者の数は数千人に及ぶともいわれている。

関東大震災では多数の朝鮮人が虐殺された。
これは虐殺現場の1つとされる東京・柳橋付近
(日本近代史研究会『国民の歴史』第13巻、国文社、1964)

日本国家の虐殺隠蔽とその責任

　多くの虐殺に軍と警察が直接、間接に関与し、国家が人びとを虐殺へと駆り立てたのはまぎれもない事実であった。それにもかかわらず、報道規制をし、証拠隠滅を図るなどして、政府は国家責任を逃れようとした。自警団の一部だけがその罪を問われたにすぎない。今日にいたっても国家責任が問われることもなく、実態調査もおこなわれず、事実をひた隠しに隠しつづけている。

◆1　王希天ら、在日中国人の虐殺も700人以上にのぼり、また日本人も、千葉県福田村で売薬行商人の一行などが当地の自警団に襲われた。
◆2　震災後11月末までにおこなわれた虐殺犠牲者の調査は「在日本関東地方罹災朝鮮同胞慰問班の調査報告」にまとめられ、その数6661人と発表した。しかし詳細に検討すると重複しているものもあり、実際はそれより少ないといわれている。だが司法省報告の230人は到底ありえない。神奈川県だけでも約2000人という数字が確認されていることから、5000人近い数が推測される。

朝鮮人側は、虐殺直後から調査団を組織し、真実を明らかにすることを日本政府に要求しつづけたが、無視されてきた。調査も謝罪もないまま今にいたっているという事実は、犠牲者と遺族のみならず、多くの在日朝鮮人の記憶にも不条理な歴史の1ページとして刻まれている。◆1

虐殺事件・弾圧が与えた影響

関東大震災では、朝鮮人・中国人虐殺のほか、混乱に乗じて、東京・亀戸の戦闘的労働者の平沢計七や川合義虎らが亀戸警察署に留置中、秘密のうちに軍隊の銃剣で殺された(亀戸事件)。アナキストの伊藤野枝(1895～1923)も、夫の大杉栄と大杉の甥・橘宗一(6歳)とともに、東京憲兵隊分隊長・甘粕正彦憲兵大尉らによって連行され、憲兵隊本部で扼殺され、事件隠蔽のため、死体を古井戸に遺棄された(甘粕事件)。これらの事件や朝鮮人・中国人虐殺は、当時の日本の社会運動に影響を与えた。

労働組合の唯一の全国的組織・日本労働総同盟(総同盟。友愛会の後身)は、前年22年、労働組合の実力によって労働者階級の完全な解放と自由平等の新社会を目指すという内容の戦闘的綱領を定めたが、関東大震災時のこれらの虐殺・弾圧事件のあと方向転換し、普選実施など現実的・改良主義的運動に転じた。

(金 栄)

金子文子の思想と行動

天皇制への反逆

23年9月3日、関東大震災の混乱のなかで、金子文子(1903～26)は、同志であり伴侶である朴烈とともに検束された。当初、問われた罪は「治安警察法違反」だったが、やがて「爆発物取締罰則違反」へとエスカレートし、26年3月「大逆罪」で死刑宣告を受けた。その数日後、天皇の「恩赦」によって無期懲役に減刑された。だが彼女は、その4カ月ほどのちの26年7月、栃木女囚支所房内で縊死したとされている。

朴烈と2人で、「不逞鮮人」を想起させる『太い鮮人』と題する雑誌を発行し、「不逞社」を組織し、皇太子爆殺を計画したと主張した金子文子は、何にたいして抗い、何を渇望したのか。彼女の生と思想の軌跡は、植民地を領有した天皇制国家の権力によってこの体制の最下層あるいは辺境部におかれた人間のなし得た選択、その極限形のひとつを示しているといえ

る。

「神聖な平民」として

　刑法第73条(大逆罪)および「爆発物取締罰則違反」に関する訊問調書(1925)によれば、年齢を問われ、金子文子は次のように述べている。「役人用には」、つまり戸籍上は24歳だが、自身の記憶では22歳、しかし「どちらも信じていないし、その必要もない。ただ私が今自身の生活を生きていくことと関係がない」。

　また「族称」や職業についての問いには、「神聖な平民」で、「現にあるものをぶち壊すのが私の職業」であると、「虚無主義」を名のる者として応答している。さらに「刑罰に処せられたことはあるか」という問いへの答えは、このとき彼女は死刑判決を予測していたと考えられるが、「近い将来において頂戴するでしょう」というものだった。

金子文子(鈴木裕子編・解説『日本女性運動資料集成』第3巻、不二出版、1994)

『何が私をかうさせたか』

　金子文子は、訊問調書や、手記『何が私をかうさせたか』のなかで、自身の生と思想がどのようにして形成されたのかを語っている。父が戸籍に入れなかったために彼女は「無籍」者となり、極度の貧困のゆえに、学校での成績がよくてもひどく差別された。父は遊廓に入り浸り、おのれの利益のために、彼女の「性」を利用して義弟(文子にとっては叔父)と結婚させようと

◆1　「朝鮮人迫害事実調査会」がつくられ、多くの迫害・妨害のなかで調査し、23年12月に在同郷朝鮮人大会を開催して、流言蜚語や朝鮮人虐殺に関する日本政府の責任を追及する声明文を出した。後年、虐殺のあった現場に追悼碑、供養塔が建てられたが、多くは、「悲惨な最期」を記すのみで、誰が虐殺したかの記述は回避されている。

◆2　朴烈(1902〜1974)は1919年に3・1独立運動に参加したあと、同年10月に日本へ渡る。日本帝国主義権力の打倒をめざす運動のなかで、金子文子に出会い、22年から共同生活に入った。虚無主義の思想を抱いていたことから官憲から狙われ、震災時に文子とともに検束された。解放後、韓国に帰るが、朝鮮戦争のさなか、北朝鮮に連行、その地で死去。

◆3　彼女らは「不逞鮮人」とは、暗殺・破壊・陰謀を謀るものではなく、「自由の念に燃えて居る生きた人間である」と称した。

画策し、父としての権威、権力をふりかざして、彼女の強い向学心や、自立の望みを否定した。そして母は、「男」に依存して生きることを選び、父が幼い彼女に暴力を加えても救おうとしなかったのである。

金子文子にとっての「朝鮮」

『何が私をかうさせたか』には、幼時、父方の祖母に引き取られて朝鮮半島に渡り7年間をすごしたこと、そのときの体験が、文子にとって大きな意味を持ったことも書かれている。彼女は、祖母の家族をはじめ支配者として君臨する日本人が朝鮮人を蔑視し、搾取をほしいままにしているさまを目の当たりにした。他方、祖母一家に虐待され、飢えている彼女に声をかけ食事を与えようとしてくれた朝鮮人のおかみさんの優しさ、「人間の愛」に感動したのだった。また、訊問調書には、3・1独立運動を目撃したことについて、次のような言葉が記録されている。「朝鮮に居て朝鮮独立騒擾の光景を目撃して私すら権力への叛逆気分が起こり朝鮮の方の為さる独立運動を思う時他人の事とは思い得ぬほどの感激が胸に湧きます」

「不逞者」の思想

「法」や「道徳」は「強者に都合好く練り上げられている」と喝破し、国家体制に反逆する「不逞者」金子文子に、予審判事は「転向」「反省」をすすめた。

コラム● 『クラルテClarté』と『種蒔く人』——フランスから日本、そして植民地時代の朝鮮へ

3・1独立運動後、第3代朝鮮総督の斎藤実が行った宥和懐柔策の一環であった文化政治により民間三紙が誕生するなど、文化活動が一部可能になった。文芸活動を通じて民衆の意識や生活向上の指導に努めることが知識人の社会的責務だとする文化的動きも芽生えた。「万人に光を」をスローガンとするフランスのクラルテ運動(1918年に始まった反戦文学運動)に共鳴して、日本で文芸同人誌『種蒔く人』が小牧近江らによって21年に発行された。これに影響を受けた金基鎮と金熙明のような日本に留学した文学者らは、植民地統治勢力に抑圧されている大衆の教化や生活の向上こそ人びとを鍛え民族を解放する近道と考え、知識人は社会的役割を自覚し、大衆指導の実践的行動に率先すべきだと主張した。なかでも金基鎮は、朝鮮初の新劇運動である土月会や朝鮮プロレタリア芸術同盟＝カップ(略称KAPF、1925〜35)の結成に少なからず影響を与えた。

(李　修京)

だが、飢えに苦しみ、死に瀕する労働を強いられている民衆にたいして、「天皇が実は一つの肉のかたまり」であり「人民と平等であるべき」ことを知らせるために、「木偶ではあるが、政治の実権と一体不離の関係」にある皇太子に爆弾を投げようとしたことを反省したり、権力についての考え方を変えるつもりはないと拒否し、死刑判決を受けた。天皇の慈悲を意味する「恩赦」も拒否したと伝えられている。

　金子文子は、天皇の家系を神聖、尊貴なものとした帝国日本の権力者たちが、「合法」的に構造化した差別、家父長制的な「性」関係、階級的な差別に苦しめられた。だが、圧政に虐げられた者たちがしばしば進んでしまう方向、構造化された差別の階梯のなかでより上位を目指すということ、他民族を自分より下位において差別するという方向を選択しなかった。彼女が獲得したのは、「個人の価値と権利において平等観に立つ結束、ただそれのみを、人間相互の間における正しい関係」として肯定するという思想だった。
　　　　　　　　　　　　　　　　　　　　　　　　　　（井桁　碧）

資料●金子文子「権力の前に膝折って生きるよりは……」

「私はね、権力の前に膝折って生きるよりは、むしろ死んであくまで自分の裡に終始します。それが御気に召さなかったらどこなりと持って行って下さい。私は決して恐ろしくはないのです。」（「第3回尋問調書」1924）

5 社会主義・共産主義運動と女性運動

日本の社会主義・共産主義運動と女性

社会主義と女性

　欧米で思想的・実践的に成熟した社会主義は、自由主義などとともに近代化・文明化を促進する思想として20世紀初頭前後に日本に輸入された。日本の社会主義は、幸徳秋水・堺利彦・山川均などによって、急速に発展する日本資本主義がもたらす経済格差、社会的不平等、苛烈な労働者搾取の原因を明らかにし、その元凶としての現体制の変革を説く革命思想へと発展した。女性の抑圧を、資本主義体制に基づく社会的・経済的問題から解き明かす社会主義女性論は、社会や生活のなかの性差別の解決を求めて苦闘する女性たちを、社会主義運動へと導いた。大逆事件後、社会主義者たちは逼塞を余儀なくされたが、1910年代後半以降、労働者、農民の運動が大衆的に盛りあがる。

　第1次世界大戦後、資本主義の搾取体制の最前線である労働現場において、女性労働者たちもまたストライキを闘った。彼女たちは実践運動のなかで不平等な社会の歪みに疑問を抱き、資本家たちに抵抗した。紡績工場に働いていた山内みな（1900～90）は、「こうした不当なやり方をした時に、資本家を取締る法律はないのでしょうか」と記した。こうした女性労働者たちの切実な声にもかかわらず、社会主義者の多くは男性中心的で、彼女たちを階級闘争の主体として位置づける者は少なかった。当時の社会主義女性論も生物学的性差に基づく自然分業論を踏襲しており、女性の問題を階級問題に従属するものと捉えていた。

赤瀾会

　1917年のロシア革命の成功は、世界中に衝撃をもたらした。メーデー歌やインターナショナルの歌の歌詞にあるように、労働者という立場を通して、世界の人びとがつながるという理想が生きた時代であった。20年に日本社会主義同盟が結成されたが、政府の弾圧政策で半年で瓦解した。直接行動を唱えるアナーキズム派とマルクス主義理論に依拠するボルシェ

赤瀾会の女性たち。左から堺真柄、高津多代子、仲宗根貞代。抱かれているのは高津暁子
(日本近代史研究会『国民の歴史』第12巻、国文社、1964)

ヴィズム派との対立は決定的となり、女性たちの運動にも影響が出た。

そうしたなかで、21年に日本最初の女性社会主義団体・赤瀾会が結成された。世話人として九津見房子(1890〜1980)、堺真柄(1903〜83)、橋浦はる子(1898〜1975)、秋月静枝、顧問として山川菊栄、伊藤野枝があげられる。堺真柄の起草による「私達兄弟姉妹を窮乏と隷属に沈淪せしめたる一切の圧制にたいして断固として宣戦を布告する」という綱領が掲げられた。その年の第2回メーデーには、赤瀾会の旗を翻し、女性として初参加をとげた。全員検束という警察の弾圧にめげない堂々とした彼女たちの姿は、大きな反響を呼んだ。

評議会婦人部設置についての論争

20年代に入って展開した女性運動の地道な努力、また22年夏に発表された山川均の「無産階級の方向転換」論の影響もあり、従来ブルジョア的とみなされていた女性の権利獲得の諸要求が、社会主義女性運動のなかでも取りあげられていった。赤瀾会の解散後、山川均・菊栄主宰の水曜会で社会主義理論を学んだ女性たちは、国際的女性運動との連帯を記念する3月8日にちなんで八日会(前身・七日会)という社会主義女性グループをつくった。この八日会のメンバーが事実上の働き手になって、労農ロシア飢饉救済運動などをおこなった。23年3月8日の第1回国際女性デーには、女性だけの演説会を開いた。しかし警官の介入により、30分で解散を余儀なくさせられた。

厳しい社会情勢のなかで、労働運動をリードしていた日本労働総同盟は

1925年3月に左右分裂し、5月に左派の日本労働組合評議会が結成された。婦人部設置が議論され、その具体化のため同年10月に各地域の有力な女性組合員たちを招集して、評議会全国婦人部協議会が開かれた。委員長は丹野セツ(1902〜87)、常任委員は九津見房子だった。協議会の2日間の討議を経て、「婦人部テーゼ」が可決された。

山川菊栄起草によるこのテーゼは、階級的立場から女性労働者の現状を分析し、具体的な要求を取りあげ、婦人部設置の必要性を説いた画期的なものだった。しかし26年の第2回全国大会で丹野セツが評議会総本部での婦人部設置を提案したが、賛否両論が起こり、大論争となった。反対論として、性差別の撤廃、封建的因習の打破は労働組合の任務である経済闘争の職分外であること、組合に婦人部を設置することは女性のみの団体をつくることであり、男子との共同戦線を妨げるなどがあげられている。こうした激しい反対によって、婦人部設置は保留となった。この背景には、女性労働問題に真剣に関与する者はごく少数で、大半はそれを党派的に利用するだけという、運動内の状況があった。

婦人同盟「全国」組織の挫折

1926年12月に評議会中央常任委員会から「婦人運動に関する意見書」が出され、労働組合婦人部問題の枠をこえて、組合所属以外の無産階級の女性をも組み込む地域横断的な婦人同盟結成が提唱された。政党加入の自由を持たない女性のための政治組織を作ることが、目的とされていた。27年2月には、田島ひで(1901〜76)、山内みな、野坂竜(1896〜1971)などが中心となって、婦人同盟全国準備委員会が開かれた。同年7月に田島、山内、丹野はまず関東婦人同盟を結成し、工場ストライキ支援や支部結成などの活動のため、東奔西走した。その成果として、静岡、岡山、大阪をはじめ各地で続々と婦人同盟が組織化されていった。その意気盛んな様子は、12月に出された準備委員会の綱領の要求項目に、「満18歳以上の婦人の参政権の獲得」「封建的戸主制度の撤廃」「植民地婦人のいっさいの差別待遇の撤廃」「水平社婦人にたいする一切の賤視観念の撤廃」「人身売買の廃止」など、さまざまな問題が取り上げられていることからもうかがえる。また関東婦人同盟と相前後して結成された全国婦人同盟や社会婦人同盟(社会民衆婦人同盟)の無産女性団体でも同じような要求を掲げ、別々に活動を展開していった。

28年3月8日には各地域の婦人同盟や支部などで、国際女性デーが闘わ

れ、同月中旬に全国組織創立大会の準備がおこなわれていた。しかし、「ただ単に婦人一般の政治的自由を要求する婦人の組織と言ふがごときは誤りであり、これは結局ブルジョア階級の遊戯だ」という見解が『無産者新聞』（共産党系合法機関紙）3月10日号に掲載されたことや、3月15日に警察による活動家一斉検挙（3・15事件）のダメージがあり、結局、地域横断的な婦人同盟組織の創立大会は無期延期となってしまった。

共産党合法機関紙『無産者新聞』を立ち売りする女性たち。右から九津見一燈子（房子の娘）、中村鈴子、鍋山歌子。1926年（日本近代史研究会『国民の歴史』第13巻、国文社、1964）

　また関東婦人同盟にたいしても、「婦人同盟同志諸姉に寄する公開状」が労働農民党常任中央執行委員会から出され、解散が勧告された。こうした一連の介入は、当時の社会主義女性運動が、男性中心の政党や組合の支配下にあったことを如実に示しており、当事者の1人山内みなは後に、「この解散命令はまちがっている」と、無念の思いを吐露している。

共産党と女性

　マルクス主義者たちの共産党結成への動きが高まり、22年に堺利彦、山川均、荒畑寒村などによって日本共産党が創立された。23年6月に第1次共産党事件によって堺、荒畑らが検挙され、24年解党に追い込まれた。

　26年にコミンテルンから指示され、ドイツ留学帰りの福本和夫を中心に共産党が再建されたが、路線をめぐる対立は絶えなかった。再建共産党に入党した九津見房子、丹野セツらは、政治的野心の強い男性党員のなかで、ストライキ支援、女性労働者の組織づくりなどに地道に取り組んだ。

　学生たちの間にも共産党シンパは広がった。24年には「学生社会科学連合会」（学連）という名のもとで、第1回大会が開かれた。そこに参加した東京女子大や日本女子大などの女子学生たちは「女子学連」という通称で呼ばれていたが、そのなかから渡辺（志賀）多恵子（1905〜95）、波多野（福永）操（1907〜91）、伊藤千代子（1905〜29）、清家（寺尾）とし（1901〜71）などの入党者が出た。彼女たちは社会変革の理想を抱いて、通信連絡などの活動を

進んでおこない、男性党員を支えた。

28年3月15日に全国で共産党員とそのシンパ1600余人が検挙され、潰滅的打撃を受けた。取り調べの際には自白や転向を強要して厳しい拷問、リンチ(私刑)がおこなわれた。女性党員にたいしては性的拷問も加えられた。

女性党員の苦しみは、性差別に関する認識の低い社会主義者・共産主義者たちからももたらされた。彼らは多くの場合、女性党員にジェンダー役割を強要した。とくに共産党が非合法化され、激しい弾圧のため地下に潜った時期、党員たちの非合法活動のカムフラージュのため、運動に参加した女性党員は活動家と同居することを求められた。「ハウスキーパー」として、彼らの身の回りの世話のみならず、性関係を強いられた場合も少なくない。

共産主義運動の理想と男性中心的運動形態の矛盾に、彼女たちは苦しんだ。大泉兼蔵のハウスキーパーとなった熊沢光子(1911～35)が、検挙後大泉がスパイであったことを知らされ、悩み、自殺したのは、もっとも悲惨なケースである。これらの重い問題は、差別や抑圧からの解放は、社会や経済システムの変革だけではなく、差別・抑圧に関する意識変革が重要であることを明らかにしている。

(大越愛子)

山川菊栄の社会主義フェミニズム

山川菊栄と「社会主義」

山川菊栄(1890～1980)は、近代日本における卓越した女性解放思想家、理論家であった。しかし、そのことは彼女が現実と遊離した、超然とした思想家・理論家であったことを意味しない。山川が「社会主義」に着目したのは、その理論が抑圧と搾取に苦しむ人びとを解き放つ理論と見抜いたからであった。

山川の社会主義フェミニズムの思想は、既成の「社会主義理論」に「女性問題」を接ぎ穂のようにつけたしたものではない。彼女には自らを含む女性の「体験」と「現実」が、その思想と理論の基底にある。

さらにいうなら、山川のフェミニズム思想は、なによりも変革の思想であった。ジェンダー、階級差別、民族差別を構造的暴力装置として三位一体のものと捉え、それらからの解放を無産階級解放運動と被抑圧民族民衆

が連携・連帯し、かちとることを展望した。無産政党女性綱領・評議会婦人部論争(1925～26)を通じて、無産階級運動が階級差別撤廃にとどまらず、ブルジョア社会が女性に加えている抑圧・差別・搾取の性的差別、同様に日本支配階級が被抑圧民族・民衆にたいしておこなっている収奪・差別・偏見の民族的差別を放置せず、階級運動がそれらの差別撤廃をも積極的に取りあげることを主張しつづけた。

「これが私たちの姉妹だ」――女性労働者への視座

山川は、中産階級出身であったが、女子英学塾(現・津田塾大学)という当時の女性にしては最高級の教育を受けたエリートであった。しかし山川の視野には、早くから自らの出身階層を超える社会への認識が育まれていた。少女のころ、救世軍の人びとと東京・下町の紡績工場に「見学」にいき、そこに働く女子労働者の悲惨な状態を目にして、強い衝撃に襲われた。衝撃はそれにとどまらず、「生血をすわれて青ざめた」女子労働者を前に、「働くものには神の恩寵がある、われらも不平なきよき労働者になろう」と説く救世軍士官たちの説教にたいしてもまた恥ずかしさと怒りとで身体が震えるほどであった。山川が、現実の「女性問題」に向き合う原点は、二重の衝撃を受けたこのときの「体験」があった。搾取される労働者の資本制からの解放をかちとること、これが山川の解放思想の第一の要諦であった。

山川菊栄(鈴木裕子監修『先駆者たちの肖像』ドメス出版、1994)

性差別・性暴力の認識

山川が言論活動を開始したころの1910年代の女性は、その社会・経済的な地位、法・制度上の地位などすべてにおいて劣位におかれていた。思想・文化・道徳的にも貶められる性に位置づけられ、女性の主体性は否定されていた。山川が10年代後半、論壇に登場した初期に、女性に性役割分業を強制させる新旧の良妻賢母主義に激しく駁論し、女性の自主、自立を力強く訴えたのは、「男性本位」につくられている社会を告発するものであった。山川は、利潤優先、搾取・収奪追及の資本主義社会の変革を問わない、いわゆるブルジョア・フェミニズムにたいして批判的であった。平塚らいてうたち青鞜社の運動に距離をおいたのは、青鞜運動が思想運動に終始

し、経済問題を視野の外においていたからであった。とはいえ、山川のブルジョア・フェミニズム批判は、彼女が「男性による女性支配」や家父長制批判の手を緩めていたことを意味しなかった。

山川は、女性の性を搾取する公娼制度や、女性を縛る「貞操」道徳などにたいしても、公娼制は「奴隷営業の保護政策」と指摘し、その本質を鋭く抉った。「貞操」についてはそれが「男子の女子にたいする独占の希望」から発した、「女子の個性萎靡、本能抑圧の要求」であり、「その拘束に冠した美名」(「公私娼問題」、1916)であると喝破した。山川は公娼制度を「本質的に無産階級婦人の人身権擁護の問題」(「『婦人の特殊要求』について」、1925)と指摘し、女性の人身権＝性的自由(性的人権)を根底から否定・侵害するものと明確に説いた。山川は、強かんなどの性的犯罪被害者の女性が被害者でありながら社会的道徳的に葬りさられ、その一方で加害男性への社会的制裁が甘いことを指摘(「性的犯罪とその責任」、1928)し、女性への性搾取・性暴力を人権侵害と把握し、その根元に女性を男性の所有物、玩弄物と見る男性本位の性規範の二重基準を明確に認識していたのである。

女性の主体性の確立に向けて

今日ではリプロダクティブ・ヘルス・ライツ(生と性の自己決定権)の思想は、世界的な潮流となっている。戦前・戦中の日本では生と性は厳格な国家管理のもとにおかれ、「産む性」・母性も国家統制下にあった。山川は、無産階級の女性の多産と貧困・過労の連鎖を断ち切るために、欧米のバース・コントロール(産児調節)運動にいち早く注目し、とくに「自主的母性論」の立場から、女性自身の生と性の自己決定権による産児調節論を展開した。また山川は、「母性保護論争」において早くも家事労働の無償性(不払い労働＝アンペイド・ワーク)に疑義を呈し、さらに論を発展させて家事労働(再生産労働)のアンペイド・ワークが女性の経済的自立を脅かしていると指摘した。現実に家事・育児と労働の二重の負担に苦しむ女性の状況を目の当たりにし、二重の負担を負わせながら低賃金労働者として搾取する資本制から、女性労働者や主婦の解放を説いた。

植民主義(コロニアリズム)批判の視点

山川は、このように1910年代後半から20年代前半にかけてつぎつぎと理論展開をおこないながら、社会主義フェミニストとしての立場を鮮明にしつつ、実践運動にも関わった。赤瀾会への参加、労農ロシア飢饉救済運

動、第1回国際女性デーの提唱などがこの時期、山川が関与した運動である。特筆すべきは、23年夏、3・1運動において投獄された朝鮮人女子留学生朴順天・黄信徳（パク・スンチョン・ファン・シンドク）らと交流があったことである。山川は、同年9月関東大震災のとき多くの朝鮮人が虐殺されたことを糾弾し、異彩を放った。

　山川の理論が実践と一番、接点をもったのは、「男子普通選挙法」が成立し、無産政党運動が本格化し、女性労働運動もようやく活発の機運をみせはじめた25年から26年にかけてであった。山川は、無産政党綱領問題で、戸主制度・公娼制度の廃止など8項目からなる要求を提示した。女性労働運動に関していえば、評議会に「婦人部テーゼ」を起草して提出した。「8項目」要求（前掲『婦人の特殊要求』について、1925）では、性的差別の撤廃はもとより、植民地民族・民衆にたいする教育・職業上の差別撤廃、標準生活賃金の実施、賃金・俸給の差別撤廃を強く求めた。

　「婦人部テーゼ」においては、女性労働者を一個の独立した人間と思わず、ともにたたかうべき同志とみなさない男性労働者や指導者たちを告発して、「同じ被搾取階級に属しながら」、「自分らよりはるかにおくれているという理由」のために「同志として遇せぬ」だけでなく、個人的に自分たちに隷属する「性的奴隷」の状態にひきとめておくならば、それは「階級的裏切者（うらぎりもの）でなくて何であろう」と痛烈（つうれつ）に批判し、反省を迫った。しかしながら、山川の理論は、結局、男性中心・一国主義的傾向の強い日本の社会運動のなかでは活かされることなくおわった。30年ころから評論・執筆活動に専念し、31年の柳条湖事件に際会したときにはファッショ化を深める軍部批判を果敢におこなうが、41年のアジア太平洋戦争勃発後は逼塞（ひっそく）を余儀（よぎ）なくされた。

（鈴木裕子）

資料●山川菊栄「人種的偏見・性的偏見・階級的偏見」（『雄弁』1924年6月号）より

　「かつてサンフランシスコの大震大火の際に、米国の軍隊と警官とは、これを排日と人種的偏見を表現する千載一遇（せんざいいちぐう）の好機として、日本人の大屠殺（だいとさつ）を試（こころ）みたことがあるだろうか。昨秋の大震災に際して、朝鮮人と労働者とが遭遇（そうぐう）したような運命に、日本人は米国で遭遇したことがあるだろうか。朝鮮人、台湾人等、異種族の国民に対して、政治的、社会的、経済的に、内地人と平等の待遇が与えられているだろうか」

朝鮮女性同友会と社会主義女性運動

　1920年代、朝鮮社会にも社会主義と共産主義の理念が流入し民族独立運動に加勢した。日本留学生が中心の火曜派、ソウル上海派、ＭＬ派など系列の異なる社会主義組織がつくられ、25年4月の朝鮮共産党創立と前後して女性運動も社会主義の理念を積極的に受容し、反日民族解放運動の方向性を示すこととなった。以後、日本帝国主義による思想団体への弾圧が強まるなかで、朝鮮共産党は組織の瓦解と再建を何度も繰り返した。女性たちは、意識化や組織運動、男性活動家たちへの隠れ家の提供、資金の募金などできる限りのことをおこなった。

　このように、20年代にはいって理念と実践の両面において民族独立運動が発展するなかで女性運動も多様化した。社会主義的女性諸団体は階級闘争を通じた女性労働者・農民の解放を主張した。階級問題が解決されてこそ女性解放も実現すると考えて思想教育に力を注ぐ一方、女性労働者・女性農民を組織して政治闘争をおこなおうとした。彼女たちは階級解放、民族解放、女性解放の実現を理想として苦しい活動を展開した。

朝鮮女性同友会の組織と活動

　1924年5月に最初の社会主義女性団体である朝鮮女性同友会が創立された。朝鮮青年総同盟の鄭鍾鳴、許貞淑、朱世竹のほか、金海の金彌愛、大邱の丁七星、密陽の高元渉、ソウルの朴元煕など、女性社会主義者たちを網羅した同会は、女性の新しい教養を目標にさまざまな民衆運動を組織した。創立発会式で発表された綱領は、新社会の建設と女性解放運動にのぞむ活動家の養成と訓練、女性活動家の団結を目標とした。主な活動としては工場訪問隊の組織、慰安音楽会、女性労働者の夜学などを計画し、地域労働総同盟の女子部拡大に力を入れた。また女性の生活苦を減らすために女性職業組合も設立した。

社会主義女性団体の統合

　1925年1月に朱世竹、許貞淑らが主導した京城女子青年同盟は有産階級と宗教団体女性組織の精神主義に対抗して無産階級女性の闘争的教養、組織的訓練、団結と相互扶助を図ることを主な目的とした。同年2月に朴元煕、金繡準らが組織した京城女子青年会は、女性の独立と自由の確保、母

性保護および男女平等を実現する社会制度の樹立、社会科学的女性解放論の普及などを綱領にすえた。そのほかにプロレタリア女性同盟、朝鮮女性解放同盟など社会主義女性団体が乱立していた。そして26年12月に、社会主義女性運動の統一を図って中央女子青年同盟が発足した。これが左右統合の女性団体である槿友会誕生の基盤となった。

(申　栄淑)

金・アレクサンドラ・スタンケヴィッツと夫チョン・チョルフン
(『金・アレクサンドラ評伝』ピルダム、1996)

朝鮮の共産主義運動と女性

女性共産主義者たちは、1920年代は個別に共産党員として活躍し、30年代には多くの赤色労働組合、読書会そして共産党再建運動などに積極的に参加し、社会主義民族解放運動の一助となる。彼女たちの多くは、夫と活動をともにした。彼女たちは、ある意味でロシア・ボルシェヴィキ革命と初期韓人共産主義運動のために闘い、1918年に犠牲となった金(キム)・アレクサンドラ・スタンケヴィッチの末裔ともいえる。金・アレクサンドラ・スタンケヴィッチ(1885〜1918)はロシア沿海州に生まれ、1905年のロシア民主化運動と17年のボルシェヴィキ革命に加わった。18年4月、韓人社会主義者同盟の結成を指導した彼女はシベリア内戦において逮捕、処刑された。

インテリ女性中心の階級女性運動

1930年代初め、光州(クァンジュ)学生運動に触発されたインテリ女性と女学生たちの読書会など赤色秘密組織がさまざまなところに現われた。たとえば白青団は1930年代初期に設立された秘密結社の一つだが、光州の須彼亜(スピア)(Speer)女学校では33年1月にこの組織に関わった学生、曺亜羅(チョ・アラ)ら9人が逮捕された。32年12月に東京の全協(日本労働組合全国協議会)系で活動していた金富得(キム・ブドゥク)が林鍾根(イム・ジョングン)とともに小作争議と工場の同盟罷業を指導した後、某私立学校の女性教員らを集めて読書会を組織した。その際、光州の私立学校教員、幼稚園の保母、光州道立医院見習看護婦などのインテリ女性たちが参加した。33年3月に羅南(ナナム)で安粉玉(アン・ブノク)が少女隊を編成して一般農村女性に階級意識を教え訓練することを試みた。34年の仁川読書会、36年の咸(ハム)

興片倉製糸工場の女工厳春子らの赤色労組再建会など、共産主義組織運動に教師や学生のほかに会社員、女店員、カフェの女給、電気工、工場の職工などが網羅されたのが特徴である。

共産党再建運動への参加

　1925年4月に創立された朝鮮共産党は、植民地社会の民族問題と階級問題を同時に解決しうる理念として労働組合や農民組合などを組織し指導した。しかし日本帝国主義の弾圧により組織は瓦解させられた。30年代初めからは共産党再建のための準備会を結成し、地域前衛組織の組織化を進めつつ党再建をめざしたが、不成功に終わった。結局地域単位の農民組合運動、前衛同盟、共産青年会グループなどをつくって非妥協的な大衆闘争に力を注いだ。

　共産党再建運動に深く関与した朴鎮洪と李順今、兪順姫たちは、産別赤色労組、反帝同盟の組織のために活躍した李載裕にとってなくてはならない存在だった。

　李載裕(1903〜44)は「李載裕グループ」をつくって33年から36年の間に共産党再建運動を主導した代表的人物である。彼が日帝警察の包囲網をくぐって組織を建設するのに女性たちは優秀な盾となった。29年に同徳女子高等普通学校の地理歴史の教師をしていた李観述とその妻朴善淑の影響を受けた彼女たちは、36年11月に咸興で左翼繊維労働組合結成のために片倉製糸の女工700人を相手に活動した。また彼女たちは李載裕など代表的な共産主義活動家の逃亡を助ける危険な仕事もいとわなかった。同時に女性農民、労働者、女給の意識啓発、募金と連絡、同志糾合活動に献身しつつ共産主義組織の運動と抗日民族解放運動の一翼を担った。

　　　　　　　　　　　　　　　　　　　　　　　　　　（申　栄淑）

6 左右統一女性運動——槿友会へ

槿友会の運動とその意義

槿友会の創立と活動

　槿友会は1927年5月、「女性が自らを解放する日、世界は解放されるだろう」と宣言して設立された、朝鮮で最初の全国的な統一女性団体である。これに先立って、左右に分裂していた男性中心の抗日民族独立運動は左右合作運動へと発展、同年2月に新幹会を発足させた。そして姉妹団体であるかのようにすぐさま槿友会が発足し、新幹会の女性会員が槿友会の役員として活動することもあった。これは、新幹会のなかに女性部があったものの、男性組織のなかで女性が力量を発揮するのは難しかったからである。槿友会は独自の女性団体として女性運動に力を注ぎつつ、必要な場合は新幹会とともに民族運動をおこなった。

　槿友会は、「政治的・社会的・経済的男女差別反対、封建的慣習廃止、公娼廃止、女性労働者の産前産後休暇の保障、託児所設立」などの綱領を掲げて地方巡回講演、討論会を開催し、機関誌『槿友』を発行した。とりわけ社会に最も大きな影響を及ぼした活動は、30年初めのソウル女学生万歳運動を主導したことである。各地方の支部においても夜学、婦人講座を開設し、また女性労働者・農民問題を解決するために労農部を設置した。たとえば女工ストライキの真相を調査することなど女性の地位向上のための具体的方向や、政治的行動の表明にも可能な限り努力した。

槿友会の組織構成

　女性だけの大衆運動組織を目的とした同会は、29年に本部－道連合会－支会－班という全国的な組織体系を整備した。そのほかにも海外支会として27年12月に東京支会、28年7月に龍井支会などを組織した。

　槿友会創立執行委員の21人は、金活蘭、劉英俊、朴元熙、崔恩喜、黄信徳たちキリスト教系の民族主義女性運動家と、革新的で急進的な女性解放を主張する社会主義女性運動家たちで構成された。しかし、28年に執行委員長に鄭鍾鳴が、また29年には丁七星たちが執行委員に新たに選出さ

槿友会創立大会のようす
(『新家庭』1933年4月号)

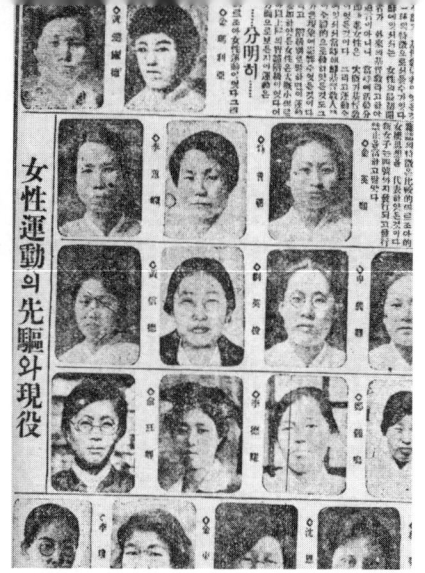

槿友会の中心人物たち
(『東亜日報』1928年1月6日)

れ、さらには地方支会と海外支会に社会主義系の女性たちが大挙進出すると、これに反発した金活蘭や兪珏卿ら一部のキリスト教女性指導者たちは29年に脱退した。30年には再び平壌支会長の趙信聖が執行委員長となって民族主義系の女性たちで中央執行委員会を構成し、槿友会解体を防ごうと全力を尽くしたものの、すでに分裂の芽がきざしていた。

槿友会の解消と意義

1930年初めのソウル女学生万歳デモは許貞淑ら槿友会指導層が積極的に介入して展開された。そのため槿友会の役員と多くの女学生が投獄され、日本帝国主義の監視と弾圧が強まり、槿友会の活動は大きく制限された。のみならず、創立当初から抱えていた槿友会内部の理念上の葛藤は、コミンテルンの路線変更を契機に表面化した。日本の社会主義の影響を受けた東京支会・大邱支会などで槿友会解消論が登場するとともに、内紛は深刻になった。そして日本帝国主義の弾圧が続くと、槿友会はついに瓦解してしまった。しかし、左右の統合を標榜した槿友会の反帝国主義反植民地主義の民族自主独立運動と反封建主義女性解放運動は、その後の韓国女性運動の理念と方向性を明示したものであり、その意義は高く評価できよう。

(申　栄淑)

7 女性民衆運動

水平社運動と女性

「水平社宣言」から婦人水平社へ

「全国に散在する吾が特殊部落民よ団結せよ」の呼びかけに始まり、「人の世に熱あれ、人間に光あれ」と結ばれる全国水平社創立宣言は、「兄弟よ」「男らしき産業的殉教者」という表現など男権主義的な宣言であったという限界はあったものの、世界に誇りうる日本初の人権宣言といわれている。宣言は、長期にわたって差別に苦しめられてきた「部落民」自身が、穢多(中世および近世における賤民身分の称)であることを誇りとし、自らの解放をめざし、人間を尊敬する社会建設を自らの力でなしとげていくすばらしい思想を高らかに謳いあげた人間礼讃のうたである。

この宣言が採択された、1922年3月3日の全国水平社創立大会には、「部落」の女性たちも多数参加した。大阪の岡部よし子は、女性代表として、3000人の代表を前に、「スパルタ武士の母よ出でよ、ジャンダーク〔ジャンヌダーク〕の如き娘いでよ」と訴えた。

水平社宣言の思想と水平社運動の情熱は、「二重三重の差別と圧迫」(岡部よし子)を、日々の生活のなかで一身に受け止めつづけてきた部落の女性たちに、「部落民」として、女性として、人間としての自らの社会的立場を目覚めさせた。「自由と解放は自らの力によってこそ獲られるもの」(岡部よし子)であるから、「男許り水平運動をやっても駄目である。宜しく婦人も水平運動をやらなければならない」と、翌23年の第2回大会で、奈良の阪本和枝(1894〜1966)が説明し、全国婦人水平社設立を決定した。

「部落」女性たちの運動

その後、各地域で婦人水平社が相ついで組織された。全国水平社の機関紙『水平新聞』に「婦人欄」が設けられて、婦人水平社は、長野の高橋くら子(1907〜38)や埼玉の竹内政子(1894〜1970)、福岡の菊竹トリ(1909〜88)、西田ハル(1905〜45)、大阪の糸若柳子(1890〜1984)などの女性活動家の奮闘によって、労働運動や農民運動とも連帯し、無産女性運動の重要な役

割を担った。

　男性主導の水平社運動のなかでは、女性が抱える問題は軽視され、女性の組織化は、戦力向上としてしかとらえられていなかった。しかし、各地の活動家たちは、変革に向けた主体としての部落の女性の自覚を喚起し、人間平等と「男女間における水平運動」(高橋くら子)に向けて意識化するよう呼びかけ、自主解放と社会変革のための組織化の必要性を訴えていった。

部落委員会活動へ

　婦人水平社の活動家たちは、部落内の女性差別、「男による圧制」、家制度による女性支配、資本主義のもとでの幾重もの重圧などをつぎつぎと告発していった。しかし、厳しい家父長制の呪縛のなかでただひたすら生きるために働き、立ちあがりたくても立ちあがることさえできない立場におかれた部落の女性たちを十分に組織できなかった。福岡連隊事件(26年、九州の水平社の指導者・松本治一郎らが検挙)など水平社運動にたいする弾圧が厳しくなるなかで、女性活動家たちの逮捕や、あるいは結婚・出産などによる活動からの離脱が進んだ。また、29年の世界恐慌下でのコミンテルンの社会ファシズム論や日本共産党の「三一テーゼ」に影響を受けて、31年12月に提起された全国水平社解消論にみられるような水平運動の混乱と停滞に陥った。水平社解消論とは、階級分化の激化している部落大衆を水平社という一つの身分組織に包含して運動を進めることは革命運動に有害無用として、部落の労働者・農民を革命的労働組合、農民組合に再組織し、

コラム●先住民の声

　帝国日本の「同化政策」の一環として、1899年に「北海道旧土人保護法」が公布された。先住民族としてのアイヌの人びとは、自らの民族文化の歴史、生活、習慣、神話などを口承文学という形式で語り伝えてきたが、それらは「ユカラ」と呼ばれている。日本政府の同化政策によって、学校などではアイヌ語の使用は厳しく制限された。しかしユカラは日常生活で語り継がれ、抑圧・差別・貧困で苦しむアイヌの人びとを支えた。「銀の滴振る振るまわりに、金の滴振る振るまわりに」から始まる知里幸恵(1903〜22)の『アイヌ神謡集』(1923)は、アイヌ女性によって初めて記録された「カムイユカラ」である。　　　(大越愛子)

高橋くら子（鈴木裕子監修
『先駆者たちの肖像』ドメス出版、1994）　　　水平社宣言

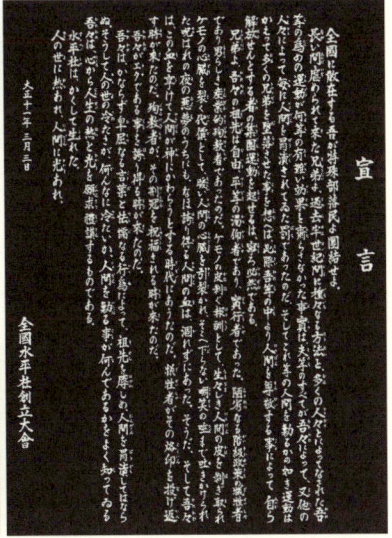

水平社を即時解消せよというものであった。しかしこれは、日本共産党の革命路線に解放運動を機械的に従属させようとするもので、水平社運動に有害な打撃を与えた。

　34年に解消論の誤りが公式に確認された。こうしたなかで女性の運動も困難になり、婦人水平社は自然消滅した。けれども、水平社運動における彼女たちの思想や活動は、家族ぐるみ、部落ぐるみの部落解放運動の発展に大きな意義を持ったものであった。

　部落に起こってくる日常的な問題や悩み、苦しみのすべてをとりあげ要求を組織し、それを実現するなかで部落の生活を守り、諸権利を奪い返す闘いを進めることによって差別の根源をなくしていこうとする部落委員会活動の方針が全国水平社によって打ち出された。これは部落民の日常的な経済・生活要求を世話役活動で取りあげることにより、広範な部落大衆を全国水平社の影響下におこうとした闘争戦術であった。部落委員会活動は

資料●高橋くら子「女性解放は男女間における水平運動」

「近頃男女同権とか婦人参政権獲得運動とか婦人解放とかその他婦人問題については非常にやかましく叫ばれるようになりました。このいずれの問題も男女間の不平等から起ったものだと思います。男女間における水平運動であると存じます。」（「婦人の自覚」1924）

とくに部落の女性に共感され、各地で進展を見せた。敗戦後の部落解放運動は、この部落委員会活動の思想と経験を受け継いで発展していくことになる。

(熊本理抄)

衡平社運動と女性

　衡平社(ヒョンピョンサ)は、白丁(ペクチョン)の身分解放と平等社会の建設を目標に1923年4月に慶尚南道晋州(キョンサンナムドチンジュ)で創立され、30年代半ばまで活動した団体である。白丁とは、もともとは国家の労役を負担しない民という意味で、朝鮮朝時代に一定の居住地で屠殺(とさつ)、柳器製造などに従事する特殊職業集団として規定された。今日では、白丁という身分や一定地域にたいする差別は見いだせない。

　衡平社運動は、朝鮮朝時代の賤民層のなかでも最も卑しめられていた白丁が社会的差別と迫害から解放されるために起こした身分解放運動であり人権運動だった。これは日本の水平社運動に一定の影響を受けたものであり、初期には社会主義運動団体とも積極的に提携した。

　23年5月に衡平社は女性100人余りを集め、「前へと進み、人類から身をかわさず当然なすべきことをなし、女としての職分を堅く守って家庭を改革し、子どもたちの将来のための家庭教育に力をいれ、第一に衡平運動のためにそれぞれが一つの仕事をしよう」というスローガンを掲げて、衡平運動の同伴者として女性たちを加わらせた。また機関誌などを通じてロシア女性の生活像などを紹介し、衡平女性の覚醒を促した。

　26年4月の全国大会で衡平女性問題が正式に議題として採択された後、28年の定期総会に女性たちが公式に加わった。29年には忠清南道(チュンチョンナムド)と全羅北道(チョルラブクト)で女性代表20数人が女性社員問題を議論した。とりわけ地方の各道連合会の毎年の大会で、村々を巡りながら肉を売っていた白丁女性への差別撤廃など衡平女性問題を討議・決議することで女性会員の地位向上に力を注いだ。

(申　栄淑)

米騒動・小作争議と女性

米騒動

　第1次世界大戦後、地主を優遇する政府の米価調節策の失敗により米価が暴騰(ぼうとう)した。1918年7月に富山県の漁村の主婦たちが立ちあがり、米商

人・役場などに廉売を要求し、港で米の県外移出を阻止するなどの実力行使に訴えた。この動きは、富山の「女一揆」と評した新聞の報道により全国に伝わった。怒りにみちた女性たちの運動は、全国の都市・漁村・工場・鉱山に拡大した。とくに、「被差別部落」の女性の参加が多いのが特徴であった。北海道から九州までほぼすべての道府県に広がった。政府は「騒動」が全国化した8月には軍隊出動を要請し、軍隊は全国70カ所の市町村で実弾や銃剣により民衆を殺傷した。政府は新聞の報道をも禁止しようとしたが、各新聞社は連合して反撃し、撤回させた。このののち米騒動は多様な運動へと引き継がれていった。「米騒動」は、女性たちの生活権擁護の直接行動からはじまったこと、また軍隊や警察が民衆運動を容赦なく弾圧するという、その本質を明らかにしたことなど、重要な問題を提起した。

「米騒動」のさい、外米売出所に集まった人びと。愛知・名古屋で(日本近代史研究会『国民の歴史』第12巻、国文社、1964)

小作争議と女性

日本の農村は、地主小作関係のもと、小作人たちは高額小作料を払わされ、苛酷な収奪に苦しめられていた。地主たちを「旦那様」と呼び、搾取に甘んじていた小作農や自小作農たちも立ちあがるときがきた。第1次世界大戦後の恐慌後の21年から小作争議が急増し、26年にかけて年間10万人をこえる農民が争議をおこし、小作料減免などの要求を掲げて闘った。翌22年、日本農民組合(日農)が結成され、23年から24年にかけて岡山・藤田農場、熊本・郡築、埼玉・御正村などで激しい小作争議が闘われた。これらの争議では女性たちの活躍が目立った。そうした女性たちの力を背景に、24年、日農第3回大会は婦人部設置を決め、部員に岡山の山上喜美恵(1899

〜1976)、熊本の杉谷つも(1887〜1946)ら5人を選出した。3回大会以後、日農傘下の各組合でも婦人部の活動が活発化し、25年の日農大会で婦人部は、母性保護をうたい、農繁期託児所設置などの要求を決議させた。なかでも日農岡山県連婦人部の活動は盛んで、女性参政権獲得を目標にかかげて、農村女性の組織化に熱心に取り組んだ。農民組合はふつうその家の家長のみによって構成されるのが原則であり、実際の働きとはべつに女性は縁の下の力持ちとされたが、彼女たちの果す役割は大きかった。20年代後半に入ると無産政党の分裂の余波を受けて農民戦線も分裂し、そこへ農村恐慌が農村を直撃した。農民の生活は凄惨をきわめ「娘の身売り」が増加した。

　小作争議件数は激増の一途をたどったが、参加人員は減り、小規模化した。要求も土地取りあげ反対、立ち入り禁止反対など、「防衛」的なたたかいをしいられた。こうした厳しい状況のなか、秋田・前田村、新潟の蒲原・帯織・王番田・和田村、山梨・竜王村、北海道の蜂須賀農場・雨龍3農場などの争議では「女房団」の活動が長期にわたる激しいたたかいを支えた。

(菊地夏野)

女性農漁民運動

女性農民運動

　日本帝国主義時代の朝鮮女性農民たちは、高率の小作料にもかかわらず小作権が不安定で、家族総出で生産しながらも、生産物の管理権・処分権を持てなかった。しかし、生産者としての正当な経済的要求を主張する運動

コラム●済州島の海女運動

　済州島で大規模な海女闘争が1932年1月に起こった。これは、1920年に作られた海女組合が御用組合化し、海女の利益よりも日本人貿易商の海藻会社の利益を代弁し、共同販売における不正や資金横領などをおこなったことにたいする抗議闘争であった。この運動は海女組合の運営権は確保しえなかったものの、指定販売制の廃止、競争入札による共同販売の復活、未成年者と50歳以上の海女の出稼ぎ手数料免除などの要求事項を獲得することができた。　　　　(申　栄淑)

衡平社第6回全鮮定期大会(1928年)ポスター。
水平社博物館(本田豊氏提供)

乙密台の屋根に上がって籠城している姜周龍
(『東之光』1931年7月号)

を展開したこともあった。たとえば1923年に全羅南道務安郡(現在は新安
　　　　　　　　　　　　　　　　　　　チョルラナムドムアン　　　　　シナン
郡)の岩泰島の農民たちは岩泰小作人会を結成して地主に小作料の引き下
　　アムテ
げを要求した。このとき岩泰婦人会も創立された。女性農民たちは岩泰婦
人会を通じて主体的に小作争議に参加した。岩泰婦人会会長の高白花は岩
　　　　　　　　　　　　　　　　　　　　　　　　　　　コ・ベッカ
泰小作人会と岩泰青年会とともに断食籠城を展開し、組織的な支援もし
　　　　　　　　　　　　　　だんじきろうじょう
た。言論と社会団体の積極的な支援を受けて小作料引下げ闘争は成功をお
さめた。

　また30年代の女性農民問題は農民組合内に女性部を設置するかたちで
一般化された。女性農民たちは国庫負担の託児所と無料産院の設置、農村
女性にたいする政治・社会的差別待遇の撤廃、女性のための夜学設置、日本
帝国主義の御用団体である女子青年団と婦人団の解体などを主張した。

　このような小作争議と家族闘争へと発展した女性農民運動は民衆女性運
動の源流でもあり、20年代から30年代初めまで活発に展開された。これ
は赤色労働組合、赤色農民組合など社会主義組織の影響を受けたものであ
る。

　しかし農民が全人口の80％を上回っていたにもかかわらず、農民運動は
30年代になると活発な運動が困難となり、女性農民の力もさらに弱まっ
た。それは過重な労働と困窮した生活のためであり、そのなかで家族の生
計を担った女性農民たちが教育をほとんど受けられなかったためでもあ
る。このような現実のなかで意識の高い女性農民運動を期待するのは容易
なことではなかった。　　　　　　　　　　　　　　　　　　　(申　栄淑)

女性労働者運動

　紡織、製糸、精米、ゴム工業などに従事する女性労働者たちは低賃金・長時間労働という劣悪な労働条件と非人間的な待遇に抵抗し、次第に組織的な運動を繰り広げていった。

　京城ゴム女工ストライキは、1923年7月に京城ゴム工場をはじめとする4つのゴム工場の女工たちが、賃金引下げ反対、女工の人権を侮辱した監督の罷免を要求して始められた。餓死同盟(ハンガーストライキ)を結成して解雇に立ち向かい、徹夜野宿をするなど激しく闘った。24年の仁川選米女工約300人のストライキは、賃金引上げ要求と日本人男性監督の暴行、殴打、嫌がらせなど、性的暴力に抗議したものであった。また30年1月には、朝鮮紡織の女工たちが賃金引上げ、罰金制廃止、民族別の差別待遇廃止、監督罷免、食事改善、幼年工の夜間作業廃止、8時間労働制実施、作業負傷者にたいする慰謝料支払い、寄宿舎職工の自由などを要求してストライキをうった。

コラム●姜周龍(1901〜31)

　1931年5月の平壌ゴム工場のハンガーストライキを主導した労働運動家。姜周龍は大同江畔の乙密台にある12mの高さの屋根にのぼって、9時間以上も「空中篭城」してゴム女工のストライキを訴えた。マスコミは「平壌のヒロイン」「女流闘士姜女史」などの見出しでこの事件を大きく報道した。姜周龍は幼くして父とともに西間島に移住し結婚したが、夫が抗日武装団体で活動中に死亡したあと、24歳で帰国、家族のために5年間平壌でゴム工場の女工として働いた。彼女は次のように訴えた。

　「わたしたち49人の罷業団はわたしたちの賃金の引き下げをたいしたこととは思っていません。これがついには平壌の2300人のゴム職工の賃金引き下げの原因となりうるがゆえにわたしたちは死をかけて反対しようとするのです。わたしが学んだことのなかで最大の知識は、大衆のために自己を犠牲にすることは名誉なことであるというものです。……わたしは……勤労大衆を代表し、死を名誉と考えるのみです」(『東之光』1931年7月号)　　　　　　　　(申　栄淑)

女性労働運動の様相と性格

　賃金引下げに反対して、1930年8月に平壌(ピョンヤン)の10カ所のゴム工場労働者1800人余りが始めた平壌ゴム工場ゼネストでは、3分の2が女性労働者だった。ストライキは失敗に終わったが、女性労働者の労働権確保を具体的に要求、主張した。主に未婚の女工が多かった製糸業と既婚女性の多かったゴム工業をはじめ、各種製造業に従事する女性たちの組織的な女性労働運動は階級運動の性格をもつとともに女性の特殊な条件による闘争目標がはっきりしていた。女工たちは主に連帯闘争を繰り広げ、闘争資金を用意するなど緻密(ちみつ)にして組織的な運動をおこなった。

　そのほかにも看護婦、妓生、車掌、従業員、人夫など民衆女性たちも、劣悪な労働条件にたいする経済闘争を展開した。女性自身の生存権を守るための多様な闘争は、日本帝国主義による女性労働力収奪や性的虐待にたいする抵抗と反発からはじまったものであることはいうまでもない。

女性労働者と労働争議

　日本の資本主義は、繊維産業に働く女性たちの労働力にもとづいて築かれた。それにもかかわらず、彼女たちの労働は「家計補助的労働」とみなさ

山内みな(15歳の頃)(鈴木裕子監修『先駆者たちの肖像』ドメス出版、1994)

紡績工場で働く女性労働者(『一億人の昭和史』11、毎日新聞社、1976)

れ、賃金をはじめとして低劣な労働条件のもとにおかれていた。労働組合における女性の組織率は低く、また「女工」ばかりの職場にあっても労働組合幹部のほとんどは男性で、女性労働者自身が運動をつくり、ひきいていくことは難しかった。労働運動が最も高揚した28年12月時点でも、女性労働者総数153万3000人のうち、組織化された女性労働者はわずか1万2010人を数えるのみで、その組織率は0.8％にすぎなかった。

しかし、そのなかでも彼女たちはときには男性幹部を突き上げ、住民と連帯してたたかった。日本最初の同盟罷業(ストライキ)が、「雇主が同盟規約という酷な規則を設け、わたしらを苦しめるなら、わたしらも同盟しなければ不利益なり」と宣言して、山梨県甲府・雨宮製糸場の女性労働者100余人によって幕が切って落とされたのは象徴的であった(1886)。労働組合に組織されていなくとも、女性労働者は、食事の改善、寄宿舎の改善、外出の自由など、自分たちの実生活に根ざした要求にもとずいて行動を起こした。

12年に鈴木文治によって結成された友愛会は、女性労働者たちの組織化をはかり、16年、日本最初の労働組合婦人部といわれる婦人部を創設した。発足当初は修養・親睦の色彩が強かった。19年にいたり、野村つちのと山内みなが初めて女性として理事に選ばれた。19歳であった山内みなは、「私等女工はこうして酷使され虐げられ、人権を無視されてもだまって資本家の言うがままに、いかなることがあっても服従しなければならないだろうか」と記し、労働者としての権利にめざめ、団結の重要性を訴えた。

コラム●岸和田紡績労働争議

1892年に設立された岸和田紡績は、1918年から労働力の確保と同時に、低廉な労働力として、日本の植民地下の朝鮮人を大量に働かせた。岸和田紡績は、日本人と朝鮮人の待遇・労働条件などに格差を設けることで日本人の不満を押さえようとしたために、会社と労働者、なかでも朝鮮人労働者との矛盾が激化し、労働争議が幾度も起こった。30年5月の堺工場でのストライキには、泉州合同労働組合と大阪朝鮮労働組合が積極的に支援し、水平社や農民組合も応援した。この争議で最後まで中核となったのは、もっとも劣悪な労働条件を強いられていた「朝鮮人女工」であった。

(金　聖一)

東洋モスリン亀戸工場争議

　29年の世界恐慌につづく日本の慢性的不況の時期、女性労働者の闘いは最高潮に達した。紡績資本家は「産業合理化」という名目で、賃金切り下げ、労働強化、解雇攻勢をおこない、労働組合運動の切り崩しや弾圧を図った。しかし30年には、温情主義を誇っていた鐘淵紡績、倉敷紡績などの大工場をはじめ、東洋モスリン、岸和田紡績などでも紡績女性労働者による争議が激発した。なかでも東洋モスリン亀戸工場争議（洋モス争議）は、女性労働者が60日余の長期にわたって団結して闘い、資本家・官憲側と激しく対抗した点で歴史に刻まれている。

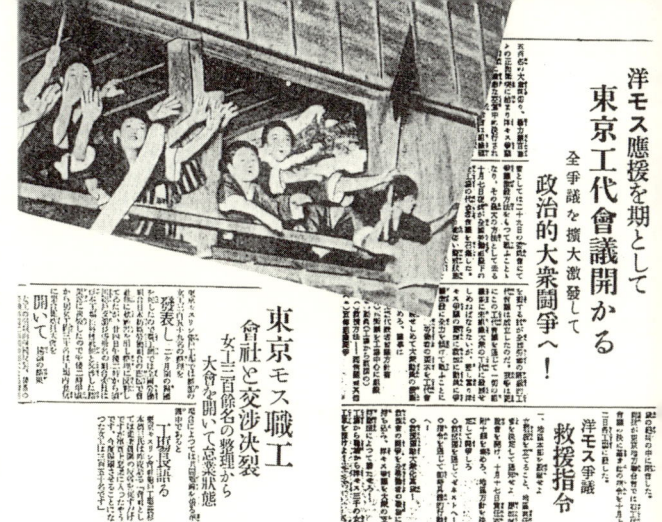

長期にわたって激しく闘われた東洋モスリン争議
（鈴木裕子『女工と労働争議』れんが書房新社、1989）

　30年9月、東洋モスリン株式会社は相次いで合理化を強行し、約500人にものぼる大量解雇を通告した。これは解雇にとどまらず、労働組合員を狙い打ちにした切り崩しでもあった。「女工」たちは組合幹部を下から突きあげ、ストライキ決行に踏み切った。会社側に依頼された暴力団の恫喝や暴行にも屈せず、そしてまたたたかう「女工」たちに近隣の住民も支援し、暴力団を追いやった。すると次には会社側は「女工」たちの郷里の家族あてに、彼女たちを中傷し、連れ戻させようとする手紙を出し、あるいは亀戸町民に宣伝するなど文書戦を展開した。状況は厳しさを増すなか、2000人にも及ぶ「女工」たちは、「化粧ビンの中に手紙を入れての外部との連絡」や、警官の目を盗んで「捨てる」ようなビラ撒きなど創意工夫をこらし、支援する市民や他の労働者とともに市街戦も闘い抜いた。これを核に「地域ゼネスト」も構想されるほどだったが、組合幹部によって収拾が図られ、敗北した。

　　　　　　　　　　　　　　　　　　　　　　　（菊地夏野）

第3章
日本帝国主義期民衆生活の変化

1 教育の拡張と女性の生活

女と教育

▎日本「国民」をつくる学校

　学校教育は、近代国家が「国民」をつくり出すために設けた制度である。近代以降の社会においても、人間が教育を受け学習する場はいたるところにあって、学校にのみ限定されているわけではない。とはいえ、日本において「学校」という場が、原則的には階層の別なく、そして女にも開かれたこと、そこで女たちが「読み・書き」能力を身につける機会を得たことの意味は大きかった。

　明治国家は、初等教育以上は「男女別学」とし、「高等女学校令」(1889)ではその内容を男子中学と同等程度とした。だが、「女子に必須なる高等普通教育」として重視したのは修身・家事・裁縫といった教科だった。「女子の本分は結婚・家庭生活にあり、専門・職業教育は不要」「女子は生来虚弱、高度な教育に耐える能力がない」とし、女子教育の目的を「良妻賢母」の枠内に閉じこめようとしたからである。

コラム●文部省唱歌とジェンダー

　1873年、スイスを訪れた岩倉使節団は唱歌教育を参観した。それが「協和シテ国ニ報フ」ことや「婦人ノ心ヲ従順」にする効果があると感嘆している。この推察が正しいかどうかはともかく、「明治日本」においても、男の国民化／兵士化、それを支える女をつくるために唱歌教育が活用された。

　たとえば1911年、『尋常小学唱歌』第1学年用に収められた「菊の花」がある。1番では、「見事に咲いた垣根の小菊／一つ取りたい黄色な花を／兵隊遊びの勲章に」。2番の最後の節が「飯事遊びの御馳走に」となる。こうした「性別役割分業」を強化する歌が、天皇の御代をことほぐ歌とならんで、修身教育の音楽版として子どもたちに刷り込まれていった。

（箕浦正樹）

女が「読み・書く」力をもつとき

　女子のための初等教育以上の教育機関として、文部省は1874年、教員養成のための女子師範学校を設立していたし、1900年代には女子の小学校就学率は90％ちかくになっていた。けれども「女に学問はいらない」という考え方は一般に根強く、また貧困階層の娘たちにとっては、高等教育を受けることそのものが困難な状況が続いていたのである。

　だが、高等教育を受けたいと望み、その機会を得た女たちのなかから、女子にも男子に劣らない高等教育、経済的自立を可能にする専門教育が必要だと考え、自ら女子のための学校を開設する津田梅子（女子英学塾、現・津田塾大学。1864〜1929）や吉岡弥生（東京女医学校、現・東京女子医科大学。1871〜1959）のような女たちが現れてくる。学校を中心とする近代の教育体制は、公立であれ私立であれ、現在にいたるまで、近代国家の政治・経済的な権力のあり方や性差別構造に抵抗し、反逆する女たちを多数派にするような方向でおこなわれたことはない。そして、「国民」をつくり出すための教育を受けたにもかかわらず、自分たちの獲得した読み・書く力を使って、女の「性」や労働環境を問題化し、国家・社会、政治のあり方にたいする批判につながる思想・運動を展開する女たちさえ現れてきたのである。国家権力によって危険視された青鞜社の女たちや、また伊藤野枝のような女たちである。

(井桁　碧)

津田梅子（鈴木裕子監修『先駆者たちの肖像』ドメス出版、1964）

朝鮮の学校教育と学校外教育

1　学校教育

教育にたいする民族主義的・男女平等的関心の増加

　19世紀末の開化期になると、多くの知識人は、朝鮮が開化するためには人口の半分を占める女性の教育が必要であると考えた。また賛襄会のような女性団体も、女が男から差別されるのは教育がないためだとして女子教育運動を繰り広げた。1898年以来学校設立運動が活発に進められ、とり

わけ西洋のキリスト教宣教師たちは私立学校設立に大きく寄与した。梨花学堂(1886)、培花学堂(1898)、崇義女学校(1903)などがアメリカの宣教師たちの支援により設立され、進明女学校(1906)、淑明女学校(1906)、同徳女学校(1908)などが朝鮮人の手で設立された。

日本帝国主義の教育制度掌握

　1905年の乙巳条約による統監府の設置、そして10年の「韓国強占」による朝鮮総督府の設置以来、朝鮮内では「教育を通した救国」という理念がいっそう強まった。その結果、私立学校がつぎつぎに創立され、10年には2250校の学校が存在した。しかし、日本帝国主義は私立学校における民族主義教育を恐れ、15年に私立学校を規制する私立学校規則を公布すると、その後、私立学校の数は激減して25年には604校になった。

　日本帝国主義は私学を弾圧する一方で、教育を国家体制への統合を図る方策として公立学校を増設した。20年代には3つの村(面)に1校の割合で普通学校を設立する「3村1校制」政策を、30年代には「1村1校制」、「簡易学校制」などを実施し、農村の隅々にまで支配の手を伸ばそうとした。中等学校の設立を制限し初等教育を拡大する政策は、植民地下の人びとを体制内に取り込み支配するための、初歩的な知識と労働技術を教えるものであった。とりわけ34年から施行された簡易学校制は2年制で山間地に分校形式で併設された。

　一方、就職の際に学校の卒業証書が必要になるなどの新たな社会変化の

コラム●皇国臣民の誓詞

　日本帝国主義の朝鮮政策は植民地民衆の精神までも日本に同化させようという政策をとったため、教育分野に力点が置かれた。1911年に制定された朝鮮教育令は22年に改定されて内鮮融和主義を特徴としていたが、37年の日中戦争以後は戦時体制にみあう、より厳しい皇国臣民育成制度へと変貌した。初等学校の子どもたちに暗唱させた「皇国臣民の誓詞」は以下の通りである。

　一　私どもは大日本帝国の臣民であります
　一　私どもは心をあわせて天皇陛下に忠義を尽くします
　一　私どもは忍苦鍛練して強い国民になります

（金　恵慶）

なかでじょじょに朝鮮人の就学率も高まった。女性の就学率も増加し、普通学校の女子就学率は30年の5.7％（男子25.8％）から40年には22.2％と、男子の3分の1をこえるまでになった（男子60.8％）。

賢母良妻の教育理念

日本帝国主義の官公立女学校の教育方針は、植民地支配の先頭に立つ賢母良妻の養成というはっきりした目的を持っていた。これは教育課程によく表れている。女学校の教育課程をみると実技中心で裁縫と手芸を強調しており、1910年代の授業時間数をみると週当たり総授業時間の約半分を実技習得に割り当てている。

初期の梨花学堂の学生たち
（『写真でみる韓国100年』東亜日報社、1978）

20年代には、実技教育がやや緩和されたが、38年の第3次改正教育令において再び家事教育の比重が増え、日本の文化と礼節の教育をした。高等女学校規定によれば、女子教育の目標は「国民道徳の涵養、婦徳の養成に力をいれ、良妻賢母としての資質を育み忠良至醇な皇国女性を育てる」ことだった。しかし、当時の新聞紙上には女子学生たちがもっともつまらないと感じている代表的な科目が「家事」であるという点を憂える記事がみられるが、このような事実は賢母良妻教育の限界を示すものであった。

学校教育の二重の意味

植民地時代の教育は女性たちにとっては二重の意味を持った。それは一方では同化主義と賢母良妻規範を習得するものであったが、同時に学校を媒介にして社会への参加を可能とし、家族制度から脱した個人としてのアイデンティティを経験する一つの経路であった。西洋のキリスト教宣教師が設立した新式学校を媒介にして教会に通い、男子学生と会う機会も得られ、修学旅行を理由に家の外で寝泊りするという新たな経験をした。あるいは社会主義書籍を読み、民族主義サークルに加入して民族の一員としての自覚を持った。

とりわけ20年代初めは新式の学校教育にたいする社会的関心が爆発的

に増大した時期であり、女子教育会などインテリ女性たちの教育運動に励まされて全国各地で女性たちの教育熱が高まった。女性雑誌には「今の時代は女も勉強しなければ死んだも同然」といいながら、「女に何の勉強だ」という父母に黙って家を出てゆく女子を描いた漫画が登場した(『婦女之光』、1924年など)。

京城女子高等普通学校の卒業式写真(1915)

1930年代、ゴム靴製造工場で働く女性労働者たち(ソン・ボンスク、ウ・チョンジャ、イ・ソクジン共著『お母さんの働き先、娘の働き先』韓国女性政治研究所、1995)

2　学校外での教育

女子夜学に対する呼応

　正規の教育機関が不足していたことはいうまでもない。女性運動と民族運動の一環としての教育の重要性が叫ばれるなか、夜学や講習所、講演会など学校外での教育が急増した。それは主に地方の有志や青年団体、宗教団体によって設立された。代表的な団体には朝鮮女子教育会、キリスト教女子青年会、天道教の内修団◆1などの女性団体がある。ある新聞記事によれば、「私に知識をください」「私も人並みのことをできれば……」という女性たちの思いが夜学設立の背景にあったという。このような女性の積極的な反応は、20年代初めの「新」教育が社会に占める位置を示すものであり、同時にそれは「旧」知識と「旧」女性に対する社会的な蔑視を意味した。

女子夜学と主婦役割の学習

　しかし、こうした女子夜学の教育内容は、家庭内における女性の役割を伝授するという限界を超えることができなかった。たとえば天道教の女性組織である内修団は、主に「家庭婦人」を対象に婦人講習所を開設して朝鮮文、天道教理など民族教育と宗教教育をおこない、家政学、裁縫なども講習した。が、その教育内容の大部分は衛生と衣食住改良教育など主婦としての女性を育てるものであった。そのうえこのような女子夜学も、日本語普及活動をおこなうごく少数の夜学を除いては、日本帝国主義の大々的な弾圧を受けて弱体化していった。

（金　恵慶）

◆1　内修団は女性信徒の役割を家庭内に求めるという特徴を帯びていた。内修団という名称の意味は、東学の第2代教主である崔時亨（チェ・シヒョン）が1889年に女性や子どものために書いた内修道文に由来するもので、「内において修身し、同志と団結すること」という意味を持っていたという。

2 帝国主義と宗教

天皇像の変容と天皇制の再編

▍天皇像の権威化――御真影と学校儀式

　近代以前、ほとんど日本の民衆に知られることのなかった天皇の存在は、明治以降「巡幸」や錦絵・石版画などを通して視覚化された。1880年代から学校に交付されはじめた「御真影」（天皇の写真を特別にこう呼んだ。ただし、明治天皇の場合は肖像の写真）は、願い出制度を取ることにより、下賜された学校は名誉とされた。火事や災害などから天皇・皇后の写真を守るために校長や教員が命を落としたことが、美談として説話化された。天皇制国家の思想的支柱となった教育勅語や「御真影」を中軸とする学校儀式を通して、天皇制は人びとのなかに浸透していった。

▍天皇像の浸透――女性皇族と家族イメージの利用

　戦前、昭和天皇と皇后・皇太后、その他の皇族たちは、その行動領域をジェンダーによって明確に分けられていた。女性皇族や家族イメージの果たした役割を抜きにして、戦前の天皇像を語ることはできない。皇后や皇太后は、15年戦争・アジア太平洋戦争期にも頻繁にメディアに登場している。彼女たちは天皇に付き添うのではなく単独で行動し、靖国神社や伊勢神宮の参拝や、病院への戦傷兵の慰問、軍隊の激励など、精力的な活動が大きな写真とともに報道されていた。

　「御真影」や大元帥に象徴された戦前・戦中の天皇像は、戦後は家族をともない人間化されたイメージにかわったとされる。しかし、「戦前は御真影・神格化、戦後は家族像・人間化」というイメージの対立は、現在にまで続く天皇・皇室像をみる場合、妥当なものではない。

　42年元旦の『朝日新聞』は、第1面に大きく天皇とその家族の写真を掲載し、彼らの近況を1人ずつ紹介している。天皇については、前年の「行幸」が30回にも達して多忙をきわめ、日常的な運動不足で健康状態が憂慮されるにもかかわらず、「神明の加護」により壮健であると描いている。戦争が泥沼化すると、寒さや飢えに苦しむ国民に合わせるかのように、厳寒に耐

皇太子裕仁(当時、摂政。のちの昭和天皇)と久邇宮良子(香淳皇后)の結婚を前に、国民の皇室への関心を高めるためにメディアは2人の様子を大々的に報道した(『アサヒグラフ』1924年1月23日号)

えて夜更けまで仕事を続ける「人間的な」天皇の姿が仰々しく報道された。

戦前のデモクラシー期の天皇制再編——「家庭」の実体化と「母性」の発見

　このように戦前の昭和天皇は、ときには家族像をともなって報道されたが、その転機は1920年代初頭にあった。第1次世界大戦によって世界の王家の大半が没落し、君主制は世界的な存亡の危機を迎え、日本国内でもデモクラシーの高揚や大正天皇の病気、「宮中某重大事件◆1」によって天皇制は権威失墜の危機にさらされていた。支配層は、皇太子裕仁(のちの昭和天皇)を摂政に擁立し、地方視察などにより皇太子を人びとの目に見える存在にした。そればかりでなく、天皇の家族を登場させてファミリーイメージを演出することによって難局を乗り切ろうとした。大正天皇の死去にあたっては、皇后や皇太子など天皇家の人びとが「人間味あふれる姿」で天皇の容態を気づかい看病したことが大きく報道された。そのファミリー・イメージは、新中間層の「家庭」を担う人びとの視線を集め、関心を掻き立て、浸透していった。

◆1　皇太子裕仁親王の婚約をめぐって、政治権力者間に覇権争いが生じ、その噂は民間にも広まったが、直接的な表現を避けて、世上このように称された。

すでに1880年代後半から90年代前半にかけて成立していた「家庭」は、日露戦争を経て産業化が進展し、東京・大阪などの大都市に人口集中がはじまる第1次大戦後になって実体化された。このため、伝統的な共同体から空間的にも精神的にも切り離された新中間層の「家庭」(夫は仕事／妻は家事・育児)は、国家の基盤として規範化されなくてはならなかった。だからこそこの時期に家族を利用した天皇像が出現し、皇后の身体に象徴化された「母性」がみいだされる必然性があった。こうして母性讃歌と天皇讃歌は相乗的に効果をあげながら戦争へと国民をかり立てていった。

(北原　恵)

国民教化政策と「国家神道」

国民教化政策

　明治政府の宗教政策は「祭政一致、神道国教化政策」であり、宗教を国民統合の精神的紐帯として政治的に利用しようとした点に特徴があった。政府は、1868年の布告で神祇官◆1を再興し、全国の神社や神官を序列化して支配しようとした。幕藩体制での檀家制度◆2に代えて、全国民を神社の氏子として登録し、国民の出生、移転、死亡などを管理しようとしたのである。

　しかしこの政策は、仏教勢力の排斥とキリスト教の禁圧をともなっていたので、仏教側からの反発と欧米諸国からの批判を招き、72年に神祇官は廃止され、明治初期の神道国教化政策は頓挫した。

　ついで政府は、教部省を設置し、国民教化にあたる教導職をおき、仏教勢力をもまきこんで宗教色をある程度うすめたうえで、敬神愛国、天理人道、朝旨遵守を中核とした「三条教則」(1872)を国民に強要する「国民教化政策」をとるようになった。しかし皇道主義◆3に立脚した、この方法のもとでもキリスト教は禁圧され、仏教勢力の国家における位置づけが低く、また啓蒙主義者の「信教の自由を保障せよ」という批判もあって、この政策も頓挫した。

　こういった政策が失敗し、キリスト教の解禁や、仏教系あるいは神道系の諸宗教の国家からの独立が要求されるようになった。これにたいして政府は、神道を祭祀として特別に保護し、その地位を保障する必要にせまられた。ここから、神道を、あらゆる宗教から超越した国民道徳とする「神社非宗教論」が登場した。政府は内務省通達によって、1882年、神職を教化

軍隊の靖国神社参拝（全国神職会編『神社読本』
日本電報通信社、1940）

（民族問題研究所『屈辱の歌　親日音楽』
2003・ソウル）

活動から分離し、宗教行為である葬儀に関わることを禁じた。ここに国家神道体制がはじまったのである。

侵略戦争の精神的支柱としての「国家神道」

国家神道の教えとは、簡単にいえば、「日本の中心は神聖な神たる天皇である→日本という国は神の国である→戦争などの神聖な国家がおこなう行為は常に正しい→正しい行為の犠牲者は尊い」というものである。記紀神話に依拠して、天皇の神性から国家の神聖性を導き、さらにそこから国家行為の正当性を引き出して、犠牲者の崇高性を導くものであった。とくにこの後半の部分は靖国思想といわれるもので、国家神道の中核をなしている。靖国思想は、自国の戦争は正しく、参加は崇高な義務であるとする「聖戦思想」、天皇のための戦争に参加して死ねばすぐれた霊として特別に賞賛されるとする「英霊思想」、「だから英霊の後に続け！」という「顕彰思想」

◆1　「祭政一致」を掲げた明治政府が、全国の神社を掌握、再編成するために、1868年に設けた官職。72年に廃止。
◆2　キリシタン禁止政策をとった江戸幕府は、領民・庶民がキリシタンではないことを、寺・僧侶に証明させる「寺請け」制度をしいた。檀家制度とは寺請け制度のもとで領民が寺に所属する「檀家」でなければならないとした。
◆3　天皇を中心とする「国体」を至上のものとする思想的立場。
◆4　『古事記』および『日本書紀』に記された神話。

を3本柱とした。

　この国家神道こそ、他民族を侮蔑し、国民を侵略戦争へと動員した精神的支柱であり、日本軍国主義の宗教的側面を構成するものであった。この宗教の祭神、つまり祀られる対象は、侵略動員という目的にしたがって、英霊や勲功のあった軍人、征服に積極的であった歴代の天皇、また朝鮮半島を侵略した豊臣秀吉ら歴史上の人物など、多様である。

　また天皇は、それ自体が崇拝の対象であると同時に、新たな戦死者を祀る靖国神社の例大祭など国家神道の祭祀の最高執行者でもあった。この祭祀王たる天皇が、道徳の源であると宣言した「教育勅語」(1890)、軍隊の最高司令官であることを宣言した「軍人勅諭」(1882)、そして政治の最高権力者であると宣言した「大日本帝国憲法」(1889年発布、90年施行)は、国家神道の教えを明らかにした、いわば「教典」であった。国家神道の形成に収斂していく明治政府の宗教政策は、これらの「教典」が発布された1880年代に一応の完成をみた。

(神戸　修)

コラム●「靖国」思想と「軍国の母」

　靖国神社に祀られているのは、「天皇の国」のために戦死したとされる男性兵士だけではない。「女だから兵隊にはなれないが、兵隊と同じように国家に奉公したい」と「従軍看護婦」となり、戦場に倒れた女性たちも日露戦争以後、祭神として祀られている。ただし、臣民の精神的統制を目的とする「靖国思想」が、帝国の臣民としての女の果たすべき役割として高い評価を与えたのは、兵隊・軍人の母・妻としての性役割だった。

　神道が宗教ではなく国民道徳と位置づけられた帝国日本において、「皇国の女」たちは、仏教徒であろうと、キリスト教徒であろうと、皇軍の軍人・兵士となる男子を産み育てる妻・母として、夫や息子を喜んで戦場に送り、彼らの戦死と、東京・九段の靖国神社に合祀されることを「名誉」と受け止める「軍国の母」となるよう求められた。アジア・太平洋戦争中の女性雑誌『主婦之友』等では「母性愛」が強調され、「英霊への貞節を守る妻」、「英霊となった父の意志を息子に伝える母」の姿が賞賛とともに描かれている。39年には、息子が「立派なやしろ(靖国神社)」に「神とまつられ」、感激に涙する母をうたった「九段の母」と題するレコードが発売されヒットした。

(井桁　碧)

日本のキリスト教と女性

「男女平等」という思想

　明治初期、来日したキリスト教宣教師のなかには、アメリカ人メアリー・キダーのように、日本における女子教育の必要性を痛感し、キリスト教精神をもととする女学校設立に力を尽くした女性たちがいた。キダーが1870年、横浜に開設した学校は、89年にフェリス英和女学校、1941年、英語が敵性語とされたため、横浜山手女学院となり、50年にフェリス女学院と改称し、今日にいたっている。

　宣教師女性たちの教える英語やキリスト教を「文明」を代表するもの、文明開化にふさわしいものとみなし、受容したのは、主として旧武士階層や、政府高官あるいは開港地の富裕な商人の娘たちだった。しかし、そうした限界はあるが、宣教師女性たちの真摯な教育態度、貧しい人びとや病に苦しむ人びとにたいする奉仕活動に感銘を受けて、キリスト教を受容し、受洗する女性たちもいた。

　とくに聖書をもとに説かれる「神の愛」「人格尊重」「自助自立」「人間としての男女平等」といった思想は、日本社会の激動期にあって、「女性としての新たな生き方」を懸命に模索しつつある女性たちに、多大な影響を与えた。そうした女性たちのなかから、矢島楫子たちを中心に、禁酒・廃娼・平和を目的として日本基督教婦人矯風会が組織(1893)されている。この会の運動に参加あるいは共鳴した女性たちは、夫が妻の他に「妾」をもつこと、「妻妾同居」あるいは、男が女の「性」を買うことが公然とおこなわれている状況に抗して、女性だけではない「性の純潔」、男女の平等を「一夫一婦」という結婚の形で実現しようとしたのである。

「帝国」と女性キリスト者

　キリスト教および日本人キリスト教信徒は、国家権力や体制派知識人、新聞などのメディア、そして一般民衆からの攻撃を受けることが少なく

◆1　旧幕府軍との戦いで多数の死者を出した維新政府によって、1869年、天皇のための戦争および「国家のために殉難した人の霊を祀る」ために創建された東京招魂社がそのはじまりである。79年靖国神社と改称された。

かった。とりわけ、日清戦争以後、ナショナリズムが高揚していく時期にあっては、「唯一神」への信仰、「神の前における人間の平等」を信仰の核とするキリスト教は、天皇を中心とする国家体制に反する、危険思想とみなされたからである。

　キリスト教にたいするこうした見方は、当時の日本のキリスト教徒たち自身の信仰理解をこえて、キリスト教の思想に、天皇を中心とする国家体制、秩序の批判に向かう可能性をみいだしていたと考えることができる。実際、キリスト教徒、キリスト教系の学校にたいして弾圧が加えられた15年戦争時にあっても、天皇を神とみなすことを拒否する信徒も存在した。しかし、日本のキリスト教会を主導した男性指導者たちと同様に、女性キリスト者の多くも、自身がキリスト教徒であることと、天皇の忠良な臣民であること、そして帝国日本の植民地支配との間に矛盾をみいださなかったといわねばならない。
　　　　　　　　　　　　　　　　　　　　　　　　　　（井桁　碧）

コラム●「帝国のフェミニズム」

　近代国民国家は、男性を「公的領域を担う国民」とし、女性には「二級国民」としてのジェンダー化を強いた。そのなかで、女性の地位向上をめざすフェミニズムは、ジェンダー役割に積極的に同一化し、国家と共犯関係に入ることで「帝国のフェミニズム」と化した。「帝国のフェミニズム」は、女性作家、女性団体の指導者など、言説権力を持つエリート的女性たちによって唱導されたが、それは一般女性たちの「戦争を容認し、軍事を重要視する思い」を代弁するものだった。「女性」の日常生活・活動も、軍事主義に直結していた。それゆえ非軍事的で平和に見える「家庭」「母性」「慈愛」「献身」などの語が、容易に戦争賛美に利用されていったのである。「帝国のフェミニズム」の戦争責任は、軍事主義、二元論的ジェンダー化の強要など、「帝国」の構造的暴力を問題化する視点を通して解明される必要があろう。（大越愛子）

キリスト教の伝播と朝鮮の女性

伝統宗教にたいする朝鮮総督府の政策

　日本帝国主義は、政治と宗教の分離を標榜していたが、実際には神社を設置して同化政策の前進基地としようとした。1917年には神社規則を公布して神社の全国的な拡大を図った。また朝鮮の伝統的な民間信仰である巫俗(ふぞく)は「迷信」とされ、巫俗は西欧のキリスト教からも日本帝国主義の宗教政策からも弾圧を受けた。「迷信打破」は30年代の農村振興運動において生活改善のための主要実践課題となり、巫女取締法規が制定されると、巫女もまた弾圧の対象となった。

　一方、儒教のような伝統的な支配理念(宗教)にたいしては統治の一手段として取り込み経学院のような儒学者の機関を設置して朝鮮の風俗と思想の教化の中心とすることを試みた。また仏教を統治の方便とするため寺刹の住職を任命する際には総督の認可を必要とし、寺刹令(じさつ)(1911年制定)で本殿の仏像の前に「天皇陛下聖寿万歳」と書いた位牌(いはい)を供えさせるようにした。

キリスト教の急速な広がりと受容

　このような伝統的諸宗教にくらべて、キリスト教は宣教師の国外追放がはじまる1930年代後半までは、相対的に活動上の制約をあまり受けなかった。1885年にアメリカの宣教師が入国して以来、朝鮮におけるキリスト教はアジア圏のどの国よりも急速に拡大していった。宣教師たちはまず学校と病院を設立し、教育と医療事業を基盤に勢力を拡げた。培材(ペジェ)学堂(1885)は最初の新式学校であり、済衆院(1895)は宣教師が設立した朝鮮で最初の近代式病院であった。

　植民地朝鮮においてキリスト教にたいする対応はかなり肯定的なものだった。その理由は単に信仰的なものばかりではなく、キリスト教が新文明と同一視され、とりわけ「韓国併合」にたいする政治的不満から、排日親洋的な態度が醸成されていたためであった。医療事業のなかでもとくに母子福祉事業は朝鮮女性の近代化と直接的に関わっていた。女性宣教師たちは、乳児死亡を減少させることのできる衛生技術と栄養、優良児選抜大会や入浴法の講習のための母親教室などを通じて、家庭内に孤立していた女

性たちを家庭の外へと連れ出した。それにたいして伝統的な育児法や生活習慣などは非衛生、迷信とされ、切り捨てられた。

　キリスト教が女性たちに与えた影響はきわめて大きかった。とりわけ知識人女性のほとんどは少なくとも一度は教会に通ったことがある、と思われた。キリスト教は女性運動においても重要な役割を担った。1923年にはYWCA(朝鮮女子基督教青年会連合会)が結成され、禁酒運動と公娼制度廃止運動、農村夜学運動などを活発に展開した。　　　　　　　（金　恵慶）

3 資本主義の発展と女性の労働

「富国強兵」と「女工」

「富国強兵」と女性労働者の増加

　地租改正(1873)によって全国的に統一された租税体制が成立し、近代的な土地所有権が確立された。これは政府の財源を安定させたが、多くの農民を苦しい状況に追いやった。さらに、いわゆる松方デフレ政策(1882～86)は物価、とくに農産物価格に深刻な影響を及ぼし、農村に大打撃を与えた。収入減に陥った農村では農地を手放す者が続出し、小作地が急増した。没落し、窮乏した農民たちは、生計を維持するために副業を営み、あるいは子どもを工場等に出稼ぎに出さねばならなかった。

　松方デフレが一段落した1890年代から1913年の間、日本経済は近代産業の勃興期を迎えた。産業革命を先導したのは、繊維産業であった。原料と機械を輸入に依存していた紡績業は、急速に発展して国内市場を回復するだけでなく輸出産業へと転換した。また製糸業が獲得した外貨は、綿紡績業での産業革命の進展と軍備拡張の基盤となった。繊維産業、つまり輸入綿花を原材料とする綿紡績業と輸出向けの製糸業は、帝国日本の国策としての「富国強兵」政策に合致し、それを支えた。この時期、繊維産業が巨大な富を生み出したのは、きわめて低い賃金で労働力を得ることが可能だったからであり、そうした低コストの労働力として雇用されたのは「女工◆1」、すなわち女子工場労働者にほかならなかった。

使い捨ての労働力とされた「女工」

　急速に発展していった紡績工業は大量の労働力を必要とし、貧困化した農村から多数の女性労働者が集められた。彼女たちは、厳しい監視体制と

◆1　近代日本において、女性が社会に出て労働することは「貧しいから働いている」とされ、しかもそれは「恥ずべきこと」とみなされた。近代化また都市化するなかで生まれたタイピストや事務員また教員といった職業について、「職業婦人」と呼ばれた女性たちは揶揄や蔑視の対象とされた。なかでも「女工」は、その低賃金や劣悪な待遇のために「下層の仕事」とみなされ、哀れみや侮蔑のまなざしが向けられた。

低賃金、休日や休憩時間も保障されない過酷な労働条件のもと、軽工業の国際競争力向上に貢献させられた。劣悪で非衛生的な宿舎、長時間労働、睡眠不足、質量ともに不十分な食事などが積算されて、年少の「女工」たちの健康は著しく損なわれ、そこにトラホームや結核などの伝染病が追い撃ちをかけた。罰金制度や強制貯金も課された。

　工場経営者たちは、「女工」を使い捨ての労働力として扱ったので、彼女たちには、熟練工となってより高い収入を望めるような機会は閉ざされていた。こうした奴隷的な労働環境は、彼女たちにとって、『女工哀史』で知られているように、まさに地獄といえた。

｜「女工」は日本の女たちだけではなかった

　「女工」の大部分は日本国内の貧しい農村出身者だったが、「女工」として働いたのは「日本の女性」たちだけではなかった。植民地化された朝鮮半島は、帝国日本にとって原料供給地あるいは市場としてばかりでなく、労働力供給地としての意味ももっていた。朝鮮半島に進出した日本資本は多くの若年女性を「女工」として雇った。1910年代後半から、主に西日本の紡績工業地帯を中心に朝鮮人女性労働者の移入がはかられ、20年代にその流れは本格化した。

　また明治維新後、日本に組み込まれた沖縄や奄美諸島からも、多数の「女工」が募集された。渡日した朝鮮人「女工」、そして沖縄・奄美出身の「女工」たちは、紡績関係の女性労働者のなかでも最も過酷な部門に配置され、日本人女工にくらべ、賃金や待遇において差別されることもまれではなかった。出身地による差別待遇は、女性労働者の間に差別感を生みだし、またしばしば分裂や対立をもたらすこともあった。

　帝国日本の「富国強兵」政策、近代資本主義の基礎は、繊維産業における使い捨ての労働力とされた若年「女工」たちによって築かれた、と言っても過言ではない。しかし、「女工」たちは抑圧にたいしてただただ甘んじていたわけではない。彼女たちは、劣悪な待遇の改善を求め、暴力による弾圧を加えられたけれども、労働者としての権利を勝ち取るために闘っていったのである。

　　　　　　　　　　　　　　　　　　　　　　　　　（金　友子）

1920〜30年代の植民地農業政策

日本帝国主義の農業政策

　日本帝国主義末期の植民地朝鮮社会では農林業が70％を超え、農業は経済政策の中核部分を占めた。農業経済政策の展開過程を時代ごとにみると、1910年代の土地調査事業、20年代の産米増殖計画、そして30年代の農業振興政策が代表的なものである。

　20年代の農業政策はいわゆる「三白」の増産を中心としたもので、米・綿花・絹など日本で必要な食料と織物工業原料の確保に焦点が当てられた。とりわけ米の生産は、日本における米の不足ないし過剰によってその政策の内容が変わるなど、日本の米価安定という目的によって直接に左右された。30年代以降じょじょに米穀単作中心へと農業が変化して、伝統的に田作よりは畑作をおこなってきた女性たちの経済的独立性は下落した。そのうえ機織機を破壊し原料の綿花生産のみを強制することで、朝鮮朝時代まで女性たちが織物生産を通じて確保していた経済力は弱まった。もちろん多くの女性たちが綿花と絹糸の生産労働に加わっていたが、日本紡織資本の利害と相関していた共販制度のもとでは価格と所得は保障されにくかった。

岸和田紡績には多数の朝鮮人女性労働者たちが働いていた
(鈴木裕子『女工と労働争議』れんが書房新社、1989)

30年代の農業振興政策

　30年代の農業振興政策は、日本の元陸軍大臣宇垣一成が朝鮮総督に再任した1933年からはじめられた。彼は農村が貧しい理由を朝鮮農民の怠慢と浪費にあるとし、自力更生原理と心田開発を通じて農家の負債などをな

◆1　1925年に出版された細井和喜蔵(1897〜1925)の著書。彼自身とその妻・細井(のち高井姓)としをが紡績工場で働いた経験と、見聞きしたことをあわせて書かれた。

くそうとした。しかしその振興政策は、農村の一戸一戸の行政的管理と皇国臣民化という政治的目的を含んだものであり、その後の国民精神総動員政策を遂行するための地ならしであった。

（金　恵慶）

1920～30年代の植民地産業構造の変化と女性労働

植民地工業化と女性労働

　日本植民地下の産業構造は、日本の独占資本の進出が拡大する30年代以降、急速な工業化を経験する。1929年の世界大恐慌により新たな投資市場を求めていた日本の独占資本は、中国、朝鮮などに出口を求めた。朝鮮総督府はこのような進出の要求をうけて植民地超過利潤を保障する工業政策を実施した。朝鮮総督府は低金利政策と「強制」貯蓄政策、そして高利潤を保障する販売価格の設定などによる市場政策、税制上の優遇政策などを通じて朝鮮に進出した日本の企業を支援した。

　時期的にみると、30年代の植民地工業化の先頭走者は東洋製糸、鐘淵紡績、朝鮮紡織などの繊維工業で、37年の日中戦争以降、朝鮮が大陸侵略のための兵站基地となると、重化学工業を中心とする軍需工業化が植民地産業の特徴をなした。もとよりこれら軍需工業のうち土着資本の比率は全体の6％にすぎず、絶対多数が日本人資本となっていた。

　重化学工業化により30年代半ば以降男性労働者は数的増加をみせたが、

植民地朝鮮における産業別人口構成（数字は％）

産業 年度	農林業	水産業	鉱工業	商業・交通業	公務・自由業	その他	遊興業	計
1917	85.1	1.3	2.0	5.4	1.4	2.2	2.6	100.0
1925	83.0	1.4	2.1	6.0	2.3	3.0	2.2	100.0
1930	78.5	1.2	6.4	6.9	1.8	5.2		100.0
1940	72.7	1.5	7.3	8.1	2.6	7.8		100.0

資料：1917・1925年は『戸口調査』、1930・1940年は『朝鮮国勢調査報告』による。金 哲「植民地時期の人口と経済」崔 元奎編『日帝末期のファシズムと社会』（チョンア出版社、1988）、135ページ。
「その他」は荷運び「人夫」・土木労働者・家政婦などの都市雑業層で離農民や都市貧民の臨時職。

女性たちには大きな変化はなかった。1910年代以来1940年まで朝鮮女性の就業者は90％以上が農水産業に集中していた(1915:92.4%、1925:91.9%、1935:90.9%、1940:90.5%)。

女性就業者のうち工場労働者は1％程度にすぎなかったが、職種によっては、その占める比率は小さくなく、工業部門における女性労働者は1925年には25.2％となっている。女性労働者が集中していた業種は、主に製糸・織物業などの紡織業、精米業などの食料品業、そしてゴムなどの化学工業であった。朝鮮人女性労働者の賃金水準は民族的・階級的・性的差別が重なり最底辺におかれた。31年当時の成年工の平均日当は日本人男性が1円87銭、日本人女性が85銭、朝鮮人男性が85銭、朝鮮人女性が46銭であった。

とりわけ紡織工業には朝鮮人若年女性労働者が集中していたが、彼女たちは日本人成年男性労働者の7分の1の賃金で監獄のような寄宿舎に寝起きし、家父長的監視を受けながら働かされた。

「新たな」女性の職業

開港以降日本人が増加するなかで、仁川、元山、ソウルなど日本人集住地域を中心に公娼制度が実施されはじめた(釜山:1900年、仁川:1902年、元山:1903)。1930年代には農村の疲弊と都市の失業が増加するなか朝鮮人の性買売女性が増えた。31年、清津(チョンジン)では抱え主の虐待に抗って一部の娼妓たちがハンガーストライキを繰り広げ、槿友会の支援を受けたこともあった。

少数ではあるが教育を受けた「新女性」たちが登場し、彼女たちは教師・記者・作家・医者などの専門職に就くこととなった。このうち多数を占めていた教師は主に家事・音楽のような「女性的」科目を担当した。全女性就業者のうちこれら専門職を含む公務・自由業従事者は40年でも0.8％にすぎなかったが、社会に及ぼした影響力は小さくなかった。新女性のうち一部

米の積出し港・群山。群山は1899年に開港。植民地朝鮮で生産された米の収奪基地として急成長を遂げた
(朝鮮総督府鉄道局『朝鮮之風光』1927)

が見せた断髪とパーマ、脚を露出する西洋式のスカートといった外見は、西欧指向を意味するとともに、また強い自己意識と自己表現欲の産物であった。

　彼女たちの外見は性的対象としてのみとりあげられ、朝鮮の伝統を無視するものとして批判された。だがこうした非難とは対照的に、いわゆる「新男性」の外見にたいしてはそのような激しい非難がなかったという点で、女性にたいする二重基準をはっきりと示している。　　　　（金　恵慶）

4 家族と性別役割

日本の近代家族と「主婦」

資本主義の発展と主婦の誕生

　資本主義の発展は、家族が夫の給与だけで暮らせる新中間層を成立させた。第1次大戦(1914〜18)直後の好況期、産業化が急速に進展するなかで、企業や官公庁の管理的業務をにない、支払われる給与によって生計をたてる「俸給生活者」が急増した。彼らの背後には家庭を支える女性たち、すなわち「主婦」がいた。夫は職場で生産労働に従事し、主婦は家庭で家事労働をおこなう。これが「近代家族」のモデルである。夫には給料が支払われそれによって家族が生計を立てるのにたいして、主婦の労働は無償労働＝アンペイド・ワーク(unpaid work)であった。主婦は家庭内で重い負担をにない、企業で働く夫を支えながら、労働者としてはみなされなかった。

「女らしさ」の二重性

　主婦の労働には、妻としてのものと母としてのものとがある。妻として夫の身の回りの世話や精神的サポートを与え、母として子どもを産み育てることである。男が公的な領域において生産労働に従事することで国家に貢献するのにたいして、女は将来の「国民」である子どもを産み育て、子どもや夫の世話をすることで間接的に国家に貢献することを要請された。女子教育も、そのような「良妻賢母」をつくるためにおこなわれた。
　しかしここで留意すべきことは、女性にとって「母」「妻」あるいは「主婦」といった地位が必ずしも上から強制的に与えられたものではなかったことである。「良き妻、良き母」になることは、女性が知識を得て、家庭の責任者としての権限を得ることであり、「イエの嫁」という隷従的な地位から解放されることとして肯定的に捉えられた。この時期発刊された『主婦之友』(1917年創刊)など新中間層の主婦向け雑誌も、主婦としてのあるべき姿をさまざまに説き、多くの読者を得た。
　近代国家確立の過程において、女性は一方的におさえつけられるというよりも、その意欲や労働力が国家や資本主義経済に吸収される形で位置づ

けられた。そしてその位置は、「愛情」や「やさしさ」といった女性の本能にもとづいた自然なものとして捉えられ、決して直接には金銭的報酬も、社会的評価も与えられなかった。近代における「女性」規範は、このように特権と抑圧の二重性をもっている。

(菊地夏野)

植民地朝鮮の新たな家族概念と性別役割

　1920年代初め、植民地朝鮮では家族改良論ともいえるような家族制度にたいする改造論議が流行し、植民地期のほとんど全期間を通じて家族と性別役割の問題が社会的論争の中核におかれた。すでに1912年には日本帝国主義の家族法が導入され、また西欧の核家族的な家族規範が紹介されて、それらの新たな家族理念が父系親族中心の朝鮮の伝統的家族概念と衝突した。

1　日本式家族法と西洋式の夫婦中心家族

日本式家制度の導入

　まず法制的な面から見ると、日本の家族法上の家観念が次第に適用された。植民地下において家族法は1912年の民事令制定以来、39年まで3度の改正を経たが、その結果、戸主に強い家族支配権と法的代表権を与える非民主的な戸主制度が導入された。また男性戸主を中心とした戸籍制度は、結婚した女性を夫の戸籍に編入する夫家入籍を法制化した。このような日本式家族法では、次男以下の家庭も分家して新しい姓を作って一家を創立することが可能になるなど、同姓集団的性格の強い朝鮮の血縁共同体的家族概念(「門中」)の伝統とは相当異なっていた。このような乖離を無視して

> **コラム●朝鮮人と日本人の通婚政策**
>
> 　1930年に日本帝国主義は民事令を改めて日本式の異姓養子制と婿養子制度を導入した。これは日本の男が朝鮮人家庭の養子となることを可能にするもので、いわゆる「内鮮混血」を試みたものであった。37年以降は皇民化政策の一環としての「内鮮結婚」は積極的に推進され、その結果、36年には1193組にすぎなかった日朝間の結婚数が44年初めには1万700組へと増加した。
>
> (金　恵慶)

40年2月に強行された創氏改名のような「内鮮一体」事業は、朝鮮人の強い抵抗を呼び起こさざるをえなかった。

西洋式の夫婦中心家族観の影響

恋愛結婚と夫婦の愛情などを強調する西欧的な家族概念は、1910年代末から日本に留学した知識人たちを通じて広まりはじめた。情緒的側面を重んじる家庭生活にたいする関心とともに夫婦中心の日本の家庭文化も紹介されたが、夫を「旦那様」と呼び礼儀正しく仕える妻の姿は上下の主従関係を表しており、特別な関心を受けることはなかった。

家庭商品の商業化に馴染んだ夫婦を示している味の素の広告。

民族主義的な男性知識人たちは、夫婦単位の小家族制度が伝統的な大家族制度の家族問題、とくに嫁姑の葛藤を解決しうる代案であるとも考えた。家族についての新たな主張は、伝統的な父系大家族制度の擁護論とからみながら折衷され、家族に関して複合的な価値観が混在するようになった。

(金　恵慶)

2　新たな女性役割規範の登場——母性と主婦

子女教育と母性

植民地下の家族に関連する重要な変化の一つは、子どもが家族の中心的構成員として浮上したという点である。民族主義者たちにとって子どもは、教育を受けて実力養成を図り、未来の国権回復を担う者として期待された。高い乳児死亡率の問題が社会的な関心をひくなかで、子どもの身体的健康の重要性も注目された。また、西洋式の幼稚園制度の導入とともに子どもを大人とは異なる独特の心性と文化を持った保護対象とみなす新たな児童観が形成されるなど、いわゆる「児童期の誕生」というべき社会現象

◆1　改正は朝鮮の「慣習」をもとにするとしたものの、実際には朝鮮の「慣習」にたいする総督府の解釈はきわめて恣意的であり、官製化された慣習とも呼ばれる。つまり慣習を規定したのは、総督府の司法部長や法務局長ら高級官僚の判断、あるいは判例調査会・旧慣習制度調査委員会の決定などであった。

も現れた。

　新しい児童観と核家族的家族観のなかで、女性の役割規範も新たな転機を迎えることになった。すなわち子女教育・養育者としての母性役割が浮上した点である。伝統的な大家族制度のもとでは、女性たちは子どもの養育者であるよりは舅姑の世話をする役割がより大きかったため、このように母性役割に制限されたものであれ、女性が家庭の中心に立つということは魅力的な新たな性役割規範とみなされた。

家事労働と主婦

　植民地朝鮮では、1940年まで70％をこえる女性たちが伝統的な農業に従事していたため、近代化された西欧家庭にみられる、女性が社会的生産から切り離されて専業主婦化する現象は微々たるものであった。農業労働はその性格上、家事労働と社会的労働との間の境界がはっきりせず、都市の家事労働もかなりの手工業的な労働が必要になるため、常に核家族以外の家事助力者が必要な状況であった。

コラム●住み込み女中

　「家庭の料理を"愚か"で"無責任"な家政婦に任せるというのは家庭を無視すること！」「女中に使う費用を節約して『我が家の団欒（だんらん）』のために使おう」。このような言葉は30年代後半に専門職女性たちが家庭雑誌や日刊紙などでよく主張していたスローガンであった。伝統的な家庭の同居人として家事労働の実質的な担い手であった「住み込み女中」（または「住み込み」）が、このように「よその家族」として認識されはじめた変化の底にはさまざまな社会的原因が存在している。その1つは専業主婦を軸とする近代的核家族観念が浮上した文化的背景があり、もう1つは30年代後半の戦時体制のための生活簡素化および緊縮政策の要求がある。

　しかしこのような女中反対論にもかかわらず、在朝日本人（「内地人」）が増えるにつれて女中にたいする必要性は高まった。実際に『東亜日報』1937年8月5日付には、内地人家庭に必要な「下女」が増えたため、仁川府社会事業協会が「下女学校」を2カ月間開設して日本語、算術および「内地人」の礼儀作法を教え、就業を斡旋する、という広告が掲載されている。

　　　　　　　　　　　　　　　　　　　　　　　　　　　　（金　恵慶）

しかし、このような朝鮮家庭の現実とは別に、家政学など近代的な知識が導入されるとともに生産労働から切り離されて、家事労働と夫や子どもの世話に専念する「主婦」という新たな規範がつくられはじめた。1920年代半ば以降、日刊紙などには、女学校の家庭科教師が中心となって家事労働の効率化、衛生と清潔、専業主婦論および台所構造の改善などを提案する記事が掲載されるようになった。結果的には主婦が直接家事を担うことで、「我が家の団欒」を図ることや家政婦にかかる費用を節約しようという専業主婦論は、30年代末の戦時緊縮財政下において社会的な正当性を確保したといえる。　　（金　恵慶）

「内鮮結婚」のさきがけとなった李王世子（皇太子）・李垠と梨本宮方子の結婚（1920年）（李王垠伝記刊行会『英親王李垠伝』共栄書房、1978）

3　家庭生活と主婦の労働

家族についての規範と言説が複合的な性格を帯びていたのにくらべて、現実の家庭生活は農村と都市とを問わず貧窮化し、日々の生存に追われた。人口の大部分は農村に暮らしていたが、その多くが生活の窮乏により離農し都市へと流入した。

植民地農村の家庭生活

植民地的資本主義化により土地の商品化が急速に進むなかで、農村では小作農が増加し、農家全体の51％を占めるようになった(1930)。農村の人びとは生産物の半分をこえる小作料を負担しなければならなかったため日常的に貧しかった。そのうえ男性が良い仕事を求めて学校に通い、あるいは独立運動を理由に家を離れて都市や国外へ向かうと、父の代わりに母が中心となって切り盛りする「母中心家族」となるケースも増えていった。離農する男たちが増加するとともに農家は人手が足りなくなり、女性の労働力が重要になった。

とりわけ1930年代の農村振興運動は、各種の婦人会や共同綿作契（契と

◆1　30年代の農村家庭の生活変化は農家経済再建という社会改造プログラムとつながっていた。春窮期と借金生活を退治しようという農村振興運動(1933～36)は、「総督閣下の考えが各戸の台所の主婦の頭」にまで伝わるよう個別家庭を対象にしたきわめて緻密な教化方法を用いた。それは、会計簿記入、婦人農業勤労、蝿退治、貯金励行、市場行きの減少など極度に切り詰めた生活と消費節約が強調されたものであった。

は、伝統的相互扶助組織)などを通じて女性を家庭外の労働へ動員しはじめた。また日本帝国主義は養蚕を積極的に奨励したが、女性は全農業人口の3％でしかない蚕業労働者の90％以上を占めるほどだった。

家事労働をする農村女性(チョ・ブンヨン解説)
『写真でみる朝鮮時代——生活と風俗』瑞文堂、1999)

このような労働の増加にもかかわらず、家事労働は依然として女性の役割だった。石鹸がなかったため服は灰汁で洗い、主要食料である麦は臼で搗いてご飯を炊かなければならなかった。水汲みも重労働であった。そのうえ女性たちは機織りをして生地を織って家族の服を作った。生産労働と家事労働、内職という三重苦のなかで生きていく農村女性たちは、畑を耕す牛よりも重要な労働力とみなされた。とりわけつらい嫁家での伝統的・封建的慣習は農村女性の生活をいっそう困難なものとした。

都市の家庭生活

日本帝国主義時代の都市化は在朝日本人の居住地域を中心に進んだ。それは、産業化というプル(吸入)要因よりは農村の窮乏というプッシュ(圧出)要因により進行したものであった。1930年代後半からは工業都市を中心に遠距離を移動する人口が増え、大都市周辺には貧困世帯と土幕民(日本統治下の都市細民)が続出した。困窮家庭の夫たちはたいてい失業や半失業状態におかれやすく、そのため妻たちも家庭外の就業戦線に出向くほかなかった。

家庭経済が、労働力の商品化の代価として受取った賃金と、それで購入した商品を消費して維持される資本主義的生活様式を取るなかで、中間層も生活に追われるという点では同様であった。漫画にはこのような俸給生活者の表向きはそれらしい生活の姿がよく登場していた。質屋通いがしょっちゅうであり、給料日になってもツケを払えないので質屋の主人を避けて通る姿が戯画化された。一方、30年代初めは不景気の余波で、また

30年代後半からは戦時動員経済によって物資が不足して物価が高騰すると、家庭はいっそう勤倹節約する責任を負わなければならなかった。それぞれの日刊紙は家計簿付け大会を開催して節約の美徳を宣伝した。

（金　恵慶）

5 優生政策と出産、産児調節運動

近代日本の産児調節
――女が子どもを産むということ

子どもを産むことと家制度

　明治民法(1898)における家制度によって、「妻」と位置づけられた女には、家存続のための子どもを産むことが求められ、産む性であることが強調されることになった。しかし、産むという性役割が付与されているにもかかわらず、「妻」は性に関しては無知であることが望ましいとされ、夫婦の性交渉において主体的になることは許されなかった。「妻」は、厳格な「貞操」イデオロギーのもとで、「妊娠・出産」という自己の身体に起こる変化を受動的に受け止めなければならなかった。

それぞれの産児調節

　自己の身体にもかかわらず、そのコントロールを自身の意志に委ねることができない事態を打開しようと、たとえば『青鞜』では「堕胎論争」が展開されている。ここでは、避妊と堕胎は「個人の仕事をなしとげる」ために必要であると捉えられ、「妊娠・出産」が女自身の意志によって調整することの可能なものとして理解された。

　「産児調節」の思想と運動は、アメリカ人女性マーガレット・サンガーの来日(1922)を機に大きく展開する。日本における産児調節運動の担い手としては、堺利彦や山川菊栄、そして石本(加藤)静枝(1897〜2001)、柴原浦子(1887〜1955)、奥むめお、山本宣治などがあげられよう。彼女・彼らの活動によって、避妊法や性教育、堕胎など具体的な産児調節の手段が日本に普及していった。サンガーの影響を大きく受けたのは石本で、彼女は、サンガーが主張したように、産児調節とは避妊を意味し、堕胎は否定されるべきものと考えていた。これにたいして柴原浦子は、堕胎罪の規定にもかかわらず、避妊・堕胎の両面から産児調節をおこなった。

　サンガーと石本には、「貧困と多産」に苦しむ労働者階級における「妻」たちの姿を目撃したことを契機として産児調節論に目覚めたという点で共通性がある。『青鞜』では、中産上層階級の「家」の重圧に苦しむ「妻」の事情に

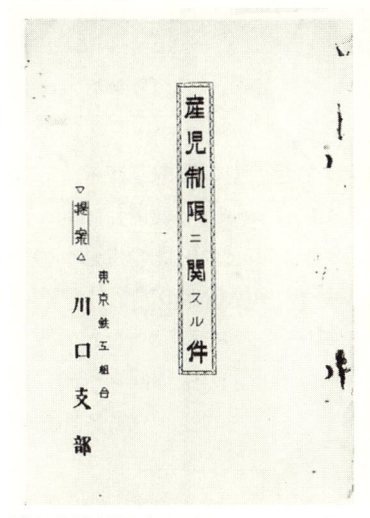

避妊の知識を普及させるためのパンフレット。
東京鉄工組合川口支部発行
(鈴木裕子『女性と労働組合(上)』
れんが書房新社、1991)

産児調節研究所を設けた奥むめお(右端)
(中村紀伊氏提供)

焦点があてられたが、サンガーや石本は、貧困階級の「妻」が直面する問題に注目したのであった。優生思想の影響下にあったサンガーや石本は、のちに資本家たちの支持を得る運動を展開している。山川菊栄らは社会主義と労働者階級の立場に立って産児調節問題に目を向けた。

「妻」ではない女が子どもを産むということ

産児調節は、「妻」だけの問題ではない。「家」の枠外におかれた「妾」や「娼婦」にとっても、子どもを産むことで抱える重荷は深刻だった。「妾」「娼婦」は、男たちの性のはけ口とされたにもかかわらず、とりわけ「妻」とは対照的な位置におかれた「娼婦」は、むしろ子どもを産むべきでないとされた。彼女たちが子どもを産むとき、「社会」からは「ふしだらな女」としておとしめられ、彼女たちの子どもは「私生子」として法律において、また道徳的にも差別された。

近代の女における「産児調節」の意味

産児調節の思想が、優生思想やマルサス主義の影響を受け、国家主義に加担したことは反省されなければならない。しかし、一方で産児調節の思想・運動は、近代国家の形成を目指して富国強兵策の一端として堕胎罪を制定した国家の体制に、異議を申し立てるものでもあった。しかも、それは、堕胎であれ避妊であれ、女たちが自己の生存を脅かす「妊娠・出産」を回

避するための直接的手段の獲得を渇望している、ということを見逃さなかった点において革新的であったといえよう。

こうした、「男」に奪われた「女」の身体を、自身のものに取り戻そうとする女たちの闘いは、日中戦争が開始される頃にはいったん衰退していく。戦時兵力の強化をもくろむ国家が「産めよ殖やせよ」と、国民の生殖への干渉を強化したからである。しかし敗戦後、戦前の産児調節の思想は、「産む産まないは女が決める」、「リプロダクティブ・ヘルス／ライツ」などの概念へと発展的に継承される。女たちは、現在もなお「性」の主体回復へ向けて闘いを続けているのである。

(石島亜由美)

朝鮮における優生思想と出産

朝鮮における優生思想

優良種の保存と劣等種の淘汰を原理とする優生主義は、「優勝劣敗」という近代の進化論的思考の代表的な論理として、1920年代半ば以降、遺伝学・優生学的知識とともに朝鮮社会に普及しはじめた。『朝鮮日報』では、健康な男との婚姻のみが堅実な子どもを産むことができ、したがって結婚

コラム●ナチズムと優生思想

生活補助や公的介護支援などを受けている人が「旅行に行きたい」と言ったら、あなたはどう思うだろうか？「贅沢だ」とか「そんなことは後回し」と考えるならば、それは「優生思想」である。優生思想とは、「劣った生」と「優れた生」を差別し、究極的には「劣った人びと」の「血」をこの世からなくすことを目指す思想である。ナチスの精神病者・ユダヤ人虐殺、日本の中国人・朝鮮人虐殺、人種差別の背景にもこの優生思想がある。それは「戦時」のみの思想ではない。現代においては、「優れた生」の基準は「生産力」である。だからこそ、生活に他者の援助が必要な人びとは贅沢すべきでない、ということになる。その根幹には、「働かざる者食うべからず」という思想がある。だが、この思想が何をもたらすかを考えよう。優生思想の極北、アウシュヴィッツ強制収容所の門には、次の言葉が掲げられていた。「ARBEIT MACHT FREI」（労働は自由を生む）。

(堀田義太郎)

前に血統関係、遺伝的疾病、悪性疾病の有無などを検査しなければならないとして、優生主義に立脚した生活改新運動を主張した。

33年には、民族主義系の人物と医師たちによって優生運動を標榜(ひょうぼう)する朝鮮優生協会が設立された。彼らは科学を信じてうまく活用することが朝鮮民族を近代へと進ませる近道であると信じており、劣等者にたいして結婚と出産を禁止することで民族的素質を向上させうると考えた。

一方、戦時動員体制下において、人口問題は「人口戦」とよばれるほど重要な問題として認識された。人口の増加と「資質増強」のための諸方策が策定され、国民体位向上施設の設置、結核および性病対策、医療機関の一元化などが示された。これとともに戦争に不必要な劣等諸因子にたいする断種法の実施が唱えられた。

日本で制定された「国民優生法」(1940)は、戦況の変化により朝鮮には適用されなかったが、ハンセン病患者にたいする断種は30年代半ばから実施されていた。また人口政策は女性の出産義務の強調へと直結した。日刊紙には「たくさん産め！　よく育てよう！」といった露骨な出産奨励宣伝が掲載された。

朝鮮の母に関する記事
(『東亜日報』1926年3月1日5)

朝鮮における産児調節

出産の問題にたいする関心は朝鮮総督府だけのものではなかった。すでに1890年代の『独立新聞』が早婚などの結婚制度にたいする批判をはじめていた。1920年代になると、西欧的個人主義と自由恋愛思想、人口統制を主張する新マルサス主義、そして遺伝学と優生学に関する知識が広がり、それにつれて出産にたいする計画と理性的な統制の必要性が提起された。

このような流れのなかで、「産んでさえおけばちゃんと育つ」といった伝統的な多産観念が挑戦を受けはじめた。とりわけ新女性たちは、女性がもっぱら生殖の道具とみなされることを批判した。母性の束縛から脱し、個性を発揮するための産児調節が必要であるとして、出産にたいする女性の自律権を主張した。

しかし30年代以降は、医師など近代科学に基づく専門家の声が高まるとともに産児調節の根拠として優生学的関心がクローズアップされ、戦時に

おける人的資源の増強政策が強調された。こうした状況にあっては、出産統制にたいする女性たちの関心と期待にもかかわらず、女性の立場から出発した産児調節運動は展開されることはなかった。

（蘇　賢淑）

日本における優生思想と優生政策

優生思想の台頭

　日本の産児調節運動は、1920代に高揚するが、31年9月、柳条湖事件(9・18事件)の勃発後、一転して弾圧に見舞われた。「堕胎罪」(1880年制定)と「有害避妊器具取締規則」(31年1月施行)などにより逼塞させられていった産児調節運動に代わって急速に台頭してきたのは、優生思想・民族衛生思想である。

　30年11月、日本民族衛生学会(のち財団法人・日本民族衛生協会になる)が

コラム●小鹿島更生園

　2003年11月、韓国・全羅南道南端の島・小鹿島(ソロクト)にあるハンセン病療養所の入所者28人が、日本のハンセン病補償法にもとづいて、補償を請求した。厚生労働省は、翌年8月、これを拒否した。このため、同じく日本統治下にあった台湾・楽生院の元患者たちも加わり、補償請求裁判を起こした。原告は、日本の植民地統治下、ハンセン病の強制隔離政策で被害を受けたハンセン病患者の人びとである。

　1916年、朝鮮総督府は、小鹿島に「救らい施設」として「慈恵医院」を設置(34年、小鹿島更生園(こうせいえん)と改称)、最大時には6000人を収容し、日本敗戦まで存続した。同じ隔離施設でも、日本「内地」より、更生園での患者にたいする管理は厳格で、「患者罰則検束規程」が設けられ、職員に反抗的、逃亡を企てたといった理由で、「監禁室」に入れられ、「断種手術」(優生手術)される場合もあった。また、夫婦患者の同居の条件には「断種」が義務づけられた。植民地下のハンセン病患者は、ハンセン病者として受ける差別に加えて、日本統治者から残虐で非人間的仕打ちの数々を受け、癒しがたい傷を負った。上記の訴訟は、その被害者たちが、人間の尊厳回復、公的謝罪などを求めて起こされたものである。

（鈴木裕子）

設立され、33年6月には優生結婚相談所を設け、優生学の立場に立つ「民族の素質向上」を唱えた。35年には日本優生結婚普及会を日本民族衛生協会の付属機関として発足させ、「祖国日本の百年の長計」「国家の隆昌」に寄与させようと図った。

一方、帝国議会では、34年から「民族優生保護法案」が議員提案により毎回上程された。別名「断種法」案とも呼ばれるこの法案は、「民族血統浄化」を目的とし、「強度なる病的人格者」「強度なる身体的奇形者」「劣等なる素質を遺伝する虞れ顕著なる」人びとにたいして断種手術ができる(39年、第74議会提出の同法案による)という優生思想そのものであった。

国立小鹿島病院の万霊塔(納骨堂)前に1991年に立てられた「恨鹿碑」
(滝尾英二『朝鮮ハンセン病史』未来社、2001)

国民優生法と人口政策確立要綱

これより前の38年1月、戦時下の厚生・健民政策を推進する所管官庁として厚生省が発足した。体力局を筆頭局に定めたことに同省設置の目的が端的に示された。40年5月、同省の提出による「国民優生法」が公布され、兵力や労働力に適さないとみなされる人びとにたいして強権で妊娠制限を定めた。

他方、40年11月には、10人以上の「健康」な子どもを産み育てた家庭にたいする「優良多子家庭」の表彰が大々的におこなわれ、「子宝報国」「多産報国」が声高に叫ばれた。ちなみに41年8月、体力局が人口局に改組され、母子課が設置された。

41年1月、近衛内閣は、軍部の強い要求で作成された「人口政策確立要綱」を閣議決定し、結婚年齢の引き下げ、1夫婦あたり平均5人以上の出産、独身税の導入などを骨子とする人口増加策を策定した。

個人の生と性の自己決定権を全面否定し、ここに国家による生と性の管理がきわまった。

(鈴木裕子)

6 在日朝鮮人、在朝日本人

在日朝鮮人社会の形成

朝鮮人集住地区の形成

　朝鮮人の日本渡航は1917年からいちじるしく増えていった。[◆1]それは、第1次世界大戦による好景気に湧くなかで、日本の資本家が安い労働力として朝鮮人雇用を拡大しはじめたからである。その後、出稼ぎ労働者も増えはじめるが、次第に日本定住の傾向がみられるようになる。しかし朝鮮人は、住居差別などで日本社会の周縁に追いやられ、朝鮮人だけの集住地区を形成するようになった。

　この年大阪の岸和田紡績には朝鮮人女性が女工として働きはじめているが、彼女たちが住んだ社宅を中心に同胞が集まり住むようになり、やがて「朝鮮町」と呼ばれる集住地区が形成された。大阪は中小企業の町としてその後も朝鮮人労働者を多く吸収していった。

　20年代にはいると、朝鮮人集住地区が大阪や東京をはじめとする大都市に形成されはじめた。植民地後期になると、炭鉱やダム建設などの危険な労働現場や工場地帯などに多数の朝鮮人が安価な労働力として流入し、戦争末期には「国民徴用令」の名のもとでおこなわれた「強制無償労働」[◆2]により朝鮮人の日本渡航は増加した。そして、労働現場の飯場（はんば）周辺や、都市の周縁、または河川敷などに朝鮮人集住地域がさらに増加していった。

集住地区の拡大——神奈川県川崎市を例に

　現在も大きな朝鮮人集住地区を成している神奈川県川崎市の桜本周辺も上記のような特徴をもっている。はじまりは、関東大震災（1923年9月1日）後の京浜工業地帯の復興事業と、同地区の鉄道工事の労働力として朝鮮人労働者が流入してきたことにあった。当時そこは一面葦（あし）の生える湿地帯であり、朝鮮人が住むバラックの一群を日本人は「あひる長屋」と呼んだ。中国侵略戦争後は、日本鋼管による「強制無償労働」をさせられた朝鮮人労働者が飯場に住み、同地区の朝鮮人数は増加する。戦後、彼らは帰国するが、あらたに京浜工業地帯の日雇い労働を求めた人びとや、住宅差別によって

住む場所を失った人びとで、集住地区はさらに拡大していったのである。

朝鮮女性の渡日

朝鮮女性の渡日は、単身出稼ぎに行った夫や父に呼び寄せられた場合が圧倒的であったが、岸和田紡績のように本人が出稼ぎで来たケースもあった。紡績以外でも、ゴム・縫製工場などの女工として、あるいは海女という形で渡日した女性たちがいた。また出稼ぎでない場合も、渡日後ほとんどが家内手工業や小規模商店を営む形で労働力化した。戦前戦後にかけて朝鮮女性が営んできた職業のなかで「焼肉」業はその代表格である。「焼肉」はいまや日本の食文化としても定着した朝鮮文化の一つであろう。(金 栄)

在朝日本人

在朝日本人社会の特徴

19世紀末、朝鮮における主導権を確固たるものとするために、日本は朝

在朝鮮日本人女性の職業分布(数字は％)

産業 年度	農林 水産業	鉱工業	商業・ 交通業	公務・ 自由業	その他・ 遊興業	計
1915	19.9	4.7	38.9	17.2	19.3	100.0
1925	23.3	7.6	37.2	25.2	6.6	100.0
1935	20.2	4.5	47.2	22.7	5.4	100.0
1940	17.4	4.9	47.6	23.5	6.5	100.0

資料:朝鮮総督府『朝鮮総督府統計年報』をもとに作成。金 炅一『女性の近代、近代の女性』(青い歴史、2004)347ページより重引。

◆1　朝鮮人の日本渡航者数は1916年に5624人で、1911年から約2.2倍増だったが、1917年には1万4502人と1年で3倍近くにもなった(「在日朝鮮人概況」1920)。
◆2　これまで「強制連行」といわれてきた強制労働は、直接的意味あいをもつ強制連行者のみを指す表現のような印象を与える。しかし労働実態からみて、問題は労働の「強制性」にあることを明確にする意味で、「強制無償労働」という表現を使う研究者が現れている。ここではその表現に従った。

鮮への移民を奨励した。その結果、1876年に54人にすぎなかった在朝日本人は、1910年になると17万人にのぼった。大多数は商業に従事し、ソウルを中心とした京畿道(キョンキド)と、釜山を中心とした慶尚南道(キョンサンナムド)に集中的に居住していた。移住民たちは、居留地の一般公共事務を担う居留民団と商業・貿易活動に関する事項を処理する商業会議所を中心に活動しつつ、日本の植民地化の尖兵の役割を果たした。

植民地時期に在朝日本人はさらに増え、20年には34万人、最も多かった42年には75万人に達した。在朝日本人は植民地朝鮮における朝鮮同化の担い手、朝鮮社会の支配集団・主導集団として活動した。

在朝日本人は主要都市を中心に居住していたが、自分たちだけの生活圏をもっていた。つまり生活様式と商品購買力、消費の嗜好が朝鮮人とは異なっていた日本人は、朝鮮人とは別の居住区域と商店街を形成しており、子どもたちが通う学校も異なっていた。したがって大多数の日本人、とりわけ日本人女性たちは朝鮮人との接触がきわめて限られていた。このような隔離状態は相互の文化的交流がほとんどなかったことを意味した。

また単純肉体労働に集中していた朝鮮人とは異なり、在朝日本人たちは官公吏・教員・事務職・その他の専門職に多く従事しており、同一職業内でも上の地位についた。

在朝日本人女性の存在

朝鮮に在住する日本人就業人口のうち女性は約20％を占めていた。教員や看護婦など少数の専門職を除けば、ほとんどの場合、商業に従事するか美容師・旅館従業員・娼妓など、日本人を相手とするサービス業従事者であった。このような職業上の差異は、自分たちが朝鮮人と違うという次元をこえて自分たちが優位に立っているという差別意識、すなわち「帝国意識」を確固としてもたせた。とりわけ女学校の学監や教師など一部の知識人女性たちは、皇民化政策の積極的な伝達者の役割を果たした。

(金　済正)

第4章 戦時動員と日本軍「慰安婦」

1 アジア太平洋戦争の勃発

アジア太平洋戦争と女性の役割

侵略戦争と総動員体制

　1929年に押し寄せた世界大恐慌の波のなかで日本は侵略戦争を引き起こして、資本主義体制の危機を打開しようとした。31年9月、「満州事変」を起こし、中国の東北地方を占領し、37年7月には日中戦争を挑発し、大陸侵略を本格化した。さらに日本軍は東南アジア一帯にまで進出し、41年12月にはアメリカ・ハワイの海軍基地・真珠湾を奇襲攻撃した。これによって戦争は太平洋一帯まで拡大された。

　戦争は「経済戦・外交戦・思想戦をすべて合わせた国家総力戦」として展開された。あらゆる人的・物的資源の動員が強制され、このために国家権力が強化された。日本は37年10月に国民精神総動員中央連盟を結成して総動員のための戦時体制を構築した。翌38年7月には植民地朝鮮の民衆まで積極的に動員するために国民精神総動員朝鮮連盟を結成した。植民地民衆として差別を受けてきた朝鮮人たちを日本「国民」と呼ぶことで朝鮮人たちの自発的な協力を引き出そうとしたのである。この組織は40年10月に国民総力朝鮮連盟へと改組される。日本の新体制運動に呼応して朝鮮においても高度国防国家を確立するためのものであった。これによって大陸前進兵站基地としての朝鮮の役割もいっそう強化された。

「銃後の婦人」言説と植民地の女性動員

　総動員体制は、家族－家－国家という統合的位階秩序を根幹として確立された。天皇を頂点とする家族国家イデオロギーが鼓吹され、家庭は外部の敵に立ち向かって最後まで守るべき砦として構想された。「銃後の婦人」言説は、このように家庭が政治的単位として設定され、戦争協力がジェンダーによって割り当てられる過程で登場したものであった。

　「銃後」とは前線である戦場を支援する後方を指す言葉で、総力戦体制においては後方もまた前線に劣らずその役割が重要であるということを強調するためにつくりだされた言葉であった。日本は家庭婦人を「銃後の婦人」

と呼んで、女性が後方の管理、教育、物資動員などの役割を担うのに政治的意味を与えた。それまで法的無能力者に扱われていた女性は「銃後の婦人」となることで政治的行為能力を備えた人間とされた。日本は「銃後の婦人」言説を通じて、女性たちが総力戦体制に奉仕することを一種の解放のプロジェクトや権利獲得の機会とみなすようにした。

「銃後の婦人」という名の女性動員は家庭の内外で進められた。まず日本は女性の公的領域への進出を奨励し、戦場へ赴いた男性の空席を埋めさせた。「男性は外、女性は内」という性別役割規範が、総動員体制のなかで「男性は前線、女性は銃後」へと再構成された。しかし、「家庭を守る女性」、「母性としての女性」という伝統的な女性規範が政治的意味を獲得したうえで新たに強化された。

決戦生活を呼びかける愛国班回報
（民族問題研究所提供）

一方、総力戦体制のもとでの女性動員は民族によって違いを見せた。「銃後の婦人」言説が日本本国においては広範な女性を対象として実質的な母性政策として展開されたとすると、植民地朝鮮においては言説にとどまった。◆3 朝鮮における女性政策は労働力動員と性動員を中心に展開された。とりわけ日本が戦争の効率的な遂行のために実施した慰安所制度は、植民地女性の存在がなかったならば、制度の企画と運営自体が不可能なはずであった。また労働者や「慰安婦」として動員された植民地女性は、ともに動員された日本人女性に比較してより劣悪な環境のなかにおかれた。その結果、アジア太平洋戦争は植民地女性に二重三重の痛みの経験を刻み込んだ。

（朴　貞愛）

◆1　1945年8月15日に連合国に降伏して敗戦するまで日本が戦争をおこなった期間があしかけ15年になるということで15年戦争ともいわれる。
◆2　国民精神総動員朝鮮連盟の目的は、日本の国民精神総動員運動の挙国一致、尽忠報国、堅忍持久という3つの目的の他に「内鮮一体」の統治方針を徹底して朝鮮人の皇国臣民化を図るところにあった。
◆3　朝鮮において戦時母性政策の対象者は在朝日本人女性とわずかな親日女性であった。植民地朝鮮における「銃後の婦人」言説は政治的扇動としての意味がより強かったといえる。

南京事件とミニー・ヴォートリンの証言

南京からの祈り

1937年、中華民国国民政府の首都南京へ日本軍が侵入して数日後の12月16日、同地滞在のアメリカ人女性ミニー・ヴォートリン（1886〜1941）は日記に次のように記した。

「神さま、今夜は南京での日本兵の野獣のような残虐行為を制止してくださいますよう。きょう、何の罪もない息子を銃殺されて悲しみにうちひしがれている母親や父親の心を癒してくださいますよう。そして、苦しい長い一夜が明けるまで年若い女性たちを守護してくださいますよう。もはや戦争のない日の到来を早めてくださいますよう。」

南京で何が起こったか

金陵女学院の教師であったヴォートリンは、日本軍の暴力的支配から南京の住民たちを守るために安全区（難民区）をつくり、その維持のために東奔西走した南京在住の外国人の1人である。日本軍は首都に逃げ込んだ中国軍の敗走兵を駆りだすという口実のもとで、20万人[1]といわれる人びとを虐殺した。軍の暴走の背景には、日本政府の中国大陸支配の野望があった。南京での虐殺事件は、1月には現地にいた外国人記者によって世界に報道されて一大ニュースとなったが、厳重な報道規制で日本国内には知らされなかった。

日本軍兵士は人びとを虐殺したうえ、さらに6歳から60歳にわたる女性たちを拉致し、強かんした。占領軍兵士には敵方の女性を戦利品とみなし、集団的な凌辱の対象と捉える女性蔑視観が横行していたが、日本軍にはその傾向が強かった。改正陸軍刑法（1908年）には、殺人・掠奪・強かんを処罰する規定は一応あったが、強かんのみの時は、一般刑法が適用され、親告罪であったため、実質的にお咎めなしであり、戦場強かんが頻発していた。

南京からの証言

金陵女学院周辺につくられた安全区に4000人あまりの女性たちが避難したが、そこにも日本軍兵士は侵入した。ヴォートリンは女性たちを守る

日本人は南京大虐殺を東京裁判で初めて知った。東条英機らの死刑判決を伝える『朝日新聞』(1948年11月13日付)

ため駆けずりまわったが、圧倒的な暴力の前に多くの中国人女性が犠牲となった。生き残った人びとの聞き取り調査から、地獄の様相が明らかとなってきている。1926年生まれの陳桂英は、ヴォートリンが華小姐と呼ばれていたことや、彼女の献身的活動を証言している。

「ほとんど毎日のように、夜になると日本兵は塀を乗り越えて中に入ってきて、若い女性たちを連れ出しました。泣き叫ぶ人もいましたが、恐怖で声さえ出ない者がほとんどでした。華小姐が知らせを聞きつけると、日本兵に抗議して追い出していました。こんな状況が2月頃まで続きました。」

ヴォートリンは、多くの犠牲者を前にして自らの非力に絶望し、失意のうちにアメリカに戻り、命を絶った。イェール大学神学図書館に遺されていた彼女の当時の日記は、南京大虐殺と集団強かんの事実に関する生々しい証言である。また日本軍の侵略と暴力のただなかで、犠牲者たちに寄り添って、「戦争は国家の犯罪、全人類の心の奥にある創造的精神にたいする罪」と告発した一女性の苦闘の軌跡である。　　　　　　　(大越愛子)

◆1　虐殺された人びとの数に関しては、さまざまな説がある。日本軍の加害行為を否定するいわゆる「南京大虐殺まぼろし説」は論外としても、心情的にそれに近い学者は、2000人程度の説をあげている。中国人学者の間では40万人説が唱えられている。
◆2　南京事件に関しては、ヴォートリンをはじめ、ジョン・ラーベ(ドイツ)、マギー牧師(アメリカ、のち東京裁判で証言)など、南京に滞在していた外国人たちの記録が残っている。

2 日本軍国主義の政策

帝国日本の女性教化政策

▍国家に貢献する「母」の教育

　1929年7月に文部省内に社会教育局が設置され、翌30年12月「家庭教育振興に関する文部大臣訓令・同通牒」が発令された。それによれば、女性たちを、国家に貢献し戦争に協力する自覚を持って子どもを育てる「母」とするため、家庭教育政策が実施された。家庭教育は、学校教育、社会教育と並んで、国家の命運を握るものと位置づけられ、また国運の進展、思想善導のために、家庭教育の振興、家庭生活の改善の必要性が強調された。

　そこで、女性の自覚を促すことを主眼に、それまで地域や学校単位に編成されていた母の会、婦人会、主婦会、母姉会、同窓会等はひとつの女性団体に統合された。こうしてできたのが、家庭の女性を町村行政単位で組織した大日本連合婦人会(連婦)である。31年3月6日、「地久節」とよばれていた皇后の誕生日に発会式がおこなわれた。これ以後この日を「母の日」と定め、各地で「母の日」が開かれ、学校などで「母を讃える夕」「母をねぎらう夕」などの催しがおこなわれた。

　さらに文部省は、家庭教育指導者講習会や「母の講座」を設置して国家を支える「母」の育成の基礎をつくった。連婦の機関誌『家庭』を見れば、「家」や「母」が強調され、「思想善導」の担い手を家庭、とくに家庭の主婦・母に求めたようすがよくわかる。

▍「母の戦陣訓」

　日中戦争開始後も、「聖戦完遂」のために家庭教育を積極的に動員していく。教育審議会(37年12月設置)は、41年に「社会教育に関する件」を答申、そのなかで「家庭教育に関する要綱」を出し、高度国防国家体制を支える教学体制の一環に「家庭教育」を位置づけた。同時に「兵士を生み育てる母性」の称揚が学校教育のなかでも盛んにおこなわれた。「母こそは、命のいずみ。いとし子を胸にいだきて(中略)母こそは、み国の力。おのこらをいくさの庭に遠くやり心勇む。おおしきかな母の姿」(国民学校初等科音楽3「母

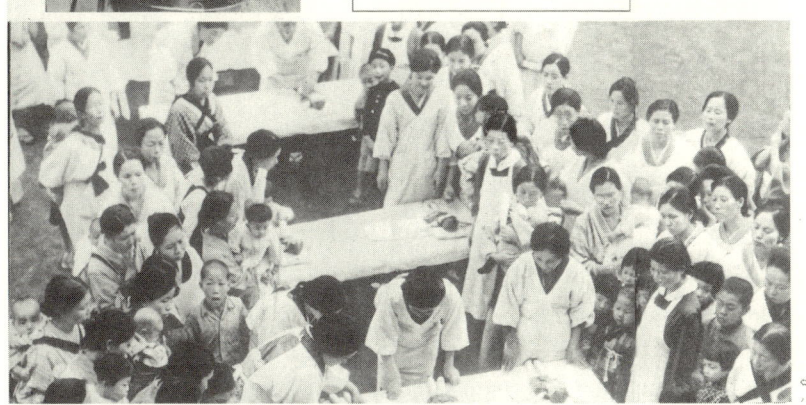

「強く育てよみくにの為に」と、国家・天皇・戦争のために母性が称揚・強調された
（内閣情報部『写真週報』1940年7月14日号）

の歌」）というように母性が強調された。

　42年5月、文部省は「戦時家庭教育指導要項」を出した。これはいわゆる「母の戦陣訓」と呼ばれ、家庭教育の名のもとに「家の特質の闡明」と母の使命の自覚を強く求めるものであった。「家庭生活は単なる家の生活にとどまらず常に国家活動」であり、「大東亜戦争の目的を完遂」するための源泉であると唱え、大東亜共栄圏構想のなかに「家」と女性を包摂、動員する論理を謳った。「母の戦陣訓」にしたがって、文部省は43年から「母親学級」を開設した。戦意昂揚、戦力増強のため、母親にたいして必要な教養訓練を施し、家庭生活刷新の実践力を育てる機会と位置づけた。

女子青年の組織化

　女子青年にたいする国家の政策は、女子青年団の組織化という方法で進められた。26年11月に女子青年団に関する初の内務・文部省訓令が出された。つづいて27年4月、村落における女子青年の修養機関であった処女会等を組織してつくられた処女会中央部（18年発足）を解体し、文部省主導による大日本連合女子青年団を創立した。それによって政府は女子青年層の

掌握を開始した。30年代はじめの恐慌期の労農運動の激化を受けて、一部の官製女子青年団に自主化の動きも見られたが、その体質を変えるところにまではいたらなかった。やがて、女子青年団は「大陸の花嫁」の送り出しに積極的に関わるなど戦時体制に組み込まれ、41年大日本青少年団に統合された。
（村田晶子）

植民地朝鮮の経済統制

物価統制

　1937年7月に日中戦争が勃発すると、日本は物資を軍需工業へ集中する一方、戦費調達のために朝鮮銀行券を増発した。36年度末現在2億8000万円ほどにとどまっていた通貨発行額が44年末には21億5000万円へふくれあがった。通貨量の膨張はインフレを誘発し、朝鮮人たちの生活を非常に困難にした。急激なインフレにより社会混乱が発生するのを防ぐために、日本は37年9月に「輸出入品等に関する臨時措置法」を朝鮮に適用して物価統制の法的根拠を準備した。

　しかしこの措置にもかかわらず、38年初めから戦争が長期化の兆しを見せると、各種物価が急騰しはじめた。市中物価の高騰は軍需品の価格上昇を引き起こさせる点で日本としても望ましくなかった。そのため日本は39年10月に「価格等統制令」を公布して大多数の商品の価格を凍結し、引き続いて公定価格を指定する措置を取った。しかしこれはむしろ闇市の形成をあおり、生活難はさらにひどくなった。そこで日本は経済警察制度を設けて物価取締りに乗り出す一方、40年頃からは米を皮切りに各種物品にたいする強制配給を断行した。

「家庭生活の合理化」の呼号

　公定価格制、経済警察などのような一連の物価対策は、通貨の増発という根本原因を隠蔽した弥縫策にすぎない。しかし、日本は「戦争は国策である」という名分のもと、通貨の増発は国家施策であるから正当であると主張した。日本は英米資本主義が「自由放任」を標榜していると捉えてこれを排斥する一方、国家有機体説とこれに立脚した統制経済を唱えた。これは、国家政策の履行のためなら個人は犠牲を甘んじて受け入れなければならないという論理を生み、さらに、経済困難が発生したのは国家施策に

朝鮮人たちが協力せずむやみに消費するからだ、と強弁するにいたった。

とりわけ朝鮮女性たちが「虚栄心」を捨てられず物資を節約しないのが主な原因であると喧伝しつつ、女性たちがまず「銃後経済戦の戦士」となって節約精神を涵養することを要求した。日本はこうした「家庭生活の合理化」を標語として掲げた。「家庭生活の合理化」とは国家施策のために家庭の日常的需要を進んで節制するいっさいの行為を指す言葉である。しかし、こうした主張は事実上、朝鮮人には空虚なものであった。大多数の朝鮮人はインフレによって極度の貧困と物不足を経験し、節約しなければ生きていけなかった。日本は「国策」という大義名分のもと、いっそうの耐乏を要求して朝鮮人を限界状況へ追いやった。

（崔　炳澤）

朝鮮人の「満州移住」
（『写真でみる韓国100年』東亜日報社、1978）

「満州」への移民政策

1　朝鮮人の「満州」移民

「福地万里」の歌

「福地万里」という歌がある。「あの丘を越えれば新世界への扉がある。黄色い大地の大陸へとさあ行こう。鈴の音鳴らして」という歌詞が軽快なリズムにのっている。歌詞だけを何気なくみると、困窮に陥っていた朝鮮人たちに希望を約束する歌であるかのようだ。金永寿が作詞し李在鎬が作曲し白年雪が歌ったこの歌は、日本の「満州」移民政策を奨励する国策映画「福地万里」の主題歌で、代表的な親日歌謡とされるものである。

「満州国」の樹立以降、朝鮮人の「満州」移民は激増した。1931年から解放(1945)まで全「満州」移民の62%にあたる83万人あまりが、都市と農村を問わず、「満州」の隅々まで流入した。このとき、「満州」に移住する朝鮮

人農民の定着を応援するという名目で、東亜勧業会社や満鮮拓殖株式会社[1]が大規模集団移民事業を担当して推進した。日本は植民地朝鮮の地に日本人を移住させ、そのかわりに「満州」には朝鮮人を送出して社会の安定を図ったといえる。

実際は「苦痛の地」

　植民地地主制の深化のなかで土地を失った農民たちは「新世界への扉」を開く思いで「満州」行きの列車に身を委ねた。日本は、汽車の運賃を半分にまけ、田畑を貸し出すと宣伝しつつ移民を督励した。しかし、彼女ら彼らの前にあったのは「新天地」ではなく、農作業のしにくい荒地であった。ようやく開墾して地主に小作料を納め、移民するのに借りた金を返すと、再び生計を心配せねばならなかった。「福地万里」と宣伝されたところは移民者たちにとっては苦痛の地であった。

　一方、「満州」の都市地域への朝鮮人の移住が増えると、「満州」で活路をみいだそうとする朝鮮人も現れた。しかし、日本人の巨大資本が押し寄せると朝鮮人の工場は営業不振に陥り、その一部は旅館、下宿屋、料理店、食堂などへ営業転換しなければならなかった。「満州」で朝鮮人の宿泊業と遊興業が繁盛することとなった背景には、このような日本の巨大資本の進出があった。

（朴　貞愛）

コラム●大陸花嫁

　1938年満州移民協会が2400人の大陸花嫁をはじめて募集した。翌年には拓務・農林・文部各省が協力して大陸花嫁100万人計画を立て、女子拓殖講習会を実施、集団見合いや集団結婚式をおこなって、満蒙開拓団に多くの女性を送り出した。日本国内の不況の打開策として、開拓団は食糧の増産、資源の獲得、ソ満国境の防衛などの役割を負わされていた。その下支えに女性の性が国策として利用された。開拓とは他国への侵略に他ならず、団員は男女とも加害の一翼を担わされると同時に対ソ戦の捨石とされた被害者でもある。移民政策は棄民政策であった。45年8月、敗戦の混乱のなかで、虐殺、病死、自決などで多くの人が命を落とした。今もなお大陸花嫁は、残留女性として残留孤児とともに、3度目の「棄民」を体験させられている。

（宮崎黎子）

日本の「満州」移民政策では、娘たちの「侵出」が呼号された
(内閣情報部『写真週報』1940年7月17日号)

2　日本の「満州」侵略と「満州」移民

なぜ移民が「武装」したのか

　帝国日本が傀儡国家「満州国」(現在の中国東北地方)を成立させた32年10月、日本から「農業開拓移民」として、第1次「武装移民」492人が吉林省(現・黒龍江省)に、翌33年7月、第2次武装移民団が三江省(現・黒龍江省)に入植した。それぞれ「弥栄村」「千振村」と名づけられ、開拓団の模範と喧伝された。

　それにしても、農業開拓移民が銃器、機関砲をもって「武装」していたのはなぜなのか。目的地までの道程でも、入植したのちも、「匪賊」「共匪」による襲撃に備え、自衛しなければならなかったからである。だが、皇国民として国策を遂行していった日本人移民、「武装移民」と彼らに続いたさまざまな形態の開拓移民、未婚の成人男子のために募集された「大陸の花嫁」たちが恐れ、「共匪」「匪賊」と呼んだ人びとの多くは、日本人移民のために長年自分たちが所有し耕作してきた土地を奪われ、家屋を焼かれた農民、あるいは独立を求めて奔走する人びとだった。

◆1　東亜勧業会社は南満州鉄道株式会社との合作を通して1921年に設立され、満鮮拓殖株式会社は東亜勧業会社を母体として36年に設立された。移民者に土地を斡旋したり割当てたりするものの、定着に必要な資金はほとんど後援せず、限界があった。

「満蒙」移民は「棄民」された

　「満州移民政策」は、世界的な不況や冷害・不況の影響で、慢性化していた日本の農村不況・疲弊のなかで、農本主義の教育家加藤完治や東宮鉄男はじめ、「満州国」における支配体制の拡充をもくろんでいた関東軍によって提起された。政府は「東洋平和」「五族協和」「王道楽土」といった理想を鼓舞し、「満州移民政策」を推進していった。農村では「10町歩、20町歩の土地持ちになれる」と宣伝され、困難な生活を強いられていた男性たち、女性たちを惹きつけた。しかし、「満州移民」となることは、帝国日本の「満州」侵略政策に組み込まれ、実践する役割を担うことを意味した。

　日中戦争が激化し、日本全体が戦時体制化する状況のなかで、移民政策は未成年男子を集め、「満蒙開拓青少年義勇軍」を送り出した。また42年1月、日本政府と「満州国」政府は「満州開拓第2期5カ年計画」を発表し、東北地方の中国人農民の既墾地を強制買収した。それらの土地に日本の農村の貧困や差別からの脱出を願い「老人・子ども」を含む複数家族が「分村移民」し、あるいは村ごと移住していった。関東軍は、こうした人びとを対ソ戦略上、「国防」の盾の任をも負わせ、厳寒のソ満国境地帯に配置した。

　45年にいたっても、なお「満州移民」は送り出されていった。しかし、8月8日ソ連の侵攻の後、ポツダム宣言を受諾した帝国日本は、「満州移民」を実質的に再び「棄民」し、避難民となった人びとを苦境に陥れた。

（井桁　碧）

3 「内鮮一体」の試み

「内鮮一体」と民族性抹殺

内鮮一体イデオロギー

　日中戦争勃発後、朝鮮総督であった南次郎は朝鮮統治の最高目標として「内鮮一体」を宣言した。内鮮一体とは言葉通りにみれば「日本と朝鮮は一つ」という意味であるが、その本質は「二千三百万半島民衆が純一無雑の皇国臣民」とならねばならないというものであった。つまり、朝鮮人は「内地人」と完全に同一な国家観念を持つことで戦争に積極的に協力しなければならないということである。日本は、朝鮮人から民族性を奪い、代わりに「国体観念」を注入して朝鮮人を「皇国臣民」として生まれ変わらせるためにさまざまな政策を繰り広げた。

皇国臣民化政策

神社参拝

　日本は朝鮮、台湾、「満州」など占領した地域には必ず神社を建てて、植民地民衆に日本の「国教」の役割を果たしていた国家神道をむりやり受け入れさせた。神社政策は日中戦争以後いっそう強化されて、1面(村)1神社という原則のもと山間僻地にまで神社を建て、各家庭には神棚をつくらせ、毎朝参拝させた。
　1939年から建立に着手された扶余神宮は内鮮一体の象徴として計画されたものであった。日本は古代日本と密接な関係を持っていた古代百済の首都であった扶余に「神都」を建設しようとした。扶余神宮はこの計画の中核であり、日本は扶余神宮を聖域化するために40年から奉仕隊という名のもとに朝鮮人を大挙動員した。
　神社参拝の強制は集団的に実施された。日本は国民精神総動員朝鮮連盟の末端組織である愛国班を動員して、毎月1日に各地域の神社に参拝、「国旗」(日の丸)掲揚、勤労奉仕などをおこなわせた。そしてこの日を「愛国日」

と呼ばせた。

　神社参拝を拒否する行為にたいしては強硬に対応した。神社参拝を偶像崇拝であるとして強く抵抗したキリスト教長老派は教会閉鎖と教徒の投獄を覚悟せねばならなかった。長老派系である平壌（ピョンヤン）の崇義（スンイ）女学校と崇実（スンシル）中学校は、廃校に追いこまれた。

「国語常用」、「国語」は日本語

　日本帝国主義強制占領期の朝鮮において「国語」というのは日本語を指した。朝鮮人たちはハングルを「朝鮮語」として別に習わなければならなかった。しかし朝鮮人たちが常に考え話す日常の言語は「朝鮮語」であった。「朝鮮語」を通じて朝鮮式の思考と表現が深められていったのである。

　このような言語の機能を考えるとき、戦時体制期の日本が「国語」、つまり日本語の普及を内鮮一体の「絶対的要件」であるとまで考えたのは、ある意味で当然のことであった。日本は日本語普及を内鮮一体のための中心的な手段であり、内鮮一体の尺度であると認識していた。「国語は国民の思想精神と全く切り離すことのできないものであり、また国語を離れては日

コラム●内鮮結婚

　日本政府は、3・1運動後、それまでの弾圧・強権の朝鮮支配の一部軌道修正を図り、いわゆる「文化政治」をおこなった。その一環として総督府令「内鮮人通婚法」を制定(1921)し、「内鮮融和（ないせんゆうわ）」策として「内鮮結婚（ないせんけっこん）」を推し進めた。朝鮮民族を「血」の段階から日本民族に同化させることを狙った民族性抹殺であり、女性の「性」を利用した朝鮮人男性労働力の確保策でもあった。当初は日本人の朝鮮人への強い差別意識と朝鮮女性の「同化」にたいする拒否反応から、婚姻数は伸びなかった。しかし、36年朝鮮総督に着任した南次郎は、皇民化政策の徹底、「内鮮一体」策の一つとして「内鮮結婚」を強く呼号した。また、日本「内地」の「内鮮結婚」は39年以降の「強制連行」期に激増したが、日本人女性と朝鮮人男性の組み合わせが多いのが特徴であった。

　敗戦時、36年にわたる朝鮮支配の責任を放棄した日本政府によって、日本人妻は国策結婚の犠牲となった被害者、と同時に政府の同化政策に加担した加害者でもあるという二重性を生きねばならなかった。

（宮崎黎子）

本文化はありえないのであるから半島民衆が内鮮一体の真意を理解して堅固なる皇国臣民としての信念を確立し、生活の一切に国民意識をはっきりと現わそうとするならどうしても朝鮮人全部が国語を解読して日常用語としてこれを愛用しなければ」（重光兌鉉「国語普及運動の趣意」『春秋』1942年6月）ならないから、というのである。

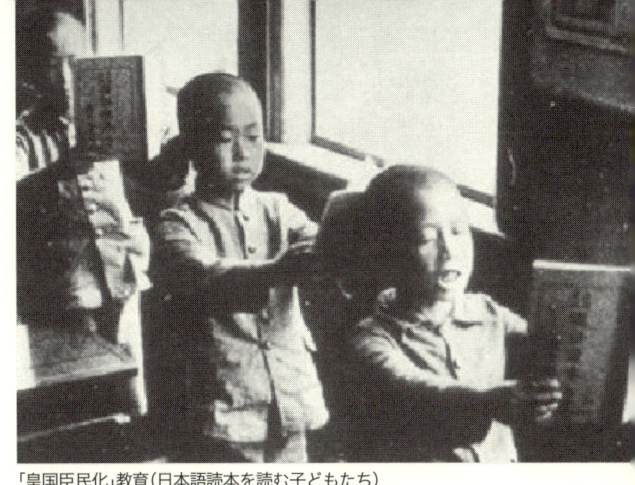

「皇国臣民化」教育（日本語読本を読む子どもたち）
（『写真でみる独立運動（下）』瑞文堂、1987）

　日本語普及運動は43年から大々的に展開された。「道庁の電話は国語でなければ一切受けず、また陳情は国語によらなければ一切受け付けない」ほどであった。学校では日本語を使用しない場合、罰金を払わせた。成績優秀な学生が無意識のうちに朝鮮語を口にして落第することもあり、日本語が通じない父母に朝鮮語を使用していた朝鮮人教員が左遷されたりした。この時期に国民学校を出た人のなかにはいまだにハングルを書けない人もいる。

（朴　貞愛）

創氏改名

　39年11月に日本は朝鮮民事令を改定して、翌年の2月から朝鮮人にも日本式の氏を用いることを許すという内容の、いわゆる創氏改名を断行した。朝鮮人の姓が主に父系血族を表わすものであるとするなら、氏は「戸主およびその家族で構成された家」を表わす表現である。「創氏改名」は、朝鮮人の意識とその文化を日本人のようにつくりかえて、徴兵を容易にするために施行された戦争動員策であった。

　「創氏改名」令の発表とともに、朝鮮人は自分の家を表わす氏を6カ月以内に申告・登録しなければならなかった。しかし、申請者が3カ月の間にたった7.6％にすぎなかったため、日本は強圧的に創氏を推進する一方、「法定創氏」という形式で未申告者の氏を任意に登録することもあった。大多数の朝鮮人たちは門中レベルで対応し、同じ本貫である場合、同一の氏を登録するのが普通であって、その結果、日本式の氏制度は定着しえなかった。日本式の家と氏制度は、日本を一つの家とみなし、家父長の権威

を国家的に拡大する天皇制イデオロギーの中心要素であった。日本は植民地支配を通じて、家父長中心の社会体制を強化しようとした。　　（崔炳澤）

「朝鮮の特殊事情」

　朝鮮人を皇国臣民化するという「内鮮一体」政策は、「国民」としての義務を強調して朝鮮の人的・物的動員を引き出すための建前上の支配イデオロギーであった。「内鮮一体」では、朝鮮人は日本にたいする義務はあるものの権利はない「国民」であった。
　日本は「内鮮人間の一切の区別を撤廃」すると唱えることで、朝鮮人の戦争協力にたいする補償があるであろうことを暗示した。このスローガンは戦争に加わる内面的動機を持ちえない朝鮮人たちから自発的協力を引き出すためのものであった。植民地民衆として差別のくびきに囚われていた朝鮮人のなかには、「内鮮一体」政策を日本人と同等になれる機会として受取った者もいた。しかし日本は、「内鮮間」の制度上の平等を求めることは非皇国臣民的態度であり、これこそが朝鮮人の思想に「内鮮一体」が不足し

コラム●サハリン棄民

　サハリン(樺太)はアイヌ、ウィルタなど先住民が住む土地であった。1905年の日露戦争後、北部はロシアが、南部は日本が領有した。以降、日本支配下の南サハリンは炭鉱を中心に開発が進められ、労働力不足を補うため、労働条件の厳しいサハリンに多くの朝鮮人労働者が強制連行などにより送り込まれた。敗戦時、サハリンにいた4万3000人余(推定)の朝鮮人労働者は植民地解放の喜びと期待に包まれたが、それも束の間で、46年から日本人が続々と帰国の途につくなか、置き去りにされた。なぜ、そのようなことが起こったのだろうか。戦時下では「内鮮一体」を唱え、日本「帝国臣民」として動員した人びとを、戦後は一転して日本人とはみなさないという差別的扱いをして放置し、自国民の帰還のみに奔走するばかりの日本政府の無責任と無策がその大きな原因であった。48年に朝鮮半島が南北に分断され、冷戦体制下、その解決はいっそう難しくなってしまった。70年代以降当事者および支援グループの運動により、少しずつ帰還が実現しているが、いまなお全面解決にはいたっていない。　　　　　　　　　　（宮崎黎子）

ていることを証明するものであると批判した。これが「朝鮮の特殊事情」であり、このために総督府中心の指導育成がいっそう必要だった。

(朴　貞愛)

愛国婦人会京城部分会の会員たち
(『写真でみる独立運動(下)』瑞文堂、1987)

朝鮮神宮の全景(全国神職会『神社読本』日本電報通信社、1940)。朝鮮人は神社参拝を強制された。朝鮮解放後、朝鮮神宮はただちにこわされた。

4 総動員体制

総力戦体制の「銃後」

　日中戦争は盧溝橋事件(1937年7月7日)の勃発を境に全面化した。日本国民全体に戦争協力がもとめられ、女性も動員を強いられた。同年10月、国民精神総動員中央連盟が結成され、委員に吉岡弥生、市川房枝らが就任した。傘下に愛国婦人会、大日本国防婦人会、大日本連合婦人会、大日本連合女子青年団が組み入れられた。翌年2月、家庭報国三綱領・実践十四項目が発表され、「前線」＝戦場に対して「銃後」を守るのは女性の任務とされた。女性には①国民として、②母として、③主婦として、④労働者としての4つの立場で役割が期待された。

国民としての動員──「挙国一致・尽忠報国・堅忍持久」

　「国家総動員とは戦時に際し、国防目的達成のため、国の全力をもっとも有効に発揮せしむるよう、人的及び物的資源を統制運用することをいう」(国家総動員法第1条)。38年4月制定のこの法に基づき、精神総動員も強化され(39年)、大政翼賛会発会(40年)へと進んだ。まさに挙国一致の体制づくりである。女性の活動は婦人会、隣組での軍事援助(慰問袋の発送、兵士送迎、遺骨出迎え、防災訓練など)、経済協力(廃品回収、金属献納、愛国貯金、農繁期託児・共同炊事など)などがとくにもとめられた。42年には3つの官製婦人会を統合して大日本婦人会が発会し、大政翼賛会も改組され、町内会、部落会、隣組が強化された。女性は家の外の活動へかり出された。戦争は、家制度のもとに閉じ込めた女性を、国民として社会へ引き出すという役割をあわせもった。

母としての動員──「産めよ　ふやせよ　国のため」

　優秀な兵力確保のため、早婚多産と乳幼児死亡率の減少が急がれた。そのため、母子保護法、保健所法制定(1937)、厚生省設置、国民健康保険法制定(1938)、厚生省人口問題研究所設置(1939)、国民体力法、国民優生法制定、国立優生結婚相談所設置、乳幼児全国一斉検診実施、厚生省「優良多子家庭」表彰(1940)、厚生省妊産婦手帳規程実施(1942)などの施策が続

いた。このうち厚生省や妊産婦手帳、優生思想などは敗戦後の日本に引き継がれ、当初の意図は隠されて、福祉政策のようにみられている。多産の母たちは、優良多子家庭表彰の栄誉を受け、「軍国の母」と讃えられながら、喜んで息子を戦場へ送り出さなければならなかった。

主婦としての動員──「欲しがりません　勝つまでは」

1938年頃から物資の不足も目立ち、統制が始まった。ガソリン、石炭などの燃料から、米、みそ、マッチ、砂糖、乳製品、卵、しょうゆ、生糸等の生活必需品までが、通帳制・割当制・切符制配給になっていった。39年女子の日常服はモンペと決められ、パーマネント、和服の長袖、金糸銀糸などは「ぜいたくは敵」の掛け声とともに婦人会、隣組の女性たちにより監視された。「ぜいたく者は非国民」と非難され、バー、料亭、ダンスホールの灯は消えて、働く場を失う女性たちも現れた。

国防婦人会機関紙『日本婦人』(1940年8月号)に記載された漫画「鉄壁銃後展望」(鈴木裕子『フェミニズムと戦争』マルジュ社、1986)

労働者としての動員──「滅私奉公」

1939年1月、国家総動員法に基づく国民職業能力申告令を制定。女性動員の先頭をになった医療関係者(看護婦等)の能力申告を命じた。7月国民徴用令を制定し、女子労働者の就職に関する通達により動員を指示した。41年国民勤労報国協力令により男子は14〜40歳、未婚女性は14〜25歳未満に年間30日の勤労奉仕義務を課した。翌年、人口増殖政策との関連で女子年齢を20歳未満に引き下げたが、42年以降戦況の悪化とともに拡大された。43年9月「女子勤労挺身隊」を組織、さらに44年、動員逃れ防止のために制度を強化し、8月学徒勤労令、女子挺身勤労令を制定した。男性労働力の肩代わりとして、12〜40歳未満の女性の根こそぎ動員が日本敗戦まで続いた。

（植田朱美）

コラム●リズムにのせて、戦意高揚

　運動会のマーチ、盛り場の軍歌にワクワクした経験はないだろうか？　音楽、とくにメロディーと詞は強く心を捉えるから、歌のもつ力は学校教育の場でそれぞれの時代の要請を受け、国民教育の手段とされた。とくに戦時下には、前線、銃後で「戦意高揚」のために利用された。

　女性・歌・戦争が結びついたのは、1894年、日清戦争の従軍看護婦志願を誘う「婦人従軍歌」が最初である。

　1937年、国民精神総動員運動では「海ゆかば」(作曲・信時潔)、「愛国行進曲」(公募)、40年、皇紀2600年の奉祝行事を飾った音詩「神風」(作曲・山田耕筰)などがある。大政翼賛会では文化部に音楽活動が組み込まれ、「国民皆唱」運動が始まった。41年、社団法人日本音楽文化協会が設立され、音楽挺身隊も結成されて「音楽は軍需品」になった。銃後の志気を高めるために「出征兵士を送る歌」「トントントンカラリと隣組」などがつくられた。「小学唱歌」(1881～84)として歌われていた曲は戦時中、歌詞を替えて軍歌となり、日本敗戦後、一転「軍国主義的、超国家主義的、神道に関係あるものを排除し」(文部省)て、唱われ続けている。

(植田朱美)

コラム●戦争と映画　亀井文夫

　挙国一致体制で侵略戦争の道をひた走る日本政府は、1939年映画法を施行した。これは、映画のもつプロパガンダの力を重くみた政府が、映画の検閲強化をはかる一方で、文化映画(記録映画)の強制上映による国威発揚と思想統制をはかろうとしたものである。

　翼賛体制下で大日本映画協会(1943)に統合された映画人はこぞって国威高揚のための映画を量産した。41年ニュース映画各社も日本映画社に統合され、厳重な検閲下におかれ、負け戦を大勝利と偽るニュース映画をつくり続けた。そうした戦時統制のもとで、陸軍報道部が中国での攻略作戦を描く記録映画の枠内で、厭戦思想を込めた映画をつくった亀井文夫という監督がいる。

　中国中央部の最大拠点武漢への攻略作戦を描く『戦ふ兵隊』(亀井文夫監督、1939)は、字幕の言葉上は日本軍の攻略作戦を讃えているが、

家屋を破壊された中国農民の憔悴した表情と疲れ切った日本軍の兵士の表情をモンタージュすることで、言外にこの戦争が偽りのものであることを表すことに成功している。しかしこの映画は陸軍省の検閲により公開禁止になり、亀井は治安維持法に触れたかどで逮捕された。

　この亀井の戦時下での抵抗を唯一の例外として、日本の映画界は、劇映画もニュース映画も記録映画もこぞって戦意高揚の国策映画に邁進した。こうした映画人の戦争責任を問い返すなかから、戦後の独立プロダクションの運動とドキュメンタリー映画の運動が勃興してきたといえる。

（佐藤　真）

朝鮮における戦時強制動員

戦時労働動員

　1939年に日本は国民徴用令を発布し、朝鮮人にたいする本格的な強制動員に乗り出した。徴用は、軍需産業とその関連の民間企業および鉱山などの労働力が不足すると、これを補うためになされたものであった。初期の強制動員は民間斡旋業者が前払い金を払って朝鮮人労働力を募集する形でなされていたが、41年末に日本がアメリカと交戦状態に入り、戦線が拡大して労働力が不足すると、官斡旋による大規模強制動員が強化された。

　42年に勤労報国隊という名で始められた強制徴用は、日本の各地で警察を中心に組織された労務報国会が朝鮮に担当者を派遣して労働力を募集する方式でなされた。警察が介入し、強制動員を拒否する朝鮮人にたいしてはひどい暴力が加えられた。連れて行かれた朝鮮人は三菱や三井のような大企業に雇用されたが、日本人と比較して3分の1にも満たない低賃金を強いられ、11時間以上の長時間労働に従事しなければならなかった。とりわけ鉱山では採炭現場にこれといった安全設備もなしに投入され、多くの朝鮮人が命を失った。

　このように1939年から45年の間に強制動員された朝鮮人は114万人あまりにのぼる。前述のように44年には女子挺身勤労令を公布し、植民地朝鮮でも12歳以上の未婚女性を軍需工場に強制動員した。

志願兵制・徴兵制の実施

　日本は1938年2月に志願兵制度を実施して、小学校出身者およびこれと同等以上の学歴を所持した朝鮮人を対象に志願兵を募集した。最初の募集では400人あまりであったため、そのあとからは地域別割当てという事実上の強制動員の形を取った。43年度には30万3000人という多数の朝鮮人を戦場へと追いやった。さらに42年5月に、44年から朝鮮人にたいして徴

コラム●モンペ

　日本は、生活の簡素化を追求し労働の効率性を高めるという趣旨で朝鮮女性に日本式のモンペを強制した。女子学生は必ずモンペをはいて学校に通わねばならず、チマ(スカート)をはいていて巡査に見つかるとペンキをかけられたりした。

　モンペにたいする朝鮮女性たちの抵抗は強かった。伝統的にパジ(ズボン)は下着としてのみ着用してきた朝鮮女性たちにとってモンペの強制着用は羞恥心を引き起こすものであった。女子学生たちはモンペを持っていって学校に入る直前にはき、学校から出ると脱ぐという方法で監視の目をすり抜けた。一般女性たちは衣服取締りのサイレンが鳴ると、藁でチマを脚の間で縛るやり方で取締りの目をくらましたりした。　　　　　　　　　　　　　　　　　　　　　　　（朴　貞愛）

モンペ奨励のポスター。着物で着飾っている女性がモンペ姿の女性を見かけて恥ずかしがっているもの。

兵制を施行するという内容の談話を発表するとともに準備に着手し、43年10月に徴兵適格者についての調査を実施した。結局、44年4月1日からは20万人あまりに及ぶ朝鮮人を徴兵対象者として徴兵検査を断行した。同年5月から入営が始まった。日本は10万人以上の朝鮮人徴兵を計画していたが、45年8月に戦争が終結することで計画通りにはいかなかった。しかし、多数の朝鮮人が南太平洋などの奥地で日本兵の「弾よけ」となって命を落とした。

日本に連行され、炭鉱で働かされた朝鮮人労働者たち
(韓国史編集委員会『韓国史15』ハンギル社、1995)

（崔　炳澤）

コラム●戦時期の朝鮮映画

　戦時体制期の朝鮮の映画は、「戦時下の国民生活に欠かすことのできない娯楽であるとともに国策遂行上の有力な武器」とみなされた。日本は1940年1月に朝鮮映画令を公布して、映画の制作および配給を統制した。その目的は植民地朝鮮の特殊性を反映して「内鮮一体」と「皇国臣民化」を鼓舞することであった。

　『国旗の下に我死なん』(1939)、『志願兵』(1940)、『君とぼく』(1941)、『望楼の決死隊』(1943)など多くの親日映画が作られた。『君とぼく』には日本人女性と「内鮮結婚」をする朝鮮人志願兵が登場する。朝鮮と「満州」の国境をともに守る朝鮮人と日本人の物語である『望楼の決死隊』には着物を着て宮城遥拝をする朝鮮人女性が登場する。夫の言葉に絶対服従する日本人妻の姿が現われるが、これは国家の政策を信じて従う国民のイメージを宣伝するものである。

　日本は、学生に団体鑑賞をさせ、また巡回上映するなど朝鮮人を戦争に動員するために映画を積極的に活用した。日本語があまりできない朝鮮人のために、映画に限っては「国語」、つまり日本語常用の方針を留保するほどであった。

（朴　貞愛）

朝鮮における戦時女性動員

母性動員——軍国の母

「生めよ，ふやせよ，国家のために」の多産政策のスローガンは植民地朝鮮においても唱えられた。しかし、「軍国の母」という母性政策は朝鮮のすべての女性に該当するものではなかった。朝鮮に暮らしている日本人女性と、日本人として確実に同化される可能性のある集団、つまり親日女性たちに限られていたのである。これは、多産宣伝が主に日本語でおこなわれていたという事実からも知ることができる。多産宣伝は都市を中心に、日本語を理解できる、教育を受けた少数の女性たちを狙っていたのである。

さらに日本では母性保護のための具体的保健政策を実施していたのにたいして、朝鮮では「医者の数が不足し、諸般医療条件が整っていない」という理由で、保健政策を実施するのに関心を持たなかった。各家庭で妊産婦の健康に気をつけるよう促し、女性に自身の母体を保護するよう強調する程度にすぎなかった。物質的優遇や福祉施設の実現よりは「精神」の重要性のみを掲げていたのである。

日本は、「軍国の母」を強調するなかで朝鮮の女性たちが徴兵制度に協力

コラム●偽りの希望の歌——親日歌謡

戦時期の「音楽」は、日本が戦時政策を宣伝し、朝鮮人に日本の情緒を鼓吹する重要な手段であった。日本は皇民化政策を多面的に実施しようとした。朝鮮のコミュニケーション構造を日本の音楽体系で掌握して「皇音化」を試み、これにより朝鮮文芸会、京城音楽協会、京城厚生室内楽団などの官製親日団体が立て続けに結成された。

このような音楽政策に自発的に呼応した歌を親日歌謡という。洪蘭坡が作曲し李光洙が作詞した「希望の朝」の歌詞を見ると、「大陸二万里／大洋十万里／大亜細亜大共栄圏の／我が日章旗はためく／どうか子々孫々／万代の幸福な国土」と、日章旗(日の丸)がはためく空が「希望の朝」であると宣伝していることがわかる。この他に、「従軍看護婦の歌」「後方の祈願」「息子の血書」「志願兵の母」のような女性を対象とした親日歌謡もつくられた。

（朴　貞愛）

朝鮮志願兵を見送る母と子
（民族問題研究所提供）

日本でも植民地朝鮮でも、「少年兵」志願を促がす宣伝がさかんにおこなわれた（内閣情報部『写真週報』1944年3月22日号）

することを期待した。それだけでなく戦争の応援部隊として動員し、慰問袋や千人針をつくらせたり、出征軍人を慰労する行事に加わらせたりした。母の役割をすべての女性に集団的に代行させたのである。

しかし、「志願兵の多くが母や妻、祖母を納得させるのに非常に苦心したという実状」◆1からもわかるように、徴兵にたいする女性たちの抵抗は強かった。抽象的なスローガンによる日本の宣伝を体感することのできなかった女性たちにとって戦争は名分のないものであった。

春園・李光洙作詞、洪蘭坡作曲「希望の朝」。「故郷の春」などで知られる洪蘭坡も時勢にあらがえず、親日音楽を作った（民族問題研究所編・刊『親日音楽　屈辱の歌』2003）

労務動員

戦場へ赴いた男性たちに代わって、女性が労働力として農村と工場へ広範に動員された。日本は食糧増産を確保し、供出体制を維持するために女性農民を組織的に利用した。1941年4月には「農村労働力調整要綱」を定め

◆1　朝鮮総督府陸軍兵志願者訓練所「志願兵を訓練しつつ」（『朝鮮』1940年4月号）

て「農繁期の託児所、共同炊事など家事の共同施設を拡充すること、婦人作業班を編成して婦人共同作布を拡充すること、婦人指導員の活動を促進すること」という方策をたてた。これによって女性たちは部落連盟の婦人部または愛国班に編入されて集団作業に加わることになった。

　40年の朝鮮女性労働者数は7万3000人で、30年に2万8000人であったのにくらべて10年間で3倍近くに増加した。日本が勤労報国隊◆¹、勤労挺身隊などの制度をつくって政策的に女性労働力を増やしたのである。

　とくにこれまで女性たちを排除していた鉱業や埠頭荷役などの仕事に女性労働者が投入されることとなった。しかし日本は、女性労働者の増加に伴う労働保護政策の実施には関心がなかった。朝鮮では法令の施行自体が日本にくらべてきわめて遅く、日本では施行されていた深夜労働禁止、出産休暇などの女性保護に関する項目がなかった。ちなみに日本では43年に工場法戦時特例により、規制が緩和されて女性の労働条件がより劣悪になった。しかし朝鮮では工場法やその他の女性保護に関する法令が最後までほとんど施行されず、規制の枠外にあった。　　　　　　　（朴　貞愛）

◆1　1941年に日本は「国民勤労報国協力令」を発して朝鮮人を強制的に連行し、勤労報国隊を組織した。主に道路・鉄道・飛行場・神社などを建設するのに動員され、一部は日本の軍事施設に派遣された。階層別に多様な組織をおいており、職場報国隊、国民学校高等科と専門学校・中等学校高学年の学徒報国隊、刑務所収監者らで構成された南方派遣報国隊、農民らで構成された農民報国隊などがあった。農民報国隊は徴用から除外された者で構成されており、決まった期間もなしに劣悪な労働条件のもとで労働力を搾取された。

名古屋の朝鮮女子勤労挺身隊

三菱鉱山の朝鮮女性労働者たち

5 日本軍「慰安婦」制度

日本軍「慰安婦」制度

なぜ「慰安婦」制度をつくったか

　1931年、日本軍は中国東北地方(「満州」)の柳条湖で鉄道線路を爆破して以来、翌年の上海事変へと侵略の戦線を拡大していった。日本軍人はあちこちで女性たちに暴行や強かんを繰り返した。そのもっともひどい例が南京での集団強かんと虐殺(1937)であった。その事実は隠し撮りされた写真などで世界中に伝えられた。悪評が国際社会に広まるのを恐れた日本軍幹部は、兵士たちに性の相手をする「慰安婦」をあてがう慰安所の開設を計画した。

　「慰安婦」制度の目的はおおよそ、①現地女性への強かんの防止、②買春による性病予防、③兵士を性的に慰める、の3点とされる。これより前の32年、上海に海軍慰安所が17軒開業したのが「慰安所政策」のはじまりであった。それを示すのが、上海派遣軍高級参謀岡部直三郎の日記(1932年3月14日付け)で、「この頃、兵が女捜しに方々をうろつき、いかがわしき話を聞くこと多し。これは、軍が平時状態になるだけ避け難きことであるので、寧ろ積極的に施設をなすを可と認め、兵の性問題解決策に関し種々配慮し、その実現に着手する」と書かれている。

どのように展開したか

　1937年に日中全面戦争が始まると、「慰安婦」制度はいっきょにその規模を広げ、38年には上海の陸軍娯楽所(慰安所)に300人の「酌婦」(「慰安婦」のこと)がいたという記録がある。41年にアジア太平洋戦争へ突入すると東南アジア・太平洋の地域へ、まさに日本軍が展開したすべての国・地域へと拡大していった(163ページの地図を参照)。43年フィリピンのマニラには17軒の慰安所に1064人の「慰安婦」がいたし、42年ビルマのラングーン港には一度に703人の「慰安婦」が送られたという記録もある。正確な総数を示す資料はないが、おおむね8万〜20万人という説がとられている。

　「慰安婦」政策の担当は、日本軍中央においては陸軍省兵務局、医務局な

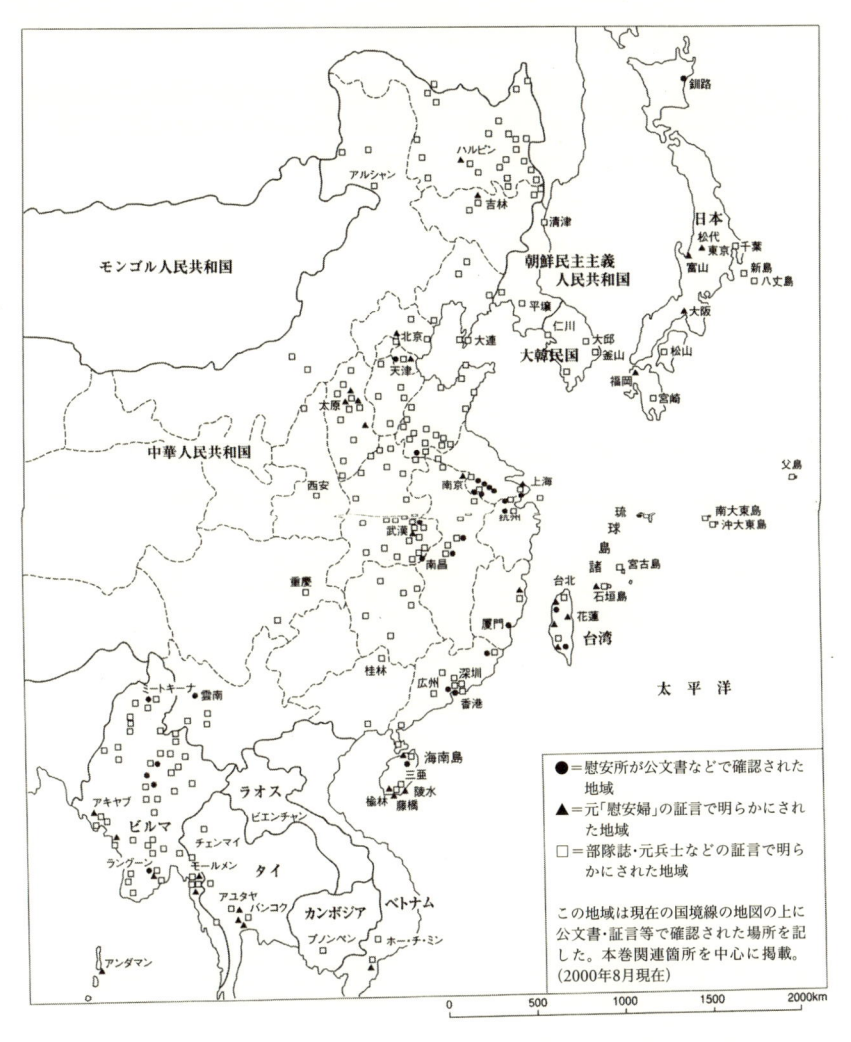

VAWW-NET Japan編『「慰安婦」戦時性暴力の実態Ⅰ』（緑風出版、2000）
（地図作成＝朴潤南（パクユンナム）／補足＝池田恵理子）

　どが、派遣先では参謀部（さんぼうぶ）がおこなっていた。自由な海外渡航は不可能だったから、「慰安婦」を各国に送るためには渡航目的を記した身分証明書が必要だったが、日本軍と日本政府（外務省、内務省、海外駐在大使館などの在外公館、朝鮮・台湾総督府、県知事、警察等）は機密文書をやり取りして証明書を交付し、多数の女性たちを送り込んだ。また慰安所の運営は軍直轄（ぐんちょっかつ）と、民間業者に委託の場合があった。
　慰安所には、はじめ日本の遊廓で働いていた日本人女性が送り込まれ

が、すぐに人数が不足し、植民地下の朝鮮人(在日も含む)女性が多く狩り出

コラム●日本軍「慰安婦」・挺身隊・従軍慰安婦・性奴隷

　日本軍「慰安婦」は「挺身隊」や「従軍慰安婦」と呼ばれもする。挺身隊は「自発的に身を捧げる部隊」という意味で、日本が無償で労働力を動員するためにつくった制度である。被害女性のうち挺身隊へ動員された後に軍「慰安婦」として送り出された例があり、用語上の混乱をもたらすこととなった。このような混乱は日本軍「慰安婦」の動員がそれほど隠密裏に遂行されたという事実を示している。

　「従軍慰安婦」の「従軍」という言葉には、「従軍記者」「従軍看護婦」のように自発的に軍についていったという意味が含まれている。強制的に日本軍「慰安婦」を動員した日本の歴史的責任を隠蔽するという点で廃棄されるべき用語である。

　被害女性たちが軍人らを「慰安」するという名目で性的虐待を受けなければならなかったと訴えている点を考えるなら、「慰安婦」という言葉も適切でない。このため、歴史的性格をよりはっきりと現わす性奴隷という言葉が用いられる。国際的には日本軍性奴隷として通用しており、これがじょじょに歴史的用語として定着しつつある。ただし、日本軍の文書に「慰安婦」という用語が見られるという点を考慮するなら、日本軍による「慰安婦」制度の運営を示すという点で日本軍「慰安婦」という言葉はなお有効である。ここでは、以上の意味から括弧をつけて「慰安婦」を用いる。

（朴　貞愛）

コラム●日本軍「慰安婦」は公娼であるから問題がないのか？

　日本の政治家のなかには、日本軍「慰安婦」が「公娼」であったために彼女たちにたいする人権蹂躙は犯罪でない、と主張する人がいる。しかし、日本軍「慰安婦」であった女性たちが公娼かどうかという論争は生産的ではない。重要なことは、日本が被害女性たちを「慰安婦」という名のもとに「公娼」とするなかで、彼女たちにたいする性的暴力を正当化しようとしたという事実である。植民地女性をその対象とし、植民地統治を活用したという事実である。日本軍「慰安婦」問題に性と民族の問題が重なり合っているというのはまさにこのためである。

（朴　貞愛）

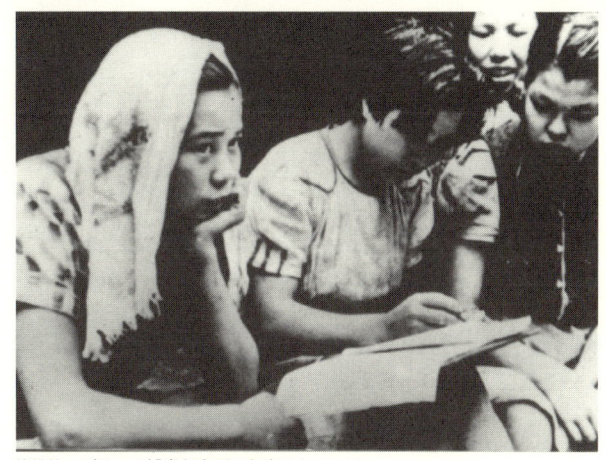

終戦後、ビルマの捕虜収容所で収容されている
日本軍「慰安婦」

された。さらに同じく植民地であった台湾の女性たち、そして中国人の、若くて健康な女性たちがつぎつぎと狩り出され、送られていった。憲兵や警察組織が女衒や貸座敷業者などの業者と連携をとって募集をおこない、①家族に前借金を渡して連行、②看護や食堂で働くといってだまして連行、③誘拐のようにするなどして連行した。またアジア各地の日本軍の占領地では現地の女性たちも狩り出されたが、強かんなど性暴力を受けたのちに「慰安婦」を強いられた人もいる。占領地での被害者は、戦後も慰安所であった建物や強かんされた場所など、被害の現場を目にすることが多かったので、その苦しみの記憶が反復することも多かった。　（森川万智子）

朝鮮人日本軍「慰安婦」

日本軍「慰安婦」の多くが朝鮮人

　38年1月に上海の陸軍娯楽所(慰安所)で「慰安婦」の性病検査をしていた軍医官麻生徹男は、翌年次のような意見を提出した。検査対象者である朝鮮女性80人、日本女性20人のうち朝鮮人女性は性病の疑いのある者がきわめて少数であり、年も若い初心者が多い、と。
　このような記録は、日本が日本軍「慰安婦」政策を企画し遂行するのに植民地の存在をいかに利用したかを示している。戦争の拡大とともに軍人の数もまた次第に増加する状況のなかで、日本は「慰安婦」を安定的に供給する必要を感じ、植民地女性がその便利な動員対象となった。

性的動員が植民地女性に集中したという事実は、日本の家父長制が女性のみならず植民地をも抑圧する機能を果たしたことを物語っている。性にたいする二重基準という家父長制の態度は性差別に加えて民族差別を通じても発現していたのである。「貞操」を守らなくてもいい男性と「貞操」を守らなければならない女性という二重の性倫理基準のなかで、男性は性欲を排出することのできる特定の対象としての女性を求める。そして日本は女性を性買売し、戦争遂行のための性的道具として利用した。

挺身隊と「処女供出」

現在80歳を越える女性のなかには「処女供出」を避けるために早く結婚したと語る人たちがかなりいる。日本帝国主義時代を経験した人びとは、「挺身隊」や「処女供出」という言葉で日本軍「慰安婦」を説明する。日本が女子勤労挺身隊という名目で、または就業詐欺や人身売買などを通じて「慰安婦」を密かに動員していたのにたいして、朝鮮の人びとはそれを「処女供出」として受取ったのである。動員対象が主に未婚女性であり、人びとはそれが性的動員であったことを鋭敏に感じとっていた。

「部落の女性たちは第一線に連れて行かれて兵隊の炊事と姦淫に供される」という噂まで流れた。日本はこれを流言蜚語であるといいわけして取締りに乗り出したが、人びとは「処女供出」のあげくに朝鮮女性が結局は日本兵の「姦淫」の対象になるものと信じていた。結婚は「処女供出」を避ける方法とみなされた。徴兵・徴用で若い男性が戦場へと赴かなければならない状況とあいまって早婚は盛んにおこなわれた。新郎の家では息子がいつ死ぬとも知れないので代を継がなければならないとの心算で早婚をおこなった。人びとは、このように結婚を通じて若者たちを「供出」することにたいして、消極的ではあれ抵抗していた。しかしこのために、幼い新婦は不慣れな嫁ぎ先での生活をし、若くして寡婦となる苦痛を経験しなければならなかった。

理由もしらずに

挺身隊の動員のほかに、日本は民間業者を選抜して彼らに日本軍「慰安婦」を募集し、統制させた。業者は募集人を利用し、あるいは自分たちが直接出向いて女性たちに接近し、いい儲け口があるなどといって騙して女性たちを寄せ集めた。日本軍「慰安婦」被害者の多くがこの言葉についていったと証言している。日本軍「慰安婦」たちは貧しい家庭の出身であった。と

りわけ慶尚道や全羅道などの農村出身が多いという事実は、これらの地域で日本帝国主義統治期の間、厳しい貧困に苦しんでいたことを物語っている。

戦争末期には、軍と警察が自ら乗り出して暴力的に女性を拉致していくこともあった。総力戦体制下の統制強化が警察の無差別的連行を助長した。他方、軍「慰安婦」が必要であるという戦時の軍の要求がこのような公権力の物理的暴力を許容した。

（朴　貞愛）

「慰安婦」だった故姜徳景ハルモニの描いた「奪われた純情」

◆1　『刑事補償事件報告綴』（1944年）20ページ。

6 女性の戦争協力

親日女性

戦争に協力した植民地の女性知識人たち

　親日団体に関係したり、講演や言論を通して日本の戦時政策を代弁したりしていた女性知識人たちを「親日女性」という。日本は彼女たちを積極的に活用して戦時政策を宣伝させた。各種の時局講演、内鮮一体婦人座談会、徴兵徴用制の趣旨を知らせる婦人決起促求大会、決戦婦人大会などが絶え間なく開催され、ここに女性知識人たちは主要な講師として加わり大衆を扇動していった。

　代表的な親日女性といわれる金活蘭（キム・ファルラン）、高鳳京（コ・ファンギョン）らは日本が実施した徴兵制を讃える文章を『毎日新報』に掲載した。朴仁徳（パク・インドク）は親日団体であった緑旗連盟の支援を受けて徳化女塾を設立して臨戦対策協議会に参加して演説

コラム●在朝日本女性の「内鮮一体」「皇民化」政策への加担——津田節子

　民間サイドから「皇民化」政策に積極的に加担・協力した1人に、津田節子（せつこ）(1902～71)がいる。24年津田は、夫・津田栄の京城帝国大学予科教授赴任にともない、朝鮮に渡った。一時、淵沢能恵が学監をつとめる淑明女子高等普通学校で日本語を教えたりしたが、33年夫らとともに緑旗連盟（りょっきれんめい）を設立すると、婦人部長に就任し、また在朝日本女性の教化を目的とする清和女塾塾監となった。

　37年7月、日中戦争が全面化すると、緑旗連盟は、朝鮮総督府との結びつきをいっそう強め、節子自身も国民総力朝鮮連盟婦人指導委員として「皇民化」運動の急先鋒となった。節子にとって、朝鮮女性にたいする「皇民化」の最終目標は、彼女たちを天皇のためならその息子や夫たちの命を捧げさせても悔いない「皇国臣民女性」へと「教化」することにあった。戦争末期の44年7月に刊行された節子の著『日本の母と子』は、節子の教化思想、すなわち侵略思想があますところなく盛られている。

　　　　　　　　　　　　　　　　　　　　　　　　（鈴木裕子）

をおこなった。詩人の毛允淑（モ・ユンスク）と盧天命（ノ・チョンミョン）は「婦人勤労隊」、「ニムのお召を受けて」、「幼い翼」などの親日作品を発表し、小説家の崔貞煕（チェ・ジョンヒ）もまた「軍国の母」など皇国臣民化政策に協力する作品を発表した。

戦争協力の論理

「いまや待ちに待っていた徴兵制という巨大な感激がやってきた。……これまで私たちは国のために大事な息子を喜んで戦場へと送り出す内地の母親たちをただ眺めてばかりいた。……いまや私たちにも国民としての最大の責任を果たす機会が訪れ、その責任を果たすことで真の皇国臣民としての栄光を享受することになったのである」（金活蘭「徴兵制と半島女性の覚悟」『新時代』1942年12月号所収）

戦争に参加して義務を果たせば真の皇国臣民になれるという話は、日本が植民地住民を動員するための論理であったが、親日知識人たちはこれをついに「国民」として認められる新たな機会として受取った。内鮮一体を通じての国民化が、日本人を同化の基準と設定することであり、すでに朝鮮人にたいする差別を前提としていたという事実は認識されなかった。

女性知識人たちは、戦争に協力すれば「植民地の民」と「女性」という二重の差別から抜け出すことができるだろうと考えた。日本は、戦争協力を女性の社会進出を通した女性の地位向上であると吹聴（ふいちょう）し、親日女性たちはこのような論理に誘惑された。親日女性たちは戦争に協力することが、女性の公的な生活を認めてこなかった家父長制から脱出することのできる機会であると信じた。親日を通じて「真の日本女性」になれば民族差別、性的差別を克服できるであろうと考えたのである。

しかし、戦争遂行の過程で得た公的領域は、ただ戦争目的だけのために設定されたものであり、親日女性の戦争協力は、家父長制からの脱出という目的を達成することのできないものであった。つまり、日本帝国の戦争のためという建前は、植民地時代を通じて教育水準が低く、「国民」としての意識を訓練される機会がほとんどなかった一般の朝鮮女性たちにとってはそれほど魅力的ではなかった。公的領域は拡大されたものの、その成果をほとんど戦争のために捧げねばならない状況、しかも名分のない戦争に

◆1　皇民化政策を推進した中心的な民間団体で、1930年代には、朝鮮総督府が主管する国民精神作興運動と「国体観念を明徴にする」ことを主眼とする心田開発運動を団体の主要事業として展開し、1940年代には国民精神総動員運動に力を注いだ。日本帝国主義末期には皇民化運動を全力を傾けて展開した。

夫や息子を送らねばならない状況では、親日女性たちの主張は空虚なものとして映っただろう。

(朴　貞愛)

日本女性の戦争協力

　女性は戦争の被害者・犠牲者と久しくいわれてきた。確かにその側面は否定できない。とりわけ庶民の女性たちにとっては、戦争は過酷な生活を強い、多くの肉親をも奪うものだった。唯一、地上戦を強いられた沖縄の場合は、とくに戦争の傷痕はいまも深く刻まれている。

　長谷川テルのように、国外で身をもって反戦活動した日本女性も少数ながらいた。しかし、多くの日本女性たちは、直接、間接にわたって15年戦争・アジア太平洋戦争に加担・協力したことも事実であった。

戦時下で活発化する官製女性団体

　日本国家の海外膨張政策にそった女性国策団体、いわゆる官製女性団体

> **コラム●「お望みならば、私を売国奴と呼んでくださってもけっこうです──長谷川テル」**
>
> 　「お望みならば、私を売国奴(ばいこくど)と呼んでくださってもけっこうです。決しておそれません。他国を侵略するばかりか、罪のない難民の上にこの世の地獄を平然と作り出している人たちと同じ国民に属していることのほうを、私はより大きい恥としています。」
>
> 　この言葉は、日中戦争中、中国にあって日本軍兵士にたいして抗日放送に従事した長谷川(はせがわ)テル(1912〜47)が日本のエスペランティストに宛てた手紙の一節である。戦争前夜、同じエスペランティストで夫となる中国人留学生・劉仁と命がけで中国にわたった長谷川は、上海から香港、香港から広州を経て、38年9月漢口に入り、念願の抗日活動に参加、国民党中央宣伝部国際宣伝処対日科に配置された。
>
> 　「日本の将兵のみなさん！　みなさんは、この戦争は聖戦だと教えこまれ、そう信じているかもしれませんが、はたしてそうでしょうか。ちがいます。この戦争は、大資本家と軍部の野合世帯である軍事ファシストが、自分たちの利益のために起こした侵略戦争なのです。日本にいるあなたがたの家族は、おなかをすかせて、ひどく苦しんでいます。」
>
> (鈴木裕子)

長谷川テル(右)と「嬌声売国奴」と罵倒する「都新聞」
1938年11月1日付(鈴木裕子監修『先駆者たちの肖像』ドメス出版、1994)

の第1号は1901年、内務省の管轄下に設立された愛国婦人会(愛婦)であった。活動が活発化したのは、31年9月の柳条湖事件(9・18事件)以後で、あい前後して発足した他の2つの女性団体、大日本連合婦人会(連婦)・大日本国防婦人会(国婦)と会員獲得や成果を競い合った。連婦は31年文部省の肝いりで、皇后の誕生日(「地久節」といわれた)に、地域婦人会・母の会・主婦会などを傘下に結成された。その翌年、国婦が軍部の勢力を背景に組織され、在郷軍人会など地域に根を張る軍関係の組織を使いながら町村ぐるみの加入強制などもおこない、勢力をいっきに伸ばした。いずれの団体も「婦徳」と母性を称揚し、軍事援護・家庭国防を唱えた。これらの女性団体が実質的に担わされていた「銃後の務め」は、兵士たちの戦意高揚であり、家庭・社会から厭戦・反戦意識が顕在化することを抑えることであった。

総動員体制で大日本婦人会に一元化

1937年盧溝橋事件以後、急速に戦時体制が強化され、それまで官製団体とは一線を画していた婦選獲得同盟も他団体と連合して日本婦人団体連盟を結成し、時局に協力する道に進んだ。さらに政府の「国民精神総動員運動」のかけ声のもとに、国民精神総動員中央連盟が結成されると、愛婦・連婦・国婦・女青(大日本女子連合青年団)とともに日本婦人団体連盟傘下の女性運動家たちも参加し、女性総動員の役割を担った。38年には国家総動員法が公布され、40年には大政翼賛会が発足するなかで、大同団結を建前に、団体間の摩擦対立を解消するため女性団体の一元化が図られた。その結果、42年に大日本婦人会(日婦)として統合が完成し、会員2000万人を超

える大組織になった。日婦は45年3月、国民義勇隊組織が閣議決定(45歳以下の女性対象)されると、6月に解散した。

女性解放家たちを捉えた天皇翼賛思想

　平塚らいてう(1886～1971)のような女性解放の先駆者でさえ、戦時下には彼女の母性主義は優生思想と結びつき、天皇を「天照大神の生き通し」と表現するなど、天皇制幻想を補強し、天皇翼賛の思想や行動に向かった。中国にたいする認識においても中国民衆の抗日運動は「誤った抗日意識」からと、帝国日本の侵略行為には甘い見方を示した。

　高群逸枝(1894～1964)も1920～30年代初めにかけてはアナキスト、女性解放論者として体制批判の論陣を張ったが、戦争中は天皇制イデオロギーを鼓吹し、日婦の機関誌『日本婦人』に歴史随筆を連載するなど、高度国防体制下で「皇国伝統の婦道」と「修身斉家奉公」の道を説いた。

女性運動家と教育家の翼賛の論理——平等・解放と協同への幻想

　女性運動家やその指導者たちの多くは、与えられた参加・参画を女性にとっての「解放」ととらえ、国策協力への道を選んだ。

　市川房枝(1893～1981)は婦選獲得同盟の牽引者として、「婦選ひとすじ」

コラム●沖縄における「集団自決」

　44年、沖縄に駐留した日本軍は、住民に「軍官民共生共死の一体化」の指導方針を発表した。女性たちは「銃後の守り」を誓い、「琉球処分」以来、日本の役人から常に指摘されてきた「南国女性」の「貞操観念のなさ」の汚名返上に努めた。

　翌年、沖縄住民は日米の地上戦に巻き込まれ、十数万人が死んでいった。逃げ場を失い、精神的に打ちのめされた女性たちが「鬼畜米兵」を目の当たりにしたとき、瞬間的にとった行動が、「集団自決」であった。敵に捕まればレイプされるという憎悪と恐怖心からわが子を先に殺し、自らも命を絶った。死ぬ直前、「天皇陛下バンザイ」を叫んだ母親たちもいた。近代国民国家に参入して以来、皇民化教育を媒体に日本の「同化政策」を受け入れた女性たちは、軍事体制下で「良妻賢母」「家父長制」の教えを「見事に」結実させた。それが「集団自決」といえる。「無学」の年寄りに「自決者」はいなかった。　　　(宮城晴美)

に歩んだ人であったが、日中戦争の拡大とともに、総動員体制が強化されるなかで「婦選獲得」運動からの方向転換を図った。また婦選獲得同盟設立以来、市川房枝とともに活動し、女性の地位向上・権利獲得につとめてきた山高(金子)しげり(1899～1977)、奥むめお(1895～1997)も総動員体制を協同(働)化ととらえ、「一君万民」幻想のもとで「平等」を志向した。しかし、結局は「産業報国」「国策協力」体制に組み込まれ、戦争協力の一翼を担う結果となった。

　教育の分野では「婦人国策委員」第1号となった東京女子医専(現・東京女子医科大学)校長で医師の吉岡弥生(1871～1959)をはじめとし、大妻学院創立者で「良妻賢母」養成を推進した大妻コタカ(1884～1970)らの保守的教育者にとどまらず、進歩的な学風で知られていた自由学園の羽仁もと子(1873～1957)や羽仁説子(1903～87)、日本女子大教授・科学者・生活合理化運動の唱道者で、敗戦後は平和運動や日中平和友好運動に尽力した高良とみ(1896～1993)など進歩的といわれた女性たちを含めて、大半の女性指導者が総動員体制下で牽引役を果たした。

(宮崎黎子)

日本の宗教の国策協力

1　キリスト教系団体の純潔報国運動

公娼制度の存続

　1921年、国際連盟総会で採択された「婦人及児童の売買禁止に関する国際条約」を、日本は25年に批准した。この条約との関係で、人身売買と結びついている公娼制度を廃止するために、廓清会と日本基督教婦人矯風会は協力しながら、公娼制度廃止の法案や請願書を議会に提出するなどの運動を積極的に進めていった。しかし、それらの法案はいずれも否決され、あるいは未審議のままにおわり、廃娼は実現しなかった。この背景には、日本政府が公娼制度を諸外国にたいする体面上の問題としてしか把握せず、むしろ「風俗を維持するため」には公娼制度が必要だ、という認識があったためである。

純潔報国運動の展開

　公娼制度が廃止される見通しがたたないまま、廓清会と矯風会は1935

年に、それまで組織していた廓清会矯風会廃娼連盟を国民純潔同盟に改組した。そして、公娼廃止を国家・政府に要求し、法的に廃娼を実現することをめざしていた廃娼運動から、花柳病(性病)予防や、そのための「純潔思想」の普及など、国民の性道徳を高めることを目的とする「国民純潔運動」、「純潔報国運動」へと転換した。廃娼は、軍隊を性病から守る目的でその重要性が強調されるようになった。また、純潔思想の啓発は優生思想と結びつき、侵略戦争遂行のための国力を支える国民の健康の基礎として重視

コラム●女性文学者の戦争加担

　15年戦争下、戦争に加担しなかった完全無欠の文学者は絶無だろう。それほどの時代だった。その先陣を切ったのは、男女平等、人類無階級的連帯主義を唱え、オピニオンリーダーを自他ともに認めていた与謝野晶子である。にもかかわらず、夫の鉄幹と夫唱婦随で、男女ともに肉弾三勇士の勇敢さで突撃せよと叱咤し、天皇・皇室礼賛を繰り返した。極東の平和のために陛下の恩寵に浴して戦う日本の将卒と「支那兵」では根本的に異なると、露骨な国体史観に立った他国蔑視論などを『街頭に送る』(1931)『優勝者となれ』(1934)に盛り込んで早くから戦争使嗾者をつとめた。「いさぎよく人よ戦へ敵の砲献捷の機はさもあらばあれ」「いと猛く優しく子をばおほし立て戦に送る日の本の母」などと歌ったが、これらすべてが「まことの心」だった。その他にも、林芙美子(1903～51)や吉屋信子(1896～1973)はじめ戦争鼓吹者を列挙すれば限りがないが、浸透しやすく有効性も高かった短詩型表現者で、歌壇の重鎮2人をあげよう。まず、戦後、専修大・札幌大教授、新年歌会始選者、皇太子妃(現・皇后)の歌指南、紫綬褒章受章の五島美代子(1898～1978)である。「征き征きて今は及ばぬますらをの荒御魂冴え触れがたく畏し」「大君の後に御楯われら護る神大和国あやにうるはし」などと詠んだ。もう1人は、日本芸術院会員、宮中歌会始召人、勲三等瑞宝章受賞の齋藤史(1909～2002)である。「国大いなる使命を持てり草奔のわれらが夢もまた彩なる」「現つ神存ます皇国醜の翼つらね来るとも何かはせむや」などと、大活躍している。男性にもいえるが、戦中に大活躍した人たちほど戦後の「栄誉」に輝く地位、待遇を受けるこの不思議さ。「歴史の審判」がなされず免責されていい問題ではない。文学不在の現代が抱え持つ重要課題である。　(渡邊澄子)

日本基督教婦人矯風会を指導した矢島楫子と林歌子（右）（鈴木裕子監修『先駆者たちの肖像』ドメス出版、1994）

日本基督教婦人矯風会・朝鮮京城支部の集い（1930年）婦人矯風会も朝鮮統治に積極的に協力した。中央白髪の女性が淵沢能恵（鈴木裕子編・解説『日本女性運動資料集成』第9巻、不二出版、1998）

された。42年には、「純潔報国運動」の一環として、「純潔」な日本女性がアジアへ進出し、「大東亜共栄圏」の「純潔」の推進に貢献することを目的とした「興亜女子指導者講習会」などを企画、実施した。

　このような廃娼運動から純潔報国運動への変化を、運動を進めていた側は運動の発展としてとらえていた。しかし実際には、廃娼の実現という本来の目的を見失い、軍事目的に積極的に貢献することで総動員体制の一翼を担っていくことになった。

（田代美江子）

2　キリスト教の戦争責任

日本の教会

　アジアの国々ではキリスト教はたいてい農村や少数民族、あるいは南アジアの被差別カーストなど、その国の権力構造の底辺あるいは周辺部の人びとを中心に広がってきた。当初から女性が多く、無名の女性信徒たちが宣教の先頭にたってきた。

　対照的に日本では、都市のインテリ層の男性中心の教会がつくられてきた。女性はほとんどが中産階級出身の夫唱婦随で、一部が男性と組んで華やかな指導者になった。1873年に「キリシタン禁止令」がはずされて以来、新しい天皇制家族主義の国家（国体）の成員として認められるように日本の教会は努めてきた。教育や福祉関連の事業でも国家の発展に貢献するという愛国心を建前としてきた。アジアの国々を侵略した15年戦争時、このような日本のキリスト教の体質があらわになった。

「国体」の呪縛

「宗教団体法」(1939)のもとでキリスト教諸派は日本基督教団として合同した(1941)。これ以後、同教団は国策に全面協力し、朝鮮や台湾、中国、その他東南アジアへも牧師を送って挙国一致や戦争協力を説いた。朝鮮の諸教会も日本基督教朝鮮教団として合同を強制されたが、同じキリスト者として日本の教会はその苦難に連帯しなかった。

日本基督教婦人矯風会の林歌子(1864〜1946)、ガントレット・恒子(1873〜1953)、久布白落実や日本YWCAの植村環(1890〜1982)たちに代表される著名な女性指導者さえも、廃娼運動や平和運動に携わりながら、日本軍によるレイプや軍隊「慰安婦」の問題について、現地視察でも国際会議などでも無視しつづけた。戦争協力を積極的に説教する著名な女性牧師も存在した。

国家や社会による監視もあったが、日本の教会が体質的にもっている「国体」＝天皇制の呪縛が戦争に加担させたといえる。その呪縛から今日、日本のキリスト教が解放されているかは疑問である。なお少数ながら、灯台社の女性など戦争中に国家に抵抗、あるいは心ならずも受難した教派や、個人としてのキリスト者はいる。敗戦後、日本基督教団は67年に戦争責任告白をおこなった。

(山下明子)

3　戦時下の日本の仏教教団

仏教教団の積極的協力

戦時下の仏教教団の動向を一言でいえば、「積極的な全面協力」であった。仏教教団はみずから、時には侵略の先鞭をつけつつ、教団の方針として侵略の一翼を担った。

「教団の方針」でいえば、たとえば日本最大の仏教教団である浄土真宗本願寺派(西本願寺)の最高権力者である法主(現在では門主)は45年5月21日付で「皇国護持の消息(手紙)」を発布し、全国の寺院と門信徒にたいして、「今こそ揺るぎない信仰の力を発揮して念仏の声高らかに、驕敵撃滅に邁進せよ」というメッセージを送った。真宗大谷派も同様であった。西本願寺教団と同じく大教団である真宗大谷派(東本願寺)からは、教団の要職者の大谷尊由が、第一次近衛内閣で植民地経営の最高責任者である拓務大臣に就任した。

「戦時教学」の形成

　「全面協力」とは、仏教教団が国家神道の重要な一翼を担ったことである。仏教は「不殺生」、すなわち命を奪うことを最大の悪とし、本来、反戦の立場に立つが、戦時下に各仏教教団は、国家神道に矛盾しないようそれぞれの教えを変質させていった。西本願寺教団は明治時代から天皇制国家権力におもねっていたが、44年4月13日に「戦時教学指導本部」を設置、戦争賛美の教学を形成していった。「戦時教学」の内容は、阿弥陀仏を信じることと日本の神々を崇拝することとは同じで、阿弥陀仏の言葉は天皇の言葉と重なり、浄土真宗の教えは「教育勅語」に帰着する、というものであった。

　また各教団は、日本の軍隊の占領地区に、本山の出張所である別院や布教所を設置し、兵士の戦意を鼓舞し、軍の諜報活動の手助けをもおこなった。軍隊に従軍僧を派遣し戦地において戦意を煽り立て、国内における反戦運動や共産主義運動の弾圧にも関わった。西本願寺教団の場合、とくに思想犯の転向に大きな役割を果たすなど、天皇制国家権力と癒着し、その侵略行為を補完していった。

（神戸　修）

コラム●「戦争と美術」

　15年戦争下において描かれた大量の戦争画は、戦後日本の美術界のタブーである。日中戦争勃発後、軍部が陸軍美術協会・海軍美術協会などを結成して美術界を再編成し、思想統制をはかると、それに応えて画家の小磯良平や藤田嗣治たちは、戦地に従軍して作戦記録画を描き、軍に積極的に協力した。これらの「戦争記録画」のうち153点（数に異論あり）は、戦後、GHQに接収されたが、70年に無期限貸与の形で日本に返還（東京国立近代美術館に保管）された。この153点は1度も一括公開されたことがないが、靖国神社の軍事博物館・遊就館などでは現在も数多くの戦争画を陳列して戦争を正当化しようとしている。

　戦争画は、実際の戦闘場面や戦士の出征、銃後の生活、敵の降伏・会見などだけではない。横山大観ら日本画家による富士山や桜などのナショナルシンボルも日本精神の発揚と戦意高揚のために役立ったことや、天皇の姿を含めない「戦争画」という概念自体が戦争責任を免罪してきたことを否定できない。

（北原　恵）

第5章
日本敗戦と朝鮮半島分断・朝鮮戦争

1 「大日本帝国」の崩壊と女性たち

日本敗戦と女たち——女たちの8.15

「大日本帝国」の崩壊

　1945年8月15日、日本は連合国にたいして無条件降伏した。昭和天皇は、ラジオを通じて「終戦の詔勅(しょうちょく)」を読み上げ、日本の敗戦を告げた。足かけ15年に及ぶ15年戦争・アジア太平洋戦争はここにようやく終わりを告げた。日本植民地下の朝鮮・台湾の民衆は「解放」に歓喜し、中国をはじめ、日本軍が軍事占領していたアジア地域の人びとも歓呼をもって日本の敗戦を迎えた。近代初期から海外膨張・侵略の道を「国是(こくぜ)」とし、帝国主義・軍国主義路線を突進し続けた「大日本帝国」はここに崩壊(ほうかい)したのである。

「8・15」の受け止め——ある歌人の場合

　一般庶民が敗戦のショックをどう受け止めたのかは、戦時の体験、地域、年齢によっても違ってくる。ここでは20歳で8月15日を迎えた歌人の深山(みやま)あき(1924〜)の場合を取り上げてみよう。彼女は敗戦のそのときの思いを次のように詠んでいる。

　　玉音(ぎょくおん)放送かつてなきことと威儀正し声をひそめて待つ一瞬はも
　　玉砕(ぎょくさい)を流布(るふ)され居(い)たれば生きて聞く国敗(やぶ)るるの報(ほう)に茫(ぼう)たり
　　陽(ひ)は燦(さん)と空に輝き風青き木の葉をゆする国敗るるに

　　　　　　　　　　　　　　　（深山あき『風は炎(も)えつつ』）

　現人神(あらひとがみ)と畏(おそ)れていた天皇その人がラジオで放送するというので緊張してそのときを待つが、思いもよらない敗戦という事態に彼女は大きな衝撃を受けた。そして茫然自失(ぼうぜんじしつ)の衝撃からわれに返り、戦争が終わったうれしさをしみじみ味わう。彼女はやがてこの戦争の正体と、それを引き起こした張本人(ちょうほんにん)をみきわめ、背筋をのばして、国家とその権力構造を戦後一貫して厳しく告発する歌を詠(よ)み続けている。

女たちの戦争認識

敗戦は、戦争に協力してきた指導的立場にあった女性たちにはどのように受け止められたのであろうか。戦時中、軍国少女の育成に加担した女性教師の多くは、そのことを深く反省して、核被爆国を原点とする戦後の女性運動に着手し、母親運動を組織して、反戦平和の運動に大きな役割を果たした。しかし、日本の加害責任にたいして気づくことがあまりにも遅かった。そのことが、戦後アジアの国々の女性たちとの交流の妨げになった。一般女性の多くは、「戦争はこりごり、もう嫌だ」という心情から反戦平和を支持し、戦後の混乱期の飢えと闘いながら、食糧支援をはじめとするGHQ(連合国軍最高司令部)の占領政策に疑問を抱くいとまもなくこれを受け入れた。厭戦、そして「原爆被爆国民」として、日米支配層合作の「人間宣言」を読み上げた昭和天皇の責任を問うことなく、新たにつくられた天皇＝平和主義者という神話を受け入れ、戦後のこの国の平和運動を支えていったのである。そこからは、天皇の名においてアジアで日本軍が引き起こした侵略戦争に自らも加担したという自覚は生まれなかった。

栗原貞子(1913〜2005)が「ヒロシマと言うとき、ああヒロシマとやさしく答えてくれるだろうか」と日本の加害責任を鋭く問いかけ、朝鮮半島で教師をしていて敗戦後引き揚げてきた池田正枝(1924〜)がその後半生をかけて自らの戦争協力を責め続け、国家に抗い続けている生き方は、日本国内では少数派であった。

占領軍が天皇の戦争責任を免責し、その地位を利用しておこなった占領政策の光と影は、やがて、アメリカ合衆国の軍事的な戦略意図が表面化して、戦後日本に大きく影響していくことになった。

(志水紀代子)

日本の敗戦を報ずる『読売報知』
1945年8月16日付

コラム●RAA（特殊慰安施設協会）

　敗戦から3日後の1945年8月18日、内務省警保局は全国の警察に秘密指令を発し、占領軍専用の「慰安施設」を特設するよう指示した。この施設はRAA（Recreation and Amusement Association）という英語名がつけられ、政府運営の勧業銀行はこの事業のため当時の金で1億円を用意し、業者たちにRAAの設立にあたらせた。RAA設立にあたって業者たちは皇居前に集結して、「民族の純血」を守る「人柱」として慰安婦となる女性を集めることで、「国体護持に挺身」することを宣誓した。RAAには最盛期は7万人もの女性が働いていたが、性病蔓延のため、GHQは翌年1月に「公娼制度廃止に関する覚書」を出し、3月には施設への将兵の立入りが禁止され、RAAは閉鎖された。　　（冨田幸子）

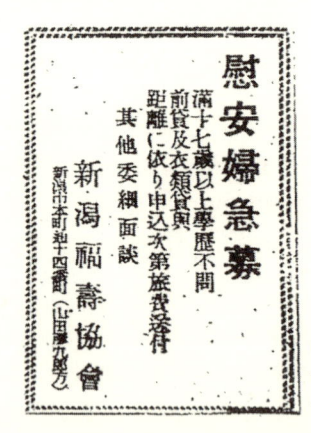

「慰安婦急募」の広告を掲載した『新潟新報』1945年9月12日付（新潟女性史クラブ会報『光と陰』第6号占領下における新潟の慰安施設）

資料●1945年の朝鮮女性たちの社会経済的状態

　「現在わが朝鮮女性一般がどのような境遇にあったのかを検討してみよう。封建的奴隷生活において搾取、圧迫、貧窮、失業、無知と迷信と蒙昧から飢え、呻吟し、あえぎ、姑の厳しい干渉と男の無理矢理な一方的圧政と家庭的拘束の下で人間水準以下の生活に甘んじる悲惨な状況であった。会社と工場では同一労働にも不平等な賃金を受け取ることとなり、過去36年間封建的搾取と圧迫の植民地政策において強盗的日本帝国主義の最もおとなしい搾取の対象となった」
（李順今「朝鮮女性に」『女性公論』1945年3月号）

解放と女性

　45年8月15日、解放とともに韓国は形としては日本帝国主義の独占的支配から脱した。しかし工業生産の急激な萎縮、物価の上昇と実質賃金の低下、そして極度の食糧難により、経済状況はきわめて劣悪な状態にあった。

　女性たちの社会経済的状態もまたきわめて劣悪だった。44年には女性の95％ほどが未就学者であり、解放から2年後の47年にも女性の87％は依然として教育を受けられなかった。女性を縛りつける封建的因習の持続も相変わらずだった。全女性の約80％を占めていた農村女性たちは、貧困のなかで生計を維持するために過重な労働を担い、諦念と服従のなかに暮らしていた。女性労働者は男性よりも失業の危機に曝される度合いが高く、主に労働集約的な部門の低賃金労働者として生活していた。もっとも悲惨なケースは娼婦であった。日本帝国主義は公娼を法律で認めたが、戦後の極度の貧困に女性たちは性を商品化して生きざるをえなかった。

　　　　　　　　　　　　　　　　　　　　　　　　（李　恵淑）

日本統治から解放され、アメリカ軍を歓呼して迎える朝鮮の人びと。1945年10月（『新版戦後50年』毎日新聞社、1995）

食堂で食事をしている紡織工場の女性労働者たち（チョ・スンギョンほか『冷戦体制と生産の政治——米軍政期の労働政策と労働運動』梨花女子大学校出版部、1995）

2 GHQの占領と女性政策

昭和天皇の免責

▍「国体護持」への執着

　45年7月26日、ポツダム宣言が発表された。しかし日本側は、受諾条件のなかに天皇制の確実な存続、つまり「国体護持」を確約させようとして受諾を引き伸ばしていた。8月6日、広島への原爆投下、8日のソ連の対日宣戦布告、さらに9日の長崎への原爆投下により、ようやく受諾に向けて協議を始めた。14日にいたり、御前会議で無条件降伏のポツダム宣言を受け入れた。しかしこの間も民間人への無差別爆撃が加えられ、多くの人びとが焼き殺されていった。日本軍が侵略・占領していたアジア地域でも戦闘が繰り広げられ、現地の住民に多大の犠牲を強い続けていた。昭和天皇や側近たちの「国体護持」への執着が、日本民衆はもとより、アジアの広範な民衆にも甚大な犠牲を強いたのである。

▍天皇の終戦・免責工作

　前出の深山あきの歌にもあるとおり、8月15日、天皇による「終戦の詔勅」がラジオで放送された。いわゆる玉音放送である。天皇・支配層は「敗戦」を「終戦」と言い換え、日本「臣民」にたいする天皇の「有難い思し召し」「大御心」と大々的に喧伝した。「終戦の聖断」神話をつくり出し、昭和天皇の戦争責任を巧みに回避した。敗戦直後、初の皇族首相に就任した東久邇宮稔彦は、8月28日にはじめての記者会見をおこない、「全国民総懺悔をすることがわが国再建の第一歩」と説き、戦争の責任を「国民」全体に転嫁した。

　敗戦の翌年の46年1月1日、いわゆる「天皇の人間宣言」が発表された。GHQは、オーストラリア、中国などの天皇処罰の厳しい国際世論をそらすため、天皇に人間としての宣言をおこなわせ、天皇・天皇制の「民主化」を装わせる必要があった。

　GHQ(その実体はアメリカ占領軍)は、冷戦の兆しを見すえ、ソ連を牽制し、アメリカの日本単独占領をすみやかにおこなうために天皇を免責利用

昭和天皇とマッカーサーの会見を伝える『朝日新聞』(1945年9月29日)

する方が得策と考え、東京裁判(46年4月起訴状発表)でも不起訴処分に付した。
　こうしてアメリカは、東アジアにおける「反共」の砦(とりで)に日本を位置づけ、その象徴として天皇制を存続させ、一定の枠内での「民主化」政策を展開する。

(清水さつき)

日本国憲法・戦後改革と女性

「民主化」政策と女性参政権

　多大の生命、財産を失い、破壊と極度の貧困のなかで人びとは敗戦を経験した。インフレが吹きすさび、失業者は巷(ちまた)にあふれた(1945年秋・1400万人)。「浮浪者」や戦災孤児がさ迷い、そのうえ戦地から760万人をこえる兵士と海外の旧植民地から150万人の民間人が次々と引揚げてくるという混乱と窮乏のなか、泥沼の戦争から解放された女性たちは生きるための闘いにたちあがった。
　敗戦の日から10日後の8月25日には市川房枝を中心に「戦後対策婦人委員会」が結成される。同委員会には戦時体制を強力に推進した大政翼賛会、大日本婦人会(ともに45年6月解散、国民義勇隊に改組)などの女性指導者も加わり、大日本婦人会の資産を引き継いで女性参政権獲得等で一致、活動を始めるが、10月11日のGHQによる、いわゆる女性解放指令で分解した。
　10月11日、GHQはポツダム宣言の趣旨とアジア戦略から、日本の非軍

事化を徹底させる、一定の枠内での「民主化」を内容とする「五大改革指令」(参政権付与による女性解放、労働組合の育成・促進、学校教育の民主化、秘密審問司法制度の撤廃、経済機構の民主化)を幣原喜重郎内閣に指示した。それをうけて12月には衆議院議員選挙法が改正され、翌46年4月、戦後の第1回衆議院総選挙で女性は初めて参政権を行使した。女性の投票率は67％、39人の女性国会議員が誕生した。　　　　　　　　　　　　　　　　　(大林美亀)

新憲法と女性

　1945年10月4日、GHQは幣原内閣にたいして、憲法改正を指示した。政府レベルでは国務相松本烝治を中心に改正作業が始められ、民間サイドでもさまざまな党派、団体、個人から憲法草案が起草された。なかには、高野岩三郎(東京帝国大学教授などを歴任)の「日本共和国憲法私案要綱」のような、徹底的な民主主義や共和制を謳う画期的な草案も示された。

　46年2月8日、松本草案がGHQに提出されたが、依然として大日本帝国憲法の色彩が濃く、拒否された。同月13日、世襲の天皇を元首とする、戦争放棄、封建制度の廃止を骨子とする憲法草案がGHQ民生局のメンバーによって起草され、3月6日に日本政府の憲法改正草案要綱として公表された。GHQが憲法改正草案づくりを急いだのはなぜか。それは、連合国内

コラム●憲法9条と24条

　2004年6月、憲法9条改正を図る与党・自民党憲法調査会は憲法24条の見直しも提示した。24条は婚姻、家族関係における両性の平等、個人の尊厳の尊重を規定するもので、「家制度」の否定を宣言する歴史的意義を有する規定である。規定見直しの趣旨は、個人の尊厳の尊重ではなく家族を大事にすること、家族に奉仕しそれを守ること。こうした姿勢が国への奉仕、安泰につながるという。ここに「国家主義」・「軍事主義」と「家制度」つまり「家父長制」のつながりがみてとれる。「軍事主義」と「家父長制」は互いに支え合い、手をつなぐ。これはまた「男は男らしく、女は女らしく」を強調するものでもある。現在行われている学校における男女平等教育(ジェンダーフリー教育)にたいする攻撃もこれと関係がある。「軍事主義」と「家父長制」が目指す社会は、個人が尊重されその多様性が大切にされるのとは対極の社会である。

　　　　　　　　　　　　　　　　　　　　　　　　　　　(柳本祐加子)

日本国憲法の施行を報じる『読売新聞』（1947年5月4日付）

部で天皇訴追がなおくすぶり続けており、ソ連を含む連合国側の占領行政の基本政策を決定する対日委員会（FEC）の発足前に、既成事実としてこれを示す必要があったからである。

　こうした意図のもとに主権在民をうたいつつも、象徴天皇制を共存させる「日本国憲法」が、半年あまりの短い国会審議を経て11月3日公布され、翌年5月3日から施行された。

　新憲法は、主権在民、戦争と武力行使を放棄する永久平和主義、基本的人権尊重を3本の柱とし、個人の尊重、「法の下の平等」、男女の本質的平等を明記したのが特徴といえる。しかしその一方で、天皇制を象徴天皇制という名のもとで存続させ、天皇の戦争責任を不問に付し、敗戦後もなお日本「国民」にたいして絶大な権威を維持する天皇・天皇制を利用してアメリカの東アジア支配を図ったものといえる。

　加えて、当初のGHQ案にあった「外国人も法の下の平等」を享受するという項目を日本政府が削除し、大日本帝国憲法第18条を踏襲して日本国憲法第10条に「日本国民たる要件は、法律でこれを定める」という、いわゆる

国籍条項を巧妙に挿入したことが、植民地支配責任や戦後賠償などの問題を回避させる根拠の一つとされることになった。　　　　　　　（大林美亀）

教育基本法と男女共学

　天皇制下の「民主化」とはいえ、日本国憲法の男女平等理念は、広く女性たちに歓迎され、受けいれられていった。基本法である憲法の改正をうけて、それまで著しく男女不平等、夫婦不平等であった民法や刑法の一部改正もなされた。

　教育の分野においても、長い間、男女間の差別、階層間の差別が続き、また国家主義教育、軍国主義教育がおこなわれていた。45年10月、GHQは軍国主義教育の停止を命じ、教科書の軍国主義的な記述を削除し、ついで12月、従来の教科書を使った修身・日本歴史・地理科の授業を停止した。

　47年にいたり、戦前・戦中の「臣民教化」を大原則とする教育勅語にかわる教育基本法、学校教育法が新たに制定された。教育基本法は、教育の機会均等、9年間の義務教育、男女平等や、行政からの独立を高らかに謳っている。

　こうして中学、高校とも男女共学となり、法的、制度的には女性にも男性と同じレベルの教育の機会均等が保障された。49年には新制大学が発足し、全教育課程で男女共学が実現したものの、わずか数年後に高校では男女別学とする地域が出現した。また機会均等が謳われているのに、生活

コラム●民法改正と「家」制度

　日本国憲法の男女平等・夫婦平等規定を受け、47年12月、改正民法が公布され、翌年1月1日から施行された。改正民法では、戸主権、父権、夫権による男性支配が否定され、男性支配のもとにあった女性の地位は、法的には男性と対等になった。親権においても財産の相続権においても男女の権利は等しくなり、妻は夫の財産を相続し、財産を管理できる能力をもつ独立した法人格に位置づけられた。

　「家制度」は、こうして法的・制度的に廃止されたが、戸籍制度を存続させたこともあり、「家」意識は依然として濃厚に残存している。また「嫡出制」も残されたため、いわゆる「非嫡出子」（婚外子）にたいする差別はまだ根強く、財産分与においても差別を受けている。離婚に際しても妻の立場は依然として不安定である。　　　　　（中澤紀美子）

男女共学の実施で机を並べる授業風景。
1947年(『新版戦後50年』毎日新聞社、1995)

敗戦後の初の総選挙(1946年4月)で
はじめて参政権を行使する
日本の女性たち(『占領下の日本』研秀出版、1977)

苦や家族の生計を支えるために、義務教育就学の機会さえ得られぬ女性たちもいた。今日も識字学級で学ぶ被差別部落や朝鮮半島出身の女性たちの姿がある。
(中澤紀美子)

労働組合運動の育成と女性

　GHQは「女性解放」とともに労働組合の育成・助長策を日本「民主化」の指針として積極的に位置づけた。45年12月、労働組合法を制定し、労働者の団結と団体行動、労働組合の自由な結成・自主運営、争議行為の刑事・民事訴追からの免責、組合結成にたいする使用者の不利益処分の禁止と処罰、労働協約の遵守義務を保障した。「ポツダム組合」といわれるゆえんである。46年5月、メーデーが11年ぶりに復活し(第17回、敗戦後はじめて)、多くの女性労働者が参加した。女性労働組合員の数は、46年8月96万3849人、47年6月130万9516人、48年には330万人を突破し、組織率は45.7％に達した。

　労働組合法は、労働関係調整法、労働基準法とともに、労働3法と呼ばれ、敗戦後の女性労働運動を急激に発展させる一因となった。とりわけ全逓、日教組など官公労の労働組合婦人部が活動を活発に展開し、47年の2・1ゼネスト(未発)や男女差別待遇撤廃要求などを先頭にたってたたかった。左傾化を嫌うGHQは、48年、政令201号を公布し、公務員労働者からストライキ権を剥奪した。
(中澤紀美子)

コラム●労働基準法と労働省婦人少年局

　47年4月、待望の労働者保護法である労働基準法が公布された。同法第1条は、労働条件は「労働者が人たるに値する生活を営むための必要を充たすべき」と、労働者の労働権と生存権を宣言した。第4条では「男女同一労働同一賃金」を謳い、加えて戦前以来の女性労働者の健康や「母性」を破壊した労働環境・条件の劣悪さを反省して、「母性保護」条項を盛り込んだ。

　同月、戦後第2回総選挙の勝利で誕生した片山哲社会党首班内閣は、この年9月労働者のサービス省として、労働省を新設した。その一局として婦人少年局を設け、女性・年少労働者に関する総合的な行政機関としての機能をもたせた。初代局長には社会主義者、女性評論家として名高い山川菊栄が就任した。彼女は出先機関として都道府県に地方職員室を設置し、その主任に全員、女性を選任、女性労働者にたいする根強い差別・偏見を払拭し、女性の地位を高める啓発運動など熱心に展開した。

（鈴木裕子）

韓国の米軍政の女性政策

　解放直後から1948年8月15日の大韓民国政府樹立まで、アメリカは北緯38度線以南を軍事占領し直接統治することで重要な影響力を行使した。一方、38度線以北はソ連軍が占領した。米軍政が存在していた時期は韓国の社会構造が再編されて新たな国家権力が形成され、国家が分断された時期だったが、女性の生のあり方にも深刻な影響を及ぼした。

米軍政の女性政策

　米軍政の女性政策は男女平等の民主主義秩序確立という目標のもとに推進された。しかし、さまざまな女性政策が具体的な準備や対案のない状態で展開されたため、別の社会問題を引き起こすことになった。占領の基本目標は資本主義社会への再編であった。したがって政策の中心は政府樹立に関わる政治問題の解決であり、このための政治社会的安定であった。女性問題は政治・経済問題にくらべて副次的な位置におかれたので、政治・経済・社会・文化の分野において女性の地位を向上させ、女性の権益を擁護す

るという女性政策固有の業務よりは、米軍政の政策一般を推進する過程で女性の支持と参加を引き出すという面が強かった。

公娼廃止

解放後1年が経過してから、米軍政は人身売買を禁止する法令第70号「婦女子の売買またはその売買契約の禁止」を公布した。この法令が発表されると、最初は公娼制の即刻廃止と認識され、熱烈に歓迎された。しかし、これは単に「婦女子」らの人身売買だけを禁止したのみで公娼そのものを廃止したものではなかった。さらに抱え主の手から脱した娼妓たちの生活方途についてはなんらの対策もなかったため、多くの混乱をもたらした。

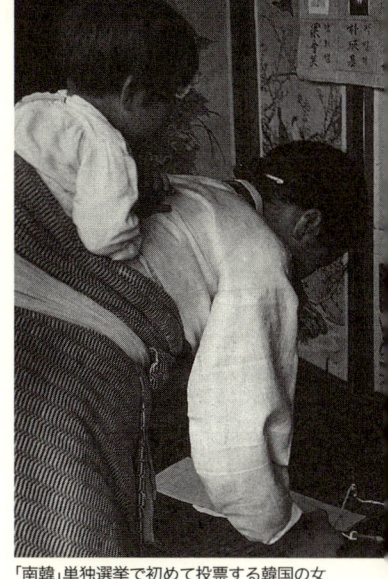

「南韓」単独選挙で初めて投票する韓国の女性たち(李桐謨『激動期の現場』ヌンビッ、1989)

そこで46年10月、朝鮮過渡立法議院では公娼廃止法を通過させ、すぐに軍政長官の認准を要請したが、娼妓と抱え主たちの反対運動が強力に展開された。軍政当局もこれにたいして具体的な案を持てず、滞った。しかし、金末峰(キム・マルボン)が率いる公娼廃止連盟の粘り強い運動によってラーチ(A. L. Lerch)軍政長官は公娼廃止問題を立法議院に上程させた。その結果満場一致で公娼廃止案が可決され、47年8月29日に立法議院を通過した。47年11月14日付で公娼制度等廃止令が公布され、48年2月14日から効力が発生した。

しかし公娼廃止は、私娼の急増という新たな問題点を出現させてしまった。公娼廃止についての米軍政の政策は根本的かつ実際的な対策に欠けたため、現状の改善には及ばなかった。

婦女局の設置

米軍政は歴史上初めて行政部署内に女性関連業務のみを専門的に扱う部署を設置した。46年9月14日、保健厚生部内に婦女局が設置されたのである。婦女局の職務範囲と任務は政治、経済、社会、文化全般にわたっていたが、実際の活動は一般女性にたいする啓発活動が大部分であった。婦女

◆1 ソ連軍とともに北韓に入った金日成(キム・イルソン)は信託統治問題を機に信託統治に反対する曺晩植(チョ・マンシク)を除去し、1946年2月に北朝鮮臨時人民委員会が結成されるやその委員長となった。そしてじょじょに国内の左翼勢力を押しやって主導権を掌握した。

局はこの啓蒙活動を通じて女性の指導者の養成を図り、婦女局の活動を広報することで女性の積極的な支持と参加を引きだそうとした。46年12月からは婦女局主管で月刊誌『新生活』を啓発目的で発刊した。

　米軍政は婦女局を通じて女性運動団体の活動にも積極的に介入した。婦女局は女性の啓蒙活動を多様化したが、女性運動諸団体を婦女局に登録させ、結局右翼女性運動団体にたいする指導と支援、左翼女性運動団体にたいする弾圧を媒介することとなった。

女性参政権の実現

　米占領期の女性の政治活動と法的地位に現れた最も大きな変化は、女性にも男性と同等の選挙権が与えられたことである。すなわち48年3月17日に公布された法律第175号「国会議員選挙法」に基づいて女性に参政権が与えられたのである。それによって、48年5月10日に実施された制憲国会議員選挙(5・10選挙)で女性は男性と同等に選挙権と被選挙権を行使した。

　政治活動の面において、限界はあったものの、政治の主体として女性たちが独自の政治勢力化を図ることのできる条件が用意されたという点では意味がある。

　すでに45年8月18日に女性の最初の政党である朝鮮女子国民党が組織されていた[1]。

　しかし、女性の参政権は、闘争の結果、獲得されたのではなく、南韓単独選挙を準備する過程で「民主主義秩序の確立」を掲げた米軍政によって与えられたものである。したがって、この参政権は女性の法的地位全体からみると依然として枠をはめられた1つの措置にすぎなかった。その他の部分においては女性の法的地位は日本帝国主義時代と変わるところがなく、これは女性の立場からは大きな不満であった。

(李　恵淑)

◆1　朝鮮女子国民党は任永信(イム・ヨンシン)が中心となった女性政党で、45年8月18日に創立された。地方に手を広げて30万人の党員を組織し、李承晩(イ・スンマン)を支持して反託運動に積極的に加わった。

3 アメリカ占領期の女性運動

GHQの「民主化」政策から大衆運動の弾圧・分裂へ

■冷戦・分断体制の進行

　日本の敗戦によってアジア諸地域は日本の植民地統治と侵略・占領から解放された。ただし、連合国も戦勝国とはいえ、アジアの国々や民衆にたいして不当な扱いをした。極東国際軍事裁判（東京裁判）に象徴的に表れているように、植民地不在、女性不在の傾向が顕著にみられた。加えて原爆投下など米軍が無差別に民間人を大量殺戮した罪も裁かれなかった。

　戦後の冷戦は、アジア諸民族・民衆の戦後に暗い影をおとした。朝鮮半島は、米ソが北緯38度線を境にして占領統治したことから南北に分断され、南でアメリカの軍政支配がおこなわれ、北はソ連等の支援を受けて、48年李承晩（イスンマン）を大統領とする大韓民国、金日成（キムイルソン）を主席とする朝鮮民主主義人民共和国がそれぞれ成立して、分断が固定化された。

　中国では国民党と共産党の内戦が再開し、国民党はアメリカの大きな援助をうけながらも敗退し、蔣介石ら国民党幹部は台湾に脱出した。彼らはアメリカの東アジア戦略のもとで、そこに強権・独裁政権を築き、台湾民衆を弾圧した。49年には中華人民共和国が成立し、共産党政権が誕生した。

　中華人民共和国、朝鮮民主主義人民共和国の成立はアメリカの東アジア戦略に大きな影響を与えた。対日占領政策は、戦争犯罪人の処罰と公職追放、経済の非軍事化、民主主義勢力の育成、賠償、軍国主義を支えた財閥の解体といった初期の非軍事化・民主化の方針から、再軍備・資本主義経済再建の方針へ大きく転換した。こうして東アジアにはアメリカの主導で日本・韓国・台湾を組み込む反共体制が構築され、民衆は分断と敵対の新たな体制のもとで多くの苦難と軍事的緊張（きんちょう）を強いられていくのである。

■女性統一戦線も分断

　アメリカの占領政策が日本を反共防波堤とするものへ転じていく1948年頃になると、女性運動の統一戦線に不協和音が生じ、48年8月に2つに分裂した「平和確立婦人大会」といったかたちでそれが表面化した。「世界の

平和は心の平和から」を基本とする立場と、「戦争の原因となる具体的な現実とたたかうことこそ真の平和運動」とする民婦協(日本民主婦人協議会)系との間に溝が生じた。それでも戦線統一のための努力がおこなわれ、49年4月には「婦人の日」大会が両派の協力で実現、5月には44組織をまとめた婦人団体協議会(婦団協)が結成された。

　婦団協が結成されて左右の女性諸団体の足並みがそろうかにみえたのもつかのま、冷戦を背景にGHQと日本政府による民主的大衆運動への弾圧が強まった。49年夏には官公庁の行政整理(事実上の解雇)、下山・三鷹・松川事件などを通じての労働運動への攻撃がおこなわれ、労組を基盤とする民婦協は大きな打撃を受けた。同年秋には団体等規正令に基づいて在日朝鮮人連盟(朝連)などが解散を強制され、民族学校にも閉鎖が命令された。解散をまぬがれた在日本朝鮮民主女性同盟は、朝鮮人組織再建の中心になって生活権と民族教育を護るために闘い、婦団協にも朝鮮民族にたいする不当弾圧を訴え、この問題に取り組むよう提案した。だが婦団協内では、保守政党婦人部などが同意せず、1つにまとまった対応をとることができなかった。

　50年3月の国際女性デーは、民婦協の主催によって戦争反対・全面講和・軍事基地化反対といったスローガンを掲げて開催されたが、婦団協では、右派の反対の結果、組織参加は実現できなかった。4月に開催された婦団

コラム●日教組婦人部の男女平等のたたかい

　「明治」以来、長らく差別を強いられ、隷属的な立場にあった女性教員は、「いっさいの男女差別待遇の撤廃」「働く母性を護れ」というスローガンを掲げ、47年6月、日本教職員組合(日教組)に婦人部を結成した。しかし、男女同一賃金の獲得一つをとっても、大きな闘いなしでは実現しなかった。48年1月、東京都教組が83時間に及ぶ徹夜交渉の末、いっさいの差別撤廃に成功した。初めて給与が改定されると、22年勤続の女性教師の月給が1300円から5200円にハネ上がったという。こうした日教組婦人部をはじめとする労組婦人部の闘いにたいして、同年、GHQは「二重権力の行使だ」という理由で婦人部解体を通告、多くの婦人部が解消された。しかし、日教組に結集する女性組合員はそれに屈せず婦人部を存続させ、53年に至り、全国42都道府県で男女同一賃金を勝ち取った。

(冨田幸子)

協主催の第2回婦人の日大会は「世界平和は婦人の団結から」などのスローガンを掲げて開かれたが、大会後デモ行進に移ったとき内部の対立が表面化した。同年6月に朝鮮戦争が勃発すると、婦団協は、「戦争はいやです」の意思表示を残して、休会を声明した。　　　（藤目ゆき）

逆風のなかで開催された第20回メーデー（1949年5月）（鈴木裕子提供）

韓国の米占領期の女性運動

　米占領期は多様な政治・社会団体の組織と活動が急激にふくれあがった時期であったが、国家の樹立という新たな課題を前にさまざまな社会勢力が鋭く対立し葛藤した。女性運動も、一般社会運動の流れと同様に左右の対立のなかで自らの位相を設定して活動した。

　米占領期の間の韓国女性運動は、左翼女性運動の敗北と右翼女性運動の勝利に帰結した。左右の女性運動団体はその理念や構成員、活動の方向、とりわけ女性解放の具体的目標について大きな違いがあり、米軍政は右翼女性団体を支援、左翼女性団体を弾圧することによって、その立場を明らかにした。

建国婦女同盟

　植民地時期から組織的連携をもって活動していた女性運動家たちは、45年8月16日に建国婦女同盟結成準備委員会を結成することで女性運動の幕を開けた。17日に総会が開かれ建国婦女同盟が結成され、指導部は委員長に劉英俊、副委員長に朴順天、執行委員に黄信徳、兪珏卿ら16人で構成された。

しかし建国婦女同盟は、結成から1カ月にも満たないうちにイデオロギー的差異を克服できないまま分裂し、左右の陣営に分かれて展開した。これは、植民地時期から存在していた女性運動間の対立が解放という情勢変化のなかで再現されたものであり、左右のグループは対立しつつそれぞれの組織を整備することとなった。

左翼女性団体

建国婦女同盟は45年12月に朝鮮婦女総同盟に改編された。朝鮮婦女総同盟は左翼陣営が開催する各種の政治集会に参加するとともに宣伝啓発活動、独自の大衆集会、公私娼制廃止運動、援護活動、米要求闘争など、多様な活動を展開した。しかし朝鮮婦女総同盟の場合、信託統治支持と朝鮮共産党の新戦術◆¹への転換以降、多くの活動が政治運動化し、米軍政の弾圧により支持基盤を失った。

朝鮮婦女総同盟は47年2月に南朝鮮民主女性同盟と改称して、単独政府樹立のための5・10選挙に積極的に反対したが、すでにこの時期は組織としての勢力が弱まっていたため、その運動は活発ではなかった。しかし単独政府樹立後も地域によって組織が運営され、51年1月に北朝鮮の北朝鮮民主女性同盟と統合して朝鮮民主女性同盟に改編された。

資料●建国婦女同盟の綱領と行動綱領

綱領	1.	朝鮮女性の政治的・経済的・社会的解放を期す
	2.	朝鮮女性は団結を堅固にし、完全な独立国家建設の一翼となることを期す
	3.	朝鮮女性の意識的啓蒙と知的向上を期す
行動綱領	1.	男女平等の選挙および被選挙権を唱える
	2.	言論・出版・集会・結社の自由を手にしよう
	3.	女性の自主的経済生活権を確立しよう
	4.	男女賃金差別を撤廃しよう
	5.	公私娼制および人身売買を撤廃しよう
	6.	妊婦にたいする社会的保護施設を設置しよう
	7.	女性大衆の文盲と迷信を打破しよう
	8.	わたしたちは創造的な女性になろう

資料:「女性団体紹介:建国婦女同盟」、『女性文化』12、1945

右翼女性団体

　建国婦女同盟から脱退したのち、韓国愛国婦人会と独立促成中央婦人団に分裂していた右翼女性たちは、46年6月に独立促成愛国婦人会を結成した。彼女たちは右翼陣営が開催した各種集会に参加し、女性の地位向上、知識拡充のための啓蒙活動、公私娼制廃止運動などを展開した。独立促成愛国婦人会を中心とする右翼陣営は、46年11月に全国女性団体総連盟を結成し、その力を誇った。彼女たちは主に李承晩と韓民党の政治路線に追随し、彼らが主催する各種の集会に女性たちを動員するのに協力した。

　独立促成愛国婦人会の大衆的基盤は出発時からきわめて脆弱なものであった。それは、この組織が女性の噴出する要求を基盤として女性問題を解決するためにつくられたものというよりは、信託統治反対のような政治問題を機に女性を動員するためにつくられたからである。それゆえ、独立促成愛国婦人会は女性政治家を通じて国家機関に建議するやり方を主に用いた。

　結局、分断国家の形成とともに左翼女性団体は弱体化し、右翼女性団体は米軍政の支援を受けて成長することができた。右翼女性団体と国家機関とのこのような関係は、後の女性運動団体に引き継がれ、女性団体が親体制的・親政府的であるという批判を受ける原因となった。女性大衆から遊離した、少数の女性名士を中心とした組織づくりの原型をこの時期に見出すことができるのである。

（李　恵淑）

◆1　朝鮮共産党が46年7月に採択した新たな戦術を指す名称である。解放直後、朝鮮共産党は米国と友好的な関係を維持しつつ合法的な活動に力を注いだ。しかし右翼勢力が米軍政の庇護のもとに勢力を拡大し、左翼勢力にたいする弾圧が強化されると、大衆闘争を通じて米軍政の正体を直接批判するという「新戦術」へと路線を変更した。

◆2　45年9月に結成された、宋鎭禹・金性洙らを中心とした保守右翼勢力の政党である韓国民主党の略称。48年の単独政府樹立以後は李承晩勢力を牽制し、党のイメージ刷新のため49年2月に民主国民党へと発展解消した。

4 分断国家の形成と朝鮮戦争

南韓のみの単独政府樹立と女性

李承晩政権の樹立

　アメリカは解放直後に38度線以南を軍事占領して直接統治し、自国の利害を貫徹させるための占領政策を遂行した。その占領政策の基本的立場は長期的な支配のための政治社会的安定の維持と資本主義体制の確立にあった。解放直後、国内には多様な政治諸勢力が存在していた。呂運亨を中心とする勢力、朴憲永を中心とする再建派共産主義勢力、金性洙・宋鎮禹を中心とする勢力、金九を中心とする上海臨時政府勢力、そのほか李承晩勢力などに分けることができる。彼らは解放以前の民族解放運動の経験や支持基盤となる階級、米軍政との関係によって路線や行動様式に違いがあった。

　45年12月、モスクワ3国外相会議(米・英・ソ連)案の発表は信託統治論争へと続き、左右の対立は深刻化した。国内の政治勢力は賛託勢力と反託勢力とにはっきりと区別され、これとともに反託運動は反託そのものよりも反共運動へと変質していった。賛託と反託の対立は、金奎植と呂運亨が中心となった左右合作を通じて妥協する機会を得るものの失敗に終わる。47年、アメリカは南韓のみの単独政府樹立を積極的に考慮するようになり、李承晩を中心とする勢力はそれ以前から単政路線を追求していた。

　47年5月、第2次米ソ共同委員会が決裂すると、アメリカは韓国問題を国連に移管し、国連監視下の南北韓(南北朝鮮)総選挙を主張した。しかし、46年2月の金日成を委員長とする北朝鮮臨時人民委員会の成立、同年8月の北朝鮮労働党結成、47年の北朝鮮人民委員会の結成など、それなりの体制を整備してきた北側は国連監視下の南北韓総選挙を拒否した。他方、李承晩と韓民党勢力は南韓のみの単独政府樹立案を積極的に支持した。この過程で4・3抗争など多くの反発が発生し、これにたいする弾圧もまた強まった。

　48年の5・10選挙は、左翼勢力の選挙妨害、金九・金奎植を中心とする南北協商派の不参加とともに進められ、当然にも李承晩と韓民党を中心とす

る右翼勢力に勝利をもたらした。48年8月15日に南のみの単独政府である大韓民国が樹立され、9月9日には北にも朝鮮民主主義人民共和国が樹立された。

初等教育の義務化と女性教育

大韓民国憲法(1948年制定)は第16条に義務教育を基本原則として規定した。憲法の原則にしたがって、49年に制定された教育法は、第96条に「すべての国民はその保護する子女を満6歳から満12歳まで就学させる義務を負う」と規定した。その結果、解放当時64%に過ぎなかった初等教育就学率が59年には94%に達するほど高まった。就学率の増加は女性にはまさに教育機会の量的拡大を意味した。

しかし、このような量的拡大はすぐさま男女間の教育機会の平等を意味するものではなかった。経済的窮乏と男性優位思想の結果、貧しい家の娘たちは進学をあきらめるしかなかった。解放以後、初等教育の男女の比率は52年に64%と36%、60年に55%と45%と、女子の就学率が男子の就学率にくらべて相対的に低い水準にあり、このような男女間の教育機会の不平等は中・高等学校、大学校へと進むほど大きかった。しかし、多くの女性に最低限の文字読解能力を与えた義務教育制度の実施は、こののち女性の意識変化をもたらす契機となった。

婦女局の職制の変化

48年8月の韓国政府樹立を機に、米軍政が設置した婦女局の業務と職制が新たに編成された。11月4日に婦女局内に指導課と保護課が「保護施設

◆1 モスクワ3国外相会議は、1、韓半島(朝鮮半島)に南北を統一した臨時政府をつくって38度線と米ソ両軍の分割占領状態を解消し、2、樹立される南北統一臨時政府が米・英・中・ソの連合国の監督と援助ないし後見を受けながら5年間韓半島全地域を統治したのち総選挙を実施して、国民の支持を最も多く受けた政治勢力に政権を移譲することで韓半島に完全な独立国家が樹立されることになる、というものであった。しかしこの情報は統一された臨時政府樹立についての内容よりは5年間の信託統治のみが強調されたため、国内政治勢力はもとより国民らの強い反発と抵抗にぶつかった。

◆2 モスクワ3相会議の決定にしたがって設置された韓半島問題解決のための米ソ両軍の代表者会議。46年1月16日に徳寿宮石造殿で予備会談がもたれた。しかし双方の意見対立により第1次米ソ共同委員会は決裂し、翌年5月21日に第2次米ソ共同委員会が開催されたが、またも臨時政府参加勢力の問題をめぐって意見差はつめられなかった。そこでアメリカは韓国問題を国連に移管した。

に関する事項」を担当するものと規定された。これ以後、婦女行政は指導事業と保護事業に分かれて進められた。49年に婦女局内に生活改善課が新設されたが、翌年3月に保護課と指導課が婦女課に統廃合され、婦女局は再び2課に縮小された。指導事業は読書奨励、主婦教養講演会、指導者養成講演会などを開催するものであったが、生活改善事業はもう少し具体的に合理的な生活スタイルを奨励するものであった。

　55年2月には保健部と社会部が保健社会部に統合され、婦女局では生活改善課が生活課に改称された。

　しかし婦女局の政府組織内での立場は不安定であり、50年に勃発した朝鮮戦争は婦女行政の性格と方向にその影響を及ぼすこととなった。戦争による破壊は数多くの女性と子どもを路頭に迷わせ、彼女たちにたいする応急救護および援護事業が主な業務となった。

コラム●4・3抗争と女性

　済州島（チェジュ）において南のみの単独政府樹立に反対して4・3抗争（1948）が起こった。米軍政の初期から続いてきた、人民委員会および大衆と警察・右翼団体間の葛藤が爆発したのである。4・3抗争が展開される間、女性たちは男性のいない家庭を守り、男性にかわって警察の暴力に苦しめられ、時には殺害された。女性たちは男性たちと同様に討伐隊や武装隊による直接的な殺害の対象であったのみならず、彼らによりさまざまな形の性的暴力を受け、きょうだいや家のために討伐隊と強制結婚さえしなければならなかった。討伐隊の焦土作戦により家と村が燃えてしまった後、女性たちは残った家族を引き連れて扶養者としての役割を担った。

（李　恵淑）

コラム●婦女局主導の生活改善運動

　婦女局主導の生活改善運動は、大韓民国政府樹立後の1949年に、婦女局内に生活改善課が新設されるなか本格化された。主な活動としては、毎年2度にわたる国民生活合理化強調週間における啓発活動、国民生活合理化3大目標の設定、「新生活特殊模範部落」の設置および運営、儀礼規範の制定、韓国暫定栄養規定の制定などがあった。

（李　恵淑）

女性意識の変化と女性団体の組織

　50年代には女性の法的問題にたいして力になろうという諸団体が組織された。52年に設立された女性問題研究院が代表的であり、56年には研究院に女性法律相談所(のちの家庭法律相談所)が付設された。一方、大韓母親会、大韓女性福祉会など一般女性の地位向上のための文化団体とは別に、専門職女性たちの親睦団体である女性記者クラブ、女性航空協会などが設立され、59年にはこれらをすべて網羅した韓国女性団体協議会が発足した。本格的な女性運動とは言いがたいものの、これは、女性たちが家庭と社会における自分の地位に目覚めはじめたことを意味している。

「蓄妾」反対デモ(李兌栄『家族法改定運動37年史』韓国家庭法律相談所出版部、1992)

　女性たちは、「貞操」観念が女性のみならず男性たちにも求められる規範であるという事実を悟り、これを要求した。とりわけ家庭の維持という問題と関わって「蓄妾」の慣行にたいして強い関心を示した。解放とともに導

コラム●最初の姦通双罰罪告訴事件

　初めての姦通双罰罪告訴事件は、54年2月27日にソウル地方法院において開廷された「500万圜(ファン)(1953年から62年まで韓国で使われていた貨幣単位)慰謝料請求訴訟事件」である。この事件が社会の関心を集めた理由は、女性の告訴によって姦通双罰罪が適用された最初の刑事事件であったという点、訴訟の直接の発端が夫の「蓄妾」行為にあったため裁判所の最終的な判決は社会に蔓延していた「蓄妾」行為にたいする法律的基準になるという点、500万圜という巨額の慰謝料を請求したという点、そして女性たちが爆発的な関心を表明して法廷を埋めつくすなどかつてない行動を見せた点などであった。裁判所は54年5月15日に姦通罪で告訴された被告への控訴棄却を宣告した。すなわち刑事上無罪として処理し、民事上の責任のみを追及することで、当時の法曹界(ほうそうかい)と社会が男性の「蓄妾」を犯罪とみなすことに消極的であることをはっきりと示した。

(李　恵淑)

入された西欧の法理念にしたがって53年に制定された刑法は、「姦通双罰罪」条項を設けることで男性の「蓄妾」をついに犯罪化した。

　50年代の韓国社会には、女性たちの経済活動、家庭内における立場の変化、近代的意識の導入、教育機会の拡張を通じて前近代的な家父長制社会を変化させる可能性が生まれていたが、組織が充分に成熟していないという限界もあった。
（李　恵淑）

朝鮮戦争勃発と日本

朝鮮戦争への加担と「朝鮮特需」景気

　50年6月25日、朝鮮戦争が勃発した。米軍は国連軍をひきいて大韓民国を支援し、全面的に介入する。一方、ソ連・中国は朝鮮民主主義人民共和国を支援、同胞が血で血を流し合う悲惨な内戦から大規模な国際戦争へエスカレートした。53年7月の停戦協定締結までに朝鮮半島は激戦のために地形が変わるほど荒廃し、死者は総数100万人以上を数え、南北に離散した家族は1000万人に及んだ。

　朝鮮戦争の始まる約4カ月前、吉田茂首相は占領下での軍事基地の承認は日本の義務だと国会で答弁し、戦争勃発とともに米軍の戦争遂行に全面的に加担した。在日朝鮮人連盟の非合法化、日本共産党中央委員全員の公職追放、マスコミや官公庁からの共産主義者追放（レッド・パージ）によって、日本国内の反米・反戦勢力を弾圧した。GHQの最高司令官マッカーサーが朝鮮半島に派遣される国連軍の最高司令官に就任すると同時に、朝鮮派遣国連軍司令部が東京に設置された。日本の財界は戦争の勃発を「天佑」と呼び、これを歓迎した。

　警察予備隊（50年7月創設、のち保安隊、さらに自衛隊に改組）が新設されて、日本再軍備の第一歩がふみだされた。日本にある米軍基地は、朝鮮半島を爆撃する発進基地となり、掃海艇の派遣をはじめ旧日本軍関係者が米軍に協力し、日赤看護婦も戦場に狩り出された。

　日本全土が米軍の出撃・兵站補給の基地と化し、工場、船舶、鉄道の軍需輸送、武器の修理、軍需品補給が最大限に動員された。いわゆる「朝鮮特需」によって好景気がもたらされて、独占資本は一挙に息を吹き返し、その後の高度経済成長の足がかりとした。

朝鮮戦争下の女性運動と全面講和運動

　朝鮮戦争に先立ち、49年日本社会党は、全面講和・非武装中立・軍事基地提供反対の平和3原則を掲げた。しかし朝鮮戦争勃発後の51年1月の大会で、社会党右派が国連軍協力、自衛権確立を提案、社会党左派はこれに反対し、新たに再軍備反対を決議して、先の3原則に加え、平和4原則を定めた。またGHQの後押しを受けて、50年7月に結成された総評（日本労働組合総評議会）は、戦争開始当初は、国連軍すなわち米軍を支持したが、翌51年3月の第2回大会で平和4原則を支持した。これ以後、左派社会党と総評が中心になって、全面講和、反戦平和運動を展開し、多くの女性たちも参加した。

　一方、平塚らいてう、野上弥生子(1885〜1985)、上代たの(1886〜1982)、植村環、ガントレット・恒子(1873〜1953)ら、戦前から日本の女性運動に大きな影響力を持ってきた著名な女性たちは、開戦翌日、単独講和準備のために来日中のアメリカ国務省顧問ダレスに「非武装国日本女性の講和問題についての希望要項」を手渡して、全面講和を望む意思を示した。

　原子兵器無条件禁止を求めるストックホルムアピール署名運動が世界中に広がり、日本では女性たちが署名運動に熱心に取り組んだ。トルーマン大統領は朝鮮戦争に介入した年、「朝鮮で原爆の使用を考えている」と言明したが、原子兵器に反対する国際世論の高まりはそれを断念させた。国際民主婦人連盟（WIDF）は、51年5月に東西両陣営の世界18カ国の代表で構成する調査委員会を朝鮮の戦場に送り、米軍がジェノサイドや戦争犯罪をおこなっている事実を明らかにし、報告書（日本名『血の叫び』）を発行した。この報告書は「共産党の秘密文書」として摘発され、配布活動をしていた日本民主婦人協議会の女性活動家が逮捕された。　　（藤目ゆき）

朝鮮戦争で避難する韓国の子どもたち。大邱・1950年（『新版戦後50年』毎日新聞社、1995）

朝鮮戦争(韓国戦争)と韓国女性の生

　50年6月25日に勃発して3年間続いた朝鮮戦争(韓国戦争)は韓国社会全般に多大な影響を及ぼした。数百万人が死傷し、多数の戦争孤児・離散家族が発生した。物質的な被害に劣らず怨恨と不信など精神的な被害も深刻であり、戦後は反共体制が強固に形成された。南韓と北韓は互いに異質な社会へと進んで対立し、分断がいっそう固定化した。

　また都市への人口集中が急速に進められ、都市の人口比率が45年の12.9％から55年には24.5％へと高まった。

「戦争未亡人」と離散家族

　女性の生もまた朝鮮戦争と密接に関わっていた。戦争中、女性たちは性暴行、強いられた売春などの性的暴力にさらされ、多くの痛みを経験した。多くの女性は男性不在のなかで自立して生き抜かなければならない現実に

コラム●「自由夫人」と女性の性

　戦後社会において女性の性は話題にのぼりやすいゴシップの一つであった。その中心は間違った性意識と行為により女性の性が歪曲された形で爆発し、社会悪を助長するというものであった。その代表的な例が「自由夫人」である。「自由夫人」は小説家鄭飛石(チョン・ビソク)が1954年1月1日から8月6日までソウル新聞に連載した小説のタイトルである。作品に描かれた性倫理と作品の商業性をめぐって、作家と教授、文芸評論家との論争に、弁護士までもが加わった。単行本として出版されて14万部以上が売れるなど文化的衝撃を引き起こした。また56年には映画化され大ヒットした。しかし論争の結果は、社会は「自由夫人」を決して許してはならないというものであり、「自由夫人」の女性像は「逸脱した」悪女を判断する基準となった。悪女たちは贅沢と虚栄におぼれて家庭から飛び出した「自由夫人」として表象された。　　（李　恵淑）

映画「自由夫人」のポスター

ぶつかった。既婚女性の正規職への進出はほぼ閉ざされており、夫が死亡した「戦争未亡人」◆1とその遺族の生活は不安定このうえなかった。戦争未亡人はおおよそ50万人に達すると推定されているが、大多数の「未亡人」は教育水準が低く、経済的苦痛に直面し、家財道具や衣類などを売ることで生計を維持するしかなかった。

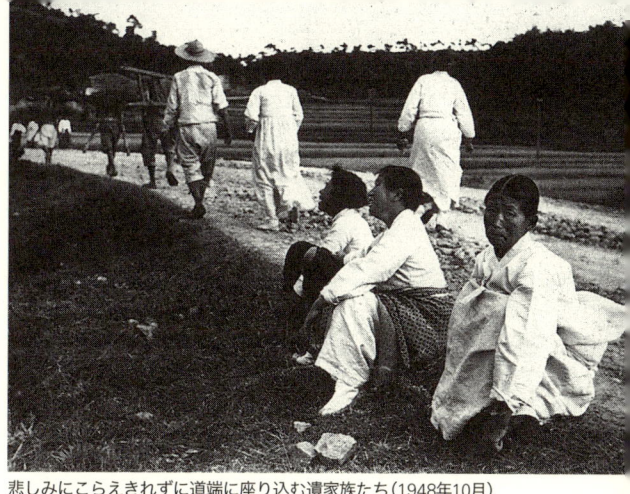

悲しみにこらえきれずに道端に座り込む遺家族たち(1948年10月)
(李坰謨『激動期の現場』ヌンビッ、1989)

朝鮮戦争を経るなかで多くの離散家族が発生した。家族が離散し夫のいない女性たちは名実ともに家長となり、彼女たちの人生も戦争未亡人と大差のないものであった。とりわけ社会経済的に恵まれない越北離散家族(夫などが北に越境して南に残された家族)は辛酸を嘗め、家政婦や軍での日雇い労働、行商、自営業などで糊口をしのいだ。

多数の戦争未亡人と離散家族の女性は家族のすべてに責任を負わねばならなかった。家事労働、子女教育、老父母の扶養のような伝統的女性役割はもとより、家族の生計を担う役割までもが彼女たちの役目となった。女性たちは「自由夫人」のような性的主体として目覚めていくこともあったが、家父長制を守る役割をいとわなかった。彼女たちが家庭の家長となり子どもの生計に責任を持ち教育を担うことで社会生活を経験するようになったことは、女性の地位向上のためには意味のある出発点となった。

女性の経済活動

戦争により男性の大規模動員がなされた50年代初期に、女性の経済活動参加は急激に高まった。朝鮮戦争を機に女性たちは生計維持型ではあるとはいえ、はじめて多様な形の経済活動に参入した。全職業従事者のうち女性の比率は戦争直前の49年には35.6％と低かったが、51年と52年にはそれぞれ47.6％と44.6％という高い数値をみせた。農業以外の部門におい

◆1 「戦争未亡人」は戦死した夫をもつ女性を指す言葉である。死ねずに生き残ったという意味から否定的なイメージをもつ「未亡人」という言葉は家父長制に基づいた概念でもあった。

ても女性人口の比率が増加し、とりわけ商業に従事する女性が急増した。

この時期の女性労働は安定的な職業よりも流動的で不安定な職業が主であった。また男女差別的な賃金構造は、製造業をはじめ、農業、鉱業、日雇い労働などあらゆる労働市場にそのまま持ち込まれた。しかし、女性たちは労働をするなかで新たな経験をしはじめた。戦争による疲弊は女性たちの生活を苦しいものにしたが、多様な経済活動の経験は、家庭内における経済権を掌握し、子どもの教育に責任を負うという形で女性の地位を変化させていった。

▎戦後の賢母良妻論

朝鮮戦争によってつくり出された男性不在の現実が、「戦争未亡人」をはじめとする多くの女性を経済活動に従事させ、女性たちは社会との接触を通じて認識の変化を経験した。しかし、戦争が終わって夫たちが戻ってくると、女性は再び家庭という囲いのなかに復帰することを強いられた。

戦後に現れた家族解体の原因を女性に求め、その答えとして出されたのが、家父長権の再強化を目論んだ新たな賢母良妻論であった。混乱した社会における唯一の安息の場は家庭であり、母として妻としての義務に忠実な賢母良妻こそが女性の本分であると強調した。◆1

(李　恵淑)

◆1　文教部は女性教育の主眼点を賢母良妻におき、各女学校に生活館を設置させて賢母良妻の婦徳を磨くよう指示した。

> **コラム●母の日の制定**
>
> いくつかの団体によって時たま開催されていた母の日が国家的行事になったのは、55年8月30日の国務会議においてである。ここで5月8日が母の日と制定された。母の日は「母性愛にたいする恩徳を広く賛揚する記念日」であった。母の日の制定と行事は女性のめざすべき目標が母であり、絶え間ない犠牲と忍耐が母の美徳であることを国家レベルで刻印するものだった。母性愛は戦後社会のあらゆる社会悪の救い主として表象されたが、母の日の制定はこのようなイデオロギーを制度化しようとする試みであった。
>
> (李　恵淑)

5 解放直後の在日朝鮮女性

解放後の在日朝鮮人社会の形成

　45年8月15日、約230万人[◆1]の朝鮮人は、この日を日本で迎えた。都市部などでは一部留学生や商工人が含まれていたが、彼らの多くは工業地区や炭鉱地などで働かされた底辺労働者とその家族であり、翌年の46年11月までに約3分の2が朝鮮半島に帰国した。その後、本国における政治的混乱や伝染病の蔓延、あるいはGHQが帰国に際し持ち出し金の制限を加えたことなどにより、帰国者は減少していった。こうして日本に残った約65万人によって、戦後の在日朝鮮人社会が形成された。

民族教育の始まりと試練

　解放の日から1カ月と経たない8月の末ごろ、早くも東京には在日朝鮮人子女のための「国語講習所」が誕生し、同様の民族教育の場は日本全国に次々と生まれていった。在日の大衆組織であった在日本朝鮮人連盟(朝連、45年10月15日結成)はこうした講習所をもとに、46年から体系的民族教育の整備にとりかかった。そして、同年10月までに初等学院525校、中学校も4校設立し、社会人を対象とした青年学院も12校つくった。これら朝鮮人学校は、戦後の厳しい状況にもかかわらず、在日朝鮮人が食べるものをも惜しんでお金を出し合い、あるいは労働力を提供して自らの手で建設したものだった。

　本来、日本政府こそ植民地期の同化政策の責任をとって民族教育を実施・保障するべきであったのだが、逆に在日朝鮮人自らが作った朝鮮学校にたいして、朝鮮語による授業をいっさい認めず、日本の教育法に従うべきだとして強制閉鎖に追い込み弾圧を加えた。在日朝鮮人は徹底した抵抗運動を展開したが、48年4月には、16歳の少年が警察の発砲した銃の流れ弾を頭部に被弾して死亡するという犠牲者まで出した(「4.24阪神教育闘争」)。

◆1　解放当時の在日朝鮮人数を日本政府は190万人あまりとしているが、実態は約230万人とされている。

こうした運動に在日朝鮮女性は時として男性より積極的に参加した。祖国の解放の喜びと社会参加の意味を見出した女性たちのパワーが噴出していたのである。

GHQと日本政府の在日朝鮮人政策

GHQは、当初、在日朝鮮人を解放国民として処遇したが、わずか1年で在日朝鮮人政策を変更し、朝鮮半島に正当な政府が樹立されるまでは「日本国籍者」とみなすとした。

45年12月、それまで有していた選挙権を在日朝鮮人は失った。これに象徴されるように在日朝鮮人は権利を奪われ、たんに日本の法律に従うべきだという義務が課せられた。そして、GHQは当時の社会主義陣営の勢力拡大を警戒し、日本でも圧倒的な影響力を持っていた左派勢力による朝鮮人運動に弾圧を加えた。

47年5月2日、すなわち新憲法施行の前日に、旧憲法下での最後の天皇勅令として「外国人登録令」が公布された。これは、旧植民地出身者にたいして外国人としての諸権利を保障するものではなく、「日本国籍者」でありながら管理される外国人という不平等な地位を与えたものだった。52年4月28日サンフランシスコ講和条約発効によって完全な独立国となった日本は、外国人にたいして指紋押捺などを義務づけた外国人登録法を定めて、同年施行した(47年公布の『外国人登録令』の後身)。

在日女性の運動と暮らし

47年10月13日朝連系の「在日本朝鮮民主女性同盟」(女盟)が結成された。綱領において女性の解放を明確にうたった女盟は、朝連と共闘を推し進める一方で、同胞女性の自立と社会化のための運動を展開した。

解放前の朝鮮女性、とくに既婚女性は、日本の同化政策に加え、朝鮮の封建的慣習によって「○○の妻」や「△△の母」としか呼ばれず、自分の名前すら忘れてしまい日本の名前しか名乗れない女性が少なくなかった。そのため女盟は夜学の「生活学校」を開き、同胞女性が本名を名乗り、朝鮮語を学び、社会や政治に目を向けるよう活動した。また、ドメスティック・バイオレンス(DV)などの女性の悩み相談に応じ、問題解決にかかわる活動もした。

夜学は同胞女性の語り合いの場－悩み相談の場として求められ、大切にされたが、彼女たちが夜学で学ぶことは楽ではなかった。在日朝鮮人への

就職差別などにより男性の失業率が日本人より高く、家計は女性の手内職や労働によって支えられる場合が多かったため、同胞女性は家事、育児のすべて、家庭経済までも担わなければならなかったからである。

女盟は南朝鮮の「朝鮮婦女総同盟」(婦総、1945年12月22日結成)の影響のもとに発足したが、婦総が47年2月に南朝鮮民主女性同盟と改称、李承晩政権下で非合法化された。のちに「朝鮮民主女性同盟」(51年1月創立)に統合されると、女盟もこの海外傘下団体となった。51年6月、在日本大韓民国居留民団(民団。前身は46年10月結成の在日本朝鮮居留民団。48年8月現名称に改称)系女性団体の「在日本大韓民国婦人会」が発足するが、これは女盟とは対照的に良妻賢母をめざす親睦団体であることを謳った組織であった。

朝鮮人学校閉鎖を強行する警察にたいして、それに反対して壁をはさんで対峙する朝鮮人保護者たち(神戸)
(『神戸市警察史』神戸市警察部)

在日朝鮮人にとっての「戦後」とは

48年朝鮮半島には南に大韓民国、北に朝鮮民主主義人民共和国と分断国家が成立した。それによって、在日朝鮮人社会にも南北対立の構図がつくられていった。それは朝鮮戦争を経てさらに深い溝となり、在日朝鮮人は分断と対立と試練の時代を迎えた。

また、解放後も民族差別が残された日本において、在日朝鮮人の暮らしはさまざまな法的差別に加えて、住居、就職、結婚など多くの差別があり、貧困と試練のなかにあった。そしてアメリカの東アジア戦略に後押しされた日本政府の在日朝鮮人敵対政策によって、在日朝鮮人にとっての「戦後」は、解放という喜びと希望が、一つ、また一つと砕けていった時代でもあった。

(金 栄)

6 米軍基地と女性

沖縄・米軍基地と性暴力

▍沖縄は朝鮮への出撃基地

　45年4月、沖縄に上陸した米兵は、負傷した住民を手厚く介抱する一方で、女性を拉致し、レイプを繰り返した。家を焼かれ、食べ物を探し求める女性たち、重傷を負い野戦病院に入院している女性などにたいするやむことのない米兵によるレイプ事件は悲惨をきわめた。

　さらに50年に朝鮮戦争が勃発したことで、女性を取り巻く環境はますます悪化していった。沖縄は朝鮮への出撃基地となり、街には米兵と、米軍基地建設のために日本本土から来島した大手の土建業者があふれた。それにともなって、基地建設の集中する沖縄本島中部一帯では、レイプや殺人、強盗事件が続出した。

　地元の警察署長をはじめ村長、婦人会などによって「歓楽街」が設置され、いわゆる「特殊婦人」が1カ所に集められた。「一般女子」を米兵から守るための「防波堤」が築かれたのである。基地の周辺にはタクシー(三輪車)が群がり、仕事を終えた米兵をピストン輸送して「歓楽街」に運んだ。米兵たちの間で、「沖縄は天国、朝鮮は地獄」という言葉がはやった。

　基地周辺ではしだいに性病が蔓延するようになり、兵士の戦力の低下を案じた米軍は、兵士の買春を禁じ、女性たちには性病検査を義務づけた。しかし、地底をはうような窮乏生活が続くなか、女性たちは陽性反応が出ても、家族を養うためには「売春」をやめるわけにはいかなかった。年を経るごとに女性の性病患者数は増え、地元男性の数百倍となり、当時、流行していた結核患者数を数倍も上回った。性病の深刻さは、やがて一般家庭や青少年にまで及ぶようになる。

▍子どもが襲われた

　55年9月、6歳の永山由美子が米軍軍曹に拉致、レイプされ、惨殺されるという事件が起こった。沖縄中を震撼させた「由美子ちゃん事件」であった。加害者の軍曹にはいったん死刑判決が下されたものの、その後45年の

米軍政下で警視庁により「狩り込み」検挙される女性たち（『一億人の昭和史』5、毎日新聞社、1975）

重労働に減刑され、さらに琉球の法の及ばないアメリカ本国に帰ったことで無罪同然となった。

それからちょうど1週間後、今度は9歳の少女が米兵に拉致されレイプされるという事件が起こった。深夜、米兵が「女を出せ」と自宅に侵入してきたため、父親は妻と長女を裏口から逃がし、近所に助けを求めた。たとえ残忍な米兵でも、よもや小さい子どもには手を出すまいと、ほんの数分、家を空けただけだった。しかし、米兵は寝ている少女を連れ去った。少女は翌日、血だらけで倒れていたところを保護された。

米兵による子どもへのレイプ事件は、それ以前にもあった。49年には生後9カ月の乳児が母親の知り合いに、また父親の目の前でレイプされた少女もいた。マスコミでは報道されないものの、10代の女子が米兵に襲われた事件は多い。しかもほとんどの犯行が2、3人の複数だった。助けようにも、米兵に銃口を向けられては手も足も出ない。琉球警察、裁判所はまったくの無力で、被害に遭った女性たちは泣き寝入りするしかなかった。

米兵によるレイプ事件は、ベトナム戦争がはじまるとさらに残忍さをきわめた。戦地から帰還した米兵は殺気だっていた。まもなく「歓楽街」の女性たちが、レイプされたうえ惨殺されるという事件が相次ぐことになる。「ドル箱」にされた女性たちは前借金で縛られている者が多く、身の危険を感じながらも「歓楽街」を抜け出すことは容易ではなかった。　　　（宮城晴美）

韓国社会と基地村女性

基地村の形成

　韓国に基地村という特殊な村落ができはじめたのは、解放後に米軍が占領軍として駐屯してからである。仁川港の外郭都市である富平に現れた最初の基地村では、米兵たちと生計のために集まってきた韓国女性たちとの買売春がおこなわれたのだが、朝鮮戦争後いっそう拡大した。53年の休戦後も、米軍が引き続き韓国に駐屯することになり、全国の主要都市に駐屯する米軍部隊の周辺に米兵相手の諸施設が定着していった。基地村には、米兵と基地村女性、彼らを顧客とするサービス産業がいっしょになって商業圏を形成した。外国人専用の飲み屋、米軍部隊から流出する物品を取引きする闇市、抱え主、美容室、クリーニング、洋服店、洋品店、写真館、記念品店、肖像画店、ビリヤード、国際結婚仲介業事務所、翻訳所などを舞台に基地村文化が定着した。

　戦争で夫を失い生計のめどが立たなくなった女性たちのみならず、多くの避難民が米軍部隊の周辺に集まった。多くの女性は生き延びるために「売春」をすることとなった。置き屋の家主が現れ、ホールやクラブと呼ばれる飲み屋、米兵と「売春女性」を顧客とする各種の商店ができた。このよ

コラム●昭和天皇の沖縄メッセージ

　47年9月、昭和天皇がGHQにたいして、「米軍による沖縄の軍事占領を希望する」と、側近の寺崎英成を通じて伝えたといわれるのが「天皇メッセージ」である。内容は、「沖縄を米軍が占領することによってアメリカの役に立ち、日本に保護を与える。沖縄の軍事占領は、25年から50年ないしそれ以上(要約)」が望ましいというものであった。沖縄が52年のサンフランシスコ講和条約によって日本から切り離される5年前のことである。

　日本の安全のためには沖縄住民に犠牲を強いてもいいという、戦前となんら変わらない日本国家の体質を、いみじくも天皇メッセージによって再確認されたことになる。月刊誌『世界』(1979年4月号)に掲載されて、明らかになった。

　　　　　　　　　　　　　　　　　　　　　　　(宮城晴美)

うにはじまった買売春は60年代に頂点に達した。61年に政府は淪落行為等防止法を制定し、これにより表面上は「売春」の禁止措置が取られたが、66年頃、梨泰院・議政府・松炭・平澤・大邱・群山・釜山など全国62カ所にいた基地村女性の数は3万人をこえるとも推定された。

基地村の女性運動

　政府は、「売春」を違法とする一方で、米兵の健康のために基地村女性たちを管理・統制することで買売春にたいする二重の政策をあらわにした。分断体制という韓半島(朝鮮半島)の状況のもとで米軍の駐屯は必要であり、若い米軍兵士たちのために性的快楽を提供するのは不可避であると考えたのである。

　米軍削減により80年代初めの基地村女性の数は2万人台に減少し、また基地村は80年代に大学生を中心に起こった反米運動などから米兵たちが外出をためらうようになることで多少衰退することとなる。

　90年代半ば以降、基地村で働く韓国人女性の数は減少してきているが、フィリピンやロシアなどの外国人女性がこの地域に流入している。韓国の基地村女性運動は基地村女性の生活の向上のためのさまざまな活動をおこなっている。外国人女性を含む基地村女性たちの人権問題は緊急課題といえるだろう。

(李　恵淑)

◆1　2001年末現在、京畿道地域における性産業に従事している女性たちはロシア人が512人、フィリピンが671人である(「セウムト」の調査による)。

資料●基地村女性たちの望み

1. 売春以外の仕事に転業したい
2. 専門技術を学びたい
3. 借金を解決したい
4. 法的な手助けが必要だ
5. 働く環境が改善されればと思う
6. 病気に対する治療を受けたい
7. 子供たちに教育を受けさせられる経済的な条件と環境を望む
8. 売春女性たちにたいする社会の偏見が消え去ることを望む
9. わたしたちのことを理解する人たちや同じような境遇にある人たちが集まって暮らす共同体を望む
10. 結婚をしたい
11. 老後に備えたい

出典:セウムト『基地村、基地村女性、混血児童の実態と事例』1997年、
　　女性史研究会　道ならぬ世『20世紀女性事件史』女性新聞社、2001年より重引。

7 講和後の女性運動と反基地闘争
——沖縄のたたかいを中心に

サンフランシスコ講和条約と日米安全保障条約

　朝鮮戦争下の51年9月、日本政府は戦後の日本国家の進路を根幹で規定した2つの条約に調印した。1つはアメリカ側陣営の48カ国との間で調印されたサンフランシスコ講和条約で、もう1つは講和後も米軍がひきつづき日本に駐留することを認める日米安全保障条約(安保条約)である。

　講和条約の調印は、中国やソ連をふくむ参戦国全体との全面講和運動の高揚を無視して強行された。日本政府は奄美諸島、小笠原諸島、沖縄諸島などがアメリカの施政権下におかれることを認め、また千島列島にたいするすべての権利・請求権を放棄した。日本による賠償は、日本の経済力の早期復興を追求するアメリカの政策に基づいて、連合国は原則として賠償請求を放棄し、個別に希望した場合にのみ日本が賠償することとした。

　講和条約が発効し(52年4月)、独立国としての主権を回復した後も、日本は安保条約に基づいて米軍に基地を提供し、「駐留」費用を分担することになった。国会の批准を経ず政府間の調印のみで発効した安保条約に基づく日米行政協定により、米軍は日本国内に自由に基地を設定でき、日本はこれに便宜を与えることとし、また米軍に鉄道や通信、電力の優先的利用、軍人とその家族の治外法権などの特権を与えた。これによって殺人、強盗、強かんなどの凶悪犯罪をふくむ数々の米軍犯罪にたいする日本側の捜査権や裁判権は制限され、無数の犯罪被害者の権利がふみにじられた。

　占領統治が解かれると、保守政権は、憲法改悪、家族制度復活、教科書攻撃など、いわゆる「逆コース」といわれる一連の反動攻勢を強めていった。

(藤目ゆき)

沖縄における米軍基地反対のたたかい

はじめての組織的抵抗

　52年4月28日、サンフランシスコ講和条約、日米安保条約が発効した。沖縄は日本から施政権(司法・行政・立法の3権)を分離され、「日本の独立」と

コラム●憲法改悪・家族制度復活反対運動

　52年、占領のたががはずれると同時に、保守反動勢力は、本来の牙を剝き出した。54年3月自由党憲法調査会(会長・岸信介)が発足すると、日本国憲法(平和憲法)をアメリカの押し付けであるとし、天皇元首、再軍備、基本的人権の制限、家族制度復活の改憲を強く主張した。同年11月、発表された同会の「日本国憲法案要綱」は、「夫婦親子を中心とする血族共同体を保護尊重」し、親の子にたいする扶養・教育の義務と、子の親にたいする「孝養の義務」を規定し、事実上の均分相続否定・長子相続制復活を意図する、農地相続における「家産制度」の採用を主張した。

　警察予備隊が保安隊(52年8月)、ついで54年MSA協定(日米相互防衛援助協定)調印後の同年7月自衛隊に改組、軍事力が飛躍的に強化され、再軍備が着々と図られた。そういうなかで、改憲、家族制度復活が企図された。女性法律家たちの働きかけで女性団体、労組婦人部など20数団体が参加し、家族制度復活反対協議会を発足させ、54年11月には総決起大会を開催、2000人が結集し、デモ行進をおこない、反対の意思を広く知らせた。55年の総選挙で改憲反対議員が3分の1をこえ、改憲策動を封じた。

(鈴木裕子)

コラム●うれうべき教科書・日教組勤評闘争

　53年10月、池田・ロバートソン会談で再軍備を迫るアメリカに、日本政府は「教育および広報によって日本に愛国心と自衛のための自発的精神が成長するような空気を助長することに第一の責任をもつ」ことを確約した。翌54年、「教え子を再び戦場に送るな」のスローガンを掲げて活動してきた日教組に制約をかけるため、教員の政治活動を禁じる教育2法を成立させた。さらに55年、日本民主党は小冊子『うれうべき教科書の問題』を発行(第1集～第3集)し、教科書攻撃を猛然と開始する。56年、財政難にあえぐ愛媛県は、教職員の給与を抑制するため「能率給」を打ち出し、公選制から任命制に代わった県教委は勤務評定を強行した。58年には勤務評定は全国に波及する。これにたいして日教組は勤評反対を掲げストライキを含め激しく闘った。「母と女教師の会」は、「勤評は戦争への一里塚」と積極的に訴え、第4回母親大会(58年)でも勤評問題が中心テーマとなった。

(冨田幸子)

引きかえに、アメリカに無期限に保有されることが決まった。この日は、沖縄住民がその後「屈辱の日」として、大がかりな「祖国復帰運動」を展開することになる「4・28(よん・にっぱー)」であった。

米軍は強制的に土地を取り上げ、住民生活を疲弊させていった。すでに2年前の朝鮮戦争勃発以来、アメリカはアジアにおける共産主義の進攻に歯止めをかけるため、沖縄を「太平洋の要石」(Keystone of the Pacific)と位置づけ、各地で大がかりな基地建設に着手してきた。条約発効によって、沖縄は「軍事基地の島」へと大きく変貌していくのである。

戦争ですべてが破壊され、戦後、ようやく生活の見通しがついたときだった。身勝手な米軍の土地接収を住民は黙って見過ごすわけにはいかなかった。那覇近郊の小禄村(現・那覇市)具志では、53年の年の瀬、突然やってきたブルドーザーの前に、女性を先頭に住民が総出で立ちはだかった。子どもをおぶった女性たちの姿もあった。沖縄住民によるはじめての組織的抵抗であった。

さらに55年3月、米軍は離島の伊江島にやってきた。落花生やサトウキビ、野菜の畑に容赦なくブルドーザーが入り、家屋は焼き払われた。抵抗する男性たちは次々に逮捕され、女性たちは夫がいなくては生活できないと、妻子も一緒に逮捕するよう琉球政府に押しかけた。

戦時下よりもひどいテント生活を強いられた伊江島住民は、琉球政府前に陳情小屋を建て、土地を返すよう、女性を中心に座り込みをはじめた。その一方で、屈辱的な伊江島の実情を訴えるため、「乞食をするのは恥ずかしい。しかし乞食をさせるのはなお恥だ」と書いたのぼりを先頭に、米軍の横暴ぶりを訴える全島行脚に出た。

「島ぐるみ土地闘争」へ

ちょうどその頃、沖縄本島中部の宜野湾村(現・宜野湾市)伊佐浜では、女性たちが米軍と激しく対立していた。男性たちが土地の明け渡しを金で妥協してしまったため、女性たちは沖縄本島各地から集まった大勢の支援者とともに座り込みをはじめた。ところが米軍は、支援者が引き上げた深夜の3時頃やってきた。武装兵を満載したトラックとブルドーザーが、暗闇を、ライトをつけずに次々と水田地帯に侵入、夜明け前には13万坪の水田すべてが米軍の武装兵に包囲された。

民家までやってきた米兵は銃剣やピストルを突きつけ、住民の追い出しにかかった。女性たちは柱にしがみつき、必死に抵抗した。この闘争で、

学生を含め大勢の逮捕者を出し、土地を奪われた住民は南米のボリビアなどへと移住していった。

結果的に土地は接収されたものの、具志・伊江島・伊佐浜住民の闘いは沖縄の世論を喚起し、その後全島をあげて展開された「島ぐるみ土地闘争」の起爆剤となった。

この時期、日本本土でも女性たちの闘いがあった。53年6月、石川県内灘では、米軍の射撃場設置に反対した女性たちが座り込みを開始した。また55年5月からはじまった東京都北多摩郡砂川の基地拡張反対の砂川闘争では、「心に杭は打たれない」をスローガンに、女性たちがピケやスクラムの最前列で闘って、反戦平和の取り組みを全国的に展開した。当時はあいにく、沖縄の女性たちとの連携は図れなかったが、のちの沖縄の基地問題に連帯し、女性たちのネットワークを築く原動力になった。

1951年講和条約調印、翌年講和発効。沖縄は引き続き米軍政下におかれる。

沖縄のたたかいを描いた絵(1950年代)(日本近代史研究会『日本の歴史』第22巻、国文社、1961)

反基地闘争の高揚のなか、55年6月、第1回母親大会が開催された。子どもを守り、女性の権利、平和をめぐり、各界各層の母たちがさまざまな体験や苦しい胸のうちを訴えた。「涙と訴えの大会」と呼ばれた。「母」という一点で結ばれた母親運動は、第2回大会で「生命を生み出す母親は、生命を育て、生命を守る権利をもっています」のスローガンを生み出し、平和運動に取り組むが、しかし、自らの戦争への加害性に向き合う認識は希薄だった。

(宮城晴美)

コラム●第1回日本母親大会

　日教組・婦団連・子供を守る会・婦人民主クラブ・生活協同組合婦人部等60余の団体が参加して、55年6月、東京・豊島公会堂で第1回母親大会が開催された。久布白落実・小笠原貞子・櫛田ふきらが議長団を務め、子供を守る・婦人の生活と権利・平和の3テーマで討議した。炭坑主婦・原爆被害者・基地周辺の母親たちの報告で会場は熱気に包まれた。大会は討議の結論を社会保障費・教育予算の増額等13の決議にまとめた。これ以後、母親大会を機に女性運動は平和を目標に定め、各職場各階層を含む広範な大衆運動に発展する。

　その後スイスのローザンヌで開催された世界母親大会で、ギリシャ女流詩人ペリディス夫人の詩の一節「生命をうみだす母親は生命をそだて、生命を守ることをのぞみます」が、以後、母親運動のスローガンとなって、日本では天皇制ファシズムに加担した母性が、そのことの反省がないまま平和の象徴となっていくことになった。（志水紀代子）

コラム●山代巴と農村女性の生活記録運動と原水禁百万人署名運動

　治安維持法違反で戦時期を獄中で過ごした山代巴（1912〜2004）は、新憲法が施行された47年頃の日本を「岩でできた列島」ととらえた。農村社会には平和や民主主義を育む「人権」の土壌が欠けていたからである。しかし、政治的な演説やお説教で自発性は育たないし、自発的でない意識変革は無意味である。そこで山代は、たとえば、農村の若い女性を抑圧する存在だった姑の振る舞いや、姑も若い頃は嫁として苦労したことを、短い物語のように描き出した。鏡に映し出された自分自身の姿をみる思いで、女性たちは「嫁－姑」という被害と加害の連鎖に気づいていった。山代はその後、日常のさまざまな出来事や苦しみを「言葉」にすることで、自己と周囲を客観的に認識する力がつくと考えて、生活記録運動にも積極的に取り組んだ。自発的な「気づき」を手がかりに、抑圧された女性が自ら「はじめの一歩」を踏み出すこと、それが「人権」を確かなものにすると山代巴は信じていた。

　山代の『荷車の歌』（1956）は、山代が生まれた広島県の三次地方の山奥を舞台に、農家の主婦セキの生涯を描いた作品で、農村の女性なら胸に突き刺される思いを抱くものとして受け止められた。後年、山代は『荷車の歌』を書かせた背景が54年原水爆禁止百万人署名運動と分

かたがたく結びついていたとし、次のように述懐している。「第一回原水爆禁止平和大会を、広島の地で成功させるためには、二百万県民の半数の平和署名をとって国連に訴えねばと、農村地帯の婦人の間で署名の火蓋を切ったことでした。物語の主人公セキに象徴される人びとがたがいにわかり合って手をつなぐことが民主主義だ、これを守るためにみな殺し兵器は禁止せよと、四十年、五十年の自分の歩みをあかしに"語り"を武器に立ち上がったことです」。原水爆禁止運動は平和運動であると同時に、それぞれの「人生」を問い直す契機でもあった。

(牧原憲夫)

コラム●近江絹糸人権争議とバス車掌の身検闘争

　近江絹糸の「人権争議」は、54年6月「非合法裏」に結成された近江絹糸紡績労働組合(全繊同盟加盟)が、組合公認、仏教強制反対、結婚の自由、外出の自由を認めよ、信書の開封禁止、私物検査の停止など22項目からなる要求書の提出から口火が切られた。1917年に創立された近江絹糸紡績は、夏川一族の同族経営と労働者の人権を無視した独特の労務管理で有名であった。長年にわたり押さえつけられていた女性労働者は組合結成に励まされ、106日間の長期争議をたたかい抜き、世論の圧倒的支持をも得て、勝利解決した。

　バス車掌にたいする「身検」制度(正確には身体捜索検査)は、戦前からおこなわれていた。公営・私営を問わず、交通産業では「公金」(バスや電車の料金)を扱う。料金の着服を未然に防ぐなどの名目のもと車掌や乗務員への服装・所持品検査などを正当化し、戦後も引き継がれた。しかし50年代に入り、新制高校卒業のバス車掌が誕生するにつれ、「身検」を不当とする意識が芽生えてきた。神戸市交通局ではバス車掌の「身検」への粘り強い抵抗が続いた。63年6月、車掌の若林栄子は、「公金」着服の疑いで長い取調べを受けた。その夜、若林車掌は強い屈辱感を覚え、「身検」にたいして抗議自殺した。神戸交通では、女性・青年組合員が当局への抗議活動を素早くおこない、市民たちにも訴えた。若林事件から1年たった64年2月にいたり、ようやく「身検」制度が撤廃された。

(鈴木裕子)

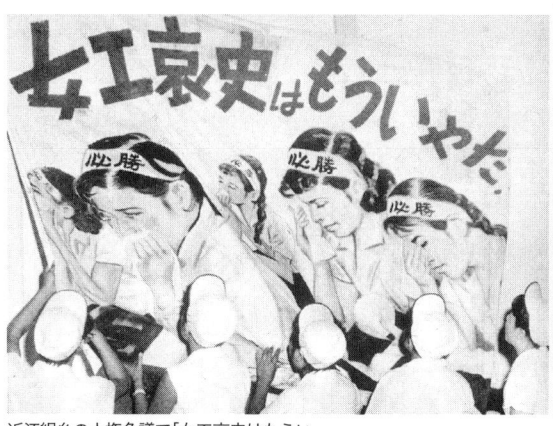

近江絹糸の人権争議で「女工哀史はもういやだ」と訴えるポスター（鈴木裕子提供）

反基地闘争のシンボルとなった砂川闘争（1955年）（『一億人の昭和史　日本人三代の女たち（下）』毎日新聞社、1981）

第5章　日本敗戦と朝鮮半島分断・朝鮮戦争

第6章
ウーマン・リブと社会運動

1　東アジアの冷戦体制と女性

日本のアジア経済侵略と性侵略

経済侵略

　戦後の冷戦体制のなかで、アメリカは日本を極東戦略の要とみなし、その経済復興を画策して、アジア諸国の日本への賠償権を放棄させる方向で動いた。日本はこのアメリカの極東政策に便乗して、50年代にアジア諸地域での独立運動が軍事政権の樹立という結果となったとき、それら苛烈な軍事独裁政権を支持・援助して民衆圧迫に加担した。

　日本は対アジア賠償形態を借款供与に転換していくことで、日本企業のアジア進出の足がかりをつくった。戦後の日本資本主義の飛躍的発展は、日本の資本投下先としてのアジアへの企業投資などによるところが大きい。日本のアジアとの関わりは、戦前の軍事侵略から戦後は経済侵略へと変わったが、さらに問題とされるべきは性侵略である。

性の侵略

　悪名高い「買春」ツアーは、「売春」という用語が、売る側の女性のみを問題化していることに反発して、買う側の男性の問題をクローズアップするため、女性たちの間で使われ、それが定着しつつある。買春ツアーは60年代にはおもに韓国、台湾に集中したが、やがて東南アジアに拡大した。「日本人」の買春方法は、個人ではなく集団的であること、既婚者が多いこと、買春に企業などの準公的な機関が関与していることが特徴的である。このような企業戦士たちの性侵略に抗して、70年代に「アジアの女たちの会」をはじめとして、さまざまな運動が生じた。

　アジアの女たちの会は、松井やよりの呼びかけで、1919年の3・1独立運動を記念して、とくに柳寛順の精神に応えようと、77年3月1日発足した。軍事政権を支える日本に責任を感じ、民主化運動で厳しい闘いを続けている韓国の女性たちとの連帯をめざした。またアジアを経済・性侵略の視点から捉え、加害責任に向き合う視点の導入に努めた。　　　　　（大越愛子）

韓国の開発独裁体制と女性動員

朴正熙政権の開発独裁

　朝鮮戦争後、韓国社会の最大組織に成長した軍部は、61年の5・16クーデタで政権を掌握し、政治の表舞台に登場した。権力を握った朴正熙は、脆弱な政治的正当性を補うために「経済開発」と「国家安保」を強調し、独裁が不可避であるという論理で政治的民主化を置き去りにして、開発独裁体制をめざした。冷戦体制を利用した輸出志向の産業化戦略を採択した朴正熙政権の発展モデルは、「発展主義」と「軍事主義」の結合がその核心であった。

5・16クーデターで政権を掌握した朴正煕(左端)
(金チョンギル『ソウル発外信総合』ヌンビッ、1993)

　朴正熙政権は、「祖国の近代化」という旗印のもとに「成長第一主義」を「民族主義」、「家族主義」と結合させることで国民を動員し、戦争でもやるようなやり方でわずか20～30年の間に急速な産業化をなしとげた。70年代に入って、民衆に犠牲を強いる産業化に抗する民衆運動がじょじょに成長していき、また対外的にはニクソンドクトリンが発表されると、危機感を抱いた朴正熙政権は72年に「10月維新」を宣布して、世界の冷戦－分断

◆1　ベトナム戦争が泥沼化したなかで、ジョンソン大統領の後を継いだニクソンが1969年7月にグアムで発表したアジアにたいする外交政策。その主な内容は、「アメリカは今後ベトナム戦争のような軍事的介入を避ける。アメリカはアジア諸国家との条約上の約束は守るものの、強大国の核による脅威の場合を除いて、内乱や侵略にたいしてアジア各国が進んで協力してそれに対処しなければならない」というものであった。
◆2　朴正熙は第3共和国の憲政秩序のもとではこれ以上大統領であることが不可能になると、維新を断行した。72年10月17日に自らが誕生させた第3共和国を破棄し、維新体制の出発を宣布する「特別宣言文」を発表した。北朝鮮の侵略の脅威と朝鮮半島をめぐる国際情勢の変化という建前のもと、あらゆる政治権力を大統領一人に集中させた。これとともに全国に非常戒厳令が宣布され、各大学には休校令が出され、新聞と放送にたいする事前検閲さえおこなわれるなか、12月27日に維新体制が公式に実施された。

体制を韓国の政治的独裁の手段として利用する維新独裁体制へ進んでいった。

伝統を再構成したイデオロギーの活用

　朴正煕政権は独裁政治を正当化するために、儒教的な伝統を政治イデオロギーとして活用した。儒教を忠孝思想と家族主義を中心に近代的に再構成したうえで、学校教育やマスメディア、セマウル運動(セマウルとは、新しい村の意味)などを通じて国民に浸透させた。つまり儒教的な家族主義と家父長主義を利用して産業化のための国民動員と労働統制を効果的になしとげることができた。産業化期の韓国労働者たちを、低賃金と長時間労働、そして安全不在の職場条件に耐えさせた。

　また儒教的家父長主義は産業化初期の貧しい農村の娘たちを労働集約的な産業へと動員し、低賃金労働力として工場内の家父長制的な位階構造に服従させる労働統制手段であった。さらに朴正煕政権は、儒教的家族主義と孝思想をイデオロギー的に活用して福祉に関わる国家責任を個別家族に転嫁することで資本蓄積に集中することができた。

コラム●妓生観光

　朴正煕政権は外貨獲得戦略として観光産業に注目し、1970年代はじめから妓生(キーセン)観光政策を本格化した。淪落行為防止法(1961年制定)があったものの、特定地域内の性買売と特別な観光ホテルでの外国人相手の性買売女性は原則的に該当しなかった。

　国家が主導して観光妓生たちに許可証を与えてホテルへの出入りを自由にさせ、国家経済のために重要な仕事をしているという「教養教育」を実施した。日韓両国の女性たちは連帯して妓生観光反対運動を展開した。韓国では韓国教会女性連合会が妓生観光問題を提起して強力に批判し、大学生たちもセックス観光反対デモをおこなった。日本でも22の女性団体が連合して空港でデモをするなど日本人の韓国内セックス観光反対運動を展開した。韓国の経済発展は、極限的な低賃金の女性労働力にたいする搾取だけではなく、国家が主導した女性の性にたいする組織的な搾取と人権蹂躙の代価として可能となったのである。

　　　　　　　　　　　　　　　　　　　　　　　(金　秀映)

女性の労働力と性の動員

　開発独裁体制は九老(クロ)、馬山(マサン)などに輸出加工区を設立し、極端な低賃金労働力として女性労働者を搾取して外貨を獲得した。また妓生(キーセン)観光における性搾取によって外貨を稼いだ。「基地村浄化運動」という美名のもとに基地村女性たちを体系的に管理することで韓米間の同盟関係を維持し外貨を獲得した。農村には村ごとに「セマウル婦女会」を組織してテンペランスムーブメント(節制運動)、節米貯金、廃品収集、託児所、共同炊事、共同耕作などの事業を展開することで、農村女性たちをセマウル運動に動員した。このように国家によって多様な方式で動員されたことで女性の労働・社会参加は拡がったが、同時に良妻賢母が理想的な女性像として強調されたので、家父長制秩序はそのまま維持された。

（金　秀映）

冷戦体制と日韓会談

日韓会談の背景

　日韓会談は東アジア地域の統合構想の実現過程で、アメリカ主導のもとに開始された。アメリカの支配戦略は、49年中国の社会主義革命の成功、50年に勃発した朝鮮戦争を契機に日本を地域統合の中心に位置づけ、そのもとに韓国、台湾、フィリピンを配置し、社会主義包囲網を構築することにあった。このような地域統合戦略が実現されるためには、日韓「国交正常化」が必須条件であった。

　会談は、51年の予備会談から始まり、65年日韓基本条約・日韓請求権協定等を締結し、ようやく「国交正常化」がなされた。会談が長期にわたった最大の原因は、日本政府の韓国強占(植民地支配)にたいする反省なき歴史認識があげられる。日本政府は、敗戦後も、「朝鮮統治」について、経済的、社会的、文化的向上に貢献したこと、また「韓国併合」「朝鮮統治」は、当時の国際法にのっとり合法的になされていた、という認識をもっていた。

　予備会談開始時の吉田茂内閣の蔵相池田勇人(いけだはやと)(のち首相)は、韓国はサンフランシスコ講和条約の調印国ではなく、韓国への賠償責任はなく、かえって在朝日本人がのこしてきた資産について韓国政府と話し合うことができると発言、日本政府の会談に臨む姿勢を如実(にょじつ)に示した。ここには、その後の第1次から第7次にわたる会談で発せられる日本側首席代表の相次

ぐ暴言＝妄言の芽がすでに芽生えていた。

「経済協力」で一括妥結──賠償責任からの回避

そもそも日本政府は、日韓会談にたいして消極的であった。韓国からの植民地支配への責任追及と賠償要求、すなわち「過去の清算」を恐れていたからである。会談は日本側首席代表の妄言問題等をめぐってしばしば中断した。新局面に入ったのは、61年5・16軍事クーデタにより朴正煕が政権を掌握、朴政権はアメリカの信任を受けて、経済開発に必要な資金を得るために日韓会談を積極的に推進した。民政移管の直前である62年11月、金鐘泌(キム・ジョンピル)中央情報部長(のち首相)と大平正芳(おおひらまさよし)外相(のち首相)は、対日請求権問題について、日本が無償供与3億ドル、政府借款2億ドル(10年間)、民間借款1億ドル(日韓協定締結時には2億ドルが追加)を提供することで秘密合意を結んだ。大平外相は、「今の軍事政権で話をつけた方が得策」「国交正常化すれば、どういう貿易上の利益があるか」の観点から、いわゆる「経済協力」での一括妥結方式を狙ったのである。

李承晩(イスンマン)政権と張勉(チャンミョン)政権のときの日韓会談では、38度線以南に対象をしぼり、大日本帝国の植民地統治によって受けた被害を調査・作成した賠償要求調査書が対日賠償要求の基礎となっていた。しかし朴政権はこれを無視して一括妥結方式を採択したのである。対日請求権問題についても、「植民地支配にたいする賠償」ではない「独立祝賀金、経済協力基金」として、日本側は解釈した。

韓国における韓日会談反対運動の高揚

日韓国交正常化の問題は、韓国では微妙で複雑な民族感情が介在しているために、国民的な合意が切実に取り入れられなければならなかった。しかし、朴政権は密室で拙速合意をした。日韓会談の真相がじょじょに民衆にも知れわたると、学生、言論界、知識人を中心に強い抵抗が起こった。とくに日韓会談が本格的に推進される64年の春から、学生たちを中心に韓日会談反対闘争が展開され、6月3日には数万人のデモ隊が警察の阻止線をやぶり、光化門に集結して、政権退陣を要求した。これにたいし、朴正煕政権は戒厳令を宣布し、軍隊を動員して大々的な弾圧を実施した(6.3事態)。

65年2月から日韓協定批准反対闘争は、全国民的にもう一度展開された。しかし、8月14日与党の共和党議員だけが出席した国会で日韓協定が批准

され、8月の末に衛戍令(えいじゅれい)で大学は休校にされ、軍隊の出動によってデモは鎮圧された。

残された課題と影響

日韓関係の正常化は、日本帝国主義の朝鮮植民地支配にたいする日本側の謝罪が、最優先課題としてなされなければならなかったにもかかわらず、会談や条約・協定の過程でもいっさい日本の公式的な

韓日会談反対声明を発表する女子大生
(『写真でみる韓国100年』東亜日報社、1978)

謝罪はなされなかった。また、一括妥結方式により、「従軍慰安婦」、徴用労働者、徴兵など大日本帝国から受けた数々の被害も封印された。そのため、被害者の個人請求権問題は先送りされ、90年代に入って被害者自身による戦後賠償運動が活発化することになる。

また資金も日本と協議して使うように明示され、日本の商品を購入するようになっていた。日本の支配層は朴正熙の親日的な傾向に注目し、日本企業を通じて与党・共和党に秘密政治資金を賄賂(わいろ)で提供し、他方、朴政権は自らの権力を維持させるため、「反民族的な合意」をしたのであった。結

資料●日韓会談・日本首席代表の「妄言」(要約・抜粋)

「36年間の植民地支配は韓国民にとって有益だった」「朝鮮民族の奴隷化について述べたカイロ宣言は、連合国の戦時ヒステリーの表現だ」「かつての在朝日本人が朝鮮に残してきた財産を、米軍政法令第33号により処理したのは国際法違反だ」「サンフランシスコ講和条約が結ばれる前に、韓国が独立したのは国際法違反だ」(久保田貫一郎、53年)

「われわれは三度立って、38度線を鴨緑江の外におし返さなければ先祖にたいして申し訳ない」(沢田廉三、58年)

「朝鮮にたいするかつての統治にたいして日本に謝れという話もあるが、日本としては言えたものではない。……日本の努力は結局戦争で挫折してしまったけれども、もう20年朝鮮をもっていればよかった」(高杉晋一、65年)

局、日韓協定を契機に韓国経済は、日本経済に構造的に従属させられ、また韓国の女性労働者たちは極端な低賃金で日本の資本家たちに搾取された。

　日韓条約の締結は、その一方で、北朝鮮(北韓)指導部に危機意識を与えて、北朝鮮(北韓)社会の軍事化、国民動員体制を促進し、個人崇拝にもとづく金日成唯一体制を成立させる要因の一つになった。また北のこうした動員体制と軍事化の傾向は、はねかえって韓国社会の動員体制をももたらし、さらに暴圧的な維新体制を成立させるにいたる口実をつくった。

　　　　　　　　　　　　　　　　　　　　　　（鈴木裕子・金　秀映）

2 民主化への闘い

韓国の民主化運動と女性

軍部独裁と反独裁民主化闘争

　軍部独裁政権時代は、国家が経済発展と国家安保を強調しながら民主主義を抹殺し、暴圧的に社会全体を統制した時代であった。同時にこの時代には、このようなファシズム的独裁政権にたいする抵抗を主導し、独裁政権の退陣を目標とする反独裁民主化闘争が存在していた。軍部独裁政権時代の第1の時期は、61年の5・16クーデタから72年の10月維新以前までの時期で最低限の手続き的民主主義が存在していた時期である。第2の時期は72年の10月維新から79年10月26日の朴正熙大統領死亡までの維新時代で、産業化により経済的矛盾が顕在化し、軍部政権の長期化によりそれに対応する抵抗運動が急速に高揚、これにたいし軍部独裁政権が極端な暴力的強圧体制へと再編された時期である。第3の時期は80年の5・17クーデタと光州虐殺を通して登場した全斗煥(チョン・ドゥファン)政権と盧泰愚(ノ・テウ)政権までの時期で、政権の正当性がきわめて脆弱な状態で過酷な暴圧政治をおこなったものの、抵抗運動も大衆的な支持を得て巨大な社会変革運動へと成長していった時期である。

　軍部独裁政権下の過酷な国家暴力に立ち向かい反独裁民主化闘争をおこなった勢力には、学生運動と労働運動を核にした知識人、宗教界、野党および在野、農民運動、貧民運動などがあった。

民主化闘争のなかの女性

　過酷な国家暴力に立ち向かって民主化闘争をおこなった勢力には青年学生、宗教界、野党および在野勢力、労働運動、農民運動、貧民運動などがあった。女性たちは独自の組織で民主化闘争をおこなうというよりは他の社会運動に積極的に加わって男性たちとともに反独裁民主化闘争を推進した。とりわけ学生運動や労働運動などでの女性の参加はめざましく、彼女たちの熾烈な闘争は軍部独裁政権を終息させるのに決定的な役割を果たした。

70年代の民主化闘争と労働運動を通じて女性運動のエネルギーが蓄積され、80年代には本格的な進歩的女性運動組織が結成された。このときから社会全体の変革という文脈で女性問題を解決しようという変革志向的な女性運動が成長していった。

民家協のオモニたちの闘争

韓国の軍事独裁政権は拷問などの人権蹂躙で悪名高かった。民主化実践家族運動協議会(民家協)は、74年の民青学連事件をきっかけに作られた「拘束者家族協議会」を母体に、維新独裁期から政治的な迫害を受けてきた家族たちと、80年代に民主化を求めて拘束された数多くの学生たちの家族が集まって85年に創立された。

おもに良心囚のオモニ(母)たちで構成されている民家協は人権獲得のために献身的に闘った。民家協のオモニたちは安全企画部などの捜査機関や刑務所などの前で、徹夜で人権侵害に抗議し、良心囚釈放のためにハンストも辞さなかった。彼女たちは民主化のための集会、籠城や、デモ現場の最前列で闘いながら、デモの途中、機動隊に連行される学生を素手で助け出したり、また公正と正義を欠く司法部に向かって抗議したために拘束されたりした。拷問をした捜査官を指名する拷問追放キャンペーンを繰り広げ、人権を蹂躙する悪法の撤廃運動をおこなってきた。 (金　秀映)

日米安保闘争と日本の学生運動

日米安保闘争の意義

1960年の日米安全保障条約反対闘争では、「民主主義」の理念が多くの市民を動かし、反米を叫ぶデモが街頭にあふれた。それは、戦後日本の政治の季節を象徴するものといえるだろう。

対米従属を決定づけたサンフランシスコ講和会議から10年、安保条約改定を迎えたとき、今後の日本の進路をめぐって「国民」的規模の議論が起こった。アメリカに日本の防衛義務を期待し、極東安定のために基地を提供し続け、日本にも再軍備と改憲の方向を提示するなど、対米関係の強化を図る日本政府側と、平和憲法の精神を生かし非武装中立を目指そうとする革新勢力側とは意見が大きく分かれた。安保改定に反対する政党、労働組合、知識人、市民は安保改定阻止国民会議を結成して、大規模な反対運

動を展開し、59年6月の第3次統一行動では、東京だけで3万人、各地をあわせて10万人が参加した。しかし当時の岸信介首相は、こうした反対世論を無視して、60年5月19日に強行採決を敢行し、国会は大混乱に陥った。市民たちの間で反岸・反米意識がいっそう強まり、連日数万人が街頭行動へ出た。26日の国会デモへの参加者は17万5000人に達した。28日には、街頭の「声ある声」ではなく、自分を支持する「声なき声」に耳を傾けるという岸首相の傲慢な発言が出たが、それに反発して、市民たちは「声なき声の会」を結成し、抵抗の意志を表した。　　　（大越愛子）

60年安保闘争でデモ行進をする女性たち（60年5月）
（日本近代史研究会『日本の歴史』第22巻、国文社、1961）

警官隊導入に抗議して東京大学では9学部がストライキに入った。1968年6月20日・安田講堂前
（『新版戦後50年』毎日新聞社、1995）

全学連

　安保改定期に当たって、全学連（全日本学生自治会総連合、48年結成）主流派は、日本共産党のもとにあった反主流派と対立し、戦闘的な街頭闘争をおこなった。学生たちは、政治的妥協を排した直接行動というラディカルな闘争方針を提起し、連日国会周辺で激しいデモをおこなった。6月15日には、580万人を動員した統一行動が各地でおこなわれた。その日の夕方、国会構内へ入ろうとした全学連主流派の学生たちに警官隊が襲いかかり、無差別的に暴力を振るった。多数の負傷者が出るなかで、ほとんど無抵抗の東大生、樺美智子（当時、東京大学学友会副委員長。1937〜60）が死亡した。彼女の死は衝撃を与え、全学連主催の慰霊祭は怒りに満ちた学生

たちの抗議の場となった。以後、彼女は、「反戦平和のシンボル」として、人びとに記憶され続ける。

　死者が出たことに危機感を抱いた政府は、16日に臨時閣議を開き、予定されていたアイゼンハワー米大統領の来日の中止を要請するにいたった。しかし19日には、反対する33万人の人々が国会を取り巻くなかで、新安保条約は自然承認されてしまった。反対運動に参加していた知識人たちの多くは無力感を抱き、それ以降、直接行動の場から退く傾向が強まった。他方、学生運動内部に思想的差異によって無数のセクトが生まれ、相互に対立、あるいは内部分裂を起こすなど、離合集散を繰り返した。

（大越愛子）

全共闘運動

　1970年の新安保改定期を前に、運動は再び盛りあがった。69年に多くの大学で、新左翼セクトに属する学生、および既成の知や文化のあり方に疑問を感じていた学生たちをも巻き込んで、「全学共闘会議」が結成され、大学当局と団交をおこない、その官僚主義と激しく対決した。全共闘運動は、世界的な若者の反乱と連動し、体制内化した大学の知のあり方を厳しく問うた。各地で学生たちは大学をロックアウトし、自主管理の場、解放区を創造しようとした。

　東京大学では、学生たちが権力のシンボルとしての安田講堂をバリケード封鎖し、「自己否定」「大学解体」を叫んで、立てこもった。しかし大学当局による警察導入のために挫折を余儀なくされ、また主導権争いをするセクト間の暴力的な襲撃行為（殺傷を含む）が、学園を荒廃させた。

　大学闘争以降、キャンパスには政治にたいする幻滅による白けたムードが蔓延し、学生たちの政治離れが進んだ。そして大学の管理体制が強化されるなかで、学生運動は衰退していった。

（大越愛子）

運動のなかの性差別

　新左翼諸派のなかから最も過激に武装闘争を主張したのが連合赤軍だったが、それゆえに官憲からの追及は厳しく、72年山岳アジトに立てこもった。そこで相互不信感から、仲間を「総括」の名のもとで死にいたらしめた。メンバーの一部は浅間山中の浅間山荘に立てこもり銃撃戦を展開した。いわゆる「連合赤軍」事件である。

　「総括」事件のリーダーとして、83年2月、最高裁で死刑判決を受けた永

田洋子(1945〜)は、著書『一六の墓標』などにおいて、「責任を負う立場」から事件の過程と、学生運動のなかで、彼女だけでなく女子学生たちがどのような問題に直面したのかを語っている。

「女性の自立を願って左翼運動に参加していった」が、暴力による「敵の殲滅」という「与えられた路線」にひたすら従い、同志をも死に追いやってしまった。自分自身が、また他の女性が、同志の男性に強かんされたことに、強い抵抗感を抱いたにもかかわらず、それを明確にする言葉を持っていなかった。

過去の記憶を問い直す彼女が、そうした関係のあり方に見いだしたのは、新左翼・全共闘などの学生運動をおこなう男たちが内面化し、また女たちも共有していた家父長制的「性」意識の問題である。

運動のなかの性差別にたいする女性たちの問題意識は、「永田洋子はあたしだ」という田中美津の言葉に現れたように、70年代のウーマン・リブ運動につながっていった。

(井桁 碧)

韓国の学生運動と女性

韓国の学生運動の特徴

軍事独裁政権にたいして最も強力な批判を提起し、これに正面から挑戦しつつ献身的に闘争した勢力は青年学生たちであった。日本帝国主義時代から韓国の学生運動は「道徳的正義感」と「歴史的使命感」にしたがって、歴史の前面に立って暗闇に光をもたらす役割を果たしてきた。

とりわけ80年代に学生運動は韓国の政治変動における決定的な役割を担った。学生たちが民主化運動の先鋒に立ったのは、なによりも野党などが独裁政権の反対勢力としての役割を充分に果たしえていなかったからである。また労働者階級と民衆が独自の政治勢力として存在していなかったため、学生運動が抵抗的な政治勢力として民主化闘争の中心に立つこととなった。

学生運動の展開

60年代の学生運動は、不正腐敗をこととしていた李承晩独裁政権を崩壊させる決定的な役割をした、60年の4・19革命から始まった。5・16クーデタにより軍事独裁政権が成立したのちも、学生たちは主要な政治的争点を

提起しながら独裁に立ち向かった。67年の不正選挙糾弾デモと68年の朴正煕政権の3選改憲の試みにたいする3選改憲反対闘争などでは独裁政治に怒りつつ、道徳的な次元では正常な民主主義秩序の回復のために闘った。

70年代の学生運動は、維新独裁体制の非民主性を強力に批判する反独裁闘争の性格を帯びていた。そのイデオロギーは基本的に自由民主主義であったが、71年の全泰壱(チョン・テイル)の焼身自殺事件を契機に、朴正煕政権の民衆を犠牲とする産業化に抵抗する「民衆」に注目し始めた。75年に緊急措置が発動された後、学生運動にたいする弾圧が激しくなるなかで非合法的な性格を強めた運動が登場し、社会運動とのつながりが模索されはじめた。

80年の光州民衆抗争を契機に、80年代からの学生運動は韓国社会を根本的に変革し、新たな社会を建設しようという目標を立てて組織的な運動を展開していった。民衆の政治意識の高揚と政治勢力形成のために数千人の学生たちが大学をやめて工場に入り、労働運動に献身した。そこで学生たちが見たのは、社会変革運動の主体としての労働者階級の成長が遅れている状況であった。そこから学生たちは自分たちの階級的存在を転位することで克服しようとした。学生たちの献身的な闘争は、87年の6月抗争において最高潮に達し、全斗煥(チョン・ドファン)独裁政権を倒し、社会全般に民主化をもたらす決定的な役割を果たした。このような学生運動の経験は社会に出ていってからもさまざまな領域で社会の民主化のための重要な土台となって生かされている。

学生運動内の女性問題

多くの女子学生が学生運動に積極的に加わって男子学生とともに熾烈(しれつ)な闘争をおこなった。しかし学生運動に加わった女子学生たちは男子学生とは異なるもう一つの性として尊重されたのではなく、男性中心の運動文化に同化して男性のように行動することを暗黙のうちに強いられた。他の社会運動と同様に学生運動も家父長主義に基づいていたため、性差別の問題は民族問題と階級問題にくらべて副次的なこととして扱われ、学生運動内において女子学生たちは男子学生たちを補助する役割を担わされた。

(金　秀映)

光州民衆抗争と女性

5・17クーデタ

　79年10月26日の朴正煕暗殺事件によって維新体制が突然崩壊するなか、70年代を通じて成長してきた民衆運動および野党の自由主義者と、維新体制を再編・維持しようとする新軍部を頂点とした反動勢力が対峙する、権力の空白状態が形成された。多くの国民は維新憲法を改定して民主化へと進むことを望んでいたが、全斗煥を中心とした新軍部は12・12クーデタを引き起こして軍部内の穏健派を追放した後、政治に介入する口実を探っていた。アメリカは彼らが親米反共であることを確認した後、12・12クーデタを暗黙のうちに承認することで全斗煥中心の新しい支配体制を承認した。

光州市民民主守護決起大会
（5・18記念財団提供）

　80年春、労働者たちは生存権闘争と労働組合民主化闘争へと進み、学生たちは社会・政治の民主化を求めた。しかし新軍部は5月17日に全国に戒厳令を宣布し、主要大学に兵力を駐屯させ、学生指導部と金大中をはじめとする在野と野党の主要人物を逮捕、拘束した。

光州武装闘争

　5月18日、光州でこれに反対する学生たちのデモが起こると、新軍部は空挺部隊に作戦命令「華麗なる休暇」をくだし、残酷な殺傷を開始した。市民ら、とりわけ女性たちにたいする残忍な蛮行が知れわたると、光州の市民の間に怒りと抵抗の連帯感が広がっていき、中学生、高校生、大学生、あらゆる階層の市民たちが街頭に出て命をかけた激しいデモを繰り返し、デモは民衆抗争へと発展していく。5月21日、錦南路での大規模な集会にたいして空挺部隊が組織的な発砲をおこなうと、市民たちの武装闘争が開始された。22日から26日まで光州は新軍部によって完全に孤立させられ、物資の供給もすべて途絶えたものの、民衆の間では物資の買い占めも盗難事件も1件もなしに「絶対共同体」が形成された。

女性たちの闘争

　このような解放された都市の空間「生」と「絶対共同体」の中心には「女性」がいた。抗争が勃発したとき、女性たちは民主広場で集会を組織する中心勢力であった。女性たちは大字報(壁新聞)、「闘士会報」を制作して配布する重要な役割を担った。何人かの女性は小銃を運び、ある女性たちは火炎瓶をつくるために瓶とシンナーを調達する役目を担った。

　光州民衆抗争の間、女性たちの活動を結集させ組織化していた主導勢力は、民主化運動グループ・松柏会の女性たちと女性労働者たちであった。抗争がはじまった5月18日から女性たちの参加はめざましかった。当日には女性労働者たちと女子大生たちがデモに加わり、19日からは女子中学生、女子高生、松柏会の会員がそれぞれ加わった。20日になると主婦や年配の女性たちまで数万人が街頭デモに加わり、隊列の後衛でデモの前衛部隊と民衆を結ぶ役割を果たした。市場で露店商をしているおばさんたちや各地域の主婦たちは食べ物をつくってデモ隊に届ける支援活動をおこなった。とりわけ全春心(チョン・チュンシム)のような女性は街頭での宣伝放送を通じてデモ隊を陣頭指揮し、これは民衆のデモへの参加を促すのに大きく寄与した。

　またマスコミが光州を見捨てた状況のなかで、抗争において重要な役割を果たしたビラ、街頭放送、決起大会などの宣伝活動は、ほとんどが自発的に加わった女性たちによってなされた。また武器の接収のために光州外郭地域を回ったデモ車両に女性たちが同乗し、日新紡織の女性労働者たちは海南(ヘナム)、康津(カンジン)などへの車両遠征デモに加わるなど、抗争の初期には女性たちも武装闘争に活発に参加した。市民軍が道庁を掌握した5月22日からは女性たちの力は宣伝活動と物資の提供に集中した。負傷者と死亡者が発生しはじめるなかで女性たちは献血活動の先頭に立つ一方、黒いリボンをつくりはじめた。道庁では女性たちが対市民業務、死体処理、炊事活動などを担った。抗争の初期から最後まで女性たちは積極的に参加し活動しつつ主体的に抵抗した。彼女らの活動は自発的に湧き出たもので、抗争において中心的な役割をもった。

歴史的意義

　光州民衆抗争は韓国の民主化勢力が、新軍部にたいするアメリカの支持を目の当たりにして、アメリカの新軍部政権寄りの実態を決定的に認識する契機となった。光州民衆抗争の期間にあらわとなった全斗煥軍部政権の

野蛮であからさまな暴力性は、80年代に学生運動を先頭とした反独裁闘争の力強い成長を引き起こした。また光州民衆抗争の期間に徹底した孤立のなかでも底辺にいる民衆が示した献身的な闘争と「絶対共同体」の形成は、民衆を変革の主体として認識する契機となった。そうして70年代の間、反独裁闘争にとどまっていた韓国の民主化運動が、光州民衆抗争の経験を契機に80年代には外国勢力と民衆までも視野にいれた全般的な民主変革のための民族民主運動へと発展していくことができた。韓国現代女性史において光州抗争は、80年代の社会変革的な女性運動の始発点として位置づけられる。

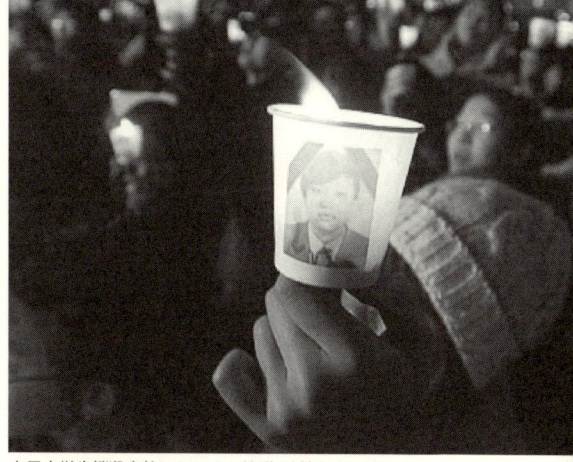

女子中学生轢殺事件にたいする抗議・追悼およびSOFA改定促求のローソクデモ
(『オーマイニュース』2003年1月13日)

(金　秀映)

韓国における反米軍闘争

駐韓米軍の犯罪

　朝鮮戦争以後、韓国に継続的に駐屯してきた駐韓米軍の犯罪率は非常に高い。しかし不平等な韓米駐屯軍地位協定(SOFA)のため、犯罪を起こした米兵を韓国内で適正に処罰することはできなかった。駐韓米軍による犯罪と韓国人の犠牲は絶え間なく続き、これが韓国において反米軍闘争が成長してきた重要な背景である。最もよく知られた米軍犯罪として駐韓米兵による尹今伊殺人事件と米軍装甲車女子中学生殺人事件がある。

米兵の尹今伊殺害事件

　米軍の駐屯以降、数多くの基地村女性たちが米兵によって殺害されたが、基地村女性にたいする社会的偏見によって、関心をむけられずにきた。92年に東豆川で米兵が尹今伊を残忍に殺害した事件は、あまりにもむごたらしい遺体と韓国警察の米国への卑屈な態度によって韓国民たちの怒りを呼び起こし、抗議デモが続発した。

この事件は韓国の社会運動がはじめて米軍犯罪を政治問題化した事件であった。そして、反米運動としての民族言説がとりあげられるなかで、基地村女性の問題、性買売女性の問題が隠蔽される結果を生んだという点で、韓国社会運動内部の家父長制をみごとに示した事件でもあった。

米軍装甲車女子中学生殺人事件

2002年6月、京畿道孝(キョンギドヒョチョン)村里のある地方道路で米軍の装甲車が脇道を歩いていた女子中学生申孝順(シンヒョスン)、沈美善(シムミソン)の2人を轢(ひ)いて通り過ぎ、即死させる事故が発生した。しかし不平等な韓米駐屯軍地位協定によってこの事件は真相さえ正確に明らかにされないまま、事故を起こした米兵らは東豆川キャンプゲイジ内の米軍事法廷で無罪判決を受け、悠々と韓国を去っていった。この処置は、駐韓米軍にたいする韓国市民社会の深い怒りを呼び起こし、すぐに多くの韓国市民の抵抗がはじまった。非常識な裁判結果にたいして、米軍による犯罪事件にさして関心のなかった人びとまで抗議の隊列に合流し、全国的な大規模キャンドルデモが週末ごとに続けられた。この反米抗議キャンドルデモには数多くの市民団体が参加し、中高生や幼い子どもたちを連れた参加者も多かった。　　　　　　　　（金　秀映）

日本における反基地闘争・反米軍闘争

『沖縄復帰』と反基地闘争

沖縄にとって72年復帰は、期待したような核も基地もない平和を実現するものではなかった。80年代は、米軍から嫌がらせを受けている「反戦地主」を支援するため、個人単位で1万円を出して、未契約の軍用基地を買い取るという「一坪(ひとつぼ)反戦地主運動」が展開され、87年沖縄・海邦国体(かいほうこくたい)の際の「日の丸焼き捨て事件」、嘉手納(かでな)基地を囲んだ人間の鎖など基地撤去を求める闘いが持続的におこなわれる一方で、保守県政下の公共投資と本土の大手資本による土地開発・自然破壊が進行した。

米軍基地と性暴力

90年代に状況は一変する。95年9月米兵から受けた性暴力を告発したサバイバー(被害者)の声は、息長くネットワークを築いてきた沖縄の女性たちの運動を基盤とし、広範な人びとの怒りへと結集した。8万5000人が集

「復帰」でも米軍基地への不安は拭いきれなかった。「復帰」を報じる『朝日新聞』1972年5月15日付(上)。95年9月、米兵による「少女暴行」事件を機に沖縄県民の怒りは爆発、10・21県民総決起大会に8万5000人が参加(『琉球新報』1995年10月22日付)。

　まった県民総決起大会(95年10月21日)は、「地位協定の見直しと基地の整理・縮小」を決議し、翌年9月の県民投票では過半数の有権者がこれに賛成した。
　沖縄戦後史上3番目にあげられるこのたたかいは、本土を巻き込んだ混乱の後、「普天間基地移設・名護ヘリポート建設問題」(沖縄の人びとの激しい基地返還要求に米軍は普天間基地全面返還と引き替えに、主力部隊であるヘリコ

プター発着の代替地を要求し、名護のジュゴンの生息する美しい海にヘリポート建設を求めた。これにたいしても県民たちは激しい抵抗を続けている)として現在に続く。最も重要なのは、構造的沖縄差別としての日米安保体制に対する訣別の意志が1人のサバイバーの性暴力との闘いとつながったことである。

(菊地夏野)

米軍ヘリコプター墜落炎上事件(2004年8月13日)。右上部が黒壁となった沖縄国際大学。その奥には注油所がある。(兼城淳子氏提供)

コラム●沖縄の米軍基地と韓国

「韓国の小島(済州島)を沖縄の米軍基地の代替として提供する」。1969年4月、韓国の朴正熙大統領はアメリカに緊急にこのような意志を伝えた。沖縄が日本に返還されることで、米軍基地が縮小され北朝鮮の脅威が高まることを懸念したためであった。あまり知られていないこの事実は、米軍の世界戦略のなかで沖縄と韓国がいかに密接に関係をもっていることかを考えさせられる。

近年、日米同盟関係によって被害を受けた沖縄の女性や基地周辺住民は、もう一つの新たな韓国との協力関係を、日韓の市民を通じてつくろうとしている。とくに沖縄の「基地軍隊を許さない女たちの会」は、植民地時代の日本軍性奴隷制問題から米軍基地周辺における殺人・レイプ・「性買売」問題にいたるまでを、軍隊による女性への「構造的暴力」ととらえ、解決に取り組んでいる。女たちの願いは、帝国日本と植民地朝鮮の歴史的な傷痕を見つめながら人間らしい生き方をさがすこと、すなわち「人間のための安全保障」を築くことである。

(洪　玧伸)

3 労働運動・市民運動と女性

韓国の労働運動と女性

韓国女性労働者運動の出現

　韓国の労働運動は、60年代から国家が主導した輸出志向的産業化が本格的に進められ、70年11月に全泰壱(チョン・テイル)が労働者たちの飢餓賃金と劣悪な労働条件に抗議して焼身闘争をするなかで新たに開始された。70年代の労働運動は繊維・衣類・電子産業において絶対的多数を占めていた女性労働者たちが主導して力強く展開された。女性労働者たちは世界最長の労働時間にもかかわらず、最低生活費にも満たず、男性労働者の半分にもならない低賃金を受け取りながら機械のように働くよう強いられた。

　「進歩的神学」の影響を受けた教会諸団体が女性労働者たちに労働者夜学と小グループ活動など、出会い話すことのできる空間を提供するなかで最初の現場労働活動家が誕生した。彼女らが中心となって労働組合が設立され多くの女性労働者が労組活動に加わるようになり、女性労働者運動ははじめられた。

　清渓(チョンゲ)被服労組、東一(トンイル)紡織労組、元豊(ウォンプン)毛紡労組、半島商事労組、コントロールデータ労組、三星(サムソン)製薬労組、YH貿易労組は女性労働者を中心に組織された労組で、70年代の民主労組運動を牽引(けんいん)した。この間、家族と社会のすべてにおいて人間として、女性として常に差別され、蔑視されてきた女性労働者たちが労組活動を通して自己を見出し、自分たちの境遇が同じであることに気づきながら自然に連帯感が形成された。

　このようにシスターフッドに基づいた労組を中心に、女性労働者たちは労働条件改善と賃金引き上げおよび男女差別の是正をなしとげていった。女性労組指導者たちは労働組合を運営する際、すべてを組合員たちとともに議論し、ともに決定する民主的な運営方式を堅持(けんじ)して組合員たちの指導部にたいする信頼と絶対的な支持を引き出した。女性労組指導者と組合員たちの組織への献身と労働運動にたいする使命感、自分たちの行動にたいする道徳的優越感を信じることで、維新体制下の無慈悲な国家暴力のなかにおいても自分たちの闘争をしっかりと守り抜く力を得ることができたの

である。

民主労組の破壊と学生たちの労働現場への参加

朴正煕政権は女性労働者たちが主導した民主労組の成長に脅威を感じ、78年の東一紡織(トンイル)労組を皮切りに、企業主・産別労組と手を結んで民主労組を破壊しはじめた。朴正煕政権は、マスコミを利用した黒色宣伝によって、女性労働者たちの労働運動を不純勢力や「アカ」と罵倒した。

労組破壊およびイデオロギー攻勢は、80年の5・17クーデタによって登

コラム●東一紡織労組闘争

東一紡織労組闘争は70年代の御用労組民主化闘争の代表的な例として、シスターフッドに基づいて強固な闘争を繰り広げた韓国女性労働者運動の象徴である。72年に韓国初の女性労組支部長が選出されるなかで民主労組が成立した。以後、会社と御用上級労組、政府の合作による民主労組破壊工作が数年にわたって続き、女性労組員たちに糞尿(ふんにょう)を浴びせ掛ける蛮行さえなされた。しかし女性労組員たちはこれに屈せず、自分たちの正当性と民主労組を守るため、メーデーでのデモ闘争、ハンスト闘争、復職闘争、ブラックリスト撤廃闘争などをおこない、不屈の闘争意志を見せた。　　　　　　　　　　（金　秀映）

コラム●三清教育隊

1980年に5・17クーデタを引き起こした新軍部は、非常戒厳令を発した直後に国家保衛非常対策委員会を通じて「社会悪一掃」のための特別措置および戒厳布告令を発表した。以後、6万人をこえる市民たちを検挙してA、B、C、Dの4等級で区分した後、その中でB・C級3万9742人に純化教育という美名のもとに軍部隊で過酷な教育と殴打・拷問などの極悪な人権蹂躙をおこなった。彼らのうちには労働運動家をはじめとして新軍部に批判的な人びとも相当数含まれていた。のちの国防部(国防省)の公式発表によれば、三清教育隊内の死亡者52人、後遺症による死亡者397人、精神疾患など各種の疾患を患っている人2768人である。2003年末に「三清教育隊名誉回復及び補償に関する法律」が制定されたが、三清教育隊における失踪(しっそう)および虐殺の疑いはいまだに明らかにされていない状況である。　　　　（金　秀映）

場した全斗煥政権においていっそう暴圧的におこなわれた。多くの労働運動家が三清教育隊へ連れていかれて純化教育という美名のもとに無慈悲な国家暴力にさらされた。また積極的な組合員たちは解雇された。このようにして、民主労組が破壊され労働関係法が改悪されるなかで労働運動は沈滞期に入る。

YH労組の女性労働者たちの闘い
(韓国史編集委員会『韓国史20』ハンギル社、1995)

コラム●全泰壱と李小仙

　1970年11月13日、ソウルの平和市場の前で、22歳の平和市場の労働者全泰壱が「勤労基準法を遵守せよ」、「われわれは機械ではない」と叫びながら焼身自殺した。全泰壱の焼身自殺は、韓国の産業化がもたらした労働者たちの劣悪な生に知識人らが関心を持つようになる決定的な契機となった。大学生たちはこの事件をきっかけに労働問題の深刻さを認識し、政治的な次元での民主化の要求からもう一歩進んで、民衆の生を改善する闘争をはじめた。全泰壱が仲間たちに残した「俺の死を無駄にするな！」という遺言は労働者たちの意識を呼び覚まし、70年代に韓国労働運動の新たなはじまりを告げる民主労働運動を産んだ。全泰壱の母親である李小仙（イ・ソソン）は、自らがなしえなかったことを母に託す全泰壱の遺言にしたがって、労働者たちの闘争に常に積極的に参加し闘争することで「韓国労働者階級の母」と呼ばれた。(写真は、全泰壱の遺影を抱く李小仙。全泰壱記念事業会提供)　　　　　(金　秀映)

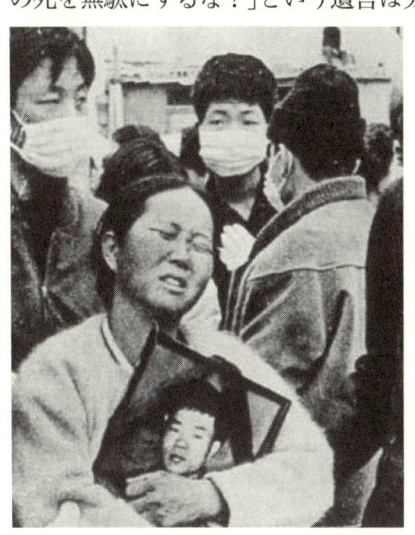

しかし80年代はじめから、数千人の大学生たちが労組の組織活動を支援するために大学を離れて労働現場に入ることで労働運動が活性化し、労働争議が急速に政治化した。

労働運動の家父長主義と女性独自労組の登場

87年の6月抗争以後全国的に起こった7、8月労働者大闘争に大企業重工業労働者たちが大々的に加わったことを契機として、彼らが韓国労働運動の前面に登場する。そのなかで、労働運動の主導権は女性労働者から男性労働者へ移動する。以後、労働運動は家父長主義が強まるなかで女性労働者たちの利害を無視し、彼女たちの寄与を看過する傾向が現れた。

とりわけ90年代以降、経済のグローバル化が展開するなかで労働市場の流動化がすすみ、これは女性労働者たちの雇用をいっそう不安定なものとした。さらに97年の経済危機の克服過程において労働組合運動は女性労働者の解雇を優先することに同意しつつ、生計扶養者という男性の特権を守る運動として定着していく。このように労働組合が、女性労働者たちの利害から目をそむけ女性労働者を犠牲にする政策を通じて男性労働者のみの連帯の場となっていくと、ソウル女性労働組合、全国女性労働組合など独自の女性労組が登場することとなった。　　　　　　　　　　（金　秀映）

コラム●在日韓国人留学生政治犯問題

71年3月6日、ソウル大学の留学生徐勝(ソ・スン)の逮捕をきっかけとして、40数名の在日韓国人が政治犯として韓国政府に捕らえられた。徐勝は、その弟徐俊植(ソ・ジュンシク)とともに日本では「北傀の間諜」、つまり「実弟など20人を仲間にひきいれ、各大学の連合戦線を組織、朴大統領3選阻止運動を進めていた」と、報じられた。韓国では「学園浸透スパイ」として金載圭司令官によって71年4月20日に発表され、裁判の結果、徐勝は死刑判決、徐俊植は懲役7年の判決を受けた。徐兄弟は真の民族解放を求めるうえで、民族統一をその目標の一つとして掲げていたが、その後、朴政権のもとで制定された「社会安全法」により、徐勝はおろか徐俊植までも90年代初頭まで監獄生活を強いられた。彼らの救援活動に関与した人びとは、軍事独裁政権に反対するとともに、それに加担する日本政府に怒りと不信感をつのらせた。　　　　　（金　聖一）

「水俣病裁判」で公害企業・日本チッソの過失責任を認定
(『朝日新聞』1973年3月20日付)

日本の市民運動と女性

高度経済成長と女性労働

　高度経済成長によって女性労働者の数は、50年代に総雇用者数の25.1％から60年代に30.6％、70年代に33.2％という比率で増大した。しかし雇用における女性労働者の位置づけは若年短期補助労働にあり、女性たちは早期退職に追い込まれた。雇用や昇進の機会は不平等であり、男女別賃金格差は著しいものであった。こうした状況に抗した女性労働者たちの差別撤廃闘争は労働組合運動のなかに取り入れられ、たとえば72年の春闘(春季闘争)では、①男女の賃金・労働条件差別禁止を明確にする(結婚退職制・若年退職制廃止など)。②労働時間規制に対応する特別規制をいっそう強化する。③産前・産後休暇を増加し、つわり休暇を新設する。④生理休暇の請求要件をなくすとともに、生休・産休・育児時間の有給扱いを明記させるなどの4項目が提起された。

　これらの要求を実現するため、女性たちは裁判に訴え勝利を勝ち取ることで、女性労働をめぐる偏見の解消と「労働権」の確立をめざしたのである。

　　　　　　　　　　　　　　　　　　　　　　　　　　　(大越愛子)

新しい社会運動

　戦後自らを「市民」ないしは「生活者」とした市井の人びとの運動の萌芽

は、60年代後半から70年代にかけた「新しい社会運動」の流れにみることができるだろう。高度経済成長期には「生活者」ということばとともに、「消費者」として大衆をとらえる消費社会論が盛んに展開された。「消費者」概念に含まれる私生活の充実をめざす社会像は、同時に私的領域に関わる権利やそれを侵害する権力への抵抗をも生み出した。◆1

日常の生活に根ざした住民運動としては、公害告発運動がある。熊本県水俣湾沿岸を中心に起こった「水俣病(みなまたびょう)」は、環境汚染による有機水銀中毒として、その被害を世界に知らしめた。公的には1956年に発見されたが、発生はそれに遡(さかのぼ)った。水銀は、母胎を侵して「胎児性水俣病」を引き起こし、地域住民を悲惨な状況に陥れた。石牟礼道子(いしむれみちこ)(1927〜)の『苦海浄土(くがいじょうど)』(1969)をはじめ、被害者の苦しみを人びとに伝える言論と、被害者たちによる公害企業や政府への責任追及の運動が、「公害」問題の深刻さを世に広めた。

(高原幸子)

個に根ざした運動スタイル

70年代の「公害」告発運動は、80年代の反原発運動や自然環境保護運動などに発展した。この間、企業論理に巻き込まれていった主流の労働運動は、むしろ取り残されていった。数々の住民運動、反公害・原発運動、マイノリティ運動、フェミニズム運動などは、支配的文化やそれに即したライ

コラム●主婦論争

敗戦後の経済混迷状況を乗り切るため、主婦層の女性たちが大量に家庭外労働に進出した。主婦であることと職業を持つことの葛藤に着目して、55年石垣綾子(1903〜96)が「主婦という第二職業論」で女性の職業進出の意義を強く提起した。これを契機に「仕事か、家庭か」をめぐって、第1次、もしくは前期とよばれる主婦論争(1955〜57)が起こった。さらに60年代の高度経済成長期には主婦の家事労働の経済的価値をめぐる論争(1960〜61)、72年に「主婦は解放されているか否か」に関する論争が続いた。いずれも女性の解放が「主婦」状況を基準として論じられたこと、男性の責任を問う視点が抜け落ちたことなど性別役割分業を前提とした議論であり、戦後の政治的・経済的変遷のなかで女性たちが直面した困難と自己矛盾を反映するものであった。

(大越愛子)

フスタイル自体を問う点で共通しており、ベ平連(ベトナムに平和を！市民連合)はその結節点であったといえよう。

自らの生活の現場からの発言を尊び、個人の自発性と責任に立脚しながら、他者の受難に想いを馳せる運動スタイルは、80年代に国際協力NGO(Non-Governmental Organization非政府民間組織)の活発化、国内においては生活協同組合の活動、数々の福祉系NPO(Non-Profit Organization民間非営利組織)などの活動、そして女性たちの自主的な活動などに、脈々と引き継がれていった。　　　　　　　　　　　　　　　　　(高原幸子)

NPO

95年の阪神・淡路大震災を機にボランティア活動が注目を浴び、98年には特定非営利活動法人促進法(NPO法)の施行によりNPOには法人格が認められるようになった。しかしNPOの担い手が、ボランティア＝無償労働というイメージが流布し、性別役割分業の補強とみなす立場もある。つまり、資本主義体制や社会構造にむしろ適合的となるため、個人の自発性や責任が体制維持に都合がよく解釈されていく危険性がある。「女性」が二級市民として扱われる現状とつながる議論とも言えよう。

しかしこうした議論には一定の留保が必要であろう。必ずしも資本主義体制や社会構造迎合的ではない側面が、近年のNGO活動やNPO活動にみられるからである。従来の告発型住民運動というよりも、政策提言や住民参加の側面を強調し、国家や行政では気づかず、おこなうことができない領域を内破していく潜在的力を積極的に評価すべきではないだろうか。

またCSO(Civil Society Organization市民社会組織)という名称によって、NPOやNGOという名称が持つ「非(Non)」という消極的なイメージ表現ではなく、市民が積極的に担うという側面を強調する方向に変わりつつある。それは、個人の自発性と責任が常に国家との関わりにおいて考慮された時代とは異なり、自律性を保った市民が育ちつつあるという未来の萌芽が見られるということであろう。　　　　　　　　　　　　(高原幸子)

◆1　消費者の立場を自覚した主婦層が、消費者運動、生協運動に積極的に参加し、それを通してさまざまな地域の問題に関わるなど、当時「活動専業主婦」と言われたスタイルをつくり出した。

◆2　地域のさまざまな問題に取り組む女性たちのNPOは、ほとんど無償でおこなわれ、末端に手が回らない行政に利用されているという批判もある。

4 ベトナム戦争

韓国軍のベトナム参戦

ベトナム戦争

　ベトナムは第2次世界大戦後、ホー・チミン中心のベトナム民主共和国の独立を宣布したが、旧植民地宗主国フランスが46年12月に再侵略するなかでフランスにたいするベトナムの民族解放戦争がはじまった。54年にフランスの敗北により戦争は終わったが、55年にベトナム南部にアメリカが支援するベトナム共和国が擁立されるとベトナムは分断され、60年に南ベトナム民族解放戦線が、61年に南ベトナム人民解放軍が発足するなかで内戦が本格化した。65年、アメリカが北ベトナムを爆撃し大規模の地上軍を派遣して直接的に軍事介入したことから、本格的なベトナムの民族解放戦争がはじまった。ベトナム戦争はその後10年間闘われ、最先端の戦争テクノロジーと兵器を装備した延べ350万人の米軍が投入されたが、ベトナム民衆の頑強な抵抗により、米軍が敗北して撤収した。75年に南ベトナムの敗北によりベトナムの統一がなしとげられ、戦争は終結した。

　米軍は第2次世界大戦において投下した爆弾の3倍以上の量を絨毯爆撃◆1で使用投下した。数百万人の民間人の死亡はほとんどがこのような空爆によるものであった。

韓国軍のベトナム派兵の背景

　アメリカがベトナム戦争に本格的に介入するとともに、米軍の空爆と枯葉剤◆2散布にたいする国際的非難と名分なき戦争にたいしてアメリカ国内の反戦運動が高まった。アメリカ政府は国際社会が支持する戦争であるとの名分を得るために自己の影響力下にある25カ国に参戦を要請し、7カ国が派兵をおこなった。このうち、韓国は最も大規模な戦闘部隊を派兵した。

　韓国軍のベトナム参戦は、朝鮮戦争以降、韓国が政治・軍事的に、また経済的にアメリカに一方的に従属しつつ深刻に不平等なものとなった韓米関係と、かつアメリカの支持を得て自己の独裁権力を維持しようとしていた独裁者の権力欲とによるものであった。朴正煕政権の派兵の論理は朝鮮戦

米軍による北ベトナムへの爆撃開始
(『朝日新聞』1965年2月8日付)

争当時、韓国を助けてくれた自由友邦の恩恵に報いなければならないという恩返し論、南ベトナムが共産化されれば隣接国家も順に共産化されるはずだという第2戦線論、アメリカの韓国軍派兵の要請を拒否する場合、在韓米軍がベトナムに行くことになり、北朝鮮の侵略の脅威が高まることになるという米軍撤収論◆3だった。ベトナム戦争中の10年間、国家の命令に従って32万人の韓国兵が派兵されて、5000人が戦死、1万6000人が負傷し、今も8万人余りが枯葉剤後遺症を病んでいる。

真相究明運動と加害者としての反省

韓国軍は人命損失の可能性が高く、民間人を虐殺する危険性の高い討伐

◆1　米軍は第2次世界大戦中に連合国軍が全体的に使った爆弾量の1.5倍以上をベトナム戦争での絨毯爆撃を通して投下した。
◆2　米軍は南ベトナム地域500万エーカー、全土の3分の1にあたる土地と森に61年から71年まで、1900～2200万ガロンの枯葉剤を撒布したことが知られている。ベトナム政府によると、ベトナム戦争当時500万人以上が枯葉剤に曝され、現在では300万人以上が枯葉剤後遺症を病み、100万人以上が深刻な身体の障害を経験している。ベトナム赤十字社の資料によると、15万人以上の子どもたちが枯葉剤後遺症で苦しんでいるし、ダイオキシンの遺伝毒性によって5万人以上の「奇形児」が生まれた。
◆3　1969年ニクソンドクトリンが出されたものの、約6万2000人であった駐韓米軍が引き続き、駐屯し、71年3月にいたり約2万人が撤収した。

作戦に主に投入され、一部の韓国兵によって民間人虐殺と強かんなどがおこなわれた(ベトナムは、韓国軍による民間人虐殺被害者を5000人と推定)。99年に韓国の時事誌『ハンギョレ21』がベトナム派遣の韓国軍による民間人虐殺疑惑をはじめて報道したことから、「加害者」としての反省がはじまった。2000年秋にベトナム戦争真実委員会が結成され、韓国軍によって犠牲となったベトナム人の被害真相究明運動と、汎国民的謝罪運動が展開された。

2000年以来ベトナム平和医療連帯が韓国軍による民間人被害が多かった地域で診療事業を継続し、市民団体「私と私たち」は韓国・ベトナム青年平和キャンプとベトナム平和全国行脚などを通じて、加害国市民としての韓国人たちがベトナム人被害者たちと会って謝罪し、彼らの苦痛をともに記憶し、これを基盤にして連帯するために多様な活動をおこなってきた。そして日本軍性奴隷として連行された故文明今・金玉珠ハルモニが2度と自分たちのような戦争の被害者が出てはいけないと、政府の生活補助金と民間団体が集めた8000万ウォンをすべてベトナム戦争真実委員会に寄贈したことを契機に平和博物館を建てる作業が進められている　　(金　秀映)

資料●「ごめんなさい　ベトナム」

バックチナム、李英男歌／バックチナム作詞・作曲

　美しく会うこともできたのに／あなたと立ち向かった所は物悲しいアジアの戦地／私たちは加害者であなたは被害者で／歴史の陰に明日の夢を投げて。

　どんな言い訳もどんな慰めの言葉でも／あなたの痛い傷を洗うことができないということが分かります／しかし両手を合わせて本当に願うことは／傷の深いゴールによって平和の川の流れるのを。

　戦争のない世の中に住みたいです／友達と向かい合って手を取り合って平和を歌いたいです／お互いを理解してお互いを助けあいながら／まぶしい太陽のもと明日の夢を広げます。

　ごめんなさいベトナム／ごめんなさいベトナム／闇の中であなたが流した涙の跡ごとに／闇の中で私たちが残した恥ずかしいあとに／ごめんなさいベトナム／ごめんなさいベトナム。

日本におけるベトナム反戦運動

ベ平連

　アメリカによる65年の北ベトナムへの空爆開始に反対して、大規模な抗議行動が世界各地で展開されたが、日本国内での反応は当初鈍く、労組や政党、平和団体など、それまでの平和運動を担ってきた大組織の対応は軒並み遅れていた。そのなかで、65年4月25日に「ベトナムに平和を！市民・文化団体連合」(66年に「ベトナムに平和を！市民連合」に改称。略称「ベ平連」)が、鶴見俊輔、高畠通敏らの呼びかけによって、小田実を代表として結成された。

　ベ平連の運動は組織を持たず、個人が名乗れば誰しもがベ平連であるという、個人の自主性を原則としていた。それゆえ、各地方に300以上ものベ平連が結成され、独自の活動をおこなった。ベ平連の活動はデモが中心であり、個人が容易に抗議の意思を表明できるようにさまざまな工夫をこらしていた。生活者の立場で反戦を表明する女性たちや特定集団に属さない若者たちが力を発揮した。

平和観の転換

　ベ平連運動が与えた影響は、「戦争に巻き込まれたくない」という、素朴な感情に基づいていたそれまでの平和観を転換させたことだった。つまり、この戦争において日本人はベトナム人を「殺す側」に立っているという、自らの加害性を自覚することへの変化であった。この加害性の認識は、その後の入管闘争や戦後補償運動にも大きな影響を与えた。

　また、学生運動が過激化していくなかで、ベ平連は非暴力という市民的不服従の理念に基づいた行動を根底においていた。これは黒人解放運動に大きく影響されたもので、脱走兵支援というかたちをとった。「殺すな」という言葉をもとに、戦時のアメリカにおいて兵役の拒否を呼びかけ、それを支援するという、より普遍的な基準から国家にたいして抵抗する不服従の運動を生み出していった。ベトナム戦争中の全期間において、アメリカ国内の徴兵拒否・忌避者は57万人にも及んだ。

脱走兵援助運動

　ベ平連の米軍脱走兵援助運動は、大きく分けて2つの期間で区別できる。前期は、脱走兵をソ連経由でスウェーデンに逃す運動であり、スパイによってこのルートが断たれるまでの約1年間おこなわれた。後期は、スパイによって発見されたルートを避け、無数の人の自宅や別荘などを利用して脱走兵をかくまう運動であった。支援した人びとは誰にも把握できないほど、大きな広がりをもっていた。日常を支える活動として、家庭や地域の女性による支援は必要不可欠だった。

　韓国軍からの脱走兵に関しては、広く知れわたった事件として、金東希（キム・ドンフィ）が脱走し日本に密入国してきた事件がある。彼は亡命を希望したが、日本政府はそれを認めず、大村収容所に収監した。その後、社会党の仲介によって朝鮮民主主義人民共和国へ出国したが、その後の消息は不明である。この事件に十分対応できなかった反省から、ベ平連は大村収容所や入管の問題に取り組むようになった。

　この運動は、脱走兵支援にとどまらず、ベトナム戦争反対から、あらゆる戦争への批判へと展開していった。ベ平連の運動は当時、既成左翼の側から多くの批判にさらされていたが、いまなおその運動の到達点は色あせることはない。

　ベ平連は73年にパリ和平協定が締結されたのを受けて、74年に解散した。しかし、その運動の精神は多くの草の根の市民運動や世界的な反戦運動に継承され、現在も生き続けている。

（石川雅也）

5 日本のウーマン・リブ

ウーマン・リブとは

第二波フェミニズム

　日本のウーマン・リブは、70年10月21日の国際反戦デーにおけるデモによって口火を切られ、75年頃まで続いたフェミニズム運動である。ほぼ同時期に欧米などで起こったフェミニズム運動は通常「第二波」と呼ばれるが、運動の性格や、戦前にも『青鞜』を始めとする運動が存在したことをふまえると、70年代前半に日本で展開されたフェミニズム運動も「第二波」とみなすことができるだろう。

ウーマン・リブの背景

　70年代前半に日本でウーマン・リブが生じた社会的背景はどのようなものだったのだろうか。敗戦直後、占領軍の主導のもとでおこなわれた民主主義的な制度改革は、女性に参政権を付与したほか、教育や家族関係に関する男女の権利の平等を保障するなど、戦前・戦中の性差別的な制度を法的なレベルで大きく改善した。ただし、こうした法制度の改革は実質的な性差別の多くを解消するにはいたらなかった。

　さらに、戦後の経済復興と高度成長のなかで広められたマイ・ホームの理想は、家庭における「主婦・妻・母」としての性役割を、女性たちに積極的に引き受けさせることになった。つまり、戦後の資本主義の展開は、「男女は相互に愛し合う対等な存在だが、異なる本質と役割を持つ」という、民主主義を装った家父長制を定着させたと言える。

60年代の運動

　高度成長期のただなかにあった60年代には、公害反対運動、ベトナム反

◆1　男性なみ平等を目指した近代の第一波フェミニズムにおいて、性差別問題が未解決のまま残された。世界的に新たなフェミニズムの境位(きょうい)を開いた。
◆2　60年代の高度経済成長期に恋愛結婚幻想が流布し、核家族化が進んだ。マイホームに住んで専業主婦となることを理想の幸福とするライフ・スタイルが、メディアを通じて女性たちに喧伝された。

戦運動、大学闘争など、資本主義社会の矛盾にたいしてさまざまな異議申し立てがなされた。ウーマン・リブは、こうした運動の底流にあった平和主義の思想や近代文明・資本主義にたいする批判を継承した。しかし、女性に炊事を担わせたり女性を専ら性的対象とみなしたりする新左翼運動の家父長的な体質は、女性たちをウーマン・リブへと向かわせる大きな契機となった。

(水溜真由美)

コラム●高校野球とジェンダー、ナショナリズム

全国高校野球選手権大会(いわゆる「夏の甲子園」)は、立派な「教材」である。さまざまな条件を満たした「かわいい」女子生徒がプラカードをもって「凛々しい」球児をエスコートし、高々と「日の丸」が掲揚され、「君が代」が歌われる開会式においてすでに、ジェンダー規範とナショナリズムを学ぶことができる。第2次世界大戦中に大会が中止されたために、「高校野球は平和の象徴」とみなされ、8月15日の正午には必ず試合を中断して黙祷のセレモニーとともに、平和への誓いが立てられる。大会が開催されていることに平和を見出すこうしたトリックは、逆に現実の世界を振り返る契機となり、現状がまったく平和な状態にないことを学ばせてくれる。

(舟場保之)

コラム●世界女性会議

1975年の「国際女性年」に第1回世界女性会議がメキシコで開かれた。80年にはコペンハーゲン、85年はナイロビで開かれ、95年の第4回北京会議では、「女性の人権」が主要論題となった。そこで採択された「北京宣言及び行動綱領」実現に向けた評価のための女性2000年会議の協議では、「同性愛」まで含めた性に関する権利や中絶の権利など、女性の自己決定権をめぐっての対立があり、議論は難航した。もちろん人は多様な文化や宗教に取り巻かれさまざまな共同体に属しているが、重要なのは個人自身のアイデンティティを選択する権利が保障されることである。個人は必ずしもさまざまな共同体への所属に制限される必要はなく、逆に多様なアイデンティティを再構成することさえ可能なのだ。それが社会から承認されるために、対話の場である世界女性会議で個人の権利を念頭におく、女性の自己決定権の推進が期待される。

(中川志保子)

家父長制への反逆とシスターフッド

ウーマン・リブの問うたもの

　日本のウーマン・リブが、戦後日本社会のなかで再組織された家父長制にたいする反逆であったことはいうまでもない。

　その批判は、公的領域での性差別の是正よりも私的領域において自明なものとみなされた性規範に向けられた。こうした規範には、「妻」や「母」としての役割意識、「娼婦」にたいする差別意識、「女らしさ」のイデオロギーなどが含まれる。しかも、社会や男性の側に変革をせまることよりも、こうした規範をしばしば積極的に受け入れてきた女性自身の意識変革に力点がおかれたことは、ウーマン・リブの大きな特徴である。

あたり前の女から女たちへ。第1回リブ大会(1972年)(『週刊朝日百科　118　日本の歴史　現代8』朝日新聞社、2004)

シスターフッド

　ウーマン・リブは家父長制が女性同士を分断し互いに反目させてきたという認識を共有した。そして、男性による女性にたいする価値づけを相対化することによって、女性同士の連帯関係(シスターフッド)を築き上げようとした。

　日本のウーマン・リブの代表的な論客であった田中美津(1943〜)も、『いのちの女たちへ——とり乱しウーマン・リブ論』(1972)において、これまで女性が家父長制のもとで「主婦」と「娼婦」に分断されてきたことを指摘し、女性同士が「出会う」ことの意義を強調している。こうしたシスターフッド

◆1　自らの体験を他者と共有することで、個別的な体験に貫通している政治的なものに目覚め、意識の変革を通して、新たな自己を創造していくこと。consciousness raising、略してCR運動ともいわれる。

の思想は、女性同士が自己の本音を語り合いながら意識改革を図っていくさまざまな実践として結実した。「リブ合宿」や「リブ新宿センター」における共同生活の試みはその典型的なものである。

さらにまた、国家の枠組みを乗り越えるような連帯の試みも少数ながら存在した。73年に韓国で妓生観光反対運動が起こったとき、ウーマン・リブの運動家もこの運動に積極的に関与した。

ウーマン・リブの運動スタイル

ウーマン・リブには指導者も運動の中枢となる機関も階層化された組織も存在せず、一般の女性たちが各地に小さなグループを自発的に形成し、相互に横断的な関係を結びながら運動を展開した。こうした運動のスタイルは、従来の家父長制的な社会の中で自明とされてきた人間関係や組織のあり方にたいする批判とみなすことができる。ウーマン・リブの運動家たちは、上下関係を廃した自由な雰囲気のなかで、ミニコミの発行、さまざまなイベントの開催、共同生活の実践など、創意と活気に満ちた運動を展開した。

けれども、根強い差別意識に加えて、しばしば世間に「突飛な」印象を与

コラム●「日本」の「女性」の歴史

70年代、ウーマン・リブの女たちは、「女とは何だったのか、何であるのか」という問いを、社会と自分たち自身に向けて突きつけた。この問いを共有する女たちのなかから、それまでの歴史学によって無視され、「歴史」記述のなかで不可視化されてきた「女の歴史」を掘り起こし、聞き取り、記録する試みが開始された。その動きは各地に広がり、数多くの「地域女性史」が書かれた。こうした「女性史」という試みが、やがて「女・子どもは、いつでも戦争の被害者」という見方を覆し、「女たちも戦争に荷担した」ことを明らかにしたことは高く評価されてよいだろう。

そして現在、「日本女性史」は、すでに日本社会のなかで広範な認知を獲得しつつあるように見える。しかし、これは、「女の歴史」が「歴史学」の枠組みそれ自体を問い直し得ないまま、むしろ補足するものとして、「日本史」の内部に回収されつつあることをも意味してはいないだろうか。

（井桁 碧）

えたウーマン・リブの運動は好奇の眼差しにさらされ、マスコミからは悪意のある嘲笑と揶揄が浴びせられることになった。

　70年代後半以降の運動では、細分化が進行し家父長制的な社会を全面的に変革しようとする志向性は弱まった。他方で、女性解放の主張は、草の根レベルの女性の手を離れて行政やアカデミズムなどの制度の内部に移植されることになった。

国連女性の10年中間年日本大会でのデモ（1980年11月）前列右から4人目が市川房枝
（『週刊朝日百科　129　日本の歴史』朝日新聞社、1988）

（水溜真由美）

性と生殖の自己決定権

優生保護法改悪に抗して

　日本のウーマン・リブは、女性が自分自身の身体にたいして十分な知識を持ち、性や生殖について能動的に関わることを肯定した。ミニコミ『女・エロス』◆1誌上では、形骸化した結婚制度の内部にエロスを封じ込めることの抑圧性が指摘された。72年と73年には、少子化を背景として妊娠中絶を厳しく制限する優生保護法◆2の改悪法案が国会に上程されるが、ウーマン・リブの運動家たちは女性の性や身体の国家管理の動きに激しく反発し、法案を廃案に追い込んだ。

ウーマン・リブが直面したこと

　ウーマン・リブ運動に関わった女性たちは、女性自身の生殖や性をコントロールすることを無条件に肯定したわけではない。避妊薬であるピルの

◆1　ウーマン・リブの高揚とともに創刊された、女性による女性のための代表的なミニコミ誌。性と身体をめぐるさまざまな問題を取り上げ、影響力を持った。
◆2　48年公布の優生保護法に、翌年中絶を認める条件として「経済的理由」が追加されたため、戦後日本では事実上中絶が合法化されていた。そのことが若い世代の性体験と中絶を促進しているとして、保守層の攻撃の的となった。

使用の是非については、ピルの導入に積極的な姿勢を示した中ピ連(中絶禁止法に反対しピル解禁を要求する女性解放連合)とその他のグループとの間で意見の対立が生じた。中絶についても、胎児の生命の存在や優生学的な発想との共犯関係が障害者団体から追及された。ウーマン・リブが単純に「プロ・チョイス」[◆1]を支持するには、問題があまりに錯綜していたのである。

(水溜真由美)

コラム●女性差別撤廃条約と男女雇用機会均等法

1980年コペンハーゲン世界女性会議での署名式の後、85年に国会で批准された「女性差別撤廃条約」は、固定的な性別役割分業を差別と断定し、雇用における女性差別を禁じた。それに対応するために、日本政府は、「男女雇用機会均等法」を85年に成立(86年施行)させたが、①募集、採用、配置、昇進における均等な取り扱いに関して事業主の努力義務にとどめる、②コース別採用を容認するなど、不十分な法律だった。97年の均等法改正(施行は99年)は、一般女性保護規定を部分的に廃止する労基法改正とともにおこなわれ、募集、採用などの差別禁止規定や事業主のセクシュアル・ハラスメント防止配慮義務を定めるなど、一歩前進した。99年には、「男女共同参画社会基本法」が公布された。

(大越愛子)

◆1 アメリカの中絶論争において、中絶の権利を支持する人々は「選択を擁護する者」という意味でのプロ・チョイスを用い、反対派は、「生命を擁護する者」としてプロ・ライフを名乗っている。

6 家族生活の変化

日本の民法改正運動と生の多様化

家父長制の再編成

ウーマン・リブ運動は、戦後民主主義の成果とされた核家族が、性別役割分業に貫かれ、女性を私的領域にとどめる意味において、家父長制の再編成としての抑圧的性格をもつことをあぶりだした。「家族」のあり方を問い直す女性たちの運動は、さまざまな領域で展開されたが、なかでも注目されたのが、「家族」の枠組みを規定してきた民法の改正である。

民法改正運動

1947年の民法改正で、「家」制度は廃止されたが、「筆頭者」の存在、夫婦同氏の残存など問題が少なくない。婚姻届を提出しない事実婚に関しても、婚外子にたいする差別など、依然としてさまざまな不利益がある。85年に批准された女性差別撤廃条約10条には、妻と夫の同一の個人的権利は、「姓及び職業を選択する権利」を含むと明記されている。女性差別撤廃を求める国際的な潮流に力を得て、80年代以降、状況改善を求める女性たちは、民法改正を要求する運動を強力に展開している。

民法改正の動向

こうした要求に応じて96年に法制審議会は「民法の一部を改正する法律」要綱を公表し、不平等な現行家族法の改正案を提示した。主なものとして①結婚適齢を18歳男女に同一年齢化、②女性の再婚禁止期間の100日間への短縮、③協議離婚の際に、子どもの利益を最優先すること、④夫婦財産制(現在の別産制の検討)、⑤裁判上の離婚原因に別居5年を追加すること(離婚は結婚の実態に合わせる破綻主義の採用)などがある。

夫婦の氏については94年の要綱試案で選択的夫婦別姓への方向が開かれた。A案・夫婦同姓が原則だが別姓も認める。B案・夫婦別姓を原則とす

◆1 もとにもどる可能性のない夫婦であれば、たとえ一方が離婚を望まなくても、裁判で離婚を命じることができるという考え方。「有責主義」を取らない。

るが同姓も認める。C案・夫婦同姓が原則だが、婚姻時の届け出により、婚姻前の姓の使用が法的に認められる、という3つの案が出された。

しかしながら改正法案の提出は進展していない。同氏同一戸籍は夫婦・家族の一体感に不可欠、通称使用で足りるなどの家族主義に固執する抵抗勢力の反対は根強い。現行法は、事実婚の選択やシングル化に見られる生と性の多様化現象に対応できないままに、人びとの生き方を拘束し続けている。

(大越愛子)

韓国の戸主制度と家族法改正運動

戸主制度

日本帝国主義が効率的な植民地統治のために導入した戸主制度は、58年に新たに制定された家族法においてもそのまま維持された。朴正熙政権の近代化戦略は、西欧的な核家族の家族形態を帯びながらも、家族関係の原理は儒教的家族規範および家族制度を基盤とした家父長的家族を追い求めた。そして、一方では国家主導で出産抑制政策である家族計画事業が実施され、他方では家族法に戸主制度が維持された。現代韓国社会において戸主制度は男性には家長としてのアイデンティティを強制し、女性には夫を内助する妻として「婚家」に奉仕しなければならない「嫁」としてのアイデンティティを強制してきた。父系血統を強調する女性排除的・女性差別的な戸主制度と戸籍制度は、社会構造の最深層で韓国社会の根強い性別位階構造と家父長制文化を再生産してきた。

家族法改正運動

韓国家庭法律相談所を中心に開始された家族法改正運動は、73年に「汎女性家族法改正促進会」が結成されると女性運動の中心的課題となった。女性運動は結婚と家族、親族関係における女性の差別を除去するために家族法改正を積極的に要求してきたが、儒林(儒教を奉じる人びと、勢力)をはじめとする保守勢力は美風良俗と伝統を掲げて家族法改正に反対した。

80年代には民主化運動のなかから誕生した韓国女性団体連合が合流し家族法改正運動は大きな力を得て、89年の大幅な改正を引き出した。家族法が大幅に改正されて戸主権はほとんど有名無実となったが、男性中心的な戸主継承順位と戸籍編制、婦家入籍婚などは依然として残った。

90年代以降、家族法改正闘争が市民的次元へと広がるとともに「戸主制廃止のための市民連帯」が結成されて多様な活動をおこなっていった。
　女性運動と学界においても理論的、歴史的研究を通じて戸主制支持論者らの論理を緻密に反駁していきつつ戸主制廃止の当為性を国民に説いていった。こうした努力は全国民的な支持を引き出すにいたり、ついに2005年3月2日に民法改定案が国会を通過し、2年の猶予期間を経て07年2月から戸主制度は廃止されることとなった。　　　　　（金　秀映）

◆1　結婚幻想にとらわれることなく、1人で自立した生活を楽しむライフ・スタイル。とはいえ親元に寄生するパラサイト・シングルなど、実態は多様である。

7 在日「朝鮮人」女性運動と移住労働者問題

在日「朝鮮人」女性運動

帰国運動と韓日会談

　在日朝鮮人にたいする日本人の差別意識は、解放から4半世紀過ぎた70年代に入ってもなんら変わるところがなかった。在日朝鮮人の多くは貧困による生活苦のうえに、外国人登録法、入管法などによって治安管理の対象とされた。国民年金や児童手当などの基本的社会保障ですら81年の難民条約加入を待たねばならなかった。

　59年からはじまっていた「朝鮮民主主義人民共和国」への帰還事業が、◆1 84年まで続いた。その間およそ10万人が帰国し、60、61年の2年間で計7万2000人とそのピークを迎えた。当時、戦後復興に備えて男子は工学部などで学んだが、日本では専門を生かす道はなく、生活苦から逃れ、祖国建設に希望をかけた。日本赤十字社は帰国事業推進のため作成した資料「在日朝鮮人の生活の実態」のなかで、在日朝鮮人の44％がサービス業に従事し、完全失業者が日本人の8倍にのぼると指摘し、密売酒、麻薬など反社会的職業従事者の存在を問題にしている。

　65年日韓条約においては、「韓国」国籍と引き換えに「協定永住」を付与することが取り決められたため、多くの在日朝鮮人がそれまでの朝鮮籍から韓国籍に切り替え、在日朝鮮人の国籍は二分化された。また、条文に韓国を朝鮮半島における「唯一合法政府」と明示することで南北分断を後押しし、「歴史清算」問題や在日朝鮮人の処遇問題は後方に押しやられた。在日同胞は日韓会談における在日朝鮮人の法的地位要求を掲げて全国的な闘争を展開したが、その要求は受け入れられず、69年には「出入国管理法案」をめぐってさらに大きな闘争へと発展した。連日の抗議行動や断食闘争には民団婦人会メンバーたちもともに参加した。この時、民団内親日派との対立が表面化し、後に民団民主化運動へと発展していく。

家族史のなかにみる在日女性

　貧困と差別のなかで現実から目をそらし、酒や暴力を通してしか自己表

現できなかった在日一世の男たちの一方で、子どもを抱え、逞しく生きてきた女性たちの存在なくして在日の歴史は語れない。

南北の分断は在日朝鮮人社会に深く影を落としていったが、日本社会の差別のなかで自らの生活を守るためには同胞の結束は不可欠だった。民族の文化や伝統はそうした結束の役割を果たす一方、アイデンティティ確立のための重要な要素でもあった。しかし、それらはおおむね女性の役割とされた。とりわけ祭祀儀礼において女性たちは大きな負担を担わされた。

在日朝鮮人女性運動

良妻賢母、民族的教養・文化を身につけることを目標とした在日本大韓民国婦人会(民団婦人会)は、69年にはその目標を①組織強化②永住権促進運動③勝共精神再武装におくなど、本国の反共軍事独裁政治に与した。当時韓国国内では反軍事独裁闘争や、女性労働者の生存権を求める壮絶な闘いが繰り広げられていたが、こうした運動に連帯するどころか、むしろ在日の連帯勢力を攻撃するなど、上層部の決定を請負う役割を果たしていた。82年には指紋押捺撤廃運動に精力的に取り組んだが、その後は親睦、福祉事業を中心として今日にいたっている。

70年代、韓国の軍事独裁政権に反対し、民団の民主化を求める運動が民団内部から起こると、これに一部婦人会メンバーが加わり、後に「在日韓国民主女性会」(86年11月結成)に合流していった。

在日本朝鮮民主女性同盟(女性同盟)は、民族教育や文化運動に力を注ぐ一方、自主的平和統一を求める運動(75年)、朝鮮半島での核戦争反対・米軍撤収・祖国の自主的平和統一を求める運動など、政治的な課題について取り組んできた。結成時の男女平等、女性解放は民族的課題の前にしだいにかき消され、組織内における女性役割、下部役割を担った。

90年代に入り、日本軍「慰安婦」問題解決への動きが韓国女性たちから起こり、運動が広がった。その過程で、「在日韓国民主女性会」や「在日大韓基督教全国教会女性連合会」など在日同胞女性団体がこの運動に取り組んだ。また、東京では「ウリヨソンネットワーク」、大阪では「朝鮮人従軍慰安婦問

◆1　59年日本赤十字社と朝鮮赤十字社の間で「在日朝鮮人帰国協定」が結ばれ、その年の12月に第一次帰国船が新潟港を出た。
◆2　外国人登録法に定められて指紋押捺を義務づけられた在日朝鮮人は、80年代からこれを人権侵害として拒否する運動を始めた。裁判闘争や日韓関係の変化を通して、2000年に全面廃止となった。

題を考える会」が発足、日本軍「慰安婦」問題解決に力を注ぐとともに、家族や国家にとらわれず、既成の民族組織からも距離をおいて在日朝鮮人女性としての解放を求めた。同時に、この問題を通じて日本人フェミニストらの民族差別への無関心さを厳しく問うた。

新たな時代の変化と在日朝鮮人女性

　戦後60年を迎えた今日もなお日本社会は日本軍「慰安婦」問題をはじめとする過去の戦争犯罪に向き合おうとせず、在日朝鮮人にとっての「過去の清算」もなされていない。参政権をはじめ、雇用、教育といったさまざまな差別は今も続いている。05年1月、10年あまりにわたって裁判闘争を続けてきた鄭 香均（チョン・ヒャンギュン）の東京都管理職任用差別をめぐる裁判が最高裁で逆転敗訴し、外国人排除は「当然の法理」とされたことは象徴的である。◆1

　一方、05年3月、韓国では民法改正にともなって「戸主制度」が廃止されることが決まった。在日朝鮮人女性にとっても朗報である。これにより「家父長」概念がなくなり、女性の権利拡大が期待される。また、「戸籍」が「個籍」となって個々人の生が尊重されることで在日朝鮮人社会の開放につながるだろう。　　　　　　　　　　　　　　　　　　　　　　（方　清子）

移住労働者問題

日本の「外国人労働者」問題

　日本における内なる国際化として、80年代以降ニューカマーの外国人労働者が増え続けている。その背景には、アジア各国内での就職難の問題がある。たとえばフィリピンでは、政府による労働力輸出といった状況がある。とくに近年定住が進んでいる女性たちは、フィリピンとタイからが多い。フィリピンは興行ビザによって合法的に入国するが、タイからは観光ビザしかなく、在留資格が問われる場合が多い。共通しているのは、ほとんどがスナックやバーにおけるホステスか、レストランや工場で働くと言われて来たものの、実際は数百万円の借金を背負わされて性買売を強いられるなど苛酷な状況におかれている場合が多い。彼女たちを支援する民間施設◆2があるが、近年は、コロンビアなどの南米から、またロシア・東欧からの女性も増えつつある。また90年代以降は日本人男性との結婚を通じて定住化の傾向にある。しかし、外国人蔑視や文化的摩擦が生じ、ドメス

ティック・バイオレンス(DV)が新たな社会問題となっている。

（高原幸子）

韓国の移住労働者問題

　韓国で1980年代半ば以後、3D(dirty, dangerous, difficult)職種での労働力不足の現象が起こり、アジアの国々から移住労働者が流入しはじめた。2005年3月現在、韓国には42万1000余人の移住労働者が住んでいる。そのうち女性移住者の割合は35〜57％を占めている。韓国の移住女性労働者たちは概して、フィリピンをのぞく東南アジア出身者が生産職に、ロシアやフィリピン出身者が性産業に、中国朝鮮族出身者が食堂、旅館、喫茶店などの従業員あるいは家政婦、ヘルパーなどのサービス業に携わっている。全体の移住労働者の3分の2が「不法滞在」の身分である。長期間労働、低賃金、暴行、賃金滞払、人種差別、暴言、産業災害などの人権侵害問題が深刻であり、そのうえ移住女性労働者たちはセクシュアル・ハラスメント、性的暴行などの苦痛を経験している。

　特に人身売買組職を通じて芸能興行ビザを受けて入国する移住女性のなかには歌手やダンサーとしてだけ働くことで入国したものの、実際には性産業に流入して性買売を強要される事例が多く、深刻な人権問題になっている。また、最近では「売買型国際結婚」が増加し、現在、移住女性人権連帯、移住女性人権センター、トゥレバン、セウムトが移住女性労働者たちにたいする支援活動をしている。2005年4月、移住労働者の独自の組合として、「ソウル・京畿・仁川移住労働者組合」が創立された。

（金　秀映）

◆1　1994年、東京都の保健師である鄭香均が上司の勧めで管理職試験を受けようとしたが、外国人であることを理由に拒否され、憲法で保障された職業選択の自由、平等の原則に反するとして東京都を相手取って提訴していた。

◆2　人身売買、管理売春の被害者となった外国人女性の保護と帰国援助機関として、「女性の家HELP」(日本キリスト教婦人矯風会)、「みずら」、「サーラー」が開設され、常設シェルターの運営と相談活動をおこなっている。

8 日本の若者文化とマイノリティ運動

若者文化のさまざまな位相

　文化は政治と深く結びついている。とくに時代の先端を突っ走る若者文化は、その時々の政治状況、価値観の変容などと深く結びついている。

60〜70年代のロック・シーン──「自作自演」というスタイル

　「60年代にビートルズを選ぶこと」は、「70年代にパンク、80年代にヘビメタを選ぶことより、ずっと嫌な思いをしなければならなかった」ような少数派だった。だが、ビートルズが示した「自作自演」というスタイルは、既成の音楽産業が供給する楽曲に飽きたらない新しい世代を、確かにとらえていた。

　70年前後には各地に、ロック、フォークはもとより、ジャズやブルースなどのジャンルに多様な才能が現れた。学園闘争、反戦運動と響きあい、反体制的な姿勢を歌詞や行動にこめる表現者たち。また新左翼諸派の抗争にならうかのように、ロック派とフォーク派、日本語派と英語派の間で激しい対立、論争も起こった。

コラム●少女マンガ

　少女マンガは恋愛の実験場である。恋愛は、男と女がするものと前提されていないだろうか。女は強い男から愛される存在。そんなジェンダー規範を正当化するために異性愛の恋愛が賛美され、恋愛は女の宿命のように言われてきた。だからこそ少女マンガでは恋愛ばかりが扱われてきたのだ。

　しかし、女の恋愛にたいする「宿命的」な貪欲さは、「普通の恋愛」が切り捨ててきた「恋愛の多様な可能性」を追求し、評価することへとつながった。少年たちの濃密な関係を恋愛へと読み替えた「やおい」が少女マンガに流れ込み、受け入れられたのは、ある意味で必然なのだ。少女マンガの恋愛におけるジェンダー規範の揺らぎは、いずれ一夫一婦の制度をも浸食するかもしれない。　　　　　　（日合あかね）

72〜73年頃、人びとの関心が社会から個へ移るとともに、表現の脱政治化や音楽産業による取り込みが加速する。しかし、「自作自演」というスタイルそのものは、後戻りできない転回点として音楽史に刻まれることになった。

(箕浦正樹)

80年代アニメとポストモダン◆1

『エヴァンゲリオン◆2』というアニメをご存じだろうか？　これは80年代の「日本のポストモダン」を考えるきっかけになる。ポストモダンとは文字通りには「近代以後」である。日本でポストモダンという言葉が流通しはじめたのは80年代前半。この時期、日本は冷戦を背景にした「高度経済成長」の頂点にあり、円高・海外資産の膨張・株価の上昇という「バブル経済」に自己満足していた。これに60〜70年代の「政治の季節」の挫折の反動が重なる。

「政治と歴史」には冷めた(シニカルな)距離をとり、消費による自己実現とナショナリズムの幻想に浸った「日本のポストモダン」にあっては、思想や知識も一つのファッションとして消費された。しかし90年代以降、「政治の季節の終焉」は終焉した。リアルな政治と歴史を忘却し、「自分探し」に自閉する上記アニメの主人公は「日本のポストモダン」の遺産と言えよう。

(堀田義太郎)

マイノリティ運動

障害者解放運動

70年代に台頭した障害者解放運動は、障害を否定的に捉え、施設への隔離・収容で問題の解決をはかる福祉のあり方に異議を申し立てた。なかでも「青い芝の会」は、「内なる優生思想」を問い直すラディカルな問題提起として、五つの「行動綱領」を立てた。

1. われらはCP者(脳性マヒ者)であることを自覚する。 1. われらは強烈な自己主張を行う。 1. われらは愛と正義を否定する。 1. われらは問題解決の路を選ばない。 1. われらは健常者文明を否定する。

◆1　近代以後という意味だが、必ずしも時間軸的な意味ではない。近代的価値観や諸前提を根底から問い直す思想もしくは文化運動を示している。
◆2　90年代後半の人気アニメ。

この厳しい問いかけは、「良識」のもとで苛酷なくらしを強いられていた障害者たちに大きな影響を与えた。彼らは、「健常者幻想」に囚われていた自己自身の変革と、障害者である己(おのれ)の肯定を通して、その尊厳の回復を社会に突きつけた。

　「青い芝の会」の運動に加わり、のちに組織の分裂とともに運動から離れた在日韓国人女性・金満里は、81年、京都で催されたイベント「国際障害年をブッ飛ばせ！81」をきっかけとして、劇団『態変』を結成した。そこでは、障害をともなった身体による新たな形の表現活動が取り組まれている。

（大越愛子）

性的アイデンティティへの問い

　80年以降になってようやく、人間の性が生殖から解放されはじめた。それは、これまでは絶対であった人間の次世代再生産が相対化され、そのために必要であった男・女という性別二元制の意味が問われることを意味する。これまで自明とされてきた生物学的な性は、近年の科学によって、性染色体のレベルから第2次性徴のレベルにいたるまで、きれいに二分できるものでは決してないことがわかった。生物学的な性が人間の性別を規定しているわけではなかった。

　人間の次世代再生産の相対化は、私たちの性のあり方を自由にすることを意味する。同性にたいして恋愛感情を抱き、実際につきあうことが自由にできるようになったのは良い例だろう。こうした時代の流れは、自分の性は何かという、これまで自明であると思ってきた性のアイデンティティを自問する道を拓いた。それは同時に、他者から自分の性のありようが一方的に規定されてきたことにたいして、異議を唱えることを可能にした。

（MOMOCO）

9 韓国の大衆文化と反体制文化

若者と反体制文化

青年文化

　軍部独裁政権のもと、国家権力の徹底した抑圧と介入に規定されていた韓国の大衆文化は享楽主義と厳粛主義を特徴としていた。このような画一化された大衆文化に嫌気がさしていた若者たちはオルタナティブ(代替的)な文化を求めた。これは一方では欧米の青年文化のスタイルをまねた青年文化として、もう一方では民衆文化を志向する文化運動として現れた。70年代はじめ、長髪、ギター、ジーンズ、ミニスカート、生ビール、フォークソングに象徴されていた韓国の青年文化は、若い世代が自分たちなりに既成世代とは区別されるアイデンティティを追求する方式であった。

反体制文化

　民衆文化を志向する文化運動はより体系的な論理と現実意識に基づいて

コラム●民族、民主、民衆の念願を込めた魂の響き、民衆歌謡

　暗黒のごとき軍事独裁時代に夜明けをもたらすために闘っていたデモの現場には常に民衆歌謡がともにあり、闘争の力を高めてくれた。民衆歌謡は外国勢力による従属と軍事独裁により踏みにじられた自由、これによる民衆の悲惨な現実と苦しんでいる民衆にたいする熱い愛情、そして反民族的で反民衆的な国家と資本にたいする強健な闘争意志を美しい旋律にのせて歌った。1970年代に金敏基の「友」、「朝露」があったなら、1980年代には、歌を探す人々、なずな、安致環らの「広野にて」、「この山河に」、「その日が来れば」、「松よ青い松よ」、「四季」など数百の珠玉のような民衆歌謡があった。民衆歌謡は、残忍な国家暴力のなかにあっても恐怖を踏み越え闘争を続けられるようにした力の原動力として、多様な階級と運動分野の間に固い団結と強い連帯を形成し、維持できるようしてくれた。　　　　　　(金　秀映)

抵抗文化の形式を創造した。学生たちは仮面劇が持つおもしろさと共同体性に注目して伝統的な仮面劇の枠に現代的な問題意識を盛り込みはじめ、演劇的な形式と結合してマダン劇という新しい空間をつくり出す。

　維新体制が強化されつつあった70年代の半ば以降、大学街において運動圏文化と呼ばれる抵抗的な反体制文化が成立し、支配文化と抵抗文化の対立が鋭く現れはじめた。70年代後半から80年代の運動圏文化は運動歌謡(民衆歌謡)とマダン劇などを中心にマスメディアとは区別される独自の文化空間を形成した。これらの文化運動は民衆イデオロギーと接合するなかで反体制文化としての性格が強化され、民主化と社会正義のための闘争になくてはならない抵抗的な文化形式として定着した。　　　(金　秀映)

映画とドラマのなかの女性

60～70年代

　60年代から70年代はじめにいたる時期の映画とテレビは「家族メロドラマ」が主流をなした。テレビ人気ドラマ「お嬢様」、「旅路」、「継母」では女性を中心にすえて家族内で女性たちが体験する苦難を描いているが、結論は女性たちの犠牲と努力によって家族の統合がなしとげられるというものである。このような傾向は朴正熙政権の近代化戦略が徹底して家族依存的な性格を帯びており、求められた女性像が賢母良妻であったことを反映している。

　維新体制のもとで映画法が改定され、検閲が強化され、映画において社会問題を現実的に再現することが禁止されると、「反共」「セマウル運動」を主題にした国策映画とともに性産業の「ホステスメロドラマ」が大量に現れた。これらの映画には家族倫理から相対的に自由な女主人公たちが登場しているが、その悲劇的な結末を通じて家父長制的家族イデオロギーを再確認させている。抑圧的政治状況のなかで苦しむ、周囲のすべての男たちと性関係を結んで慰める「冬女」の梨花は、徹底的に男性の声にイメージ化された女性として、体制批判勢力が共有していた「家父長主義」を象徴する。そのなかでも「栄子(ヨンジャ)の全盛時代」は、栄子を通して、家族を貧困から抜け出させるために農村からソウルへと移住して家政婦、女工、バスの車掌、性買売女性など多様な労働を経験しなければならなかった下層階級の女性の姿をリアルに表現している。この時代の映画とドラマのなかの「家族」は、

いかなる困難にもかかわらず守られなければならないものであり、多様な次元で女性の犠牲が要求された。

80年代

　80年代には全斗煥政権が国民の愚民化のために3S（スクリーン、セックス、スポーツ）政策を取ったので、性愛描写にたいする規制が相当に緩和された。その結果、80年代はじめから「愛馬夫人」シリーズのような性愛物が氾濫した。これらの映画は結婚した女性の婚外恋愛と性を素材としているが、結婚と家族制度、家父長制のなかの女性のセクシュアリティにたいする批判的な問題意識はまったくみられない。

第7回ソウル女性映画際開催を告げるディスプレイ
（『オーマイニュース』2005年5月）

90年代以降

　80年代後半に、政治的民主化の結果、映画とドラマにたいするそれまでの検閲と禁止が大部分消え去るなか、真の意味の創作と発展がはじめて可

資料●民衆歌謡「その日が来れば」

　「その日が来れば」という歌は、当時全斗煥の暴圧政治に立ち向かった民衆が熾烈に闘うなか、民族の自尊心と人間的な社会を情熱的に夢みていた1980年代の民主化勢力の願いと意志が込められている。
　一夜の夢ではあるまい、長い苦しみの果てに／わがきょうだいの輝く二つの目に熱い涙／一筋の川のごとく流れ　つらい汗がともに流れ／広い平和の海に正義の波があふれる夢／その日が来れば　その日が来れば／わがきょうだいの懐かしい顔　あの痛ましい思い出も／ああ、短かった自分の若さも無駄な夢ではなかったろう／その日が来れば　その日が来れば／わがきょうだいの懐かしい顔　痛ましい思い出も／血のにじむほどに待っていたのも無駄な夢ではなかったろう／その日が来れば　その日がくれば──

能となった。また軍部独裁時代を耐えて民主化を勝ちとり、先鋭的となった社会意識と豊かになった感性は、90年代以後韓国の映画とドラマに新たな飛躍をもたらした。この間、禁止されていた韓国現代史の傷を素材にした映画が登場し、現代史のなかの女性の生が扱われたが、女性の記憶と経験が無視されたり、男性の視点から歪曲されたりする場合が多かった。

　フェミニズム志向の映画も登場するなかで、多様なレベルで女性問題が扱われはじめた。特に90年代半ばからは、女性監督たちによって女性の目で女性の記憶と経験を再現した本格的なフェミニズム映画が製作された。テレビでも『宮廷女官　チャングムの誓い』(原題『大長今』)のような優れたフェミニズムドラマが登場して好評を得た。これは女性監督と女性作家たちの成熟した力量を示すもので、彼女たちこそ現在アジアを中心として世界へ広がっている「韓流」の真の力の源である。他方、極端に反女性主義的な映画を通じて女性を露骨に侮辱し、究極的には女性にたいする暴力を美化している映画も登場し、深刻な問題となっている。　　　　　(金　秀映)

第7章
女性運動と「女性国際戦犯法廷」

1 女性運動の発展

韓国の民主化運動と
70、80年代の女性運動

　植民地時期に近代を経験した韓国においては、女性運動は胎動の段階から民族解放という課題をも担わなければならなかった。解放後にも、分断体制と長期にわたる権威主義体制のもとで社会全体の変革を志向する民主化運動から切り離すのはむずかしかった。西欧の女性運動が女性の独自の利害を結集させ、それを実現する政治的戦略を強調する傾向を帯びているのにくらべて、韓国の女性運動は出発段階から社会全体の変革と女性解放の戦略をつなげる性格を色濃く帯びることとなった。

　解放後から1970年代はじめまで韓国の女性運動は伝統的な女性役割の枠のなかで活動し、社会変革の意識やフェミニスト意識の成長にはさほど寄与しえなかった。しかし産業化という社会的状況の変化は、分断体制の樹立で断絶していた変革志向的な女性運動の復活を可能とした。

70年代の民主化運動と女性運動

　70年代後半にいたると、60年代から労働者階層の犠牲のもとに推進されてきた産業化と朴正煕(パク・チョンヒ)政権の反民主的な暴圧にたいする抵抗は、女性労働者たちだけでなく、農民たちの生存権闘争、学生と知識人たちの民主化運動闘争などが表面化した。他方で独裁体制のもとで宗教組織を媒介として女性運動が発展していたが、67年に創立された韓国教会女性連合会が70年代にはいって繰り広げた買春観光反対運動がその代表的な例である。韓国教会女性連合会は、拘束者家族協議会を通じて民主化運動を支援し、東一紡織、邦林(パンニム)紡織、南洋ナイロンなどで働く女性労働者たちを支援するなど女性労働運動を支えた。

80年代の女性運動

　70年代に形成された韓国女性の潜在力は、80年の5・18光州民衆抗争を経るなかでいっそう深められていった。光州抗争に加わった女性たちがたとえ光州・全羅南道地域に居住する女性たちに限られていたにしても、戒厳軍の残酷な虐殺に立ち向かって主婦・労働者・学生など多様な階層の女性

たちが連帯して闘い、70年代に民主化運動に加わってきた女性知識人たちと女性労働者たちもまた抗争の最後の瞬間まで男性たちとともに闘争した。光州抗争以降、80年代のめざましい変化は、70年代の労働運動と民主化運動を通じて成長した女性勢力を基盤にして、既存の保守的女性団体と区別される、社会変革をめざす女性運動諸団体がいっ

路上でデモ隊に提供するご飯を炊いている女性たち

きょに組織されはじめたことである。87年の6月抗争以降なされた社会の全般的な民主化はようやく、女性たちの経験する特殊な問題に女性運動が目を向ける余裕をもたらした。

韓国女性団体連合の結成

　進歩的女性諸団体は、1986年に発生した富川警察署性醜行事件を契機に、常設の共同闘争組織である「性拷問対策委員会」を通じて連帯するとともに、女性運動の中核組織が必要であることを切実に感じた。そこで87年2月18日、21の女性諸団体が集まって女性運動の連合組織である韓国女性団体連合(「女連」と略称)を結成した。

　女連の発足は、解放後、伝統的性役割の枠内で政府の政策に動員されてきただけの保守的女性団体に対抗する勢力として意味をもった。変革を志向し、女性解放の理念を備えた女性運動が登場したという点で歴史的意味をもつ。女連の出現以降、進歩的性格をもつ女性運動諸団体の結成がいっそう加速され、韓国女性労働者会協議会、韓国女性民友会が組織された。そのほかにも多様な階層、分野、地域に女性諸団体が続々と組織された。

◆1　「富川警察署性醜行事件」とは、1986年に富川警察署の文貴童警長が、労働者として就業していた女子大生権仁淑を取り調べる過程で犯した性醜行事件をいう。この事件は収監中の被害者権仁淑の決断と暴露によって世に知られるようになったが、検察の加害者にたいする起訴猶予処分に反発して、司法史上最大規模である166人の弁護団が再審請求に加わるほど社会的に大きな波紋を拡げた。ちなみに韓国刑法第298条に「強制醜行」規定があり、これは日本でいう「強制猥褻」にあたる。

フェミニズム・オルタナティブ文化の登場

　80年代に入って、日常生活のなかでフェミニズムに土台を置いたオルタナティブな（既存の支配的なものにたいするもう1つの）文化をつくろうとする独自の女性運動が芽生えはじめる。84年に同人たちの集まりとしてはじまった「もう1つの文化」は、日常的で個人的なレベルで家父長的な文化に抵抗するオルタナティブな文化の形成を強調し、『もう1つの文化』の出版を通じて性、結婚、愛など私的領域の問題から女性の仕事、南北統一、教育など公的問題にいたるまで家父長制文化批判を争点化した。

　このように80年代は、進歩的女性運動が復活し、女性運動が社会変革にたいする独自の声をあげはじめた時期といえる。進歩的女性運動は90年代にいたると、この80年代の成果を基盤として、より多様化・専門化した運動勢力へと急成長することとなる。

（安　真）

女性学の発展

1　韓国における女性学

　70年代の維新独裁の暴圧的な状況において、生存権のために闘争していた女性労働者、高等教育を受けた女性をはじめ自己の権利獲得のために努力していた多様な階層の女性たちによって女性学が導入された。

　70年代に入って高等教育を受ける女性は著しく増加したが、就職の機会は制限されており、彼女たちは依然として保守的な社会構造のなかで依存的で受動的な構成員として残されていた。このような状況のなかで、70年代に民主化運動に加わった女性たちが、75年の「国連世界女性年」を機にますます活発になった西欧の女性運動と理論に接することになった。社会運動分野ではクリスチャンアカデミーの「若い女性教育」(1974)と「若い主婦教育」(1975)などを通じて人材が輩出されはじめ、77年から梨花女子大に女性学講座が開設された。

梨花女子大女性学講座の開設

　韓国ではじめて開設された梨花女子大学の女性学講座は、女性に関わる多様なテーマを多様な分野の教授たちが講義し、討論助手が手伝う形で討論を並行したが、時がたつほどに女子学生たちの関心を引きつけた。この

講義の開設は、韓国女性学の先駆者といえる李効再教授と梨花女子大女性研究所の企画と努力の賜物であった。実践的関心から女性学講座を受講した女子学生たちは、80年代にはいると女性諸団体を結成し活動しながら女性運動とフェミニズムについての認識を普及させていき、女性の社会的地位を改善するための法的・制度的改革の方法を模索しはじめた。

女性団体連合創立大会（女性団体連合提供）

女性学研究機関の増加と女性学の急成長

82年には梨花女子大に女性学の大学院課程が開設され、83年に国家研究機関である韓国女性開発院、84年には韓国女性学会が創立された。80年代後半からは全国的に多くの大学で女性学講座開設が急増することとなり、最近では全国のほとんどの大学に女性学講座が開設され、高等教育分野の教養必須科目となった。

90年代後半には、教養レベルでの女性学の普及をこえて、専門的な研究者を輩出しうる大学院課程がいくつかの大学に開設され、大学の女性研究所の創立も急激に増えた。専門的な研究誌も女性学会と女性開発院から刊行される学術誌のほか、各大学の女性研究所からも女性学の学術研究誌の刊行が急速に増加した。最近は、多くの女性学研究者が、西欧の女性学やフェミニズム理論においてアジアやアフリカ大陸の女性たちの経験や現実が見過ごされてきたという点を指摘し、西欧の理論を韓国という社会文化的脈絡において根づかせ、韓国女性学、さらにアジアフェミニズムを定立しなければならないという問題を提起することとなった。　　　　（安　真）

2　日本における女性学

女性学という新しい学問——日本における歩み

60年代後半から70年代前半にかけて、アメリカを中心に盛り上がった

女性運動を背景に「女性学」Women's Studiesが登場した。それは、差別、排除されてきた女性が自らの手によってそれまでの男性中心の学問体系を解体し、女性の解放を第一義にめざす学問をつくりだすことを目標とした。

日本ではジャーナリストの松井やよりらがアメリカなどの動きをいち早く紹介し、70年代前半から女性学の名を付した講座や研究会が各地につくられ、多くの女性を惹きつけた。

日本の女性学の創始者の1人である井上輝子（いのうえてるこ）は、女性学を「女性の、女性による、女性のための学問」と主張したが、これは、女性学が女性の視点や経験を重視し、女性を主体としておこない、女性の解放をめざす実践学問であることを示している。

高等教育機関において女性学の研究や教育が本格的におこなわれるようになるのは、70年代半ばのことで、74年に和光大学で日本初の女性学講座（担当・井上輝子）が開講された。75年には東京女子大学のウィメンズ・スタディ・センターと、お茶の水女子大学の女性文化資料館が開設され、日本で最初の女性学研究機関となった。またお茶の水女子大学に国立大学初の「婦人問題」講座（担当・原ひろ子）が開設されたのは79年である。その後、女性学関連講座を設置する大学は増加し、2004年度は340の大学・短大で1446の関連講座が設置されている。また社会人講座の一環として大学外でも関連講座が多数開催されている。

70年代後半になると、国際女性学会(1977)、日本女性学会(1978)、日本女性学研究会(1977)、女性学研究会(1978)など女性学の名を冠した学会が登場し、社会に女性学は根づきはじめた。96年になると、日本初の大学院女性学専攻が城西国際大学に設置された。しかし、大学における女性学教育はまだ教養レベルにとどまっており、女性学で学位を得ることができるのは、2004年の段階で、お茶の水女子大学と城西国際大学のみである。

私にとっての女性学——差異を乗りこえた社会をめざす

女性学は、Personal is Political（個人的なことは政治的）を基本命題としている。よってここで私という個人の視点から考える女性学像を提示することは意味あることだと考えられる。

女性学は、既存の学問が「人間」を装いながら男性の視点で研究をおこない、女性の経験を無視してきたことに異議を唱え、女性の視点から社会や文化の構造を問い直してきた。またジェンダー、性役割、家父長制などの

新しい概念を創出し、巧みに隠蔽されてきた性差別構造を言語化、可視化した。その結果、社会は変化し、女性の活躍できる場が広がりつつある。しかし女性の多くは、まだ低く不安定な地位に追い込まれ、能力を十分に発揮できずにいる。この状況を変えるには常に社会の中心を一部の男性が独占するという社会構造を変えなければならない。そのためには男性もまたこの不平等な構造に自覚的になり、積極的に女性学と関わる必要がある。性別によって不平等に権力を分配し、性役割にもとづく行動を強制する社会は、多くの男性にも生きにくさを強いているからである。

　日本の女性学では、日本人女性の被抑圧的状況、不平等な関係に関する研究・議論は活発になされてきた。しかし、女性というカテゴリーの内部に存在する階級や年齢、出身地などの差異、在日やアイヌなどの民族的差異、また日本の外部（とりわけアジア）の女性との関係に関する研究・議論は、不十分である。このような問題意識の欠落や、「他者」への無関心、「他者」にたいする想像力の欠如が、女々格差（じょじょかくさ）と呼ばれる新たな不平等の形成に少なくない影響を与えている。これらの問題に積極的に取り組み、「他者」とともによりよく生きるための連帯を築くことが、女性学の今後の重要課題である。今日の社会は、さまざまな差異がつくり出されている。その差異を乗り越え、誰もが「犠牲者」とならずに「自分らしく」生きることのできる社会・文化の構築を女性学はめざす。女性学がめざすのは、女性だけでなく、すべての人間があらゆる抑圧から解放された社会である。

（大橋　稔）

90年代以降の韓国女性運動の発展と多様化

　90年代の韓国女性運動は80年代に急成長した女性運動組織を基盤として飛躍的に成長した。この時期の韓国では、社会変革運動から自律性を獲得した独立的な女性運動が発展し、法・制度の改革と、女性の政治勢力化を相当なレベルでなしとげた。このような飛躍的な発展は、93年の文民政府の樹立と議会制民主主義の相対的な広がり、労働運動の成長、冷戦的世界秩序の変化、地方自治制の実施といった社会的変化によって可能となった。こうして、性差別という特殊な課題により集中できる社会的環境が作り出されるなかで、女性運動も多元化し、運動の進め方もさまざまな階層の要求を包括しうるように多様化した。

女性運動の多様化

　底辺の女性たちの権利実現に集中してきたこれまでの女性運動諸組織は、90年代に入って運動のスタイルを多様化させた。韓国女性民友会は、高校卒業の単純事務職の女性労働者の急増、既婚女性労働者の増加という状況のなかで、事務職の女性労働者と専業主婦を組織化できるよう主に生活協同組合活動を設定した。

　韓国女性労働者会協議会も、零細事業体にパートとして就職した既婚女性労働者たちの問題に関心をむけ、託児所の運営、職業訓練、就職斡旋や相談などを積極的におこなっている。女性労働運動は90年代後半に入ってからパート女性労働者の組織化に力を注いだ。97年末のIMF経済危機以降、女性の解雇が大量に発生すると、99年にパート女性労働者たちは独自の労組組織である「全国女性労働組合」を結成し、パート女性労働者の問題を社会に訴えはじめた。◆1

　また90年代に入って女性教育、平和、性買売問題、宗教組織内の女性人権問題など多様な部門の問題が課題として登場するにつれ、女性社会教育院、「平和をつくる女性会」、「セウムト」、「新しい世の中を開くカトリック女性共同体」などのように個別の課題を扱う女性団体が大挙して現れた。女性運動が教育、環境、託児などの生活課題に注目するようになるなかで地域の女性運動諸団体も組織された。

フェミニズム文化運動の成長

　女性運動はフェミニズム文化運動の面でも拡張、多元化された。女性文化芸術企画(1992)やラディカルフェミニストジャーナルの『イフ(if)』(1997)などは、女性の視点に基づいた文化、大衆女性とともに呼吸するフェミニズムを標榜(ひょうぼう)して、制度改革にとどまらず、生活文化の変化を追求している代表的な女性運動団体である。

女性マイノリティ運動の登場

　90年代は女性マイノリティ運動が登場した時期でもある。代表的なマイノリティといえる障害者女性たちは、90年代初めに障害者諸団体が統廃合される過程で障害者組織内部の男性中心性と統廃合の不合理性に立ち向かう障害者女性運動を開始した。

　彼女たちは94年に障害者女性運動団体であることを表明して「閂(かんぬき)を開け

る人びと」を結成し、95年には北京・世界女性会議に参加して障害者女性問題を社会的争点として提起した。また性暴力特別法と家庭暴力特別法の制定および改正運動と連携して、障害者女性問題の法制化のために活動してきた。

女性関連の法・制度の改革

90年代に入ってさまざまな女性運動が組織され、女性の生活上の問題を中心にした法・制度の改革のために連帯した。性暴力特別法制定においては韓国女性団体連合、韓国女性団体協議会など進歩派と保守派をあわせて74の女性・社会団体が広範に連帯し、家庭暴力防止法(DV防止法)制定運動においても22の女性・市民団体が「家庭暴力防止法制定推進汎国民運動本部」を結成した。

女性主義文化運動
(1999年10月延世大学校女性祭ポスター)

女性関連の法・制度の改革は世界的にみても類例のないほど短期間になされた。男女平等を実現するための国家の義務を規定した女性発展基本法(1995)、女性たちが働き生活していくうえで切実な課題といえる乳幼児保育法の制定(1991)、性暴力特別法の制定(1993)、男女雇用平等法の改正(1995)、家庭暴力防止法の制定(1997)などである。

さらに90年代には女性政策担当専門機構が強化された。98年には大統領直属の女性特別委員会を設置し、法務部・教育部・労働部・行政自治部・保健福祉部・農林部の6部(日本の省にあたる)に女性政策担当官室を設け、2001年には、女性部(省)として独立させた。

◆1　韓国女性の経済活動参加率は産業化のはじまった1960年に26.8％、70年39.3％、80年42.8％、99年には47.4％へと増加し、労働力の女性化(feminization of labor force)現象を示している。これは西欧先進国の60％にくらべると依然として低い水準だが、増加速度から見ると驚異的である。80年代以降は既婚女性の経済活動への参加が大きく増加しているものの、児童養育期間中に途切れる傾向を示している。母性保護と養育にたいする公的な支援のない状態で増加している既婚女性の労働参加は、女性の出産率低下(2002年世界最低水準の1.17人)を招き、深刻な社会問題となった。女性たちの雇用形態は90年代に入るなかでパート労働が急激に増加し、2002年現在、全女性労働者のうちパート労働者が占める比率は70％ほどにいたっている。労働力の女性化にもかかわらず、これと同時に韓国社会で進んでいる女性労働力のパート化は女性の生活の質を低下させる主要な要因として働いている。

女性の政治参加運動

　90年代に女性の政治参加運動がはじまる。この運動は91年、30年ぶりに復活した地方自治制度の実施を求めて、地方議会への女性参加の拡大と、女性の公薦・比例割当ての政治制度改革運動を中心に展開された。95年に韓国女性団体連合・韓国女性団体協議会・韓国女性有権者連盟など34団体は「割当て制導入のための女性連帯」を組織し活動した。その結果、95年の地方議会選挙から広域議会比例代表制の導入が実現した。

　この運動は、女性団体が地域の生活政治の重要性に注目し、女性運動の大衆化と地域化を本格的に展開する契機になった。ごみ、水道、託児、病人の世話、老人扶養、子どもの教育など、主婦が地方自治への参加を通して解決しなければならないという女性運動内部の論議は、女性運動が環境運動、生協運動、教育運動などの新社会運動を吸収するのに寄与した。

　女性の政治参加運動は地方自治を通じて女性の政治参加を実現させたのみならず、中央政治においても画期的な変化をもたらした。全国会議員中女性が占める比率は、98年に3.6％（11人）、2001年に5.5％（15人）、2002年に5.9％（16人）と、1桁にすぎなかったが、2004年の第17代国会議員選挙の4・15総選挙においては、自民連を除いた各政党が比例代表候補の50％を女性に割当てたために女性国会議員の比率が13％（全国会議員299人中39人。このうち地方区議員として当選した女性議員は10人）を占め、世界の女性議員平均比率の14.3％に迫ることとなった。こうして、女性特有の問題について専門化した運動を通じて、法・制度の改革をなしとげ、韓国女性運動史において質的にも、量的にももっとも飛躍的な成長を遂げた。　（安　真）

コラム●アンチ・ミスコリア・フェスティバル

　若いフェミニストたちが主導するアンチ・ミスコリア・フェスティバルは、99年のミスコリア大会に正面から挑戦した。以後6年間、女性の容貌至上主義と性商品化のみならず、性暴力問題、職業領域、スポーツ領域、戦争と軍事主義など韓国社会のいたるところに潜んでいる家父長制文化を批判し、楽しいフェミニズム祝祭文化へ成長した。このアンチ・ミスコリア・フェスティバルは2002年に地上波テレビ3社のミスコリア中継放送放棄、04年からの水着公開審査廃止という目にみえる成果をあげた。

　　　　　　　　　　　　　　　　　　　　　　　（金　秀映）

反性暴力運動

1 日本の反性暴力運動——セクシュアル・ハラスメント反対運動を中心に

日常のなかの性暴力

職場では長い間、たいていの女性は、「結婚はまだ？」「彼氏がいるの？」などの質問ぜめにあい、仕事といえば男性職員の補助的な仕事だけの状態がつづいた。かつて女性たちは「職場の花」と呼ばれた。女性たちはこんな状況に何か変だと思いながらそれを的確に説明できる言葉を持たなかった。80年代末に「セクシュアル・ハラスメント」という言葉がアメリカから上陸し、この言葉を用いてようやく女性たちは声をあげはじめた。

福岡セクシュアル・ハラスメント裁判の勝利

89年、異性関係等に関して何の根拠もない誹謗・中傷が流されたため退職を余儀なくされた出版社の女性社員が、その責任を加害者と会社に認めさせるため、福岡地裁に日本初のセクシュハル・ハラスメント裁判を提訴した。彼女は92年に勝訴判決を勝ち取った。この裁判には、女性問題に長年取り組んできた弁護士が代理人となり、また全国規模で多くの女性が応援した。

福岡裁判の勝訴判決が与えた影響は大きく、その後94年には石川県で起きた家政婦にたいするセクシュアル・ハラスメント裁判で原告勝訴の第1審判決が出た（最高裁で原告勝訴確定）。95年には大阪と奈良、96年には札幌で、被害者が勝訴判決を獲得するという動きにつながった。99年12月には元大阪府知事横山ノックが選挙運動中、女性運動員にセクシュアル・ハラスメントをおこなうという、社会に大きな衝撃を与える事件が起きた。被害者は提訴し、1100万円の賠償を命じる判決を獲得した。このような裁判もきっかけとなり、各地で性暴力被害者支援グループがつくられた。

教育の場におけるセクシュアル・ハラスメント

セクシュアル・ハラスメントは教育の場でも起きていた。大学のセクシュアル・ハラスメント裁判の先駆けをなすのは京都大学の元教授矢野事

件である。この裁判は、元教授が名誉毀損で被害者側を提訴したことによってはじまり、97年、元教授の敗訴で終結した。同年、キャンパス・セクシュアル・ハラスメント全国ネットが設立され、大学を横断する被害者支援ネットワークが発足した。その後もキャンパス・セクシュアル・ハラスメントは続発し、提訴に及ぶ事件がつづいた。98年鳴門教育大学と秋田県立農業短期大学の裁判は、控訴審で被害者の原告勝訴の判決が言い渡され、その後次々と大学でのセクシュアル・ハラスメントが明るみに出されるようになった。

　高等学校以下の教育機関でも、セクシュアル・ハラスメントは起きていた。99年には学習塾で起きた高校生にたいするセクシュアル・ハラスメントで原告勝訴判決、奈良の県立高校でも原告勝訴判決が出された。同年、スクール・セクシュアル・ハラスメント防止全国ネットワークが生まれ、被害相談や裁判支援活動などを開始した。2002年には、卒業して約10年後に提訴した石川の高校での原告勝訴判決が言い渡された。

コラム●ソウル大申教授事件

　セクシュアル・ハラスメントの法制化をうながす事件となったのは、性暴力特別法の制定が最後の段階に入りつつあった93年にソウル大で発生した禹助教(助手)にたいするセクシュアル・ハラスメント事件である。禹助教事件は、93年8月、セクシュアル・ハラスメントと解任の不当性を訴える禹助教による壁新聞がソウル大構内に掲示されることで知られるようになった。この事件は、セクシュアル・ハラスメントの加害者側である申教授が被害者を先に名誉毀損と脅迫罪で告訴し、被害者もまた民事上の損害賠償訴訟を提起することによって韓国初のセクシュアル・ハラスメント訴訟事件となった。この訴訟は被害者側の1審勝訴(94年4月)、2審敗訴(95年7月)、最後には大法院における勝訴判決(98年2月)によってけりがついた。だが、判決が二転三転するなかで多様な反応を引き起こした。「果たしてどこまでがセクシュアル・ハラスメントか」という問題提起からはじまり、多くの社会的論争を呼び起こした。またこの事件は、韓国社会の日常生活に蔓延しているにもかかわらず無視され、隠蔽されてきたセクシュアル・ハラスメントをはじめて社会的な問題にしたことでも注目された。

(安 真)

「強かん神話」の打破

　性暴力の最たるものは強かんである。被害者の多くはその原因は自分の「落ち度にある」とか、被害を「恥」だと思いこまされ、泣き寝入りさせられていた。勇気をもって告発しても、話を信用されなかったり、軽蔑されるようなことすらあった。被害に遭ったら女性は命がけの抵抗をするものとされ、女性の方に隙があったはず、という「強かん神話」が長い間、男性はもとより女性自身にも信じられていたからである。83年、東京・強姦救援センターが日本で初めて発足し、「強かんは、女性にたいする支配・征服が性行為という形をとった暴力」「強かんは、女性が望まないすべての性行為」と明確に定義し、性被害者の支援活動を展開した。93年には日本フェミニストカウンセリング研究連絡会が発足し、被害女性の相談、心のケア、法廷に意見書を提出するなどの被害女性のアドボカシー（被害者の弁護、支持、擁護）活動を開始した。

金寶恩・金鎮寛救援運動（女性史研究モイム　道ならぬ世『20世紀女性事件史』女性新聞社、2001）

世界規模でのネットワークの形成

　95年北京における第4回世界女性会議では、日常および紛争中など時と場所を選ばず常に存在する世界規模の男性の暴力による女性支配のカラクリが解き明かされた。このカラクリを手がかりに同時に旧日本軍戦時性奴隷制の存在と、その被害を覆い隠し続けてきたことも確認した。北京で燃えた女性たちは、自らの「性／生」を取り戻すため、女性にたいする暴力の根絶を政治課題とする運動に、グローバルなネットワークをつむぎあげながら、さらに精力的に取り組み出した。　　　　　　　　（柳本祐加子）

2　韓国の反性暴力運動

　90年代韓国女性運動の刮目に値する成果のうち見逃せないものが反性暴力運動である。この時期に女性運動が獲得しためざましい成果のうちの一つは、家庭暴力（主に夫婦間の暴力）とセクシュアル・ハラスメントなど私

的領域で発生する「女性への暴力」(Violence against Women)という広範な
テーマを社会問題として提起したことであった。そして、性暴力を防ぎ被
害女性たちを支援するための法制度が用意されたという点である。また女
性運動の成長に励まされて、日本敗戦後も韓国と日本での圧倒的な家父長
制の雰囲気のなかで埋もれてしまっていた「挺身隊」という名の日本軍「慰
安婦」問題が、日韓両国にとどまらず世界的な社会問題となったのも特記
するに値する。

　87年2月に結成された韓国女性団体連合(「女連」)は、進歩的女性運動の
全国的な組織として90年代に反性暴力法制化運動の中心的役割を果たし
た。また80年代に根を下ろした「女性ホットライン」(1983)と91年4月に
オープンした「韓国性暴力相談所」が危機センター、ホットライン、シェル
ター、自助会などの具体的な活動を通じて反性暴力運動を先導し、被害者
相談と運動に同時に取り組んできた。これら女性団体も、「性暴力」とはな
にかを前面に掲げて問いかけながら、女連とともに活動した。

「性暴力特別法」、「家庭暴力防止法」の制定

　性暴力犯罪にたいするマスメディアの報道が増えつつあるなか、92年3
月に女連は傘下に性暴力特別委員会を設置して性暴力に反対する世論形成
を主導していき、93年5月21日に開かれた共同記者会見には、政治的立場
の異なる韓国女性団体協議会のような女性諸団体のみならず、労働運動、
市民運動団体など74の諸団体が反性暴力の立法運動に広範に加わること
となった。性暴力犯罪が女性の「貞操」の問題ではなく、女性自身の性的自
己決定権を侵害する暴力であるという主張が法案にそのまま反映されはし
なかったものの、93年12月についに「性暴力犯罪の処罰および被害者保護
等に関する法律」(「性暴力特別法」)が国会を通過した。

　95年10月頃から「韓国女性の電話連合」が開始した家庭暴力防止法制定
運動は、96年、女連傘下に「家庭暴力防止法制定推進特別委員会」(家庭暴力
特委)が設置されたのち、全国的に展開された。女性諸団体は連帯して96
年10月30日に約8万5000人の署名とともに「家庭暴力防止法(案)」を国会に
請願した。1997年11月に第15代定期国会においてそれぞれ「家庭暴力犯
罪の処罰等に関する特例法」と「家庭暴力防止および被害者保護等に関する
法律」(「家庭暴力防止法」)として法制化された。

セクシュアル・ハラスメント規制の法制化

90年代末には、性暴力特別法と家庭暴力防止法のほかにも、団体生活において起こりやすいセクシュアル・ハラスメントを規制する法がつくられた。セクシュアル・ハラスメント規制の法制化は、99年の「男女雇用平等法」の第3次改定時に「職場内セクシュアル・ハラスメント」条項が含められ、また同年、公共機関内におけるセクシュアル・ハラスメントを禁止する「男女差別禁止および救済に関する法律」(男女差別禁止法)が制定されることで、法的に制裁を加えることが可能となった。
（安　真）

2000年代韓国女性運動の課題

性売買防止法の施行

　韓国女性運動は、90年代の法・制度改革運動を通じて、西欧の女性運動が1世紀以上かけてなしとげたものを短期間に成就した。

　2000年代前半の韓国女性運動の成果のうちで見逃せないのは、04年春に制定された性売買防止法が同年9月23日から実施されたという点である。この間、二重の性倫理のなかで実際には性買売女性のみを処罰してきた「淪落行為等防止法」が廃止され、新たに制定された性売買防止法(「性売買斡旋処罰法」と「性売買被害者保護法」)は、性を買う男性にたいしてのみならず性買売の中間搾取者である業主たちへの処罰を強化し、脱性買売を望む性買売女性にたいする国家の保護と支援を強化した。性売買防止法の施行は今後、韓国社会において性買売の程度と形態に相当な変化をもたらすものと予想され、性買売女性の人権保護と脱性買売に寄与することができるものと展望される。

制度改革に追いつかねばならない意識の変化

　しかし、90年代のめざましい成果と2000年以降獲得したいくつかの女性運動の結実にもかかわらず、新自由主義的グローバリゼーションによる女性労働者の解雇および非正規職化(パート化)、貧困の女性化などが進み、

◆1　たとえば1991年に発生した金富男(キム・ブナム)事件は、9歳の時に隣の男性に性暴行を受けた後、心的外傷後ストレス障害に苦しんできたある女性が21年後にその男を探し出し殺害した事件である。金寶恩(キム・ボウン)・金鎭寛(キム・チンクァン)事件は92年に起こった近親強かん事件で、21歳の女子大生金寶恩がボーイフレンドと一緒に、9歳の時から彼女を性的に虐待・強かんを繰り返してきた義父を殺した事件で、釈放運動が展開された。

実際の女性たちの生活の質における向上は微々たるものであるのが現状である。また韓国社会では、90年代の反性暴力運動にみられた制度的な改革の成果にくらべるとフェミニズム意識が成長したとは言いがたく、「意識と制度の乖離」現象が深刻なものとなっている。女性政策の面では2001年に女性たちの要求に押されて女性部(女性省)が新設されたが、女性関連の諸政策を統括し監督する機構として根づくには難題が山積している。

これまで大きな成果をあげた法・制度の改善運動は女性運動を制度的な改革に安住させ、両性が平等のオルタナティブな社会を建設しようという努力を弱める可能性がなくはない。日常生活のなかに深く染み付いている家父長的意識の変革は制度改善や中央レベルでのキャンペーンのみではなしとげられず、日常生活の変革を通して可能となるからである。これからの女性運動は、家族・地域・職場など日常生活の世界でオルタナティブな政治とフェミニズム的な両性平等の文化を創出するための運動を展開しなければならない課題を抱えている。

女性労働力の非正規職化、貧困の女性化

またこれからの女性運動は、90年代の女性運動が独自性を成就する過程において相対的に弱まった、女性労働者・農民たち底辺女性のための運動と統一・平和運動など社会全体の変革運動とにたいする介入を真剣に考慮しなければならないだろう。

2000年代女性運動の重要な問題のうちの1つは、女性のパート労働者化の防止およびその保護運動であろう。またパート女性労働者のみならず、貧しい女性高齢者、女性障害者、シングルマザー、ひとり親である女性など弱い階層の女性に雇用機会と福祉サービスの提供を通じて貧困の女性化に対処しなければならない。

保守的男性の抵抗

2000年代の女性運動が直面しなければならないそのほかの重要な課題のうちの1つは、女性政策の制度化に反発する保守的な男性たちの抵抗である。99年の憲法裁判所の軍加算点制の違憲決定にたいする男性たちの反対行動の場合のように、女性運動が利己的な利益追求集団とあなどられないために女性運動は性平等の理念に立脚して合理的な論争を公論化することのできる力量を養っていかなければならない。「意識と制度の乖離」を埋めるためにも重要である。

今後、女性運動は制度の改革にのみ没頭するのではなく、制度改革の過程で公共領域における合理的討論を通じて家父長的意識の変革、日常生活の変革を引き出さなければ保守的男性たちの抵抗を解消することはできないだろう。

女性たち内部の差異

あらゆる社会運動がそうであるように、女性運動が発展するにつれて女性たちの内部の差異があらわになり、運動の分化がおこってきた。これからの女性運動は、内部の差異を認めあいながら連帯できる方法をより積極的に模索しなければならないだろう。そのためには、抑圧される集団としての女性の体験を共有できるよう、ワークショップ、文化行事などを通じて女性運動諸集団の間のコミュニケーションが活発になされなければならない。

(安 真)

2 日本軍性奴隷問題解決のための運動

韓国における日本軍性奴隷問題解決運動の展開

　半世紀以上沈黙のなかに埋もれていた日本軍「慰安婦」問題は、1980年代後半に大きく成長した女性運動が社会問題として引き出したものである。軍「慰安婦」問題を解決するための運動は3つの多少異なる流れの合流から誕生した。1つは自らが軍「慰安婦」として連行される危機をまぬがれた後、持続的にこの問題を解決するために資料を集めていた女性研究者尹貞玉、2つは70年代以降、買春観光問題を解決するために活動していた教会女性連合会、3つは80年代後半に全国連合体をつくった女性運動、この3つが出会ったことで運動が始まった。90年7月挺身隊研究会(研究所)が組織され、同年11月女性団体連合をはじめとした37以上の女性団体が参加して韓国挺身隊問題対策協議会(挺対協)を結成した。

挺対協を中心とした国内の日本軍性奴隷問題解決運動

　以後、この運動は挺対協を中心に進められた。挺対協は被害者の届け出を受けつけ、最初に名乗り出た金学順ハルモニが軍「慰安婦」の存在を社会に明らかにした。金学順ハルモニの証言はこの運動を韓国と日本で飛躍的に活性化させる契機となった。92年に日本とアメリカで関連の日本軍文書が発掘されたのもこの運動をはげまし。挺対協は、被害者たちのために募金運動を繰り広げる一方、挺身隊研究所とともに資料を集め、被害者たちの証言を記録する作業を継続しておこなっている。被害者ハルモニたちがともに暮らす「ナヌムの家」を仏教人権委員会が設立し、のちにはそのなかに軍「慰安婦」問題に関するさまざまな資料を保管する記念館も建てられた。韓国の多様な市民団体と個人が研究および被害者の支援に力を注いでおり、これに種々の病院も加わっている。

　韓国政府も93年に特別法を制定して被害者を支援している。日本政府にたいして謝罪と賠償、責任者処罰と正しい歴史教育を求めるのがこの運動のもう1つの軸をなしているが、国内においては毎週水曜に日本大使館前でデモをするのが定着している。この水曜デモは2004年春に600回をこえ、日本とアメリカをはじめとした国外でも同時に実施した。

日本軍性奴隷問題解決のための国際連帯

　国際連帯はこの運動の最も重要な特徴のうちの1つである。韓国の女性諸団体は運動の初期段階から日本の女性団体と連帯しはじめ、以後、日本のさまざまな市民団体、アジアの被害国の市民諸団体と協力しており、92年にソウルで第1回日本軍「慰安婦」問題アジア連帯会議を開催し、現在も続いている。92年からは国連人権委員会と同人権小委員会にこの問題を提起し、この問題が深刻な人権侵害であり、日本政府が被害者にたいして適切な補償をして責任者を処罰しなければならないという点が確認された。95年からは国際労働機構(ILO)にこの問題を上程し、これが強制労働条約違反であるという判断を引き出した。このような国際諸機構の判断と勧告にもかかわらず、日本政府がなんらの措置も取っていない状況にたいして、韓国と日本、アジアの諸団体は「2000年日本軍性奴隷制を裁く女性国際戦犯法廷」を2000年12月に東京で開催した。

　以後、韓国の挺対協はアジア連帯を継続しつつ、この問題の解決に努力を傾け続ける一方、記念館建設のために力を注いでいる。また、学者と言論人および活動家たちが隠蔽された真相を究明するために、日本とアメリカをはじめとした海外の資料を引きつづいて発掘しており、新たな歴史書を記録する努力もしている。

（安　真）

水曜デモでの元「慰安婦」ハルモニたち。2004年

◆1　ナヌムは「分かち合う」という意味。身寄りのない日本軍性奴隷制の被害者のハルモニが共同生活をしているところで、仏教団体が支援。

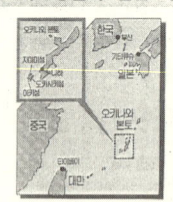

コラム●尹貞玉

尹貞玉は1925年生まれ、33年間梨花女子大に英語英文学科教授を勤めた。日本軍性奴隷として連行されていった朝鮮の女性たちの同時代人として日本軍性奴隷制度にたいする問題意識を若い頃から抱きながら生きてきた。1980年11月、沖縄で日本軍性奴隷制の被害者であった裵奉奇ハルモニに出会ってから10年ちかくにわたって日本、タイ、パプアニューギニア、中国などを調査した。88年2月に韓国教会女性連合会の金惠媛・金信実とともに10日間福岡から沖縄まで日本軍性奴隷制度に関わる場所をフィールドワークした。その結果を、88年4月韓国教会女性連合会主催の「女性と観光文化」国際セミナー(済州島)において「挺身隊の足跡を追って」というタイトルで報告したのが、日本軍性奴隷問題が韓国社会で公式に提起された最初となった。尹貞玉は90年7月に挺身隊研究会(のち挺身隊研究所)を創立し、同年11月に37団体が連合して発足した韓国挺身隊問題対策協議会の初代会長・初代共同代表を10年間務めた。91年に梨花女子大から引退した後は、日本軍性奴隷問題の解決のために専ら献身し、2000年12月に東京で開催された「日本軍性奴隷制を裁く女性国際戦犯法廷」の共同代表をつとめた。

(申 蕙秀)

韓国社会に衝撃を与えた尹貞玉「挺身隊取材記」(『ハンギョレ新聞』1990年1月)。
写真中央の女性が裵奉奇ハルモニ

日本における
日本軍性奴隷制問題への取り組みの開始

日本軍「慰安婦」問題行動ネットワークの結成

　日本における「慰安婦」(性奴隷制)問題にたいする取り組みは、90年12月1日、売買春問題ととりくむ会主催で、韓国から尹貞玉を招いて講演会を開催したのを機にはじまった。多くの女性・市民が尹貞玉の話に衝撃と感銘を受け、「慰安婦」問題に向き合う必要を認識した。尹貞玉を会長(のち共同代表)とする韓国挺身隊問題対策協議会(挺対協)が発足すると、日本の女性・市民グループも挺対協と連帯して活動を活発に展開していった。

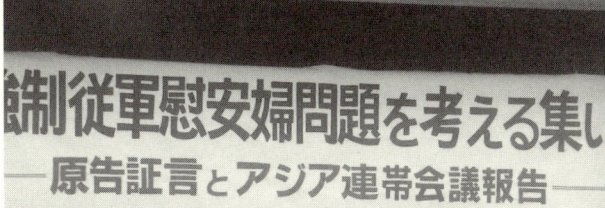

従軍慰安婦問題行動ネットワーク主催による第1回アジア連帯会議の報告集会(東京、1992年9月16日)。鈴木裕子提供

　92年1月、宮沢喜一首相の訪韓を機にゆるやかな連合組織、従軍慰安婦問題行動ネットワーク(のち日本軍「慰安婦」問題行動ネットワーク)がつくられ、93年10月には同ネットワークが中心になって、第2回日本軍「慰安婦」問題アジア連帯会議が日本で開催された。日本政府は、謝罪や賠償など公的責任を認めない、いわゆる「補償に代わる措置」を打ち出し、「金銭」問題へのすり替えを図った。第2回連帯会議では、「補償に代わる措置」に反対し、あらたに挺対協から「責任者処罰」が提案された。この提案が出される背景として、第1に「補償に代わる措置」に示されるような、「慰安婦」問題が「金銭」の問題に歪曲される恐れ、第2に「慰安婦」犯罪の責任者が処罰されずにきたことにより被害者の人権が未回復の状態におかれつづけているという認識があった。この提案は、第2回連帯会議において満場一致で採択され、決議文に盛り込まれた。

「責任者処罰」を求める告訴・告発状の提出と連帯活動

　第2回連帯会議の決議を受けて、同年12月と翌94年はじめに、挺対協から代表が2度にわたり来日し、日本側の団体・市民にたいして「責任者処罰」についての具体的な提起がなされた。挺対協の「責任者処罰」についての姿勢は明確であった。それは「今になってその責任者へ報復」するためではなく、「慰安婦」制度が戦争犯罪であり、同じような犯罪が繰り返されないように「正しい歴史の教訓を得る」というものであった。

　しかし、日本側では意見が一致しなかった。94年2月、ハルモニ（おばあさんの意味。被害女性に敬愛をこめ、こう呼ぶ）6人と挺対協代表が来日して東京地方検察庁に出向き、姜徳景（カン・ドッキョン）はじめ韓国の被害者27人の連名と挺対協の「責任者処罰」を求める告訴・告発状を提出しようとした。しかし、東京地検側は、すでに時効であること、犯罪事実の特定がないこと、そして罪状について適用すべき国内法がないことを理由に受け取りを拒否した。その夜、「責任者処罰」の趣旨に賛成する日本の個人・グループがハルモニたちを迎え東京・早稲田において、「元日本軍"慰安婦"による戦争責任告訴・告発緊急報告集会」を開催した。会場は満員となり、連帯の意思を示した。

「国際仲裁裁判を成功させ、個人賠償を実現させる連絡会」の結成

　94年7月、責任を回避しつづける日本政府にたいして、挺対協と被害者は国際的な場での決着を求めて、オランダ・ハーグにある常設仲裁裁判所

コラム●水曜デモ

　1991年1月16日水曜日正午、宮沢喜一日本首相の訪韓を契機に、日本政府にたいして謝罪と法的賠償を求めて日本大使館前で第1回水曜デモが実行された。以後毎週水曜日の同じ時間に催される水曜デモとして定着した。このデモは1995年1月阪神・淡路大震災の日を除いて1度も休むことなく続けられ、2004年3月17日に600回を記録した後、現在も続いている。このデモは、挺対協所属諸団体が順番に組織を担当しつつその時の重要な問題を提起している。多くの市民と被害者ハルモニも参加しており、3・1節、光復節、8月15日の解放記念日または500回目、600回目のデモなど特別な時点では、より大きな規模のデモとイベントが繰り広げられる。

　　　　　　　　　　　　　　　　　　　　　　　　　　（安　真）

(The Parmanent Court of Arbitation 略称・PCA)への提訴に踏み切った。請求の趣旨は、①真相究明、②法的責任の承認、③謝罪、④賠償、⑤名誉回復のための追悼碑などの建設、⑥歴史教育、⑦加害犯罪行為に関する責任者の処罰であった。

PCAにおける審理には、双方（韓国被害者側と日本政府）が「仲裁合意書」（コンプロミ）

第1回アジア連帯会議に参加した人たちも加わった水曜デモ（ソウル・日本大使館前。1992年8月12日）。鈴木裕子提供。

を締結する必要があった。このため日本においては有志が「国際仲裁裁判を成功させ、個人賠償を実現させる連絡会」（PCA連絡会）を発足させ、日本政府がコンプロミを受けるよう呼びかけた。しかし、日本政府は、95年1月、コンプロミ締結を拒否し、国際法廷での裁きを忌避した。日本の支援グループは、このPCA運動を通じて、責任者処罰についての論議を深めていった。

(鈴木裕子)

日韓女性協力とアジア連帯

日本軍「慰安婦」問題による日韓女性の出会い

90年代初めに韓国の女性たちが本格的に提起した日本軍「慰安婦」（性奴隷制）問題は、両国の女性たちの交流を深めるきっかけともなった。88年、国際セミナー「女性と観光文化」が済州島で開かれ、参加した日本のクリスチャンの女性たちは、90年12月に尹貞玉を日本に招いて「慰安婦」問題についての講演集会を開催し、これが大きな反響を呼んだ。

ウリヨソン・ネットワークのはじまり

在日コリアン女性たちも別途に尹貞玉との出会いの場を設け、「慰安婦」

◆1 「慰安婦」問題の真相究明と問題解決を求めて91年11月に結成。メンバーは、国籍を問わず日本に在住するコリアン女性たちが集った。ウリヨソンとは、「われら女性たち」という意味。略称、ウリヨソン・ネット。

問題に取り組むことの意義を共有し、「従軍慰安婦問題ウリヨソン・ネットワーク」◆1を立ち上げた。その後、日本全国の草の根的な市民運動グループも元「慰安婦」証言集会を開いたり、韓国に住む元「慰安婦」たちとの交流のために「ナヌムの家」を訪ねたりした。92年8月から2005年2月まで7回にわたって開かれた日本軍「慰安婦」問題アジア連帯会議は、日韓のみでなくフィリピンや台湾、朝鮮民主主義人民共和国、中国、インドネシアなどからも被害者や活動家が参加し、女性連帯の輪をいちだんと広めた。こうした連帯活動やネットワークの形成の積み重ねが2000年12月に開かれた「女性国際戦犯法廷」の土台となった。

日本と韓国の差異の認識と理解へ

このような連帯活動の積み重ねによって新たな課題も現れた。日本と韓国でいえば、両国社会の政治・経済・文化的背景の違いの上に、植民地統治国と被支配国という立場の違いがある。女性にたいする暴力の追放と人権、平和という共通の目的のためとはいえ、それぞれの歴史的経験や立場の違いがもたらす認識上の間隙も大きいことが顕在化するようになった。しかし、違いの発見は相互理解と真の連帯の第一歩でもある。たがいの違いを尊重しつつ、さまざまな形で討論し相互理解を深めることが求められている。

(山下英愛)

国際人権機構を通じた運動

国連での活動

挺対協は、日本政府が日本軍性奴隷問題の真相究明、法的賠償など挺対協の要求事項を受け入れなかったため、92年初めに日本軍性奴隷問題を国連に提起することを決定した。挺対協は92年8月に国連人権小委員会における最初の公式発言を通じて日本軍「慰安婦」問題の実状について告発し、国連で調査することを要請した。世界はボスニア内戦時に繰り広げられた女性にたいする集団強かんと強制妊娠に驚愕していた状況であった。そういうところにボスニアにおける強かんよりもいっそう深刻な、日本軍による組織的性奴隷制度が、被害者の公開証言を通じて直接発表されると、多くの人びとが即座に深い関心を示した。

以後、挺対協は日本軍性奴隷問題を国際社会に提起し続け、その実状を

訴えるために力を注いだ。93年2月には国連人権委員会に参加し、5月には人権小委員会の傘下機構である現代奴隷制作業部会(人権小委員会)で、韓国の姜徳景ハルモニ、北韓(北朝鮮)の鄭松明ハルモニが被害者として証言した。挺対協の活動の結果、人権小委員会は93年8月に「武力紛争下の組織的強かん、性奴隷制および奴隷制類似慣行に関する特別報告者」を任命した。また94年には、人権委員会の女性にたいする暴力に関する特別報告者に日本軍性奴隷問題を調査するよう要請し、クマラスワミ特別報告者はこれを受け入れた。95年には相次いで人権小委員会の特別報告者、人権委員会の特別報告者が韓国・日本などを訪ねて調査をおこなった。

93年6月のウィーンにおける国連・世界人権会議には李効再・挺対協共同

第1回アジア連帯会議で報告する高橋喜久江・売買春ととりくむ会事務局長(向かって右。1992年8月10日)。鈴木裕子提供。

コラム●国連人権委員会・女性にたいする暴力特別報告者

　93年、国連人権委員会は、ウィーン・世界人権会議に提出された女性たちの要求を受け入れ、94年に「女性にたいする暴力に関する特別報告者」を新設した。この特別報告者の任務は、女性への暴力の原因と結果を含む全般的な調査研究をおこない、女性にたいする暴力を防止するための方案を提示することである。任期3年の初代報告者にスリランカの弁護士、ラディカ・クマラスワミが任命された。クマラスワミは9年間の在任期間中に合計31の報告書を提出した。女性にたいする暴力を大きく家庭暴力・社会暴力・国家暴力にわけてこれを順に扱い、毎年、主報告書のほかにさまざまな国を訪れて現地調査を実施し、調査報告書を提出した。被害女性から直接の陳情を受け、当該政府当局に問い合わせ、その結果も報告書として発刊している。

　2003年にはトルコのヤキン・エルチュルク教授が2代目の特別報告者に任命された。04年の報告書のテーマは国際人権基準の国内での施行、05年の報告書のテーマは女性にたいする暴力とHIV/AIDSに関するものである。

（申　蕙秀）

代表をはじめとした4人と金福童(キム・ボットン)ハルモニが参加してその実態を証言した。95年9月の北京世界女性会議には鄭書云(チョン・ソウン)ハルモニが参加した。また、日本軍性奴隷問題の解決のためには早くから南と北の間に連帯がなされ、ジュネーブ、東京、北京などでのフォーラム開催時に北の被害者と支援団体も参加した。

ILOにおける日本軍性奴隷問題の提起

ILOにはじめて日本軍性奴隷問題が提起されたのは95年であった。大阪で英語教師をしていたカナダ人が、大阪府特別英語教員組合を通じてILOの基準適用委員会専門家委員会に日本をILO29号(強制労働)条約違反として提訴したのである。同年、韓国労働組合総連盟(韓国労総)は、ILO理事会に日本軍性奴隷を強制労働条約違反として問題提起し、以後、96年に韓国民主労総が加わって2004年まで毎年、基準適用委員会専門家委員会に韓国の2大労総が日本の強制労働条約違反についての資料を提出してきた。基準適用委員会専門家委員会は、全世界から提出された各国のILO条約違反にたいする総計200件あまりに達する事例を報告書に収め、それぞれの事例についての専門家委員会の意見を提示している。

日本の条約29号違反についての事項は、この間専門家委員会の報告書で何度か指摘された。とりわけ03年の第91回ILO総会で発刊された専門家委員会の報告書は、日本軍性奴隷問題と強制徴用問題を15ページにわたって詳しく収録したうえで日本の強制労働条約29号違反を労使政の3者会議において審議するよう勧告した。しかし、労働者グループの全面的な支持にもかかわらず、使用者グループと日本政府の反対により基準適用委員会において審議事例として採択されなかった。04年の専門家委員会報告書は03年の報告とは異なり、半ページへと大幅に縮小された。ILOにたいする日本政府の影響力がきわめて強い現実において、労組の団結のみではこの壁を乗り越えるのはむずかしい状況である。　　　　(申　蕙秀)

「国民基金」反対運動

「見舞い金」構想の浮上と「国民基金」の発足

95年、「女性のためのアジア平和国民基金」(略称・「国民基金」または「アジア女性基金」)が発足した。同基金は、前年94年8月の「村山首相談話」に基づ

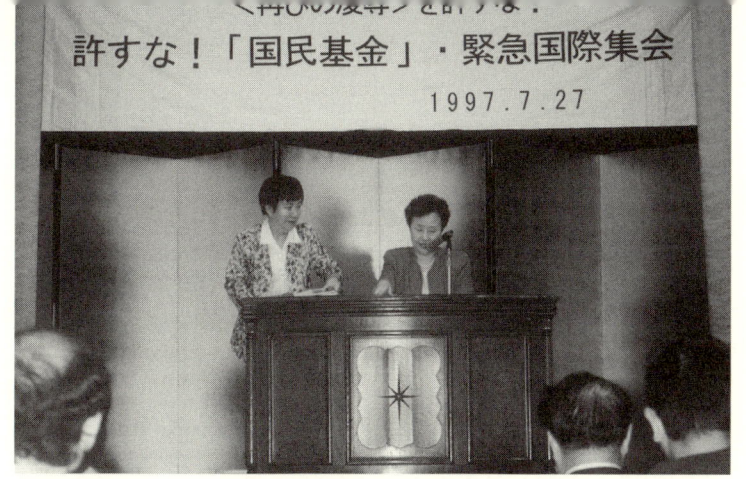

〈再びの陵辱〉を許すな！　許すな！「国民基金」・緊急国際集会（東京・1997年7月27日）で報告する金允玉・韓国挺対協共同代表（右）。武田てるよ氏提供。

き、同年12月、「民間基金を原資」に元「慰安婦」に「一時金として『見舞い金』を贈ることを柱とする政府の民間基金構想」を具体化させたものである。

「慰安婦」制度は、日本軍が組織的に考案・導入し、内務省・外務省など政府機関も関与した、明らかな戦争犯罪・国家犯罪であり、その責任は第一義的に国家が負うものであった。国家によって踏み躙られた女性の人権と尊厳回復は国家の法的責任の履行なくしてありえず、「民間基金」＝「国民基金」は、明らかに国家の犯罪性と責任を隠蔽するためにもうけられ、その責任を「民間」＝「日本国民」一般に転嫁させる意図をもっていた。

この民間基金構想が浮上すると、被害者・支援団体の多くが反対を表明した。95年2月ソウルで開かれた第3回日本軍「慰安婦」問題アジア連帯会議に参加した韓国、フィリピンの被害者たちは、「慰労金粉砕」「チャリティ・マネー・ノー」の声をあげ、あらためて日本政府に公式謝罪・法的賠償を強く求めた。しかし日本政府は、彼女たちの切実な願いを拒否して、「国民基金」を一方的に発足させた。

「国民基金」反対運動

「国民基金」が発足した95年12月、早稲田大学国際会議場で2日間にわたって「『女性のためのアジア平和国民基金』反対！国際会議」が開かれ、国内外から延べ700人以上、韓国、台湾、フィリピンの被害者、支援者も多数参加して、「国民基金」にたいする反対の意思を鮮明にうちだした。

96年5月以降、「国民基金」は、「償い金」（「見舞い金」から「償い金」と名称を

変更した)受け取らせの強行突破を図り、活動を加速させた。PCA連絡会を母体にした「つぶせ『国民基金』実行委員会」のメンバーは、「国民基金」の会合が頻繁に開催されるたび、会場のホテルに駆けつけ、抗議と反対の活動を継続的におこなった。受け取らせ工作は、96年夏から翌97年にかけて峻烈をきわめた。「国民基金」と日本政府が、被害各国において分断の楔を打ち込もうと狂奔したことは、被害者間、被害者と支援団体および支援団体間に誤解・葛藤・不信・分裂を引き起こした。同年7月、東京・学士会館で開催された「〈再びの凌辱〉を許すな！　許すな！『国民基金』緊急国際集会」に参加した金允玉・挺対協共同代表、何碧珍・台北市婦女救援社会福祉事業基金会(婦援会)執行長らが「国民基金」がおこなった数々の分裂・分断的行為をリアルに報告し、「国民基金」に反対する運動を連帯して続行していくことを確認した。

(鈴木裕子)

立法解決運動

立法解決への動き

日本政府は長い間、「慰安婦」被害者への法的責任の履行を無視してきた。その言い分として、被害者個人にたいする謝罪や国家賠償はサンフランシスコ講和条約や2か国間条約等で解決済みである、とするものである。日本政府の抗弁は、「被害者」や挺対協など支援団体による公式謝罪・賠償要求、国連人権委員会やILOなどの勧告の前に実質的に破綻した。「被害者」へのすみやかな謝罪・賠償の履行には立法による解決が必要だという認識は、96年、「国民基金」政策が実施されるに及んで関係団体にも浸透してきた。

99年4月、「『慰安婦』問題の立法解決を求める会」(1996結成)と「戦後処理の立法を求める法律家・有識者の会」(1997結成)が、共同して「戦時性的強制被害者に対する国家賠償法要綱(素案)」を発表し、各政党と国会議員に検討を要請した。同年9月に、当時の官房長官から「新たな立法措置を取ることが憲法上の問題を生じせしめることはない」という答弁が引き出されたことで、法案提出の機運がいっきに盛り上がった。

法律案の上程

2001年3月にいたり、民主党、共産党、社民党3党合意のもとで「戦時性

的強制被害者問題の解決の促進に関する法律案」が参議院に提出された。一方、司法の場でも「関釜裁判」(山口地裁下関支部)での「立法不作為」判決(1998)や「中国山西省日本軍性暴力裁判」(東京地裁、2003)判決など、一部ながらも「行政・立法による未来形の解決が望まれる」といった判断が下され、立法解決の必要性を後押ししている。

立法解決などを要求して開催された第6回アジア連帯会議(ソウル・2003年4月)。久野綾子氏提供。

　法案の主な内容は、「旧陸海軍の関与の下に行われた組織的、継続的な性的行為の強制」について、①国が謝罪の意を表すこと、②尊厳と名誉が害された女性の名誉等の回復に資するための措置を国の責任において講じる上で必要な基本的事項を定める、である。02年、参議院内閣委員会に付託、趣旨説明、審議、参考人招致がおこなわれるまでにいたった。法案にたいして、韓国、台湾、フィリピンの国会で制定促進の決議がなされている。その後、06年3月、法案は参議院に再提出された(7度目)。　　　(高城たか)

特設コラム●教科書問題

家永教科書裁判

　敗戦後、日本の教科書制度は、天皇中心の軍国主義教育を内容とした国定教科書から、新しい憲法・教育基本法のもとでの検定教科書へと大きく変わった。しかし55年、日本民主党(同年に日本自由党と合同し自由民主党結成)によって教科書「偏向」の大キャンペーンがおこなわれ、検定は教育の国家統制の方向へと強化されていくようになった。

　65年、検定で不合格とされた高校用日本史教科書の執筆者であった家永三郎(当時、東京教育大学教授)は、これに抗議して国を提訴するいわゆる「教科書裁判」を起こした。家永を中心とするこの闘いは、「教え子を再び戦場に送るな」というスローガンのもとに集まった教師たちや市民に支えられ、3次、32年間にわたって続けられた。

82年の「教科書問題」で「近隣諸国条項」

　82年、文部省(当時)の教科書検定によって、日本の「侵略」が「進出」

へと書き換えられ、歪曲された実態が海外に伝わると、韓国や中国などから、厳しい批判、反発の声があがった。この結果、教科書検定基準のなかに「近隣のアジア諸国の近現代の歴史的事象の扱いに、国際理解と国際協調の見地から必要な配慮をする」という条項（「近隣諸国条項」）が設けられた。また80年代以降、日本の侵略や植民地支配による被害者の告発が相次ぐなかで、日本の侵略や植民地支配の歴史を見据えて歴史を記述していこうという動きが起こり、90年代半ばになって、ようやく「慰安婦」問題が歴史教科書に載るようになった。

「新しい歴史教科書をつくる会」教科書の検定合格

　ところが、これに危機意識を抱いた右翼・保守勢力は、こうした歴史記述を「自虐史観」としてすさまじい反「慰安婦」キャンペーンを開始し、96年12月には「新しい歴史教科書をつくる会」を結成した。2001年4月、「つくる会」は、中学校用の社会科歴史・公民教科書の検定を文部科学省に申請、文科省はこれを合格・通過させた。「つくる会」が申請した教科書には、歴史137、公民99の箇所に検定意見がついたが、これらを修正してもなお、「全体としてはほぼ趣意書に掲げた通りの教科書」（「新しい歴史・公民教科書」の検定合格にあたっての声明）が検定を通過した。韓国と北朝鮮、中国政府からもただちに修正要求が提起されたが、文科省は韓国政府の修正要求にたいして2項目の修正のみを指示するにとどまった。このような教科書を検定合格させたこと自体、事実上、82年の近隣諸国条項に違反するものであった。

「つくる会」歴史・公民教科書の内容

　「つくる会」の歴史教科書は、日本の「国民」意識を高揚させ、自国の歴史にたいする自負心、日本人としての愛国心を生徒たちに植えつけるため、とくに天皇制の歴史的伝統を強調し、史実の記述の流れのなかに記紀神話を登場させている。アジア太平洋戦争を「自存自衛と、アジアを欧米の支配から解放」するためであったと、侵略戦争を肯定・美化し、植民地支配を正当化したものである。さらに「慰安婦」問題は、中学生に教えるのに適切なテーマでないとみなして学習内容から排除した。「つくる会」教科書は、女性軽視、女性蔑視、家制度擁護の記述も目立っている。与謝野晶子の「君死にたまふことなかれ」（日露戦争のとき発表）の詩さえ、「晶子は戦争そのものに反対したというより、弟が製菓業を営む自分の実家の跡取りであることから、その身を案じていたのだった。それだけ晶子は家の存続を重く心に留めていた

女性であった。」と歪めている。

公民教科書においては、基本的に個人の人権よりは集団の価値を強調することで、人権の意味を否定している。働く女性の記述はいっさいなく、家庭のなかでの女性役割だけが強調されている。コラム「家事は無償労働か？」にみられるように、女性の家事労働が無償であることを賛美し、家事労働にたいする問題提起を道徳の後退として非難し、男性の家庭責任にはまったく触れていない。性別役割分業を強要し、個人の主体性や夫婦別姓の主張は家族の一体化を壊すとして否定するなど、戦前の女性抑圧的な家制度の復活を狙っている。

日韓女性による共同歴史教材編纂に向けての第3回シンポジウム（ソウル・2002年11月1日）。挨拶する尹貞玉・元挺対協代表（左端）。鈴木裕子提供。

「つくる会」教科書の影響と共同教材作成の新しい動き

2002年度の「つくる会」教科書の採択率は0.039％にすぎなかったが、「つくる会」側のキャンペーンによって、8社中5社の中学歴史教科書から「慰安婦」の記述は消え、最終的に残した3社の教科書の記述も大幅に縮小され、その影響は少なくなかった。「つくる会」側から「自虐」「偏向」の攻撃を集中的に浴びた教科書は、大きく採択のシェアを後退させられた。

韓国の民間諸団体は、このような日本の極右の試みを歴史歪曲と捉え、集会・署名運動・日本商品の不買・ネチズン（インターネットとシチズンの合成語）のサイバーデモ、日韓間の文化交流中断などを通じて抗議した。また、こうした教科書問題にたいし、国境を越えて日韓、あるいは日本・韓国・中国の民間団体、市民たちが協力して共同の歴史教材を制作しようという動きが始まった。なお、05年4月、文科省を通過した検定済教科書からは「従軍慰安婦」の言葉が全8社の歴史教科書から消え、加害の記述も後退した。

（冨田幸子・安　妍宣）

コラム●心のノート

　2002年4月1日、全国の小・中学校に、政府が子どもたちへの「心のプレゼント」と称して7億円以上もかけてつくった『心のノート』が配布された。この冊子は、「日常生活や全教育活動を通じた道徳教育の充実を図るために用いる教材」として、学校や家庭で「有効かつ適切な活用がされるよう」、指導(つまりは強制)がおこなわれている。中間色の美しいカラー印刷にちりばめられた、もっともらしい人生訓や曖昧模糊とした「愛」ということばでカムフラージュされてはいるが、ここで説かれる「道徳」は戦前の国定修身教科書の徳目にそっくりである。「男女共同参画社会」でさえ、「性差が偏見や差別をもたらす時代があった。いまもそのなごりを引きずっている人もいる。だがどうだろう、いま世の中は、男も女も、みんなが力を合わせて一緒にがんばっているじゃないか」と、現実には性差別など存在しないかのように書かれている。この『心のノート』によって、子どもたちは社会を批判的にとらえることなく、「愛国心」に導かれるよう用意されている。

(冨田幸子)

世界フェミニズム運動の転換

「女性にたいする暴力は女性への人権侵害である」

93年世界人権会議のウィーン宣言で、「女性にたいする暴力は女性への人権侵害である」と提示されたことは、世界のフェミニズムにとって画期的な意義を持つ。それは、フェミニストたちの国連におけるロビー活動の成果であるとともに、日本軍性奴隷制や旧ユーゴをはじめとする世界各地での武力紛争で性暴力被害にあった女性たちの、苦悩と怒りの証言が、国際社会を動かしたことを示しているからである。

女性のなかの南北問題

20世紀後半のフェミニズムのグローバルな流れは、地球上のあらゆる性差別問題にたいして、女性たちは関心を共有するべきであるという地平を拓いた。「女性の人権」をめぐっては、北と南の女性たちの間に明確な格差がある。しかし北＝工業先進国の女性たちは、自国における地位向上のみならず、南＝途上国の女性たちが抱える貧困、人身売買、移民労働、難民化などからくる深刻な人権侵害状況、大国の利害のための戦争被害にたいする重い責任をも自覚するにいたった。

「ジェンダー正義」

このようなフェミニズムの展開は、近代以降作られてきたさまざまな概念をジェンダー、および植民地主義・人種差別主義批判の観点から再解釈する実践につながった。なかでも重要なのは、「ジェンダー正義」という問題提起である。有史以来「女性にたいする暴力」が不可視にされ、不処罰化されてきたことは、重大な不正義がまかり通ってきたことだが、こうした問題意識は、男性中心の「正義論」ではまったく欠落していた。それらの限界を指摘しつつ、「ジェンダー正義」を主張したのが、国際的なフェミニスト法学者、運動家たちが結成した「ジェンダー正義を求める女性コーカス」である。そこで練り上げられた理論と活動実践が、「女性国際戦犯法廷」の大きな支えとなった。

（大越愛子）

3 日本軍性奴隷制を裁く女性国際戦犯法廷

女性国際戦犯法廷と女性運動

姜徳景ハルモニと「女性国際戦犯法廷」

「戦争と女性への暴力」日本ネットワーク(VAWW-NET Japan)の代表であった松井やより(1934〜2002)が「女性国際戦犯法廷」を構想したのは、97年に亡くなった「慰安婦」被害者姜徳景(カン・ドッキョン)が描いた1枚の絵(次ページ)だった。「責任者を処罰せよ」というその絵は、日本軍の最高責任者と思われる軍人の「処刑」を思わせる絵であったが、そこには平和の象徴である鳩と、未来を思わせる卵が描かれていた。人権回復し、新たな未来に踏み出すためには、「慰安婦」制度の責任者がその犯罪にたいして処罰されなければな

コラム● 女性国際戦犯法廷南北共同起訴状

南北が共同で起訴状を作成しようという合意は、2年8カ月の法廷準備期間のうち、最後の5カ月を残して決定された。2000年7月にマニラで開催された国際検事団第2回会議において南北が共同で起訴状を準備することに合意して南側検事団(朴元淳(パク・ウォンスン)代表、趙時顯(チョ・シヒョン)、梁鉉娥(ヤン・ヒョナ)、姜貞淑(カン・ジョンスク)、金昌禄(キム・チャンノク)、張莞翼(チャン・ワニク)、河貞文(ハ・ジョンムン)、金明基(キム・ミョンギ)の8人)、北側検事団(洪善玉(ホン・ソノク)代表、鄭南用(チョン・ナミョン)、黄虎男(ファン・ホナム)の3人)を組織した。共同起訴状はその内容を、1部・個人の刑事的責任、2部・日本政府の国家責任とすることとし、1部は南側が、2部は北側が担当するよう役割分担をおこなった。

2000年12月8日に3時間をかけておこなわれた南北共同起訴は、①起訴要旨と背景、②強制連行過程、③慰安所内の犯行、④終戦後の犯罪(遺棄、殺害、肉体的・精神的苦痛)、⑤法の適用(個人責任と刑事責任)の計5つの部分で構成され、部分ごとに南北が協力して発表した。発表が終わった後、ガブリエル・マクドナルド裁判長は「きわめて組織的かつ効果的に起訴がなされた」と評価した。日本軍性奴隷問題をもって南北が連帯しはじめた92年以来の運動は2000年に結実したのである。

(尹　貞玉)

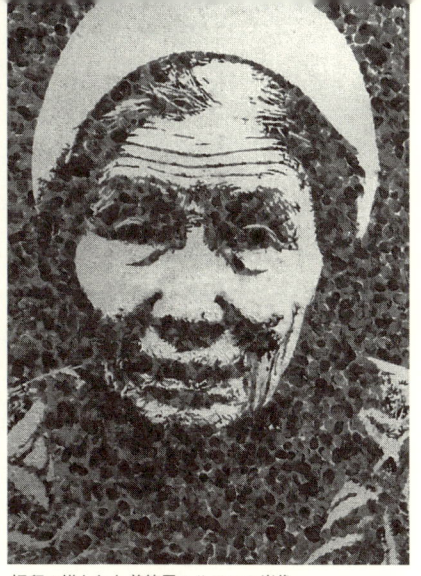

姜徳景作「責任者を処罰せよ」　　　　　拇印で描かれた姜徳景ハルモニの肖像

らないという、姜ハルモニが余生をかけて訴えた渾身のメッセージだった。

戦時性暴力の責任者処罰へ

　責任者処罰については、すでに94年に韓国の被害女性が東京地検に告訴していたが、加害事実が特定できないという理由で受理すらされなかった。

　3年後の97年、戦時性暴力の問題に取り組んでいる世界20カ国40余人の女性が東京に集まり、どうしたら戦時性暴力を根絶することができるのかを話し合う「戦争と女性への暴力」国際会議が開かれた。会議では、戦争や武力紛争のもとで女性にたいする暴力が繰り返されるのは戦時下の性暴力が戦争犯罪として裁かれてこなかったからであり、不処罰が暴力の再発を許し、被害回復の道を閉ざしてきたことが議論された。このことは日本の女性に「責任者処罰」の重要性をあらためて突きつけた。

　戦時性暴力の不処罰を断ち切ることの重要性は、93年のウィーン・世界人権会議や95年の北京・世界女性会議、クマラスワミ報告でも指摘されていた。このように90年代に「女性の人権」が注目されていくなかで、戦時性

◆1　姜徳景ハルモニはナヌムの家で絵をまなび、日本の戦争責任を告発するたくさんの絵を描き、日本軍性奴隷制の責任者の処罰を訴えてきた。

暴力は犯罪であるという認識が形成されていったことは、「女性国際戦犯法廷」を実現する大きな力となった。

被害者女性たちの「法廷」・ジェンダー正義をもとめた「法廷」

「女性国際戦犯法廷」は、国家が背を向けてきた国際法に基づいた裁きを、国家がやらなければ民衆が実現しようという考えから生まれた民衆法廷だった。日本とアジアの被害6カ国、それ以外の世界の法律の専門家の女性たちの3者で構成された国際実行委員会は、2000年の開催をめざしてどのような「法廷」にするのか議論を重ねていった。第1に共有されたことは徹底して被害女性の立場に立つということだった。

「慰安婦」被害者に半世紀もの沈黙を強いてきた「恥」の概念を押しつけたのは「貞操」イデオロギーであり、社会に支配的なジェンダー偏向であった。東京裁判で裁かれなかったことや、サンフランシスコ講和条約締結時に話題にもならなかったのは、そこにジェンダー・バイアスがあったからである。

ジェンダーの視点と東京裁判で疎外された植民地支配の視点に立って、戦後の最大のタブーであった天皇の戦争責任に真正面から向き合った「女

コラム●松井やより

松井やより(1934〜2002)は、1961年に朝日新聞社に入社した。女性に新聞記者がつとまるかと面と向かっていわれる女性差別の時代であった。70年から71年に、欧米への取材旅行を通じて、ウーマン・リブ運動のまっただなかのアメリカをつぶさに取材、アメリカにおける運動と「女性学」(Women's Studies)の現状を日本に紹介し、日本の女性学の先駆的な役割を果たした。ジャーナリストとしてはマスメディアにおける女性差別と闘い、フェミニストの立場をつらぬき、記事を書いた。80年「女性差別撤廃条約」の署名を日本政府が躊躇していたことをスクープ、その報道が女性を動かし、政府を署名に追い込んだ。公害輸出、キーセン観光、買春観光、アジアにおける戦時の日本軍による虐殺、日本軍性奴隷制等の報道を続けた。定年退職後、95年アジア資料センターを設立、97年にVAWW-NET Japanをたちあげ、2000年の「日本軍性奴隷制を裁く女性国際戦犯法廷」を提唱し、実現の原動力となった。

(中原道子)

性国際戦犯法廷」は、「慰安婦」制度が戦争犯罪であったことを法的に立証することで、正義の実現をめざした。加害国の日本に生きる女性たちが自国の国家犯罪を裁く「法廷」に主体的に取り組んだことは、世界の女性たちに大きな勇気を与え、闘うフェミニズムの歴史に新たな足跡を刻むことになった。　　　　（西野瑠美子）

女性国際戦犯法廷で開会挨拶する共同代表。右から尹貞玉、松井やより、インダイ・サホール（VAWW-NET Japan提供）

日本軍性奴隷制を裁く女性国際戦犯法廷

2度にわたる認定

　女性国際戦犯法廷は、2000年12月に東京で判決と事実確認をおこなったのに続いて01年12月にオランダのハーグで最終判決を発表した。昭和天皇裕仁をはじめとした9人の被告に有罪判決を、日本軍の行為にたいし

「日本軍性奴隷制を裁く女性国際戦犯法廷」開催（東京・2000年12月）。VAWW-NET Japan提供。

て日本政府に責任があるという判決を認定した。

　女性国際戦犯法廷の憲章は、国際実行委員団と原告国の検事団がともに作成した草案を判事団が承認したものである。起訴状は各原告国の検事団が作成した。

　裁判は主席判事ガブリエル・カーク・マクドナルドほか3人の判事が被害者の証言、少量ではあるが日本政府の証拠文書とその他の証拠物、法律家・歴史家その他の専門家と戦時犯罪行為に荷担していた元日本軍兵士2人の証言を聞いた。

　女性国際戦犯法廷側は、日本政府に法廷開催に関して知らせて招請したが、日本政府は参加しなかった。しかし、日本人弁護士が法廷助言者（アミカスキュリエ）として参加して日本政府の立場を代弁した。

　原告はオランダ・東ティモール・台湾・マレーシア・北朝鮮・日本・中国・フィリピン・韓国の日本軍性奴隷制被害者で、法廷には64人が参加した。原告は、アジア太平洋戦争中に強かんと性奴隷制により受けた人権侵害について日本政府からの謝罪と賠償を求めて起訴した。名誉と尊厳を回復しようとするものであった。

不処罰の連鎖を断ち切る

　連合国は、東京裁判で本件に関する証拠を持っていながら日本を起訴しなかった。女性国際戦犯法廷を開いたのはこの不処罰の先例を一掃しようという努力でもあった。

コラム●VAWW-NET Japan

　1997年、東京で開催された「戦争と女性への暴力」国際会議を契機にVAWW(Violence Against Women in War)Networkが生まれ、世界中で活動する女性たちの、国境を超えた連帯活動が始まった。VAWW-NET Japanは、この国際会議の「東京宣言」を活動の目的として、97年に組織された。2000年12月には主催団体の一つとして、「日本軍性奴隷制を裁く女性国際戦犯法廷」を東京で開催し、01年の「ハーグ判決」への道をひらいた。VAWW-NET Japanは日本軍性奴隷制被害者の名誉とジェンダー正義の回復を目指し、同時に現代の女性にたいする武力紛争下における暴力の根絶のための非戦・平和・人権のための活動をしている。

（中原道子）

女性国際戦犯法廷の判決は強制的に執行する拘束力はないものの、「世界人」の良心が道徳の力で日本の戦犯と政府を裁いた世界市民法廷なのである。重大な人道に反する罪を裁くことで社会正義を立ちあげ、不正義に遭った者の人権を回復し、再び戦争のない平和な地球村を構築するための審判であった。法廷の判決は、①日本政府の事実認定、②謝罪、③補償、その他の9つの項目にわたる勧告を明記した。

「天皇有罪」の認定で喜ぶ被害女性たち
(『女性新聞』2000年12月22日付)

(尹　貞玉)

天皇を「有罪」とする判決は何を意味するのか

天皇であろうと「刑事責任は免除されない」

　帝国日本とその軍隊による戦争犯罪を裁くために設置された東京裁判において、アジア・太平洋戦争時に天皇の地位にあった昭和天皇裕仁は、「戦争責任」を問われる可能性があった。それにもかかわらず、最終的には連合国軍最高司令官マッカーサーの政治的判断によって天皇は訴追を免れた。それだけでなく、その後の日本社会は大勢として、「天皇を国民統合の象徴」とする憲法のもと、アジアの人びと・諸国にたいする植民地支配と戦争に関する天皇の責任を問うことを避け続けてきた。

　しかし、日本軍によって「慰安婦」とされた女性たちの訴えに応えて、ジェンダー正義、階級・人種差別からの解放を追究するために設置された女性国際戦犯法廷は、天皇の戦争責任を問うた。「ハーグ判決」は次のように述べている。日本軍性奴隷制とフィリピンのマパニケにおける集団強かんは、人道にたいする罪とみなさねばならない。その「比類のない深刻さ」ゆえに、当該時の国際法によっても、「天皇」であろうと「その人の刑事責任は免除されず、処罰も軽減されない」。「法廷」に提出された証拠は、天皇が戦争中「名目上の元首にすぎなかった」のではなく、法律上の国家元首およ

び軍最高司令官であって、実質的な権力をもっていたことを確証している。したがって、他の被告たちと同様に、天皇にたいしても、「個人」として、また「上官」としての責任を問うことができる。

国家を超えて、市民が法を創り出す未来へ

「法廷」は、「人道にたいする罪」については、国家間の取引や条約によって個人が被った被害に関する請求権を消滅させることはできないという立

コラム●NHK裁判の意味

「女性国際戦犯法廷」のドキュメンタリー番組として2001年1月30日にNHKから放映された内容にたいして、VAWW-NET Japanは同年7月に裁判に訴えることになった。

その理由は、放映された番組内容がNHKとNEP(NHKエンタープライズ)およびDJ(ドキュメンタリージャパン)から示された「提案票」とはあまりにも違っていたからであった。「提案票」の内容は、「法廷」でおこなわれたことがドキュメンタリーとして視聴者によりよく伝えられるようなものであった。しかし実際に放映されたのは、「法廷」の趣旨ばかりでなく「法廷」の全体像さえもわからないものであった。「法廷」の原告は9カ国の女性たちであったにもかかわらず2カ国からのごく短い証言のみが放映され、起訴状にもふれず、証拠として重要な元日本人兵士の証言もカットされ、被告側(国側)の弁護者として陳述したアミカスキュリエ(弁護士に代わるもの)も出されず、さらに一番重要な「判決」も報道されなかった。そのうえ元「慰安婦」の存在を否定する発言が繰り返され、原告となった女性たちに二重の苦痛を与える結果となった。

市民に真実を知らせず、まったく異なった番組をつくったNHKに危機感を感じて裁判に踏み切ったが、やがて内部告発により政治介入があったことも明らかにされた。長期にわたっての政権党との癒着が、市民に事実を知らせる役割から政府の広報機関へと転じ、内部規制すらおこなうようになってきていたが、今回はさらに全体の4分の3にもわたる改竄を政治的圧力のもとにおこなったこともわかった。NHK裁判は市民の知る権利を確保するための重要な裁判である。

(東海林路得子)

場をとる。そこから、天皇は、日本軍性奴隷制に関しては「個人」として、また「上官」として有罪、マパニケのケースに関しては「上官」として有罪であるとの判決がくだされたのである。

　この判決は、通常の国内法のような強制力をもたない。けれども、「NHK裁判」等の事例は、天皇を「有罪」とするこの「法廷」の判決が、帝国日本のアジアにおける植民地支配、侵略戦争に関する歴史的責任を否認する傾向を強めている日本国の現政府、そうした傾向を支持、強化しようとする「日本人」にとって、無視しえない力をもつということを示しているだろう。

　とはいえ、この「法廷」は、その権威を市民社会に由来するとし、ひとつの国の法、それが依拠する裁判を絶対化していないし、自らの出した「判決」を絶対化してはいない。「常に未完成で保留状態にある歴史的記録の一部である」とし、国家を超えて共有される価値、市民が法を創り出す未来へと開いている。　（井桁　碧）

陸海軍の「大元帥陛下」であった昭和天皇
（『アサヒグラフ』1941年1月15日号）

ハーグ判決の意味

　世界中で、戦争が起こると、いつも武器を持たない女性や子どもが暴力の犠牲になる。日本がアジアを侵略した15年戦争中の日本軍性奴隷制はその最も残酷な例であった。「日本軍性奴隷制」の被害者の調査は、韓国で尹貞玉によってはじめられ、90年代になってその被害者が半世紀の沈黙を破り声をあげた。多くの女性たちの運動で、国連の人権委員会特別報告者は2度にわたり日本政府に日本軍性奴隷制の被害者のための謝罪、補償、処罰、救済等について勧告した。日本政府はそれを今日にいたるまで無視してきた。また、日本における、被害者による裁判はほとんどが敗訴におわっている。「日本軍性奴隷制を裁く女性国際戦犯法廷」はアジア諸国の女性の支持をえて、加害国日本で2000年12月に開催された。

◆1　国連人権委員会の「女性にたいする暴力問題特別報告者」ラディカ・クマラスワミ（E/CN.4/1996/53/Add.19）及び人権小委員会特別報告者ゲイ・マクドゥガル（Gay McDougall: E/CN.4/Sub.2/1998/13）の報告書を参照。

国際法への挑戦

2001年12月オランダのハーグで再開された「女性国際戦犯法廷」は、最終判決をくだした。この「判決」は既存の国際法にたいする、フェミニズムの立場からの新しい展望を切り開く挑戦であった。

「法廷」は国境を超えた女性たちによって組織された民衆法廷であった。現存の法廷はつねに国家権力の基盤に支えられる。しかし国家権力はつねに正義を実現しているだろうか。法廷が常に政治から完全に独立しているのだろうか。また法廷がよって立つ「法」がつくられ、実行されるすべての過程でジェンダーバランスがとれていたのだろうか。ベトナム戦争を裁いたラッセル民衆法廷でさえ、フェミニズムの視点が欠落していた。国際的な期待をあつめて準備されていた「国際刑事裁判所」規定にジェンダー視点の導入を主張していた「ジェンダー正義を求める女性コーカス」が「法廷」を支持・援助したことも大きな意義があった。

ハーグ判決の3つの意義

ハーグ判決は、明確に、この「法廷」は「法は市民社会の道具である」という信念に基づき、したがって、「国家が正義を保障する義務を遂行しない場合、市民社会は介入することができるし介入すべきである」(65項)と宣言した。「法」は人びとのためにこそ存在すべきであり、ジェンダー偏向、民族差別、階級差別、少数者差別から自由でなければならないと主張した。

第2にジェンダー正義の主張があった。「法廷」は、日本の戦争犯罪を裁いた極東国際軍事裁判(東京裁判)が無視した日本軍性奴隷制のようなジェンダー関連の犯罪を裁定するために設立された。戦時の女性にたいする性暴力の被害者は、直接的な暴力の被害者であるだけではなく、その被害者は、戦後、彼女たちが復帰した社会に構造化された暴力からも苦しめられた。判決はその被害をいやすには、日本政府による事実の承認、正式な一人一人への謝罪、補償、そして責任者の処罰、未来における同様な犯罪の防止のための教育が必要であることを明記した。判決は、不可視にされ続けた女性にたいする暴力を、64人の被害女性が、その身体、その言葉で世界に語った彼女たちの記憶に依拠している。「判決」は、日本軍性奴隷制が女性にたいする前例のない残虐な暴力であったと認定し、国家は「他人の正当な利益に損害を与えたいかなる不法行為についても、国際的に責任を負う」(899項)と判定した。

第3に東京裁判が政治的な理由で裁かなかった天皇裕仁の責任を裁いたことは、45年以後はじめて公開の場で天皇の戦争責任について論じたことになる。
　「女性国際戦犯法廷」がかちとった「判決」は、国民国家という枠組みを超えることをめざした国際的なフェミニズムの運動の成果であるといえる。その判決は21世紀のアジアにおけるジェンダー正義実現のための不可欠の第1歩であり、現実には、「国際刑事裁判所」など未来の国際司法への女性たちからの明確なメッセージとなった。　　　　　　　　　（中原道子）

ハーグ判決以後の課題

「女性国際戦犯法廷」と男性の危機感

　男性中心の日本社会は、「女性国際戦犯法廷」運動の高揚に直面し、「日本が崩壊する」というほどの強い危機感を持ち、日本軍性奴隷制問題を教科書から抹殺しようとする過剰反応を見せている。しかし、国連・ILO勧告運動などの進展によって、構造的な厚い壁を一部ではあるが、破ることに成功しつつある。女性にたいする戦時性暴力を根絶する運動をさらに発展させるためにつぎのような運動の継続が必要である。

女性にたいする戦時性暴力根絶の運動への提案

① 「女性国際戦犯法廷」運動がつくった国際的女性ネットワークを活用し、国連人権機関・ILO・NGOを含め、その判決を広く知らせ続ける。

② 2001年3月以降、野党3党が「戦時性的強制被害者問題の解決の促進に関する法律」という議員立法法案を参議院に提案しつづけ、すべての被害国の関係者から歓迎されている。この立法解決運動を支持する国際的運動を強める。成立に向けた草の根運動の過程こそが、被害国の人びととの友好を促進する。

③ 日本軍性奴隷制問題を批判しつづけているILO専門家委員会及び

◆1　ベトナム戦争におけるアメリカの戦争犯罪を裁くために開かれた民衆法廷で、バートランド・ラッセルによって提唱、ジャンポール・サルトルを裁判長とした。法廷は、67年5月にストックホルムで、同年11月・12月にコペンハーゲン郊外のロスキルドでひらかれた。

ILO総会に対するロビーイングに組織的・継続的に取り組む。
④ 日本軍性奴隷制問題に関する国連報告書の成果を踏まえ、現在国連が取り組もうとしている戦時性奴隷制被害者にたいする不処罰問題への対応を推進する。

上記の立法運動のほかにも、以下の国内運動が可能である。

政治・経済・社会・文化などのあらゆる分野で意志決定過程への女性の平等な参加を保障する。2004年国連人権委員会が国連人権教育の10年の更新を提案した。国連人権NGO活動の実践を大学教育に導入する試み、戦時性奴隷制問題などに関する教育課程・自衛隊の訓練・裁判官その他の法執行官への研修、学校教育での性暴力に対応する教育、生と性の自己決定権についての早期性教育などを推進する。　　　　　　　　　　　（戸塚悦朗）

コラム●国際刑事法廷（ICC）

ニュルンベルク国際軍事法廷・極東国際軍事法廷は、戦争犯罪人を裁いたが、「勝者による裁判」という側面をもち、また日本軍「慰安婦」犯罪責任者の処罰を怠った。

1948年ジェノサイド条約は、国際刑事法廷を想定していたが、国連安保理が旧ユーゴ（93年）・ルワンダ（94年）法廷を設置するまで実現しなかった。安保理では大国が拒否権を行使できるので、法廷はアドホック（特設法廷）としてしか設置できなかった。

92年国連総会は、常設国際刑事裁判所の検討を国際法委員会に委ねた。同年以降日本軍「慰安婦」問題をはじめ、女性重大人権侵害が国連に提起された。93年ウイーン国連・世界人権会議、95年北京世界女性会議で女性運動などNGOがその設置を強力に推進した。

98年7月17日国連外交会議により刑事裁判所設立条約（ローマ規定）が採択され、2003年3月11日裁判官18人（女性7人）が任命された。同裁判所は、性奴隷を含む性犯罪の責任者を処罰し、賠償命令権限を有する。批准国は、国内裁判所で責任者を処罰する義務を負うだけでなく、その義務には時効がない。

93カ国（2004年4月）が批准したが、日米などが未批准で、とくにアメリカによる同条約骨抜き外交は強く指弾されている。　　　（戸塚悦朗）

ハーグ判決後の活動方向

　2005年は終戦60周年にあたる年である。日本政府は戦争に敗れてから60年が過ぎようとしているのに日本軍性奴隷制問題を解決できずにいる。これは日本政府に解決する意志がないか、解決する能力がないことを意味している。しかし、日本軍性奴隷制度は人類の歴史上、永遠に記憶され、今後絶対に2度とこのようなことが起こらないようにしなければならない。わたしたちが決して忘れず記憶し、後世に教訓とするためには次のようなことがなされなければならない。

韓国で被害者として最初に名乗り出た金学順ハルモニ(1994年撮影)も97年12月死去（鈴木裕子提供）

生存者の福祉増進と真相究明作業の継続

　高齢の日本軍性奴隷被害者は毎年死亡している。現在生存している被害者たちが経済的・身体的・心理的に最大限安定した生を享受することができるよう、世話をしつづけることが必要である。ハルモニたちのための定期的訪問とケア、性奴隷後遺症にたいする研究、美術・音楽治療など多様な治療法の開発が必要とされる。これは、被害者をして羞恥を感じさせてきた家父長的イデオロギーを克服する作業である。

　また彼女たちの記憶が消え去る前に、また被害者たちがみなこの世を去ってしまう前に証言を継続的に収集・発刊するなど真相究明作業を継続しなければならない。中国などにまだ生存していると推定される複数の被害者たちを探し出すことも課題である。日本とアメリカなどに埋もれている資料をもっと発掘し調査することも必要である。

日本軍性奴隷歴史館建設と歴史教育

　ドイツがナチス治下の残酷な犯罪と人種差別を記憶し、これを繰り返さないためにホロコーストミュージアムを建てて、これを教育し続けているように、日本軍性奴隷制犯罪に関する歴史館、博物館、資料館を建設して次世代にこれを徹底して教育することが必要である。日本軍「慰安婦」被害者がいた国と地方ごとにいくつかの歴史館、博物館が建設されなければならない。そうして子どもから老人にいたるまで加害国と被害国の全国民が

日本軍性奴隷犯罪を記憶し、これを残酷な人権蹂躙の歴史として、再び繰り返してはならない犯罪行為として、記憶するよう歴史教育を徹底しておこなわなければならない。

日本の国連安全保障理事会常任理事国入り反対運動

ドイツは、ナチス治下での戦争犯罪行為にたいする最大限の謝罪と犯罪者処罰、被害者にたいする法的賠償を現在まで継続している。これが認められて、2004年6月にノルマンディ上陸60周年を記念した連合国軍の記念行事に招請された。これと対照的に日本は戦争犯罪にたいしてまったく謝罪と処罰、賠償をおこなわずにいる。日本が国連安保理常任理事国になろうとしていることにたいして国際的連帯活動を通じて阻止し、戦争犯罪についての日本の国家責任を問わなければならない。

日本軍性奴隷問題から戦時女性暴力の問題へ

挺対協は98年以来、国連人権委員会において日本軍性奴隷問題のみに集中してフォーラムを開催するのではなく、「戦争における女性にたいする暴力」の問題としてパネルディスカッションをおこない、日本軍性奴隷問題を他地域における性暴力の問題とともに扱ってきた。スリランカの長期にわたる内戦での女性にたいする暴力、ビルマの軍人による少数民族女性にたいする強かん、インドネシアのアチェ、ブラックアフリカなどにおける性暴力、国際刑事裁判所設立過程における女性の人権確保の問題など、日本軍性奴隷問題から戦争と武力紛争時の性暴力問題へとこれを拡張して扱ってきた。今後も「慰安婦」問題のみを提起するのではなく、「戦争中の女性人権」の問題として、より普遍化・一般化して問題を扱うことが必要である。

日本軍性奴隷問題とともに戦時の女性人権問題についての研究と出版、第2次大戦以降現在まで戦争や内戦を経てきた国の女性たちとの連帯活動（ベトナム、アフガニスタン、インドネシア、スリランカ、イラクなどなど）、国際刑事裁判所のモニタリングをし、そして反戦平和運動へと発展させなければならない。

（申　蕙秀）

コラム●ビデオ塾

　ビデオ塾は97年、女性への暴力や差別のない社会をめざすビデオ・ジャーナリスト＆アクティビストの養成をめざして発足した映像制作集団である。現在16人の女性が撮影・編集・上映運動に携わっている。これまでに日本軍による性暴力被害者の証言記録を中心に、21本のビデオ作品を作ってきた。「女性国際戦犯法廷」では証拠ビデオの作成、インターネット中継、映像記録の制作を担当した。「慰安婦」被害者も日本軍元兵士も高齢となり、証言を記録できる時間は限られている。

　日本のマスメディアが「慰安婦」問題や日本の戦争責任の報道を怠っている現状では、「記録と記憶を民衆の手に！」を合い言葉に、市民の手で映像記録運動を広めていくことが必要である。
　　　　　　　　　　　　　　　　　　　　　　　　　　（池田恵理子）

コラム●公共空間に介入する女性たちの反暴力行動——Women in Black

　黒い服で沈黙して街頭に立つ女性たちの運動「Women in Black（黒衣の女たち。以下WiB）」は、パレスチナ抵抗運動に連帯するイスラエル女性たちによって始められた。伝統的に女性に閉ざされてきた公共空間において、「敵」とされる人びとの死を黒衣で悼み、少数者を黙らせる権力に沈黙で異議を申し立てるこのパフォーマンスは、やがて暴力とナショナリズムに抗するフェミニスト運動として国際的に知られるようになった。旧ユーゴスラヴィアでは民族浄化への抵抗のシンボルとなった。日本ではアフガニスタン攻撃が開始された2001年10月以後、戦争と軍事化、愛国心強制に抗議するため、また元「慰安婦」や朝鮮人虐殺などを記憶し続けるために、東京、大阪などいくつかの都市でWiBが行われている。
　　　　　　　　　　　　　　　　　　　　　　　　　　（本山央子）

コラム●アクティブ・ミュージアム——女たちの戦争と平和資料館

　日本軍の「慰安婦」被害者など、戦時性暴力の被害と加害の事実を記録し保存・公開する資料館の構想は、「女性国際戦犯法廷」の準備段階から議論され、判決の勧告にも明記された。建設運動がはじまったのは、「法廷」の提案者で推進役だった松井やよりが、2002年に「資料館」建設を願い、所蔵資料と遺産を「女たちの戦争と平和人権基金」に託したときからである。翌年建設委員会が発足し、母体である「基金」がNPOとして活動を開始した。

以来、資料収集と各地の資料館視察、学習会、募金活動を積み上げ、2005年8月1日、東京・新宿区にオープンした。敗戦から60年という節目の年にあたり、開館には各国からの被害女性や支援団体、海外メディアが多数訪れた。
　第1回目の特別展は「女性国際戦犯法廷のすべて」。関連企画として13年ぶりの「慰安婦」ホットラインの開設や、週末には連続セミナービデオ上映会等をおこなっている。11月後半にナヌムの家のハルモニ絵画・写真展を、12月からは「松井やより・全仕事」展(仮)、2006年春には「南北コリア展」(予定)を計画している。韓国、台湾、中国での資料館建設に協力・連帯しながら、アクティブ・ミュージアム運動を展開していきたい。
　　　　　　　　　　　　　　　　　　　　　　　　　　　（池田恵理子）

参考文献

さらに学習を深化させるためのブックガイド。比較的に入手しやすいものおよび本書と関連するものを掲載しました。著者のアイウエオ順。

〈日本〉

第1章

◆井桁碧編著『「日本」国家と女』青弓社、2000
◆絲屋寿雄『大逆事件』三一書房、1970
◆絲屋寿雄『管野スガ』岩波新書、1970
◆石井智恵美「淵沢能恵と『内鮮融和』」――『基督教論集』35、1992、所収
◆石鳥谷町花の会編・刊『淵沢能恵――韓国女子教育の礎を築いた人』2002
◆任展慧「朝鮮統治と日本の女たち」――もろさわようこ編・解説『ドキュメント女の百年5 女と権力』平凡社、1978、所収
◆『岩波講座 近代日本と植民地』全8巻、岩波書店、1992〜93
◆『岩波講座 天皇と王権を考える』全10巻、岩波書店、2002〜03
◆大木基子『自由民権運動と女性』ドメス出版、2003
◆大河内一男ほか編『幸徳秋水全集』全9巻・別巻2、明治文献資料刊行会、1992
◆大谷渡『管野スガと石上露子』東方出版、1989
◆小野賢一郎『奥村五百子』改訂版 愛国婦人会、1934
◆海保洋子『近代北方史』三一書房、1992
◆鹿野政直『戦前・「家」の思想』(叢書『身体の思想 第9巻』)創文社、1983
◆神谷丹路『増補版 韓国 近い昔の旅 植民地時代をたどる』凱風社、2001
◆神谷丹路『韓国歴史散歩』明石書店、2003
◆川島武宜『イデオロギーとしての「家族制度」』岩波書店、1983
◆木村健二『在朝日本人の社会史』未来社、1989
◆黄 昭堂『台湾民主国の研究』東京大学出版会、1970
◆小山静子『良妻賢母という規範』勁草書房、1991
◆清水卯之助編『管野須賀子全集』全3巻、弘隆社、1984
◆清水洋・平川均『からゆきさんと経済進出――世界経済のなかのシンガポール—日本関係史』コモンズ、1998
◆自由民権百年全国集会実行委員会編『自由民権運動と現代』三省堂、1985
◆鈴木正幸編『近代の天皇』(『近代日本の軌跡 第7巻』)吉川弘文館、1993
◆鈴木裕子『「従軍慰安婦」問題と性暴力』未来社、1993
◆鈴木裕子編『岸田俊子評論集』(『湘煙選集①』)不二出版、1985
◆鈴木裕子著『フェミニズムと朝鮮』明石書店、1994
◆鈴木裕子編・解説『日本女性運動資料集成』第1、3、8巻、不二出版、1996、97
◆鈴木裕子編『資料 平民社の女たち』不二出版、1986
◆外崎光広『植木枝盛と女たち』ドメス出版、1976
◆孫禎睦『韓国開港期都市社会経済史研究』一志社、1982、ソウル
◆宋 連玉「朝鮮からゆきさん――日本人売春業者の朝鮮上陸過程」――女性史総合研究会『女性史学』第4号、1994、所収
◆宋連玉「日本の植民地支配と国家管理売春――朝鮮の公娼を中心にして」――『朝鮮史研究会論文集』第32集、緑陰書房、1994、所収
◆高崎宗司『植民地朝鮮の日本人』岩波新書、2002
◆千野陽一『近代日本婦人教育史』ドメス出版、1979
◆朴慶植『日本帝国主義の朝鮮支配 上』青木書店、1973
◆早川紀代『近代天皇制国家とジェンダー』青木書店、1998
◆深谷昌志『良妻賢母主義の教育』黎明書房、1966
◆藤野豊『性の国家管理 買売春の近現代史』不二出版、2001
◆藤目ゆき『性の歴史学』不二出版、1999
◆『婦女新聞』復刻版(全68巻・付録2)不二出版、1982〜85
◆星玲子「北海道における娼妓解放令」――『歴史評論』第491号、1991、掲載
◆星玲子「北海道における娼妓自由廃業」――『歴史評論』第553号、1996、掲載

◆牧英正『人身売買』岩波新書、1971
◆宮城晴美「『同化政策』この結末」——奥田暁子編『マイノリティとしての女性史』三一書房、1997
◆村田静子・大木基子編『福田英子集』不二出版、1998
◆森　克己『人身売買——海外出稼ぎ女』至文堂〈日本歴史新書〉、1959
◆森崎和江『からゆきさん』朝日新聞社、1976
◆山下英愛「植民地支配と公娼制度の展開」——韓国社会史学会『社会と歴史』第51号、文学と知性社、1997(韓国語)所収
◆山下英愛「朝鮮における公娼制度の実施——植民地統治下の性支配」——尹貞玉ほか著『朝鮮人女性がみた「慰安婦問題」』三一書房、1992、所収
◆山室信一「明治国家の制度と理念」——『岩波講座日本通史　第17巻』岩波書店、1994、所収
◆吉見周子『増補改訂　売娼の社会史』雄山閣出版、1992
◆渡邊洋子『近代日本女子社会教育成立史』明石書店、1997

第2章

◆安斎育郎、李修京編『クラルテ運動と『種蒔く人』——反戦文学運動"クラルテ"の日本と朝鮮での展開』御茶の水書房、2000
◆市川房枝『市川房枝自伝　戦前編』新宿書房、1974
◆江刺昭子『覚めよ女たち——赤瀾会の人びと』大月書店、1980
◆大越愛子『近代日本のジェンダー』三一書房、1997
◆折井美耶子編『資料　性と愛をめぐる論争』ドメス出版、1991
◆『廓清』(復刻版)、不二出版、1995
◆金子ふみ子『何が私をかうさせたか』春秋社、1931(再版、2005)
◆「金子文子訊問調書」——『日本女性運動資料集成』第3巻、不二出版　1997、所収
◆姜徳相ほか編『関東大震災と朝鮮人』(『現代史資料　第6巻』)みすず書房、1963
◆金賛汀『在日、激動の100年』朝日新聞社、2004
◆金賛汀『風の慟哭』田畑書店、1977
◆キャスリン・バリー著、田中和子訳『性の植民地』時事通信社、1984
◆黒川美富子「婦人水平社研究試論」——『部落問題研究』第28号、1970、掲載、のち総合女性史研究会編『日本女性史論集10　女性と運動』吉川弘文館、1998、所収
◆黒川みどり「被差別部落と性差別」——秋定嘉和・朝治武著『近代日本と水平社』解放出版社、2002、所収
◆香内信子編『資料　母性保護論争』ドメス出版、1984
◆近藤真柄『わたしの回想(下)　赤瀾会とわたし』ドメス出版、1981
◆水平社博物館編『全国水平社を支えた人びと』解放出版社、2002
◆鈴木裕子編・解説『日本女性運動資料集成』全10巻　別巻1、不二出版、1993〜97
◆鈴木裕子編『山川菊栄女性解放論集』全3巻、岩波書店、1984
◆鈴木裕子『山川菊栄　人と思想』戦前篇・戦後篇、労働大学、1989〜90
◆鈴木裕子編著『女性　反逆と革命と抵抗と』社会評論社、1989
◆鈴木裕子『水平線をめざす女たち——婦人水平運動史』ドメス出版、1987(増補新版2002)
◆鈴木裕子『女工と労働争議』れんが書房新社、1989
◆鈴木裕子『女性と労働組合(上)』れんが書房新社、1991
◆『青鞜』(復刻版)、総52冊・別冊1、不二出版、1983
◆総合女性史研究会編『史料にみる日本女性のあゆみ』吉川弘文館、2000
◆竹中恵美子編『新・女子労働論』有斐閣、1991
◆竹村民郎『廃娼運動』中公新書、1982
◆玉川寛治『製糸工女と富国強兵の時代』新日本出版社、2002
◆富坂キリスト教センター編『女性キリスト者と戦争』行路社、2002
◆鳥塚義和『授業が楽しくなる〈歌と演説〉』日本書籍、1996
◆日本キリスト教婦人矯風会『日本キリスト教婦人矯風会百年史』ドメス出版、1986
◆『平塚らいてう著作集』全7巻、大月書店、1983〜84
◆福永操『あるおんな共産主義者の回想』れんが書房新社、1982
◆藤目ゆき『性の歴史学』不二出版、1997
◆布施辰治・張祥重・鄭泰成『運命の勝利者朴烈』世紀書房、1946

◆部落解放同盟中央本部編『写真記録　全国水平社』解放出版社、2002
◆『部落解放第371号〈特集　婦人水平社の時代〉』解放出版社、1994
◆堀場清子『青鞜の時代』岩波新書、1988
◆堀場清子編『青鞜』女性解放論集』岩波文庫、1991
◆松尾章一『関東大震災と戒厳令』吉川弘文館、2003
◆『山川菊栄集』全10巻・別巻1巻、岩波書店、1981〜82
◆山崎朋子『アジア女性交流史』筑摩書房、1995
◆山下智恵子『幻の塔』ＢＯＣ出版部、1985
◆山代巴・牧瀬菊枝編『丹野セツ——革命運動に生きる』勁草書房、1969
◆山田昭次編・解説『関東大震災朝鮮人虐殺問題関係史料』全5巻、緑蔭書房、1989〜2004
◆山田昭次『関東大震災時の朝鮮人虐殺』創史社、2003
◆山田昭次『金子文子』影書房、1996
◆山内みな『山内みな自伝』新宿書房、1975
◆湯浅孝子「資料にみる水平社運動と女性」——解放教育研究所編『解放教育』1983年6月号臨時増刊、明治図書、掲載
◆米田佐代子『平塚らいてう』吉川弘文館、2002

第3章

◆井上輝子ほか編『日本のフェミニズム3　性役割』岩波書店、1995
◆イヴォンヌ・クニビレールほか著、中嶋公子ほか訳『母親の社会史——中世から現代まで』筑摩書房、1994
◆落合恵美子『21世紀家族へ——家族の戦後体制の見かた・超えかた』有斐閣、1997
◆金森トシエ・藤井治枝『女の教育100年』三省堂選書、1990
◆金子幸子『近代日本女性論の系譜』不二出版、1999
◆加納実紀代『天皇制とジェンダー』インパクト出版会、2002
◆鹿野政直『健康観にみる近代』朝日新聞社〈朝日選書〉、2001
◆川村邦光編著『戦死者のゆくえ——語りと表象から』青弓社、2003
◆北原恵「正月新聞に見る〈天皇ご一家〉像の形成と表象」——『現代思想』2001年6月号、青土社、掲載
◆金富子『植民地期朝鮮の教育とジェンダー』世織書房、2005
◆小山静子『良妻賢母という規範』勁草書房、1991
◆小山静子『家庭の生成と女性の国民化』勁草書房、1999
◆佐々木啓子『戦前期女子高等教育の量的拡大過程』東京大学出版会、2002
◆篠塚英子『女性と家族——近代化の実像』読売新聞社、1995
◆鈴木裕子編・解説『日本女性運動資料集成』第4、7、10巻、不二出版、1995〜96
◆滝尾英二『朝鮮ハンセン病史——日本植民下の小鹿島』未来社、2001
◆滝尾英二「小鹿島ハンセン病補償請求が問うもの」——『世界』2004年4月号、岩波書店、掲載
◆滝尾英二・徳田靖之・朴燦運「小鹿島ハンセン病補償請求裁判の意味」——『世界』2005年5月号、岩波書店、掲載
◆外村大「植民地期の在日朝鮮人論——帰属・文化をめぐって」——宮嶋博史・李成市・尹海東・林志弦編『植民地近代の視座　朝鮮と日本』岩波書店、2004、所収
◆富坂キリスト教センター編『女性キリスト者と戦争』行路社、2002
◆富坂キリスト教センター編『近代日本のキリスト教と女性たち』新教出版社、1995
◆中村洪介、林淑姫監修『近代日本音楽史序説』東京書籍、2003
◆早川紀代『近代天皇制国家とジェンダー——成立期のひとつのロジック』青木書店、1998
◆菱木政春『解放の宗教へ』緑風出版、1998
◆平野武『信教の自由と宗教的人格権』法蔵館、1990
◆藤野豊『「いのち」の近代史』かもがわ出版、2001
◆藤目ゆき『性の歴史学』不二出版、1997
◆堀内敬三・井上武士編『日本唱歌集』岩波文庫、1982
◆山住正己『日本教育小史　近・現代』岩波新書、1990
◆若桑みどり『戦争がつくる女性像——第2次世界大戦下の日本女性動員の視覚的プロパガンダ』筑摩書房、1995

第4章

◆赤沢史朗・北河賢三編『文化とファシズム』日本経済評論社、1993
◆アジアに対する日本の戦争責任を問う民衆法廷準備会『音楽・美術の戦争責任』樹花舎、1995
◆李恢成『サハリンへの旅』講談社、1983
◆入江曜子『日本が「神の国」だった時代』岩波新書、2000
◆井筒紀久枝『大陸の花嫁』岩波現代文庫、2004
◆今村昌平編『講座日本映画5　戦後映画の展開』岩波書店、1987
◆内野光子『短歌と天皇制』風媒社、1988
◆エルヴィン・ヴィッケルト編、平野卿子訳『南京の真実』講談社、1997
◆大沼保昭『サハリン棄民』中公新書、1992
◆大沼保昭・徐龍達編『在日韓国・朝鮮人と人権』有斐閣、1986
◆大西修『戦時教学と浄土真宗――ファシズム下の仏教思想』社会評論社、1995
◆小沢節子『アヴァンギャルドの戦争体験――松本竣介、瀧口修造そして画学生たち』(新装版) 青木書店、2004
◆女たちの現在を問う会『銃後史ノート』戦前篇1～9号、JCA出版、1977～84
◆笠原十九司『南京難民区の百日』岩波書店、1995
◆笠原十九司『南京事件』岩波新書、1997
◆『梶村秀樹著作集　第1巻　朝鮮史と日本人』明石書店、1992
◆加納実紀代「満州と女たち」――『岩波講座近代日本と植民地　第5巻』岩波書店、1993、所収
◆加納実紀代『女たちの〈銃後〉』筑摩書房　1987
◆鹿野政直・堀場清子『高群逸枝』朝日新聞社、1977
◆上笙一郎『満蒙開拓青少年義勇軍』中公新書、1973
◆亀井文夫『たたかう映画――ドキュメンタリストの昭和史』岩波新書、1989
◆北河賢三『国民総動員の時代』(シリーズ「昭和史　6」)岩波ブックレット、1989
◆金富子・宋連玉責任編集『「慰安婦」戦時性暴力の実態[1]日本・台湾・朝鮮編』緑風出版、2000
◆『暮しの手帖　96　特集　戦争中の暮しの記録』暮しの手帖社、1968
◆桑島節郎『満州武装移民』教育社〈歴史新書〉、1979
◆小峰和夫『満州マンチュリア「起源・植民・覇権」』御茶の水書房、1991
◆坂本龍彦『孫に語り伝える「満州」』岩波ジュニア新書、1998
◆斎藤美奈子『戦時下のレシピ』岩波アクティブ新書、2002
◆佐藤真『ドキュメンタリー映画の地平――世界を批判的に受けとめるために』凱風社、2001
◆澤正彦著、金纓訳『日本キリスト教史――韓国神学大学講義ノート』草風館、2004
◆鈴木裕子『昭和の女性史』岩波ブックレット、1989
◆鈴木裕子『従軍慰安婦・内鮮結婚』未来社、1992
◆鈴木裕子編・解説『日本女性運動資料集成』第9巻、不二出版、1998
◆鈴木裕子『フェミニズムと戦争――婦人運動家の戦争協力』マルジュ社、1986
◆鈴木裕子『女性史を拓く』全4巻、未来社、1989～96
◆鈴木裕子『フェミニズムと朝鮮』明石書店、1994
◆桜井由幾・早川紀代編『女性と運動』(総合女性史研究会編『日本女性史論集第10巻』)吉川弘文館、1998
◆高木健一『サハリンと日本の戦後責任』凱風社、1990
◆高杉一郎『中国の緑の星』朝日新聞社、1980
◆高群逸枝『女性二千六百年史』厚生閣、1940
◆田代美江子「十五年戦争期における廃娼運動と教育――日本キリスト教婦人矯風会を中心に」――松浦勉・渡辺かよ子編『差別と戦争――人間形成史の陥穽』明石書店、1999、所収
◆丹尾安典・河田明久『イメージのなかの戦争』(『近代日本の美術　第1巻』)岩波書店、1996
◆千野陽一『近代日本婦人教育史』ドメス出版、1979
◆塚瀬進『満州国「民族協和」の実像』吉川弘文館、1998
◆戸田志香『わたしは歌の旅人ノレナグネ――韓国の風にさそわれて』梨の木舎、2001
◆土肥昭夫『日本プロテスタント教会の成立と展開』日本基督教団出版局、1976
◆富坂キリスト教女性センター編『近代日本のキリスト教と女性たち』新教出版社、1995
◆富坂キリスト教女性センター編『女性キリスト者と戦争』行路社、2002
◆南京事件調査研究会編訳『南京事件資料集　アメリカ関係資料編』青木書店、1992

◆日本社会文学会編『近代日本と「偽満州国」』不二出版、1997
◆秦　郁彦『南京事件』中公新書、1986
◆林　郁『アムール史想行——大河流れゆく』朝日新聞社、1988
◆林　郁『満州・その幻の国ゆえに——中国残留妻と孤児の記録』筑摩書房、1983
◆樋口雄一「戦時下朝鮮における女性動員」——早川紀代編『植民地と戦争責任』吉川弘文館、2005、所収
◆菱木政春『浄土真宗の戦争責任』岩波ブックレット、1993
◆菱木政春『解放の宗教へ』緑風出版、1998
◆古久保さくら「「近代家族」としての満州農業移民家族像——「大陸の花嫁」をめぐる言説から」——大日方純夫編『日本家族史論集13　民族・戦争と家族』吉川弘文館、2003、所収
◆朴慶植『日本帝国主義の朝鮮支配　下』青木書店、1973
◆松岡環ほか編『南京戦、切り裂かれた受難者の魂』社会評論社、2003
◆ミニー・ヴォートリン著、笠原十九司ほか訳『南京事件の日々』大月書店、1999
◆宮城晴美『母の遺したもの　沖縄「集団自決」の新しい証言』高文研、2000
◆宮本正男編『長谷川テル作品集』亜紀書房、1979
◆むらき数子「唱歌は世につれ、世は……」(1〜4)——『銃後史ノート』戦前篇1〜4号、JCA出版、1977〜80、掲載
◆森川万智子編『文玉珠　ビルマ戦線楯師団の慰安婦だった私』梨の木舎、1996
◆森脇佐喜子『山田耕筰さん、あなたたちに戦争責任はないのですか』梨の木舎、1994
◆吉見義明編『従軍慰安婦資料集』大月書店、1992
◆渡邊澄子『日本近代女性文学論』世界思想社、1998
◆渡邊澄子『與謝野晶子』新典社、1998
◆渡邊澄子ほか編『女たちの戦争責任』東京堂出版、2004
◆渡邊澄子「戦争と女性——太平洋戦争前半期の吉屋信子を視座として」——『戦時下の文学——拡大する戦争空間』インパクト出版会、2000、所収
◆渡邊澄子「戦争と女性——日中戦争期の吉屋信子を視座として」『大東文化大学紀要』第38号、2000、掲載

第5章

◆葦原邦子ほか『女たちの八月十五日』小学館、1985
◆池田正枝『2つのウリナラ——21世紀の子どもたちへ』解放出版社、2000
◆伊藤康子『戦後日本女性史』大月書店、1975
◆伊藤康子「戦後改革と婦人解放」——女性史総合研究会編『日本女性史』第5巻、東京大学出版会、1982、所収
◆植野妙実子『憲法の基本——人権・平和・男女共生』学陽書房、2000
◆(財)沖縄県三悪追放協会編・刊『創立30周年記念誌　三悪追放協会の歩み』1998
◆沖縄県編『沖縄　苦難の現代史』岩波書店、1996
◆小熊英二『〈民主〉と〈愛国〉』新曜社、2002
◆女たちの現在を問う会編『もはや戦後ではない?』(『銃後史ノート戦後篇④』)インパクト出版会、1988
◆加納実紀代『戦後史とジェンダー』インパクト出版会、2005
◆鹿野政直・加納実紀代「戦後史と家族」——『現代思想』2004年9月号、青土社、掲載
◆鹿野政直『現代日本女性史』有斐閣、2004
◆京都市立郁文中学校二部(夜間)学級文集『夜空——よぞら——』1998
◆金城清子『ジェンダーの法律学』有斐閣、2002
◆金　栄「在日朝鮮人活動家朴静賢とその周辺」——『在日朝鮮人史研究』第27号、1997、掲載
◆基地・軍隊を許さない行動する女たちの会編・刊『沖縄・米兵による女性への性犯罪　第7版(1945年4月〜2004年10月)』2004
◆栗原貞子『人類が滅びぬ前に　栗原貞子全詩篇』土曜美術出版、2005
◆国際女性の地位協会編『女性関連法データブック——条約・勧告・宣言から国内法まで』有斐閣、1998
◆古関彰一『新憲法の誕生』中公文庫、1995
◆近藤和子・鈴木裕子編『おんな・核・エコロジー』オリジン出版センター、1991
◆在日大韓民国婦人会東京地方本部編・刊『婦人会東京半世紀史』1993

◆在日本朝鮮民主女性同盟中央常任委員会『在日本朝鮮民主女性同盟結成50周年記念　女性同盟の誇らしい50年』1998
◆篠田英朗『平和構築と法の支配』創文社、2003
◆鈴木裕子「高度経済成長下の女性労働運動」――『兵庫県労働運動史　戦後4』兵庫県、1994、所収
◆鈴木裕子『女たちの戦後労働運動史』未来社、1994
◆鈴木裕子『女と〈戦後50年〉』(『女性史を拓く　3』)未来社、1995
◆鈴木裕子「「慰安婦」問題と戦後責任」(『女性史を拓く　4』)未来社、1996
◆『戦後50年おきなわ女性のあゆみ』沖縄県、1996
◆女性史総合研究会編『日本女性生活史　第5巻　現代』東京大学出版会、1990
◆総合女性史研究会編『日本女性の歴史――女のはたらき』角川書店、1993
◆宋連玉「朝鮮婦女総同盟」――『朝鮮民族運動史研究』第2号、1985、掲載
◆高橋保『法律でみる女性の現在』ミネルヴァ書房、2000
◆竹山昭子『玉音放送』晩聲社、1989
◆田中寿美子編『女性解放の思想と行動――戦後編』時事通信社、1975
◆ドウス昌代『敗者の贈物――特殊慰安施設ＲＡＡをめぐる占領史の側面』講談社文庫、1995
◆豊下楢彦『安保条約の成立――吉田外交と天皇外交』岩波新書、1996
◆中村政則『象徴天皇制への道――米国大使グルーとその周辺』岩波新書、1989
◆那覇市総務部女性室『なは・女のあしあと　那覇女性史(戦後編)』那覇市、2001
◆日本教職員組合編『日教組三十年史』労働教育センター、1977
◆日本教職員組合婦人部編『日教組婦人部三十年史』労働教育センター、1977
◆朴慶植『解放後　在日朝鮮人運動史』三一書房、1989
◆長谷川正安『日本の憲法　第三版』岩波新書、1994
◆母親運動三十年史編集委員会編『母親がかわれば社会がかわる――母親運動三十年史』日本母親大会連絡会、1987
◆樋口雄一『日本の朝鮮・韓国人』(同成社近現代史叢書第4巻)同成社、2002
◆樋口陽一『比較のなかの日本国憲法』岩波新書、1979
◆藤目ゆき『性の歴史学』不二出版、1997
◆牧原憲夫編『山代巴獄中手記書簡集』平凡社、2003
◆松尾尊兊『戦後日本への出発』岩波書店、2002
◆深山あき『風は炎えつつ』私家版、1987、公刊は神戸学生青年センター、2004
◆山川菊栄生誕百年を記念する会編『現代フェミニズムと山川菊栄』大和書房、1990
◆山極晃・中村政則編『資料日本占領1　天皇制』大月書店、1990
◆山下泰子・戒能民江・神尾真知子・植野妙実子『法女性学への招待』有斐閣、2000
◆山代巴『囚われの女たち』全10巻　径書房、1980〜86
◆湯沢雍彦編『日本婦人問題資料集成5　家族制度』ドメス出版、1976
◆吉田裕『昭和天皇の終戦史』岩波新書、1992

第6章

◆朝倉むつ子ほか『導入対話によるジェンダー法学』不磨書房、2003
◆天野正子『「生活者」とはだれか』中公新書、1996
◆新崎盛暉『沖縄考』凱風社、1984
◆石川准ほか編『障害学への招待　社会、文化、ディスアビリティ』明石書店、1999
◆伊田広行『シングル化する日本』洋泉社新書、2003
◆伊藤康子『戦後日本女性史』大月書店、1974
◆上野千鶴子編『主婦論争を読むⅠ、Ⅱ』勁草書房、1982
◆内田隆三『消費社会と権力』岩波書店、1987
◆江原由美子『女性解放という思想』勁草書房、1985
◆大越愛子『フェミニズム入門』ちくま新書、1996
◆大越愛子ほか編『現代文化テクスチュア』晃洋書房、2004
◆大沢真幸『虚構の時代の果て　オウムと世界最終戦争』ちくま新書、1996
◆小倉貞男『ヴェトナム戦争全史』岩波書店、1992
◆小此木政夫『在日朝鮮人はなぜ帰国したのか』現代人文社、2004
◆小田実『「ベ平連」・回願録でない回顧』第三書館、1995

◆女たちの現在を問う会編『全共闘からリブへ』(『銃後史ノート戦後篇⑧』)インパクト出版会、1996
◆加藤尚武編『環境と倫理』有斐閣、1998
◆加納実紀代編『リブという革命』インパクト出版会、2004
◆加納実紀代『戦後史とジェンダー』インパクト出版会、2005
◆韓国教会女性連合会編、山口明子訳『キーセン観光実態報告書』NCCキリスト教アジア資料センター、1984
◆樺光子編『人知れず微笑まん　樺美智子遺稿集』三一書房、1960
◆金伊佐子「在日女性と解放運動――その創成記に」――『フェミローグ3』玄文社、1992
◆金賛汀『在日、激動の百年』朝日新聞社(朝日選書750)、2004
◆金満里『生きることのはじまり』筑摩書房、1996
◆伍賀偕子著『次代を拓く女たちの運動史』松香堂、2002
◆塩川喜信ほか編『新左翼運動40年の光と影』新泉社、1999
◆渋川智明『福祉NPO　地域を支える市民起業』岩波新書、2001
◆情況出版編集部編『全共闘を読む』情況出版、1998
◆女性史総合研究会編『日本女性生活史　第5巻　現代』東京大学出版会、1990
◆鈴木尚子編『資料　戦後母性の行方』ドメス出版、1985
◆鈴木裕子『女と〈戦後50年〉』(『女性史を拓く　3』)未来社、1995
◆鈴木裕子『「慰安婦」問題と戦後責任』(『女性史を拓く　4』)未来社、1996
◆徐勝『獄中19年』岩波新書、1994
◆宋connie玉「在日女性の戦後史」――『環』第11号、藤原書店、2002、掲載
◆宋connie玉「在日朝鮮人女性とは誰か」――岩崎稔・大川正彦・中野敏男・李孝德『継続する植民地主義　ジェンダー/民族/人種/階級』青弓社、2005、所収
◆髙崎宗司『「妄言」の原形』木犀社、1990
◆髙崎宗司『検証　日韓会談』岩波新書、1996
◆髙里鈴代『沖縄の女たち』明石書店、1996
◆田中宏『新版　在日外国人』岩波新書、1991
◆谷川栄彦編『ベトナム戦争の起源』勁草書房、1984
◆『鶴見良行著作集　2　ベ平連』みすず書房、2002
◆永田洋子『16の墓標』上・下、彩流社、1982～83
◆永田洋子『続16の墓標』彩流社、1995
◆平井一臣「ヴェトナム戦争と日本の社会運動」――『歴史学研究』2003年10月号、青木書店、掲載
◆平林久枝『私を呼ぶ朝鮮』社会評論社、1991
◆古田元夫『歴史としてのヴェトナム戦争』大月書店、1991
◆古田元夫『ホー・チ・ミン　民族解放とドイモイ』(『現代アジアの肖像　第10巻』)岩波書店、1996
◆「ベトナムに平和を！」市民連合編『資料・ベ平連運動』全3巻、河出書房新社、1974
◆松井やより『女たちのアジア』岩波新書、1987
◆松井やより『愛と怒り　闘う勇気――女性ジャーナリストいのちの記録』岩波書店、2003
◆松井やより『市民と援助』岩波新書、1990
◆溝口明代ほか編『資料日本ウーマン・リブ史』全3巻、松香堂、1992～94
◆むくげの会編『身世打鈴　在日朝鮮女性の半生』東都書房、1972
◆村瀬ひろみ『フェミニズム・サブカルチャー批評宣言』春秋社、2000
◆吉川勇一編『反戦平和の思想と行動　コメンタール戦後50年(第4巻)』社会評論社、1995
◆吉川勇一・道場親信「ヴェトナムからイラクへ」『現代思想』2003年6月号、青土社、掲載
◆在日本朝鮮民主女性同盟中央常任委員会『在日本朝鮮民主女性同盟結成50周年記念　女性同盟の誇らしい50年』1998
◆松村雄策『ビートルズは眠らない』ロッキング・オン、2003
◆『ロック・クロニクル・ジャパン　vol.1　1968～1980』音楽出版社、1999

第7章

◆「慰安婦」問題の立法解決を求める会『ニュース』当該号
◆石田米子・内田知行編『黄土の村の性暴力　大娘(ダーニャン)たちの戦争は終わらない』創土

社、2004
- ◆伊藤公雄・樹村みのり・国信潤子『女性学・男性学　ジェンダー論入門』有斐閣、2002
- ◆井上輝子『新版　女性学への招待』有斐閣、1997(初版1992)
- ◆井上輝子ほか編『日本のフェミニズム②　フェミニズム理論』岩波書店、1994
- ◆「夫(恋人)からの暴力」調査研究会『ドメスティク・バイオレンス　新装版』有斐閣、1998
- ◆大越愛子『フェミニズムと国家権力』世界書院、2004
- ◆大島孝一・有光健・金英姫編『「慰安婦」への償いとは何か——「国民基金」を考える』明石書店、1996
- ◆鹿野政直『現代日本女性史』有斐閣、2004
- ◆韓国女性ホットライン連合編、山下英愛訳『韓国女性人権運動史』明石書店、2004
- ◆韓国挺身隊研究所著、金英姫・許善子訳『よくわかる韓国の「慰安婦」問題』アドバンテージサーバー、2002
- ◆久保井規夫『消され、ゆがめられた歴史教科書——現場教師からの告発と検証』明石書店、2004
- ◆国際法律家委員会著、自由人権協会・日本の戦争責任センター訳『国際法からみた「従軍慰安婦」問題』明石書店、1995
- ◆子どもと教科書全国ネット21『こんな教科書　子どもにわたせますか——「つくる会」の歴史・公民教科書批判』大月書店、2001
- ◆小森陽一・坂本義和・安丸良夫編『歴史教科書　何が問題か』岩波書店、2001
- ◆在日朝鮮人・人権セミナー編『在日朝鮮人と日本社会』明石書店、1999
- ◆従軍慰安婦問題ウリヨソンネットワーク企画、金富子・梁澄子ほか著『もっと知りたい「慰安婦」問題——性と民族の視点から』明石書店、1995
- ◆女性学研究会編『女性学をつくる』勁草書房、1981
- ◆鈴木裕子『従軍慰安婦・内鮮結婚』未来社、1992
- ◆鈴木裕子『「従軍慰安婦」問題と性暴力』未来社、1993
- ◆鈴木裕子『戦争責任とジェンダー』未来社、1997
- ◆鈴木裕子『天皇制・「慰安婦」・フェミニズム』インパクト出版会、2002
- ◆戦後処理の立法を求める法律家・有識者の会『ニュース』当該号
- ◆角田由紀子『性の法律学』有斐閣、1991
- ◆角田由紀子『性差別と暴力』有斐閣、2001
- ◆戸塚悦朗『日本が知らない戦争責任』現代人文社、1999
- ◆永原慶二『歴史教科書をどうつくるか』岩波書店、2001
- ◆ナヌムの家付設日本軍「慰安婦」歴史館編『咲ききれなかった花　日本軍「慰安婦」ハルモニの絵画集』ナヌムの家、2000
- ◆西野瑠美子『従軍慰安婦』明石書店、1992
- ◆西野瑠美子『船上の「慰安婦」』明石書店、2003
- ◆日本教職員組合編『教科書白書2005〈中学校　歴史・公民編〉』アドバンテージサーバー、2005
- ◆VAWW-NET Japan編訳『戦時・性暴力をどう裁くか　国連マクドゥガル報告全訳』凱風社、1998
- ◆VAWW-NETジャパン編『ここまでひどい！「つくる会」歴史・公民教科書』明石書店、2001
- ◆VAWW-NET Japan編『日本性奴隷制を裁く　2000年女性国際戦犯法廷の記録』全6巻、緑風出版、2000〜2002
- ◆VAWW-NETジャパン編『裁かれた戦時性暴力』白澤社、2001
- ◆VAWW-NETジャパン編『Q＆A　女性国際法廷「慰安婦」制度をどう裁いたか』明石書店、2002
- ◆慧真著、徐勝・金京子訳『ナヌムの家のハルモニたち』人文書院、1998
- ◆堀尾輝久『教科書問題——家永訴訟に託すもの』岩波ブックレット、1992
- ◆洪玧伸「『戸惑う人間』のための安全保障学—沖縄と韓国における反基地運動「住民アクター」の視点から」——『女性・戦争・人権』7号、行路社、2005、掲載
- ◆松井やより「アクティヴィストが期待するアジア女性学」——『かりん　かりん　女性学・ジェンダー研究』第2号、城西国際大学、2002、掲載
- ◆松井やより『愛と怒り　闘う勇気——女性ジャーナリストいのちの記録』岩波書店、2003
- ◆尹貞玉ほか著『朝鮮人女性がみた「慰安婦問題」』三一書房、1992
- ◆尹貞玉著、鈴木裕子編・解説『平和を希求して』白澤社、2003
- ◆吉見義明『従軍慰安婦資料集』大月書店、1992

◆ラディカ・クマラスワミ著、クマラスワミ報告書研究会訳『女性に対する暴力——国連人権委員会特別報告書』明石書店、2000
◆歴史学研究会編『歴史家が読む「つくる会」教科書』青木書店、2001

Web site

◆Web site of International Criminal Court's Home Page.　http://www.icc-cpi.int/
◆Web site of International Criminal Court of Amnesty International's Home Page.
　http://web.amnesty.org/library/Index/ENGIOR510062004
◆アムネスティ・インターナショナル（日本）のホームページの国際刑事裁判所に関するウェブサイト。　http://www.amnesty.or.jp/campaign/icc/

年表および全体にわたる主要参考文献

◆井上輝子・江原由美子編『女性のデータブック』第4版　有斐閣、2005
◆岩波書店編集部編『近代日本総合年表』第2版　岩波書店、1984
◆生方孝子ほか編「近代日本女性史小年表」——『エナジー女性史小事典』エッソ石油㈱広報部、1983、所収
◆京都大学文学部国史研究室日本近代史辞典編集委員会『日本近代史辞典』東洋経済新報社、1958
◆遠山茂樹・安達淑子『近代日本政治史必携』岩波書店、1961
◆中村政則編『年表　昭和史』岩波ブックレット、1989
◆丸岡秀子・山口美代子編『近代日本婦人問題年表』（『日本婦人問題資料集成　第10巻』）ドメス出版、1980、所収
◆三井礼子編『現代婦人運動史年表』三一書房、1963

◆朝日ジャーナル編『女の戦後史　Ⅰ～Ⅲ』朝日新聞社〈朝日選書〉、1984～85
◆安準模著、前田真彦訳『韓国　歌の旅』白帝社、2003
◆阿部恒久・佐藤能丸『日本近現代女性史』芙蓉書房出版、2000
◆李順愛編訳・解説『分断克服と韓国女性運動』御茶の水書房、1989
◆市川房枝ほか編『日本婦人問題資料集成』全10巻、ドメス出版、1976～81
◆李智淑・安貞和訳『近代日本女性文学入門』語学社、2005、ソウル
◆井上輝子・上野千鶴子・江原由美子・大沢真理・加納実紀代編『岩波　女性学事典』岩波書店、2002
◆李効再著、李順愛・崔映淑・金静伊訳『分断時代の韓国女性運動』御茶の水書房、1987
◆李効再著、金学鉉・金洪仙・左和子訳『分断社会と女性・家族』社会評論社、1988
◆鹿野政直・堀場清子『祖母・母・娘の時代』岩波ジュニア新書、1985
◆近現代日本女性人名事典編集委員会編『近現代日本女性人名事典』ドメス出版、2001
◆金英達『金英達著作集』全3巻、明石書店、2002～03
◆女性史総合研究会編『日本女性史』第4～5巻　東京大学出版会、1982
◆申蕙秀著、金早雪訳『韓国風俗産業の政治経済学』新幹社、1997
◆総合女性史研究会編『日本女性の歴史　性・愛・家族』角川書店、1992
◆帯刀貞代『日本の婦人』岩波新書、1957
◆田中寿美子編『近代日本の女性像』社会思想社〈現代教養文庫〉、1968
◆永原和子・米田佐代子『おんなの昭和史』有斐閣、1986
◆朴垠鳳著、石坂浩一監訳・清水由希子訳『わかりやすい朝鮮社会の歴史』明石書店、1999
◆韓洪九著、高崎宗司監訳『韓洪九の韓国現代史』第1、2巻、平凡社、2003、05（刊行中）
◆韓永愚著、吉田光男訳『韓国社会の歴史』明石書店、2003
◆平凡社編集部編、伊藤亜人・大村益夫・梶村秀樹・武田幸男監修『朝鮮を知る事典』平凡社、1986
◆もろさわようこ『おんなの戦後史』未来社、1971
◆歴史教育研究会編『日本と韓国の歴史共通教材をつくる視点』梨の木舎、2003

〈韓国〉 ごく一部を除き、韓国語文献です。さらに学習を深めるために付しました。また「碩士(修士)学位論文」や「博士学位論文」は韓国では流通しており、掲載しました。著者(執筆者)の「カナタラ」順。

第1章

◆康宣美『朝鮮派遣女性宣教師と(キリスト)女性のフェミニズム意識形成』梨花女子大学校女性学科博士学位論文、2002
◆朴容玉『韓国女性近代化の歴史的脈絡』知識産業社、2001
◆李美英『ミッション系女学校の韓国女性教育に関する研究：1886〜1945年」、成均館大学校教育大学院歴史教育専攻碩士学位論文、1988
◆李培鎔「開化期明成皇后閔妃の政治的役割」――『国史館論叢』第66輯、1995、掲載
◆李培鎔「韓国近代女性意識変化の流れ：開化期から日帝期まで」――『韓国史市民講座』第15集、一潮閣、1994、掲載
◆李ユニ『韓国民族主義と女性運動』新書苑、1995
◆李泰鎮『高宗時代の再照明』太学社、2000
◆李效再『韓国の女性運動：昨日と今日』正宇社、1996
◆丁暻淑『大韓帝国末期女性運動の性格研究』梨花女子大学校社会科博士学位論文、1986
◆韓国女性研究所編『韓国女性史定立のための人物類型研究Ⅰ、Ⅱ』梨花女子大学校、1993
◆韓国女性研究会女性史分科編『韓国女性史――近代篇』プルピッ、1992

第2章

◆高峻石『アリラン峠の旅人』クワァンジュ、1987
◆金キョンイル『女性の近代、近代の女性』プルンヨクサ(青い歴史)、2004
◆金スン編『女性独立有功者』高句麗、1998
◆金正明、李槃松共編著、ハン・テフィ編訳『植民地時代の社会運動』ハンウルリム、1986
◆朝鮮総督府警務局編、朴慶植解説『朝鮮の治安状況――1930』不二出版、1984
◆朴宣美『朝鮮社会の近代的変容と女子日本留学』――『史林』第82巻、京都大学出版部、1999、掲載
◆朴容玉編『女性――歴史と現在』国学資料院、2001
◆朴容玉『韓国近代女性運動史研究』韓国精神文化研究院、1984
◆朴容玉『韓国女性近代化の歴史的脈絡』知識産業社、2001
◆朴容玉『韓国女性抗日運動史研究』知識産業社、1996
◆朴貞愛『1910〜1920年代初期女子日本留学生研究』淑明女子大学校韓国史学科碩士学位論文、1999
◆徐仲錫『新興武官学校と亡命者たち』歴史批評社、2001
◆申栄淑『日帝下韓国女性社会史研究』梨花女子大学校史学科博士学位論文、1993
◆延辺朝鮮族自治州婦女連合会『延辺女性運動史』延辺人民出版社、1991
◆李培鎔『わが国の女性たちはいかに生きたか2』青年社、1999
◆李相瓊編『羅蕙錫全集』太学社、2002
◆李ヘドン『満州生活77年』明志出版社、1990
◆丁堯燮『韓国女性運動史』一潮閣、1971〔柳沢七郎訳『韓国女性運動史』高麗書林、1975〕
◆鄭ジョンファ『緑豆花――女子独立軍 鄭ジョンファの低い声音(未完)』1987
◆崔ヘシル『新女性たちは何を夢見たのか』センガゲナム(思考の木)、2000
◆ハンギョレ新聞社編『発掘 韓国現代史人物』ハンギョレ新聞社、1991
◆韓国社会史研究会『日帝下の社会運動と農村社会』(社会史研究会論文集第25集)文学と知性社、1993
◆韓国女性開発院編『韓国 歴史のなかの女性人物―下』韓国女性開発院、1998
◆韓国女性研究所女性史研究室『わが女性の歴史』青年社、1999
◆韓国女性研究会女性史分科編『韓国女性史――近代篇』プルピッ、1992
◆ハン・ドシン記録、金ドンス、オ・ヨノ整理『夢のような昔の痛々しい話』トルベゲ(石枕)、1996
◆許ウン口述、辺チャンエ記録『いまもわが耳には西間島の風音が』正宇社、1995

第3章

- ◆姜怡守『1930年代綿紡大企業女性労働者の状態に関する研究：労働過程と労働統制を中心に』梨花女子大学校社会学学科博士学位論文、1991
- ◆金キョンイル『近代の女性、女性の近代』プルンヨクサ（青い歴史）、2004
- ◆金斗憲『韓国家族制度史研究』ソウル大学校出版部、1969
- ◆金晋均・鄭根植編著『近代主体と植民地規律権力』文化科学社、1997
- ◆金恵慶「家事労働言説と韓国近代家族」──韓国女性学会編『韓国女性学』第15巻第1号、1999、所収
- ◆金恵慶「植民地朝鮮における核家族概念の導入とジェンダー規範」──『禾陽慎鏞廈教授定年記念論叢 Ⅰ』ナナム出版社、2003、所収
- ◆金恵慶『日帝下 '幼児期' の形成と家族変化に関する研究』梨花女子大学校社会学学科博士学位論文、1997
- ◆盧栄澤『日帝下民衆教育運動史』探求堂、1979
- ◆盧致俊「近代社会への変化と宗教」──『韓国社会史の理解』文学と知性社、1995
- ◆川本綾『朝鮮と日本における良妻賢母思想に関する比較研究：開化期から1940年代前半を中心に』ソウル大学校社会学学科碩士学位論文、1999
- ◆文昭丁「家族生活の変化と女性の成長」──慎鏞廈・朴明圭・金ピルドン編『韓国社会史の理解』文学と知性社、1995、所収
- ◆文昭丁『日帝下韓国農民家族に関する研究：1920～30年代貧農層を中心に』ソウル大学校社会学学科博士学位論文、1991
- ◆蘇賢淑『日帝植民地期朝鮮の出産統制言説の研究』漢陽大学校史学科碩士学位論文、1999
- ◆孫仁銖『韓国女性教育史』延世大学校出版部、1977
- ◆孫禎睦『日帝下強占期都市化過程研究』一志社、1996
- ◆申栄淑『日帝下韓国女性社会史研究』梨花女子大学校史学科博士学位論文、1993
- ◆安テユン『日帝下母性に関する研究：戦時体制と母性の植民地化を中心に』誠信女子大学校社会学学科博士学位論文、2001
- ◆女性史研究モイム、道ならぬ世『20世紀女性事件史』女性新聞社、2001
- ◆呉成哲『1930年代韓国初等教育研究』ソウル大学校博士学位論文、1996
- ◆呉天錫『韓国新教育史』現代教育叢書出版社、1964
- ◆劉準基「1910年代前後日帝の儒林親日化政策と儒林界の対応」──『韓国史研究』第113集、2001、所収
- ◆李ドクチュ『泰和基督教社会福祉館の歴史』泰和基督教社会福祉館、1993
- ◆李萬烈『韓国基督教文化運動史』大韓基督教出版社、1987
- ◆李貞玉『日帝下工業労働における民族と性』ソウル大学校社会学学科博士学位論文、1990
- ◆張炳旭『韓国監理教女性史』聖光文化社、1979
- ◆張矢遠「産米増殖計画と農業構造の変化」──姜萬吉ほか編『韓国史13：植民地時期の社会経済1』ハンギル社、1994
- ◆鄭光鉉『韓国家族法研究』ソウル大学校出版部、1967
- ◆鄭根植「植民地的近代と身体の政治」──韓国社会史学会『社会と歴史』第51集、1997、所収
- ◆鄭世華「韓国近代女性教育」──金ヨンドクほか編『韓国女性史：開化期──1945』梨花女子大学校出版部、1972、所収
- ◆韓国社会史研究会『韓国の宗教と社会変動』(韓国社会史研究会論文集第7集)、文学と知性社、1987
- ◆韓国女性研究所女性史研究室『わが女性の歴史』青年社、1999
- ◆韓国女性研究会女性史分科編『韓国女性史──近代篇』プルピッ、1992
- ◆咸宗圭『韓国教育過程変遷史研究──前篇』淑明女子大学校出版部、1983
- ◆許粋烈「1930年代軍需工業化政策と日本独占資本の性格」──車基璧編『日帝の韓国植民統治』正音社、1985、所収

第4章

- ◆河かおる、金美蘭訳「総力戦下の朝鮮女性」──『実践文学』第67集、実践文学社、2002所収〔河かおる「総力戦下の朝鮮女性」『歴史評論』612号、2001年4月〕

◆川本綾「韓国と日本の賢母良妻思想：開化期から1940年代前半まで」──『母性の言説と現実』ナナム出版社、1999、所収
◆康宣美、山下英愛「天皇制国家と性暴力：軍『慰安婦』問題に関する女性学的試論」──『韓国女性学』第9集、韓国女性学会、1993、所収
◆郭健弘『日帝の労働政策と朝鮮労働者 1938−1945』新書苑、2002
◆権ミョンア「戦時動員体制のジェンダー政治」──『日帝ファシズム支配政策と民衆生活』ヘアン、2004、所収
◆権ミョンア「総力戦とジェンダー──軍国の母言説研究」──『性平等研究』、2004、所収
◆権ミョンア「銃後婦人、新女性、そしてスパイ──戦時動員体制下の銃後婦人言説研究」──『尚虚学報』、2004、所収
◆金正明、林鍾国訳『挺身隊』日月書閣、1992
◆金静美「朝鮮農村女性に対する日帝の政策」──『朝鮮史叢』第3集、青丘文庫、1980、所収
◆朴ソクプン・朴ウンボン「金活蘭、韓国最初の女性博士」──『女性人物史』セナル、1994、所収
◆裵城浚『日帝下京城地域工業研究』ソウル大学校史学科博士学位論文、1998
◆宮田節子『朝鮮民衆と「皇民化」政策』一潮閣、1997〔宮田節子『朝鮮民衆と「皇民化」政策』未来社、1985〕
◆宮田節子・金英達・梁泰昊『創氏改名』明石書店、1992
◆民族問題研究所編『韓国近現代史と親日派問題』亜細亜文化社、2000
◆弘津恭輔『戦時経済体制の基本問題』経済図書、1944
◆安テユン『日帝下母性に関する研究：戦時体制と母性の植民地化を中心に』誠信女子大学校社会学科博士学位論文、2001
◆梁鉉娥「韓国人軍『慰安婦』を記憶するということ」──イレイン金・崔ジョンム編、朴ウムミ訳『危険な女性たち』三仁、2001、所収
◆女性史研究モイム、道ならぬ世『20世紀女性事件史』女性新聞社、2001
◆余舜珠『日帝末期朝鮮人女子勤労挺身隊に関する実態研究』梨花女子大学校女性学科碩士学位論文、1994
◆呉有錫「朴マリア──免罪符を与えることのできない親日と権力欲の化身」──民族問題研究所『清算できなかった歴史2』青年社、1994、所収
◆尹明淑「日本軍『慰安婦』と日本の国家責任」──『韓国独立運動史研究』第11集、1998、所収
◆尹海東「植民地認識の「グレーゾーン」──日帝下「公共性」と規律権力」──『当代批評』2000、掲載〔藤井たけし訳「植民地認識の「グレーゾーン」──日帝下「公共性」と規律権力」──『現代思想』31巻6号、2002年5月、掲載〕
◆李萬烈・金英喜「1930・40年代朝鮮女性の存在様態──「日本軍慰安婦」政策を背景に」──『国史館論叢』第89集、2000、所収
◆李サンヨン「日帝末期の女子動員と「軍国の母」」──韓国女性研究所『フェミニズム研究』第2集、2002、所収
◆李ソノク「平等に対する誘惑──女性知識人と親日の内的論理」──『実践文学』第67集、実践文学社、2002、所収
◆李昇燁「新女性−植民地時代末期の女性の「皇民化」運動」──『韓国民族運動史研究』第20集、1998、所収
◆李ジュンシク「文化宣伝政策と戦争動員イデオロギー──映画統制体制の宣伝映画を中心に」──『日帝ファシズム支配政策と民衆生活』ヘアン、2004、所収
◆チョン・サンスク「日帝軍部ファシズム体制と「植民地ファシズム」」──『日帝ファシズム支配政策と民衆生活』ヘアン、2004、所収
◆チョン・ジュス『創氏改名研究』トンムン、2003
◆鄭鎮星「軍「慰安婦」強制連行に関する研究」──『近現代韓日関係と在日同胞』ソウル大学校出版部、1999
◆鄭鎮星「軍「慰安婦」、挺身隊概念に関する考察」『社会と歴史』第60集、文学と知性社、2001、所収
◆鄭鎮星「抑圧された女性の主体形成と軍「慰安婦」動員」──『社会と歴史』第54集、文学と知性社、1998、所収
◆鄭鎮星『日本軍性奴隷制：日本軍慰安婦問題の実相とその解決のための運動』ソウル大学校出版部、2004
◆崔由利『日帝末期植民地支配政策研究』国学資料院、1997
◆韓国史編集委員会『韓国史−14』ハンギル社、1994

◆韓国女性研究所女性史研究室『わが女性の歴史』青年社、1999
◆韓国挺身隊問題対策協議会編『日本軍「慰安婦」問題の真相』歴史批評社、1997
◆韓国挺身隊研究会編『韓日間の未清算課題』亜細亜文化社、1997
◆樋口雄一、洪鍾泌訳「太平洋戦争中日帝の朝鮮女性動員——愛国班を中心に」——『ミョンジ史論』第10号、1999〔樋口雄一「太平洋戦争下の女性動員——愛国班を中心に」『朝鮮史研究会論文集』32号、1994年〕
◆韓日民族問題学会強制連行問題研究分科『強制連行強制労働研究入門』ソニン、2005

第5章

◆姜怡守「米軍政期公娼廃止と女性運動」——『米軍政期韓国の社会変動と社会史Ⅱ』翰林大学校亜細亜文化研究所、1999、所収
◆金恵水「1950年代韓国女性の地位と賢母良妻論」——韓国外国語大学校歴史文化研究所『外大史学Ⅰ』第12集、2000、所収
◆文ギョンラン『米軍政期韓国女性運動に関する研究』梨花女子大学校社会科碩士学位論文、1989
◆民主主義民族戦線『解放朝鮮Ⅰ:自主的統一民族国家樹立闘争史』1946(科学と思想社、1988年復刊)
◆朴チャンピョ『韓国の国家形成と民主主義——米軍政期自由民主主義の初期制度化』高麗大学校出版部、1997
◆保健社会部『婦女行政40年史』1987
◆セウムト『京畿道地域性売買実態調査及び政策対案研究』2001
◆宋連玉「朝鮮婦女総同盟——八・一五解放直後の女性運動」——『朝鮮民族運動研究』2、青丘文庫、1985、所収
◆申栄淑「解放以後1950年代の女性団体と女性運動」——『女性研究論叢』第15集、2000、所収
◆梁東淑『解放後韓国の公娼制廃止過程に関する研究』漢陽大学校史学科碩士学位論文、1998
◆女性史研究モイム、道ならぬ世『20世紀女性事件史』女性新聞社、2001
◆オ・グムスク「4・3を通してみた女性人権被害事例」——『東アジアの人権と平和』歴史批評社、1998、所収
◆オ・ジョン『米軍基地村売春女性たちの周辺的文化——議政府市松山洞基地村を中心に』ソウル大学校人類学科碩士学位論文、1997
◆李垌謨『激動期の現場』ヌンピッ、1989
◆李培鎔「米軍政期女性生活の変貌と女性意識　1945〜1948」——『歴史学報』第150集、歴史学会、1986、所収
◆李順今「朝鮮女性へ」——『女性公論』、1945
◆李スンフィ『韓国現代女性運動史』白山書堂、1994
◆李林夏『1950年代女性の生と社会的言説』成均館大学校史学科博士学位論文、2002
◆李林夏『彼女はどんな女になったか』西海文集、2004
◆李林夏『女性、戦争を越え立ち上がる』西海文集、2004
◆李ジョンジュ『済州'ホミ'村女性たちの生涯史に対する女性学的考察——'4・3'経験を中心に』梨花女子大学校女性学科碩士論文、1999
◆李恵淑「米軍政期女性運動と女性政策」——鄭鎮星、安真ほか『韓国現代女性史』ハヌル、2004、所収
◆李恵淑「米軍政期韓国の政治社会的変動:国家——市民社会関係の歴史的構造化」——金ピルドン・池承鍾ほか『韓国社会史研究』ナナム出版社、2003、所収
◆李恵淑『米軍政期の経済政策に関する政治社会学的研究』ソウル大学校社会学科博士学位論文、1992
◆李効再『韓国の女性運動:昨日と今日』正宇社、1996
◆鄭喜鎮「死んでこそ生かされる女性たちの人権:韓国基地村女性運動史　1986〜98」——韓国女性ホットライン連合編『韓国女性人権運動史』ハヌル、1999、所収〔山下英愛訳『韓国女性人権運動史』明石書店、2004〕
◆チョ・スンギョンほか『冷戦体制と生産の政治　米軍政期の労働政策と労働運動』梨花女子大学校出版部、1995
◆崔ミンジ「韓国女性運動小史」——李効再編『女性解放の理論と現実』カチ(鵲)、1979、所収
◆韓国婦人会総本部『韓国女性運動略史:1945〜1963年まで人物中心』ハンパメソリ社、1986

◆黄ジョンミ「解放後初期国家機構の形成と女性(1946〜1960)——婦女局を中心に」——『韓国学報』第28巻第4号、一志社、2002、所収
◆黄ジョンミ「発展国家と母性」——沈ヨンフィほか共編『母性の言説と現実——母の性、人間、アイデンティティ』ナナム出版社、1999、所収

第6章

◆カン・インスン「産業化、開発国家と女性(1960〜1970年代)」——鄭鎮星、安真ほか『韓国現代女性史』ハヌル、2004、所収
◆カン・ヒョナ「5・18 民衆抗争と女性主体の経験」——金ミョンヘ編訳『女性と民主化運動』京仁文化社、2004、所収
◆具スジョン「20世紀狂気と野蛮が呼んだベトナム戦争韓国軍良民虐殺」——『日常の抑圧と少数者の人権：済州人権学術会議2000』サラムセンガク、2004、所収
◆具ヘグン、シン・グァンヨン訳『韓国労働者階級の形成』創作と批評社、2002〔滝沢秀樹・高龍秀訳『韓国の労働者 階級形成における文化と政治』御茶の水書房、2004
◆金ソヨン「1980年代韓国映画と女性」——鄭鎮星、安真ほか『韓国現代女性史』ハヌル、2004、所収
◆金秀映「近代化と家族の変化」——鄭鎮星、安真ほか『韓国現代女性史』ハヌル、2004、所収
◆金ヨンオク「1970年代近代化の展開と女性の身体」——韓国女性研究院編『韓国の近代性と家父長制の変遷』梨花女子大学校出版部、2003、所収
◆金ウォン『1980年代韓国大学生の下位文化と大衆政治に関する研究』西江大学校政治外交学科碩士学位論文、1995
◆金チャンナム「'維新文化'の二重性と対抗文化」——歴史問題研究所『歴史批評』、第30号、歴史批評社、1995
◆金チャンナム『全面改訂版 大衆文化の理解』ハヌル、2003
◆金チャンジン、李グァンイル「光州民衆抗争」——朴玄チェ編『青年のための韓国現代史 1945〜1991：苦難と希望の民族史』ソナム、1994
◆金ヒョンスク「民族の象徴'洋公主'」——イレイン金・崔ジョンム編、朴ウムミ訳『危険な女性たち』三仁、2001、所収
◆金ヒョナ『戦争と女性：韓国戦争とベトナム戦争のなかの女性・記憶・再現』ヨルムオンドク、2004
◆文スンスク「民族共同体づくり」——イレイン金・崔ジョンム編、朴ウムミ訳『危険な女性たち』三仁、2001、所収
◆文ヒョナ「朴正煕時代 映画を通して具現された女性イメージを読み直す」——韓国精神文化研究院編『朴正煕時代研究』白山書堂、2002、所収
◆朴スジョン『隠された韓国女性の歴史』アルムダウンサラムドゥル(美しい人びと)、2003
◆朴ヒョンギ「80年代変革運動家たちのアイデンティティ変化過程：運動圏出身の女性団体を中心に」ソウル大学校人類学科碩士学位論文、1996
◆徐仲錫「朴政権の対日姿勢と跛行的韓日関係」——歴史問題研究所編『歴史批評』第28号、歴史批評社、1995、所収
◆蘇賢淑「戸主制、植民主義と家父長制の共謀：家族法改定運動」——女性史研究モイム、道ならぬ世『20世紀女性事件史』女性新聞社、2001、所収
◆安真「5・18光州抗争と女性」——鄭鎮星、安真ほか『韓国現代女性史』ハヌル、2004、所収
◆梁鉉娥「戸主制度のジェンダー政治：ジェンダー生産を中心に」——『韓国女性学』第16巻第1号、韓国女性学会、2000、所収
◆李ビョンチョン編『開発独裁と朴正煕時代：われらの時代の政治経済的起源』チャンピ(創批)、2003
◆李オクチ「1970年代の韓国女性労働者運動」——金ミョンヘ編訳『女性と民主化運動』京仁文化社、2004、所収
◆李オクチ『韓国女性労働者運動史1』ハヌル、2001
◆李鍾奭「北から見た韓日協定と朝日会談」——歴史問題研究所編『歴史批評』第28号、歴史批評社、1995
◆李ヒョイン『映画で読む韓国社会文化史』蓋馬高原、2003
◆イレイン金・崔ジョンム編、朴ウムミ訳『危険な女性たち：ジェンダーと韓国の民族主義』三仁、2001

◆全スノク『終わらない時代の歌』ハンギョレ新聞社、2004
◆鄭喜鎮「死んでこそ生かされる女性たちの人権:韓国基地村女性運動史、1986～98」——韓国女性ホットライン連合編『韓国女性人権運動史』ハヌル、1999、所収〔山下英愛訳『韓国女性人権運動史』明石書店、2004〕
◆チョ・フィヨン「民青世代・'緊措世代'の形成と政治改革展望」——歴史問題研究所編『歴史批評』第30号、歴史批評社、1995、所収
◆チョ・フィヨン『非正常性に関する抵抗から正常性に対する抵抗へ』アルケ、2004
◆崔章集『民主化以降の民主主義:韓国民主主義の保守的起源と危機』フマニタス、2002
◆キャサリン・ムン著、李ジョンジュ訳『同盟のなかのセックス』三仁、2002
◆キャサリン・ムン「韓国基地村の女性」——鄭鎮星、安真ほか『韓国現代女性史』ハヌル、2004、所収
◆韓国映像資料院編、李ヒョインほか『韓国映画史の勉強:1960～1979』イチェ(異彩)、2004
◆韓洪九「ベトナム派兵と兵営国家への道」——李ピョンチョン編『開発独裁と朴正熙時代』創作と批評社、2003、所収
◆韓洪九『大韓民国史02』ハンギョレ新聞社、2003〔高崎宗司ほか訳『韓洪九の韓国現代史2』平凡社、2005〕
◆洪仁淑「韓日会談に対する米日の構想と対応」——歴史問題研究所編『歴史批評』第28号、歴史批評社、1995、所収

第7章

◆沈英姫『危険社会と性暴力』ナナム出版社、1998
◆李效再『韓国の女性運動:昨日と今日』正宇社、1989
◆鄭鎮星『日本軍性奴隷制:日本軍慰安婦問題の実相とその解決のための運動』ソウル大学校出版部、2004
◆鄭鎮星、安真ほか『韓国現代女性史』ハヌル、2004
◆韓国女性団体連合『開かれた希望:韓国女性団体連合10年史』同徳女子大学校韓国女性研究所、1998
◆韓国女性ホットライン連合編『韓国女性人権運動史』ハヌル、1999〔山下英愛訳『韓国女性人権運動史』明石書店、2004〕
◆韓国挺身隊問題対策協議会『日本軍慰安婦問題の真相』歴史批評社、1997
◆韓国挺身隊研究所『おばあさん、慰安婦って何?』ハンギョレ新聞社、2000
◆邊永姝監督、映画『息吹』、記録映画製作所ポイム、1999
◆韓国挺身隊問題対策協議会・韓国挺身隊研究所共編『強制的に連れて行かれた朝鮮人軍慰安婦たち-1』ハヌル、1993
◆韓国挺身隊問題対策協議会・韓国挺身隊研究所共編『中国に連れて行かれた朝鮮人軍慰安婦たち:50年後の証言』ハヌル、1995
◆韓国挺身隊問題対策協議会・韓国挺身隊研究所共編『強制的に連れて行かれた朝鮮人軍慰安婦たち-2』ハヌル、1997
◆韓国挺身隊問題対策協議会・韓国挺身隊研究所共編『強制的に連れて行かれた朝鮮人軍慰安婦たち-3』ハヌル、1999
◆韓国挺身隊問題対策協議会2000年日本軍性奴隷制を裁く女性国際戦犯法廷韓国委員会証言チーム編『強制的に連れて行かれた朝鮮人軍慰安婦たち-4:記憶で再び書く歴史』プルピッ、2001
◆韓国挺身隊研究所編『中国に連れて行かれた朝鮮人軍慰安婦たち-2』ハヌル、2003
◆韓国挺身隊問題対策協議会付設戦争と女性人権センター研究チーム『強制的に連れて行かれた朝鮮人軍慰安婦たち-3』戦争と女性・人権センター、2004
◆韓国挺身隊問題対策協議会2000年日本軍性奴隷制を裁く女性国際戦犯法廷韓国委員会、韓国挺身隊研究所共編『強制的に連れて行かれた朝鮮人軍慰安婦たち-5』プルピッ、2004

〈年表 参考文献〉

朴容玉『韓国近代女性運動史研究』韓国精神文化研究院、1984
朴容玉『韓国女性抗日運動史研究』知識産業社、1996
李萬烈『韓国史年表』歴民社、1985
李スンフィ『韓国現代女性運動史』白山書堂、1994
鄭鎮星、安真ほか『韓国現代女性史』ハヌル、2004
韓国史編集委員会『韓国史26 年表2』ハンギル社、1994
韓国女性史編纂委員会「韓国女性史年表」『韓国女性史』梨花女子大学校出版部、1978
韓国女性研究所女性史研究室『わが女性の歴史』青年社、1999
韓国女性研究会女性史分科編『韓国女性史──近代篇』プルピッ、1992
韓国女性ホットライン連合編『韓国女性人権運動史』ハヌル、1999〔山下英愛訳『韓国女性人権運動史』明石書店、2004〕
韓国挺身隊問題対策協議会『日本軍慰安婦問題の真相』歴史批評社、1997
韓国精神文化研究院『韓国史年表 年表で読む5000年わが歴史』東方メディア、2004

年表

西暦	日本の女性たち	韓国の女性たち	日・韓および世界の主な出来事
1868	堕胎薬の販売禁止		王政復古の宣言
1869	「女子売買禁止」の建白		版籍奉還
1870			普仏戦争
1871	津田梅子ら5人の少女、米国留学に出発。新律綱領、「妻・妾」を2親等とする		廃藩置県。日清修好条規。大院君、全国に斥和碑を建立
1872	学制発布、男女平等の義務教育制とする。人身売買禁止令、芸娼妓の「解放令」		学制発布。官営富岡製糸場開業
1873	妻からの離婚訴訟を許可、女戸主許可。京都に女紅場設立	高宗の親権政治宣布、王妃(明成皇后)の政治的役割が増す	地租改正条例公布。徴兵令公布。「台湾出兵」。「征韓論」で西郷隆盛ら下野
1874	東京女子師範学校(最初の女性教員養成校)設立。森有礼(のち文相)「妻妾論」で一夫一婦制を主張し、翌年、「契約結婚」		民撰議院設立建白の提出、自由民権運動の始まり
1875	『明六雑誌』で福沢諭吉ら女性問題を論争		讒謗律・新聞紙条例制定。江華島事件
1876	大阪府病院産婆学卒業者175人、初の産婆免許。豊田芙雄子、保母第1号となる		日朝修好条規(江華島条約)。トルコ帝国憲法
1877	自由民権運動で男女同権論著作多数		西南戦争。露土戦争
1878	富山で漁民女性ら米騒動。高知の楠瀬喜多、女戸主として公民権要求		ドイツ帝国、社会主義者鎮圧法
1879	教育令公布、男女別学を規定		琉球処分。府県会開設。植木枝盛『民権自由論』。ドイツ・オーストリア同盟
1880	集会条例布告、女性の政治活動制限。世界廃娼連合会から公娼廃止の勧告		集会条例。漢城(ソウル)に日本公使館設置。日本に修信使派遣
1881	京都に女紅場夜学校開設。石川島監獄の女囚取締りに女性採用		国会開設の詔。自由党結成。紳士遊覧団、日本視察。清に領選使派遣。ドイツ・オーストリア・ロシア3国同盟
1882	群馬県会、娼妓廃止の建議提出。岸田俊子、景山英子ら自由民権の演説	壬午軍乱で明成皇后避難後、還宮	軍人勅諭。壬午軍乱(事変)。ドイツ・オーストリア・イタリア3国同盟
1883	新潟柏崎で西巻開耶、集会条例違反で拘引。新聞紙条例改悪、女性の発行・編集・印刷禁止		朝鮮政府と仁川港居留地借入約書調印。『漢城旬報』創刊。元山学舎設立
1884	荻野吟子、医術開業試験に合格	女官顧大嫂、甲申政変に助力	自由党解党。秩父事件。甲申政変。清仏戦争
1885	明治女学校設立、キリスト教男女平等主義を標榜。『女学雑誌』創刊、反動の女子教育批判		朝鮮でのクーデターをめざす計画発覚(大阪事件)。内閣制定める。松方デフレ。イギリス、巨文島を占領(巨文島事件)
1886	山梨甲府で雨宮製糸紡績女工、日本初のスト。東京基督教婦人矯風(会頭矢島楫子)設立	最初の女学校、梨花学堂設立	朝鮮政府と絶影島地所借入約書調印。条約改正交渉開始。ビルマ、イギリス領となる
1887	東京帝大医科大学附属病院、看護婦養成開始	女性医師ハワードが初の女性病院、保救女館設立。女性医師エリス、蓮洞女学校設立	保安条例。仏領インドシナ成立
1888	『東京婦人矯風雑誌』など団体機関誌相次いで創刊		枢密院設置
1889	婦人矯風会「一夫一婦制」建白書提出、群馬県会、廃娼案可決		大日本帝国憲法発布。第2インターナショナル結成

西暦	日本の女性たち	韓国の女性たち	日・韓および世界の主な出来事
1890	東京女子高等師範学校(現・お茶の水女子大学)設立。全国廃娼同盟会結成。集会及政社法公布、女性の政治活動全面禁止。女性電話交換手9人、初採用		第1回総選挙・第1回帝国議会。教育勅語発布。集会及政社法公布
1891	家族制度をめぐる民法典論争(一夫一婦制など)		大津事件。足尾鉱毒事件。シベリア鉄道起工。済州島で蜂起発生。露仏同盟
1892	矢島製糸工賃下げ反対スト(山梨)		松方内閣の選挙大干渉
1893	日本基督教婦人矯風会結成、会頭矢島楫子。女子教育に関する訓令、裁縫科設置		
1894	東京深川の東京紡績会社、託児施設開設。日清戦争に赤十字看護婦従軍	早婚禁止。寡婦再婚禁止を解く	日英通商航海条約。日清戦争(〜95)。甲午(東学)農民戦争。甲午改革
1895	高等女学校規程制定。群馬県会、公娼再設置建議案を可決。樋口一葉「たけくらべ」「にごりえ」など発表	明成皇后弑逆される	下関条約。三国干渉。断髪令施行(乙未改革)。俄(露)館播遷。『独立新聞』創刊、独立協会創立
1896	労働力不足による鐘淵紡績熟練女工争奪		
1897	男女別学訓令により女児に固有の教育		八幡製鉄所設立。日本、金本位制確立。労働組合期成会結成。朝鮮、国号を大韓帝国(韓国)と改称。光武改革
1898	民法親族編・相続編公布施行、家族制度法制化。奥村五百子、韓国・光州に実業学校設立	韓国最初の女性団体「賛襄会」組織。女性団体「順成会」が組織され、独立協会活動に参加	独立協会主催により、万民共同会開催。独立協会、強制解散。アメリカ、ハワイ併合。米西戦争。ドイツが膠州湾、ロシアが旅順・大連、イギリスが威海衛租借
1899	高等女学校令公布、良妻賢母主義教育確立		領事裁判権(治外法権)撤廃。仏、広州湾租借
1900	治安警察法公布、女性の集会結社を禁止。津田梅子、女子英学塾(現津田塾大学)、吉岡弥生、東京女医学校(現東京女子医科大学)設立。娼妓取締規則公布、自由廃業を法制化	韓国初の女性医師朴エスター、帰国して医療活動開始	治安警察法公布。立憲政友会結成。朝鮮最初の鉄道、京仁鉄道全線開通。活貧党の活動活発化。北清事変・義和団事件
1901	奥村五百子主唱、愛国婦人会設立。足尾(銅山)鉱毒地救済婦人会設立。日本女子大学校、女子美術学校(現女子美術大学)設立。与謝野晶子『みだれ髪』刊行。三井呉服店で女性店員3人採用		社会民主党結成。東清鉄道完成
1902	埼玉、虐待工女救済会設立。製糸女工270人同盟断食(埼玉・深谷)		日英同盟。シベリア鉄道完成
1903	専門学校令公布、女子専門学校設立。農商務省『職工事情』全5巻刊行、労働の実態を赤裸々に報告、極秘扱い		平民社結成。国定教科書制
1904	社会主義協会・平民社、社会主義婦人講演会開催。出征軍人家族慰問婦人会、慰問袋兵士に送る。廃娼妓の収容施設「慈愛館」(婦人矯風会)落成		日露戦争(〜05)。日韓議定書調印。第1次日韓協約。英仏協商
1905	平民社の女性たち、治安警察法第5条改正を請願。日本キリスト教女子青年会(YWCA:会長津田梅子)発足	韓日両国の高官夫人たちが「大韓婦人会」設立。李一貞、初の女性商会「一貞商会」設立	日露戦争中に京釜鉄道全線開通。ポーツマス講和条約。第2次日韓協約(乙巳条約)。韓国統監府設置。ロシア第1次革命
1906	治安警察法第5条2項(政談集会	韓国皇室の後援で進明女学校と	日本社会党結成。鉄道国有法。

西暦	日本の女性たち	韓国の女性たち	日・韓および世界の主な出来事
1906	の自由」衆議院で採択。甲府市矢島製糸工女456人賃下げ反対スト、解決	明新女学校設立。女性総合雑誌『家庭雑誌』創刊。女子教育会結成される、総裁李鈺卿。「韓日婦人会」結成される。	南満州鉄道株式会社(満鉄)設立。関東都督府設置。大韓自強会設立。李人植、新小説発表
1907	福田英子、『世界婦人』創刊、初の社会主義女性新聞。「からゆきさん」シンガポールだけで2、3万人と推定	「国債報償婦人会」、「脱環会」など女性団体組織。「進明婦人会」創立。親日人士の妻たちを中心に「慈善婦人会」創立。女子教育会、共立病院を設置し医療奉仕を開始。尹熙順、「妻たちの義兵運動」を展開	足尾銅山同盟罷業。第1次日露協約。英露協商。英仏露3国協商国債報償運動起こる。軍隊解散。新民会結成。
1908	女性教員の産休規定定める(長野)。『家庭之友』、『婦人之友』と改題(羽仁もと子)。奈良女子高等師範学校(現奈良女子大学)開校。帝劇女優養成所(川上貞奴)入所式	漢城女子保育学院で女性啓発雑誌『女子指南』創刊。高等女学校令制定公布。漢城高等女学校設立	赤旗事件。東洋拓殖株式会社設立。安重根、伊藤博文を射殺。日本軍、「南韓大討伐作戦」実施
1909	東京モスリン女工300人賃上げ要求スト		
1910	高等女学校令改正、裁縫など実科高等女学校制度成立	「金海婦人会」、「羅州蚕業婦人会」、「養貞女子教育会」など組織。助産婦養成所設立。セブランス女学校看護学科第1回卒業式	大逆事件。第2次日露協約。韓国併合(韓国強占)
1911	管野すが、大逆事件で幸徳秋水らとともに処刑。女性労働者等保護の工場法公布(最初の労働法)、施行は5年後。吉原遊廓全焼、多くの娼妓焼死、婦人矯風会、吉原遊廓廃止運動。公娼廃止運動団体・廓清会結成。平塚らいてうら、『青鞜』創刊	朝鮮教育令、女子高等普通学校規則公布。朝鮮総督府令、芸娼妓酌婦取締規則制定	日本、関税自主権回復。工場法公布(日本最初の労働立法)。中国、辛亥革命
1912	大阪難波新地遊廓大火消失、矯風会廃止運動展開、廃止建白書提出。矢島楫子他、599人、在外「売春婦」取締法制定請願衆議院提出	制令第7号で朝鮮民事令公布。漢城高等女学校、京城女子高等普通学校に改称。梨花学堂、朝鮮総督府令によって普通科、高等科、大学科認可	第3次日露協約。友愛会結成。第1次護憲運動。土地調査事業開始(~18)。中華民国成立、清朝滅亡
1913	『青鞜』新しい女特集号、発禁。東北帝大に女子学生3人入学。石原修、「衛生学上より見たる女工の現況」、紡績女工の深夜業に伴う罹病・死亡率の高さを実証的に告発	京城新聞社、女性対象啓発誌『私たちの家庭』創刊。平壌崇義女学校の学生たちが秘密結社「松竹決死隊」組織	
1914	宝塚少女歌劇第1回公演。東京モスリン紡績会社吾嬬工場争議、山内みなら参加	梨花学堂大学科、第1回卒業生3人。官立京城女子高等普通学校に師範科設置	ドイツに宣戦布告、日本、第1次世界大戦参戦
1915	看護婦規則、内務省令で制定	東京で「在東京朝鮮女子留学生親睦会」発足	対華21カ条要求。大韓光復会設立
1916	『婦人公論』創刊。友愛会婦人部設置(日本最初の労働組合婦人部)	警務総監部令第4号、貸座敷娼妓取締規則発布。寺内正毅総督、「公娼制」公布	吉野作造、民本主義を提唱
1917	『主婦之友』創刊。第1回全国小学校女教員大会開催	在東京朝鮮女子留学生親睦会機関誌『女子界』創刊。「天道教女性同盟」創立	石井・ランシング協定。ロシア革命
1918	母性保護論争始まる(与謝野、平塚、山川、山田)。全国処女会中央部設立。富山県下の「米騒動」全国に拡大	金アレクサンドラ、ハバロフスクで「韓人社会党」結成。東京女子医専を卒業した許英粛、総督府医師試験に合格。朝鮮教育令、女子高等普通学校規則改正	米騒動。シベリア出兵。原敬内閣成立。ドイツ革命
1919	大阪で紡績関係大工場中心に争議集中。友愛会婦人部主催、初の婦人労働者大会。第1回関西婦人団体連合大会で新婦人協会	東京の留学生たちが「2・8独立宣言」発表。3・1独立運動で女性たちが示威運動展開。大韓民国愛国婦人会創設。中国在住女性を	3・1独立運動。大韓民国臨時政府樹立。義烈団結成。中国、5・4運動。ベルサイユ条約

西暦	日本の女性たち	韓国の女性たち	日・韓および世界の主な出来事
1919	(平塚、市川ら)結成発表	中心に「上海愛国婦人会」組織。大韓民国愛国婦人会員ら、臨時政府への軍資金送金発覚、逮捕。キリスト教女性たちが節制生活運動のための禁酒会創設	
1920	東京市バスに女性車掌乗務。富士瓦斯紡績押上工場の野村ちゑのら、「組合権」確認を求め、スト決行、敗北し友愛会婦人部打撃	金元周『新女子』発刊。車美理士ら女性啓発運動団体、「朝鮮女子教育会」創立。医師許蕙嘆、女性初の個人病院英恵医院を開設。「朝鮮女子留学生親睦会」を「朝鮮女子留学生学興会」に改称。平南「大韓青年団」総参謀、趙信聖逮捕	戦後恐慌。第1回メーデー。日本、国際連盟加入。北間島駐屯の日本軍に独立軍勝利(鳳梧洞・青山里戦闘)。『朝鮮日報』、『東亜日報』創刊
1921	自由学園・文化学院創立。最初の社会主義女性団体、赤瀾会結成	羅蕙錫、京城日報社構内で個展を開く。天道教、「内修団」組織、朝鮮民事令改正	日本労働総同盟。ワシントン軍縮会議。日英同盟廃棄
1922	治安警察法5条改正公布、女性に政治集会への参加・開催(会同権)を認める。文部省訓令、女性教員の産休規定	「朝鮮女子教育会」が「朝鮮女子教育協会」に改称。朝鮮教育令改正。金活蘭、金弼禮ら「韓国女子基督教青年会(YWCA)」組織。鄭鍾鳴ら「女子苦学生相助会」を組織。開闢社が女性の教養雑誌『婦人』発行。姜香蘭、女性として初の断髪	全国水平社結成。日本農民組合結成。日本共産党結成。李光洙、「民族改造論」。民立大学設立運動推進。ワシントン海軍軍縮条約。イタリアにファシスト政権。ソビエト社会主義共和国連邦成立
1923	第1回国際女性デー、記念講演会、途中で中止させられる。全国水平社大会で、「婦人水平社設立」を可決。大震災後、金子文子検挙、伊藤野枝ら虐殺。岸和田3紡績争議。東京連合婦人会、全国公娼廃止期成同盟会結成	妓生風の学生服装を厳重禁止。開闢社、『婦人』を『新女性』と改称、発刊。「朝鮮看護婦協会」組織。京城ゴム工組合結成。釜山朝鮮紡織会社の女エスト。岩泰婦人会、女性農民運動展開	関東大震災。虎の門事件(摂政裕仁襲撃される)。岩泰島農民抗争(～24)
1924	日本農民組合大会、婦人部設置。婦人参政権獲得期成同盟(久布白落実、市川房枝ら)発会(翌年婦選獲得同盟に改称)	女性社会主義者たちを中心に朝鮮女性同友会創立。朝鮮女性同友会主催「男女連合大講演会」を開催。仁川精米所の選米女工同盟スト、大邱朝鮮製糸工場女エスト、元山ゴム工場女エスト。朝鮮女子基督教節制会連合会組織。『朝鮮日報』に民間誌初の女性記者崔恩喜 誕生	第2次護憲運動。朝鮮青年同盟結成。朝鮮労農総同盟結成
1925	政治研究会婦人部発足、無産政党綱領問題で山川菊栄、8項目の要求提出。細井和喜蔵『女工哀史』刊行。国際連盟・婦人児童売買禁止条約批准	朱世竹、許貞淑など社会主義者たちが京城女子青年同盟結成。丁七星など日本女子留学生「三月会」組織。朝鮮女性解放同盟発起総会。梨花女子専門学校設立	「男子」普通選挙法公布。治安維持法公布。日本労働組合評議会結成。朝鮮共産党結成。中国、5・30事件
1926	労働組合婦人部設置問題、評議会大会で論争。廓清会矯風会連合結成。女性幼年労働者の深夜業禁止請願運動	朝鮮女子職業組合組織。京城女子青年同盟と京城女子青年会が統合して中央女子青年同盟結成。妓生らが雑誌『長恨』発刊。職業女性らの親善を図るため「望月倶楽部」組織	労働農民党・社会民衆党・日本労農党結成。在日本朝鮮労働総同盟結成。6・10万歳運動起こる。京城帝国大学開校。蒋介石、北伐開始
1927	東洋モスリン亀戸工場争議で「女工外出の自由」を獲得。長野岡谷の製糸工場、山一林組の女性労働者、スト。関東婦人同盟、全国婦人同盟、社会婦人同盟相次いで無産女性団体結成	槿友会創立総会。女性総合月刊誌『婦女世界』刊行。朝鮮女性之興業社発起	金融恐慌。山東出兵(～28)。新幹会結成
1928	婦人消費組合協会(奥むめお委員長)発足。『女人芸術』(長谷川時雨)再刊、林芙美子「放浪記」連載開始	京城女子商業学校同盟休学。女性総合月刊誌『現代婦人』発刊。京城女子消費組合組織。平壌の「白善行記念館」落成式	3・15事件(共産党員大検挙)。済南事件。関東軍、張作霖を爆殺。元山労働者ゼネスト(～29)。パリ不戦条約
1929	無産婦人同盟結成。改正工場法	平壌仏教女子青年会組職。槿友	光州学生抗日運動起こる。世界

西暦	日本の女性たち	韓国の女性たち	日・韓および世界の主な出来事
1929	施行、女性・年少労働者の深夜業禁止	会機関誌『槿友』創刊	大恐慌
1930	高群逸枝、望月百合子ら、無産婦人芸術連盟結成、『婦人戦線』創刊。第1回全日本婦選大会開催。東洋モスリン亀戸工場、鐘紡、倉敷紡績など、紡績女性労働者の争議激発	ソウル女学生万歳示威運動（槿友会事件）。槿友会平壌支会、「女子実業奨励会」組職	金解禁。ロンドン海軍軍縮条約、統帥権干犯問題
1931	日本産児調節連盟結成（石本静枝ら）。無産婦人同盟大会開催。大日本連合婦人会発足。『婦人戦旗』創刊、中条（宮本）百合子、窪川（佐多）稲子ら執筆	天道教「内修団」と「女性同盟」が合同、「ネソン団」結成。平壌の平原ゴム工場ストライキ。『現代家庭公論』創刊	柳条湖事件（「満州事変」）。金輸出再禁止。新幹会解消。東亜日報社、ヴ・ナロード運動展開（～34）
1932	東京地下鉄ストで女性が活躍。大日本国防婦人会創立。上海に海軍慰安所設置	批判社、女性雑誌『女人』発刊。朝鮮製糸工場女工ス。三千里社、『万国婦人』発行。清州郡の是製糸工場女工ス。済州島の海女闘争	上海事変。「満州国」成立。5・15事件。李奉昌、天皇裕仁暗殺未遂。尹奉吉、白川義則大将らを暗殺
1933	東京婦人市制浄化連盟結成。娼妓取締規則改正公布、施行、娼妓、廓外外出自由に。松竹少女歌劇団（東京）争議で、水の江滝子ら活躍	新東亜『新家庭』創刊。朝鮮女子消費組合創立総会。平壌の久田ゴム工場女工ス。金泉の上田精米所女工ス。梨花女子専門学校学生ら「赤色読書会事件」で検挙。半島女性時報社、『半島女性』発刊	日本、国際連盟脱退。朝鮮総督府、農村振興運動開始。ハングル綴字法統一案を発表。ドイツ、ヒトラー内閣成立。米、ニューディール政策実施
1934	母性保護法制定促進婦人連盟結成（山田ねから）。東北大凶作で娘の身売り急増、救済運動開始	群山の加藤精米所女工ス。カフェーの女給らが雑誌『女声』発行	ワシントン海軍軍縮条約廃棄
1935	選挙粛正婦人連合会結成（会長吉岡弥生、書記市川房枝）	木浦の三和ゴム工場女工ス	美濃部達吉の天皇機関説問題化。イタリア、エチオピアに侵攻
1936	鉱業における女性の深夜業完全禁止。保育問題研究会成立、『保育問題研究』創刊	四海公論社、『婦人公論』発刊。京城朝鮮金融組合連合会、『家庭之友』創刊	ロンドン軍縮会議脱退。2・26事件。日独防共協定成立。『朝鮮中央日報』、『東亜日報』の日章旗抹消事件。西安事件、「国共合作」へ
1937	母子保護法、保健所法公布。日本婦人団体連盟（婦選獲得同盟など8団体）結成、時局により愛婦・国婦・連盟等、国民精神総動員中央連盟に包合。女子義勇隊、各地で結成	釜山の朝鮮紡織工場女工ストライキ。親日女性団体、愛国金釵会結成	盧溝橋事件、日中全面戦争。国民精神総動員中央連盟結成。文部省『国体の本義』。日独伊3国防共協定成立。人民戦線事件。皇国臣民の誓詞を制定。神社参拝強要。中国、第2次国共合作
1938	上海の日本軍特務部に軍の「慰安婦」として日本人・朝鮮人合わせて100人余の女性が集められる。これ以後多数の女性が軍「慰安婦」として戦地に送られる。『家庭報国3綱領・実践14要目』発表。高群逸枝『母系制の研究』。長谷川テル、漢口で抗日放送	朝鮮教育令改正公布「皇国臣民化」教育。京城女子医学専門学校設立。淑明女子専門学校設立。愛国婦人会朝鮮本部で優良児童表彰式を挙行。朝鮮総督府、各種土木工事に婦人動員令を示達。京城新聞社主催、銃後婦人展覧会開催。崇義女学校、神社参拝拒否し閉校	国家総動員法。ミュンヘン協定。朝鮮総督府、朝鮮語教育禁止
1939	「大陸花嫁」100万人計画。女性鉱内作業禁止規定改悪。婦人時局研究会（会長市川房枝）結成、国策研究・協力。パーマネント禁止、女性、モンペ常服に	金活蘭、梨花学堂校長に就任。梨花女子専門学校、洋装制服着用を発表。毎日新報社と京城日報社主催「母の日」行事。朝鮮国防婦人会設置	ノモンハン事件。国民徴用令、強制動員の開始。独ソ不可侵条約。第2次世界大戦始まる
1940	愛婦・国婦・連盟等、戦時節米報国運動。国民優生法公布。奢侈品使用禁止運動（大妻コタカ、高良とみ、金子しげる）。婦選獲得同盟解散決定	日赤朝鮮本部で救護看護婦35人募集。女給、妓生、「下女」たちが実践貯蓄組合結成。京城府教化団体連合会で結婚相談所設置。宋今璿、徳成女子実業学校校長に就任	日独伊3国軍事同盟。大政翼賛会創立。大日本産業報国会創立。韓国光復軍創設、創氏改名実施。『朝鮮日報』『東亜日報』廃刊。南京に汪兆銘政権成立
1941	大日本連合女子青年団、大日本	毎日新報社主催、銃後婦人らの	国民学校令。米の配給制度実

西暦	日本の女性たち	韓国の女性たち	日・韓および世界の主な出来事
1941	青少年団に改組。人口政策確立要綱決定、早婚、出産奨励、翌年に妊産婦手帳配布。警視庁要請で女性雑誌80から17に統合。国民勤労報国協力令公布	決起で中堅婦人懇談会開催。臨戦報国婦人大会開催	施。文部省『臣民の道』。日ソ中立条約。アジア太平洋戦争。大政翼賛会第1回中央協力会議。大韓民国臨時政府、対日宣戦布告
1942	大日本婦人会発会、のち大政翼賛会加盟。戦時家庭教育指導要綱制定、家庭生活の国策協力要請。農繁期共同託児所、農村の生活共同化運動。大日本婦人会、勤労報国隊の結成を指令	京城姉妹園、孤児院設立。一般家庭の金属類強制回収。	日本、ミッドウェー海戦で敗れる。朝鮮語学会事件
1943	高等女学校規程制定、修業年限4年に短縮。東京市戦時託児所設置要項実施。学徒勤労動員体制確立要綱決定	第4回朝鮮教育令改正、学徒戦時動員体制確立。女子学徒動員決定、京城運動場で女子専門体力大会開催。赤十字社朝鮮本部で戦場に向かう「白衣の天使」編制式開催	ガダルカナル島敗退。学徒出陣、朝鮮で徴兵制と学徒志願兵制度実施。イタリア降伏。カイロ会談
1944	学徒勤労令、女子挺身勤労令公布・施行	朝鮮女子青年練成所規定制定。京城府、健康手帳制と妊婦、乳幼児登録実施。女子挺身勤労令公布・施行	サイパン島陥落。B29による本土空襲。学童集団疎開。呂運亨ら、建国同盟を結成
1945	国民勤労動員令公布・施行。沖縄戦で女子学生看護部隊集団「自決」。内務省、占領軍向け特殊慰安施設（RAA）設置を指令。新日本婦人同盟結成（会長市川房枝）。治安警察法廃止、労働組合法公布	建国婦女同盟発足。京城紡織工場女性労働者ゼネスト。北朝鮮民主女性同盟結成。建国婦女同盟、朝鮮婦女総同盟に改編	米軍、沖縄上陸。ドイツ降伏。ヤルタ会談・ポツダム会談。広島・長崎に原爆投下。ポツダム宣言受諾。GHQ設置、5大改革指令。治安警察法廃止。労働組合法公布。朝鮮、日本帝国主義の植民地統治より解放。朝鮮建国準備委員会発足（委員長呂運亨）。朝鮮人民共和国樹立宣言。米極東司令部、南朝鮮地域に軍政を宣布。信託統治反対運動開始。国際連合成立
1946	戦後第1回衆院総選挙、初の女性参政権行使。戦後初のメーデー、参加者50万人のうち、女性8万人。日本国憲法公布	右翼団体、独立促成中央婦人団結成。ソウル市内の公娼廃止。独立促成愛国婦人会結成。北朝鮮臨時人民委員会、男女平等に関する法公布。米軍政保健厚生局に婦人局設置。米軍政法令第70号で婦女子の売買及び売買契約禁止公布	昭和天皇の「人間宣言」。極東国際軍事裁判（東京裁判）開廷。日本、戦後初の総選挙、初のメーデー。食糧メーデー。第1次米ソ共同委員会開催。左右合作委員会発足。中国、国共内戦
1947	教育基本法、労働基準法、改正民法公布。労働省発足、婦人少年局新設（局長山川菊栄）	米軍の韓国女性への凌辱事件で各界世論沸騰。朝鮮婦女総同盟、南朝鮮民主女性同盟に改称。『婦女新聞』創刊。公娼廃止令公布	2・1ゼネスト中止指令。教育基本法公布。6・3制教育制度実施。独占禁止法公布。労働基準法公布。マーシャルプラン発表。外国人登録令。第2次米ソ共同委員会開催。国連総会で南北総選挙を通じた政府樹立案決定
1948	GHQ、労組婦人部批判、解体を示唆。優生保護法公布	大韓婦人会結成。制憲国会議員選挙で女性初の選挙権行使。大韓女子国民党創設	公務員、ストライキ権剥奪（政令201号）。国連小総会、南朝鮮のみでの単独選挙実施を決議。南北協商。済州島4・3抗争。制憲国会議員選挙。大韓民国・朝鮮民主主義人民共和国成立。世界人権宣言
1949	失業反対の女性大会、各地で開催。生活改良普及員（全員女性）全国に配置		ドッジ・ライン発表、公務員の大量解雇。下山・三鷹・松川事件。北大西洋条約機構（NATO）。中華人民共和国成立。金九暗殺
1950	生活保護法公布・施行。各地で女性たち、レッド・パージ反対闘争。防犯協会、警察母の会、日赤	朝鮮戦争により多くの「戦争未亡人」生まれる。女子義勇軍を募集し戦争に参加させる。初の「女軍」	朝鮮戦争（～53）。総評結成。レッド・パージ、共産党幹部追放。警察予備隊設置。韓国、農地改

西暦	日本の女性たち	韓国の女性たち	日・韓および世界の主な出来事
1950	奉仕団など官製女性団体組織化	誕生。大韓女子青年団発足。	革実施
1951	日本生活協同組合連合会(生協)創立。軍備反対婦人委員会結成(会長平塚らいてう)	朝鮮紡織女性労働者スト。朝鮮民主女性同盟結成。女軍創設	日教組、「教え子を再び戦場に送るな」の運動決定。対日講和・日米安保条約調印。居昌良民虐殺事件発生
1952	綿紡4割操短など、女性労働者大量解雇開始。第1回全国婦人教員研究協議会開催。破防法反対婦人団体統一行動。生活を綴る会・生活記録運動始まる。日本炭鉱主婦協議会結成	雑誌『女性界』創刊。女性問題研究院創立	日米行政協定調印。血のメーデー事件。破壊活動防止法。警察予備隊を保安隊に改組。韓国と国連軍、メイヤー協定締結。第2代政府大統領選挙。大統領に李承晩当選。徴兵制実施
1953	日本婦人団体連合会結成(会長平塚らいてう、副会長高良とみ)。石川県内灘村試射場接収反対闘争、女性ら座り込み	女性に文字を教えるために夜間の母親学校開設。国立母子院設立。勤労基準法に女性労働者にたいする差別禁止、勤労女性保護及び母性保護明記	内灘試射場反対闘争。池田・ロバートソン会談。韓国、第1次通貨改革実施。労働組合法、労働争議調整法、勤労基準法、国会を通過。朝鮮戦争休戦協定調印
1954	原水爆禁止署名運動杉並協議会結成。近江絹糸労組総決起大会、人権争議として注目される	『ソウル新聞』に鄭飛石の小説「自由夫人」連載。母子院設置、運営	第五福竜丸、ビキニ水爆被災。日米MSA協定。自衛隊発足。韓国、四捨五入改憲によって新憲法公布。周恩来・ネルー、平和5原則発表
1955	主婦論争、石垣綾子・清水慶子・坂西志保ら。第1回母親大会、2000人余参加。森永ヒ素ミルク事件	大邱大韓紡織争議発生。女軍訓練所設立	第1回原水爆禁止世界大会(広島)。砂川基地反対闘争。日本社会党統一。保守合同(自由民主党結成)。アジア・アフリカ会議。ワルシャワ条約機構
1956	第1回部落解放全国婦人大会(京都)。総評婦人協議会主催「働く婦人の中央集会」始まる。売春防止法公布(58年全面施行)	女性問題研究院付設、女性法律相談所(以後家庭法律相談所に改称)設立(所長李兌栄)	日ソ共同宣言。日本、国際連合加盟。第3代大統領選挙、李承晩(自由党)当選。スターリン批判始まる。ハンガリー事件。スエズ戦争
1957	第1回全国消費者大会、「消費者宣言」発表。国連人の地位委員会の委員に日本初当選	第1回ミスコリア選抜大会。ソウル市、女子警察署廃止。同姓同本と8親等姻戚の婚姻を禁止する法、国会通過。国会前で民法案の女性差別反対の女性デモ	パグウォッシュ会議
1958	第1回婦選会議(地婦連、YWCA、婦選同窓会など主催)。警職法改悪反対の女性運動、デモ		日本教職員組合、勤評闘争。警職法改悪反対闘争。韓国、カトリック労働青年会(JOC)設立。進歩党の曹奉岩ら国家保安法違反で逮捕(進歩党事件)
1959	安保改定阻止母親大会。福岡県の女性、炭鉱失業者救済の「黒い羽根」募金運動	政府、国連女性参政協定に加入。女性問題研究院が女性問題研究会に改称。韓国女性団体協議会創設(会長金活蘭)	朝鮮民主主義人民共和国(北朝鮮)への帰還事業始まる。三池炭鉱争議始まる。伊勢湾台風。日本社会党分裂。韓国、反共青年団結成。キューバ革命。中ソ論争
1960	国会構内で安保反対デモの女子学生樺美智子圧死。北富士演場忍草母の会、座り込み。保育所運動活発	全国繊維労組連盟ゼネスト、8時間3交代制実施要求。婦女局「婦女啓発」のため母親教室設置。女子民党、副大統領候補に任永信登録	日米新安全保障条約反対闘争高まる。4・19革命。李承晩大統領下野。張勉政府発足(第2共和国)。南ベトナム解放民族戦線結成
1961	女性団体生ワクチン要求運動	女性記者クラブ発足。5・16クーデターによりYWCAなど4団体を除いたすべての女性団体強制解散。大韓家族計画協会創立。淪落行為等防止法制定公布	農業基本法。韓国で5・16軍事クーデター、朴正熙、政権掌握。反共法公布。韓米経済援助協定調印。韓国労働組合総連盟結成。「ベルリンの壁」作られる
1962	中学校新学習指導要領、女子は家庭科、男子は技術科。出稼ぎで「かあちゃん農業」、農業危機深刻	大韓家族計画協会、市と道に支部設立。家族法第1次改正、法定分家制度もと新設	第1次経済開発5カ年計画開始。金鍾泌・大平メモ。キューバ危機
1963	三池主婦会、三川鉱災害責任追及抗議大集会。東京無認可保育所連絡協議会結成準備会。在日	国立女性会館設立。大韓家族計画協会が試験的な研究機関として指定した総合病院で、避妊器	最高裁、松川事件被告全員無罪。韓国、労働組合法改定。第5代朴正熙大統領就任(第3共和国発

西暦	日本の女性たち	韓国の女性たち	日・韓および世界の主な出来事
1963	朝鮮女性同盟主催、日朝婦人懇談会開催	具の子宮内装置施術を開始(韓国女性が世界初の臨床実験対象に)。第1次全国家族計画大会。「婦女局」を「婦女児童局」に改称。韓国都市産業宣教会組織、本格的な活動開始。クリスチャンアカデミー設立	足)。部分的核実験停止条約
1964	保育所要求全国女性大会。母子福祉法公布・施行。主婦のパートタイマー就労増加	「大韓婦人会」、「韓国婦人会」に改称し活動再開	日本、IFM8条国移行。東海道新幹線開通。東京オリンピック。野党及び各界代表200余人、対日屈辱外交反対汎国民闘争委員会結成。韓日会談反対学生デモ高揚。韓国軍、ベトナム派兵
1965	ベトナム侵略戦争反対、日韓条約批准反対の女性団体の運動活発化。母子保健法公布	女性問題研究会内に家庭経済保護会を設置、消費者保護運動展開。国立母子院、国立婦女職業補導所に改称	日韓基本条約。同和対策審議会答申。日韓協定批准反対闘争。日韓協定調印。野党不参加のなかで戦闘師団ベトナム派兵案と韓日協定批准案国会通過。日韓協定批准書交換により、国交正常化。米、北ベトナム爆撃開始
1966	全国農協婦人大会、女性8割「農夫症」報告。結婚退職制、違憲判決(住友セメント)	ソウル市内バスの「女車掌」処遇改善と、身体検査などの人権蹂躙に抗議し、ストライキ、デモ。西ドイツ、韓国人看護婦128人を招請。3子運動(子どもを3人にする運動)展開	米行政協定(SOFA)調印。外資導入法制定。中国文化大革命
1967	第1回職業病全国交流集会。靖国神社国家護持法に日本YWCA、矯風会など反対声明。3C時代(カー、クーラー、カラーテレビ)	韓国教会女性連合会創立	日本、初の建国記念の日。公害対策基本法。第2次経済開発5カ年計画開始。第6代大統領選挙、朴正煕当選。東ベルリンスパイ団事件
1968	無認可保育所への援助決定(東京)。ベトナム反戦の女性運動活発化。ILO100号条約(男女同一賃金)発効。陸上自衛隊女性自衛官初募集	韓国女性研究会内に働く女性相談室設置。最高裁判所、韓国女性強かんの米兵2人に懲役刑確定。行政的支援の下に全国農村に村単位で家族計画母親会組織	全共闘運動盛ん。琉球政府初代公選主席に革新の屋良朝苗。小笠原諸島返還。北朝鮮特殊部隊、青瓦台を奇襲。住民登録証制度導入。国民教育憲証公布。米軍、南ベトナムで大虐殺(ソンミ事件)。パリ、5月革命。チェコ事件
1969	石牟礼道子『苦海浄土―わが水俣病』。零歳児指定保育所設置認める。高校進学率、衆院選投票率、小学校教員、女性が男性を上回る	政府、「国民生活合理化」のための「家庭礼儀法」公布。基地村女性の死にたいし米軍の責任を問う基地村女性がデモ	佐藤・ニクソン共同声明、安保堅持、韓国・台湾の安全重視など発表。新民党と在野人士、3選改憲反対汎国民闘争委員会結成。3選改憲反対学生デモ。3選改憲案、変則通過。馬山輸出自由地域設置。南ベトナム臨時革命政府樹立。全米にベトナム反戦運動広がる
1970	「侵略=差別と闘うアジア婦人会議」(飯島愛子)発足。国際反戦デーで日本のウーマン・リブ初のデモ。コインロッカーへの「嬰児遺棄」相次ぐ	ソウル平和市場で働く裁断師全泰壱、勤労基準法遵守を要求して焼身自殺。清渓被服労組結成。	大阪・千里で日本万国博覧会。日米安保条約自動延長。京釜高速道路開通。チリにアジェンデ人民連合政権成立。米国、ニクソン大統領、ニクソン・ドクトリン発表
1971	秋田地裁で初の男女同一賃金の公判闘争。沖縄協定批准反対の女性集会17000人参加。長野飯山で第1回全国リブ合宿、以後各地にリブ・グループ誕生。名古屋地裁、生理休暇の賃金カット無効判決	米軍基地村女性100〜150人余、安亭里立入り禁止とキャンプリーの正門閉鎖決定に抗議デモ、座り込み、「子供2人出産運動」展開。農協、「婦女会」組織	駐韓米軍第7師団撤収。セマウル運動開始。京畿道広州団地で住民5万人「暴動」(都市貧民闘争)発生。第7代大統領選挙、朴正煕就任、国家非常事態宣言。国家保衛に関する特別措置法制定。中華人民共和国、国連代表権獲得
1972	勤労婦人福祉法公布・施行。第1回ウーマン・リブ大会、のべ1900	韓国毛紡(1974年、元豊毛紡に改称)労組、退職金要求運動と労	沖縄返還。日中国交正常化。7・4南北共同声明発表。全国に非常

西暦	日本の女性たち	韓国の女性たち	日・韓および世界の主な出来事
1972	人参加。売春防止法、沖縄県でも実施。子捨て子殺しの新聞報道激増。リブ・グループ、優生保護法改悪反対全国同時デモ	組民主化闘争。東一紡織労組、韓国で初の女性労組支部長を選出、民主労組運動実施	戒厳令宣布。国会解散、政党および政治活動停止。大学に休学令（10月維新）。維新憲法によってつくられた統一主体国民会議が第8代大統領に朴正煕を選出
1973	キーセン観光反対運動盛んになる。「未婚の母」裁判敗訴。高校女子のみ家庭科必修実施。女性の法的地位を考える会発足。宮城県医師の「赤ちゃんあっせん事件」。全国各地でトイレットペーパー・洗剤・砂糖などの買いだめに主婦ら殺到	母子保健法制定施行。汎女性家族法改正促進会結成。コントロールデータ分会結成。労組結成後、賃上げと労働時間短縮などを含む労働改善闘争。女性の特殊課題を設定。教会女性連合会、キーセン観光反対運動。「婦女会」、「セマウル婦女会」に改称	金大中事件。労働争議権制限など、労働3権改正。重化学工業育成計画樹立。中央情報部、前新民党大統領候補、金大中を拉致。各界知識人らにより「改憲改定請願運動本部」発足。「改憲請願100万人署名運動」展開。第4次中東戦争。第1次石油ショック
1974	家庭科の男女共修をすすめる会発足。靖国法案強行採決に女性15団体、反対声明。優生保護法改正案、廃案。名古屋高裁、初の女性若年定年制無効判決（名古屋放送地位保全事件）	半島商社、女性労働者労働条件改善及び民主労組結成闘争により民主労組結成。クリスチャンアカデミー、「女性人間宣言」で女性運動を文化改革と人間解放運動と規定	自民党、靖国神社法案を衆院本会議で強行採決。大統領緊急措置令宣布。中央情報部、「民青学連事件」発表。第2次「人民革命党事件」発表。「東亜日報」記者、「自由言論実践宣言」発表。民主回復国民会議宣言大会開催
1975	国際婦人年世界会議（メキシコシティ）133カ国2000人参加。「世界行動計画」、「メキシコ宣言」採択。育児休業法公布。東京中野に初の公立零歳児専門保育所設立。「国際婦人年をきっかけとして行動を起す女たちの会」は、ハウス食品「ワタシ作る人、ボク食べる人」CMが性別役割を固定するとして中止を要望、中止となる。離婚史上最高12万件	家族法改正案、法制司法委員会に上程したが1年以上何らの審議なし。YH貿易労組結成。サムソン製薬、労組結成。賃金引上闘争と性差別的言行禁止、生理休暇、結婚退職制撤廃、産前産後休暇の定着、授乳時間確保の闘争。クリスチャンアカデミー「若い主婦プログラム」実施、女性運動の人材養成。YWCA連合会、専門職女性クラブなど女性団体、銀行女子行員の結婚退職制廃止要求運動	第1回先進国首脳会議（サミット）。公労協など、「スト権スト」に突入。『朝鮮日報』、『東亜日報』記者、自由言論闘争と解職事件。青年文化の取締のため、歌謡223曲を禁止曲と発表
1976	民法等の一部改正、離婚後旧姓使用可能に。厚生白書、「婦人と社会保障」で初めて女性をテーマとしてとり上げる	銀行女性行員結婚退職制廃止。東一紡織女性労働者民主労組死守闘争。韓国都市産業宣教会、労組設立支援、労働運動リーダー訓練、労使紛争調整などの活動展開	ロッキード事件で田中前首相逮捕。中国、天安門事件。南北ベトナム統一。在野「民主救国宣言」発表（3・1民主救国宣言）
1977	東京都婦人相談センター（かけこみ寺）オープン。第1回全国「女性史のつどい」開催（名古屋）。児童福祉法施行令の一部改正により男性にも保育職員の途が開く。婦人就業援助センター設置。国立婦人教育会館、埼玉県嵐山町に開館	政府、総合所得税制の扶養家族控除対象を子ども2人に制限。清渓被服労組、労働教室死守闘争。家族法第2次改正。女性界、家族法改正請願書国会提出。梨花女子大学校、女性学講座開設。カトリック「農村女性会」結成、カトリック農民会婦人部組職。韓国教会女性連合会、「家出少女と売春女性に開かれた電話」開設	円高不況。中国、「4つの近代化」。輸出目標100億ドル達成
1978	国連に核兵器完全禁止要請署名運動、女性17団体共同行動。国際女性学会東京会議開催、「女性学」の本格的な登場	東一紡織女性労組員、会社側により糞尿をかけられるなど集団暴行事件発生。東一紡織女性労働者41人、明洞聖堂で9日間断食。光州「松柏会」結成	初の国連軍縮特別総会。日中平和友好条約調印。日米ガイドライン決定。第9代大統領朴正煕就任
1979	自民党「家庭基盤の充実に関する対策要綱」発表。雇用平等法をつくる会、労基法改悪に反対し私たちの男女平等法をつくる大集会開催。国家公務員採用試験のうち女性に閉ざされていた12職種、航空管制官、航空・海上保安大学校、気象大学校などの受験資格を開	改正家族法施行。YH貿易労組長座り込み突入。警察の強制解散で「YH事件」（女性労働者金キョンスクが墜落死、100人余負傷）発生	元号法成立。中央情報部、クリスチャン・アカデミー事件発表。野党総裁金泳三、国会議員除名。釜山、馬山、昌原の市民、学生らデモ（釜馬抗争）。金載圭中央情報部長により朴正煕大統領暗殺（10・26事件）。全斗煥保安司令官ら新軍部、12・12クーデター。

西暦	日本の女性たち	韓国の女性たち	日・韓および世界の主な出来事
1979	放		イラン革命。米、スリーマイル島原発で放射能漏れ事故。ソ連、アフガニスタン侵攻
1980	アジアの女たちの会、買春観光反対集会・デモ。民法等の一部改正、配偶者の法定相続分2分の1に	女性神学者協議会発足。光州民衆抗争拘束者家族結成	初の衆参同時選挙自民党圧勝。新軍部、非常戒厳令を全国に拡大宣布(5・17クーデター)。光州民主化運動。言論機関統廃合。労働関係法改悪。イラン・イラク戦争
1981	戦争への道を許さない女たちの連絡会、反戦マラソン演説開始。最高裁、男女定年差別無効判決	光州民衆抗争拘束者家族、光州・米国文化院占拠	中国残留日本人孤児、初の来日。ヨーロッパで大規模な反核デモ。第12代大統領全斗煥就任(第5共和国発足)
1982	教科書検定問題で市民女性団体、文部省に抗議デモ。優生保護法改悪反対運動、各地で。「育児休業制度普及促進旬間」設置、以後毎年。労働省、ベビーホテルに預ける母の実態調査発表、サービス業42.8％、4分の1が母子世帯、深夜も預ける者35.1％	韓国家庭法律相談所、オーストリア制度廃止を含めた家族法改正を促す建議書国会に提出。70年代最後の民主労組、韓国毛紡労組解散。大韓YWCA連合会、「現行家族法は改正されなければならない」パンフレット作成配布。梨花女子大学校、女性学大学院課程開設	「平和のためのヒロシマ行動」。日本の歴史教科書の記述、国際問題化。釜山アメリカ文化センター放火事件。フォークランド紛争
1983	女性のタクシー運転手、深夜業許可を陳情。「東京強姦救援センター」設立。高齢化社会をよくする女性の会(代表樋口恵子)発足。NHKテレビ小説「おしん」ブームに、最高視聴率62.9％	韓国女性開発院発足。初の進歩的女性運動団体「女性平友会」創立。「韓国女性ホットライン」創立。政府、総理室に女性政策審議委員会新設。民主化運動青年連合、女性部組織	大韓航空機撃墜事件。KBS離散家族探しTV生放送開始。政府、融和措置発表。解職教授の復職、除籍学生の復校措置など学園自律化措置。西独で「反核行動週間」、米軍基地を30万人の「人間の鎖」が包囲
1984	厚生省全国母子世帯調査、離婚が死別を上回る。国籍法・戸籍法改正成立、父母両系血統主義を採用。「家庭科の男女共修をすすめる会」、文相に家庭科の男女共修実現を要請、12000人署名提出。パート減税法成立、パート収入90万円まで非課税。「夫婦別姓をすすめる会」結成。労働省「パートタイム労働対策要綱」策定	清渓被服労組「合法性争取大会」で労働者と学生が参加する労学連帯闘争展開。「家族法改正のための女性連合会」(会長李兌栄)結成。各会員団体別署名運動。「もう一つの文化」創立。キリスト教農民会女性委員会組織。韓国女性学会創立。女性差別撤廃条約批准。清涼里警察で女子大生セクシュアル・ハラスメント事件。女性団体、女子大生セクシュアル・ハラスメント事件対策協議会結成、共同活動	韓国、全斗煥大統領日本訪問、中曽根首相と共同声明で「未来志向」。各大学、学園民主化運動推進。民主化推進協議会(民推協)発足。学生ら民正党舎を占拠、籠城
1985	男女雇用機会均等法成立。女性差別撤廃条約批准。東京田無市、男性職員にも「育児時間」を認める初の条例改正案可決。国連婦人の10年世界会議(ナイロビ)「女性の地位向上のためのナイロビ将来戦略」採択。厚生省、生活保護基準額を男女同一扶助基準に改め実施	韓国女性ホットライン、ソンド繊維(現TOMBOY Co.)性暴力事件、抗議の不買運動。民主化実践家族運動協議会創立。女性団体、25歳女性早期定年制撤廃のための共同活動展開(委員長李希雨)。進歩的女性団体、第1回3・8女性大会開催。政府、女性発展基本計画樹立。女性団体、女性労働者生存権対策委員会発足、共同活動	中曽根首相、歴代首相として初の靖国公式参拝。厚生省、生活保護基準額、男女同一に改正、実施。「民主統一民衆運動連合」(民統連)発足。全国学生総連合(全学連)結成。その傘下に民族統一、民主争取、民衆解放のための闘争委員会(三民闘)結成。大学生ら、ソウルのアメリカ文化センターを占拠、籠城。九老地域労働者、ゼネスト
1986	衆参同日選挙、社会党大敗で委員長に土井たか子。ILO雇用政策条約(122号)、人的資源開発条約(142号)批准。鉄鋼連盟女性7人の賃金などの男女差別訴訟、原告勝訴の東京地裁判決	ソウル高等法院、李キョンスク輪禍事件控訴審で未婚女性の定年を55歳とする判決	87年度予算で、防衛費GNPの1％枠突破。新民党、改憲推進運動宣言。第10回アジア大会、ソウルで開幕。フィリピンでマルコス大統領退陣、アキノ政権樹立(フィリピン革命)。ソ連、チェルノブイリ原発大事故
1987	男女共同参画型社会の新国内行動計画決定。労働基準法改正	富川警察署で権仁淑への拷問事件発生。議政府に基地村女性	国鉄分割・民営化。全日本民間労組連合会(連合)発足。朴鍾哲

西暦	日本の女性たち	韓国の女性たち	日・韓および世界の主な出来事
1987	（労働時間短縮、変形労働時間割）。有責配偶者の離婚、条件つきで認める判決（最高裁）。子連れ出勤論争（アグネス論争）で集会。初のエイズ患者認定、3日後死亡。この患者をめぐるマスコミ報道のあり方が問題となる。加虐的性行為を強要する買春男性死亡事件（東京池袋）で東京地裁、女性に懲役3年の有罪判決。所得税法改正、配偶者特別控除制度施行	支援団体「トゥレバン」設立。性売買根絶のための「ハンソリ会」結成。母子保健法全面改正。女性労働者生存権支援対策委員会（委員長李愚貞）結成。KBS-TV視聴料拒否運動女性団体連合結成、共同活動。韓国女性ホットライン、職場内女性差別問題、性暴力相談の女性相談告発窓口開設。韓国女性団体連合発足。70年代女性労働運動出身者ら、韓国女性労働者協議会創立。韓国女性ホットライン、夫に殴打された被害者らのシェルター「憩い場」開設。主婦と事務職女性労働者、韓国女性民友会創立。男女雇用平等法制定。女性団体連合、家族法改正の啓発運動展開。全国初の郡女性農民単独集会、農漁村医療保険改善の務安女性農民大会	拷問致死事件。全斗煥大統領、護憲に関する特別談話発表（4・13護憲措置）。「民主憲法争取国民運動本部」結成。6月民主抗争。盧泰愚、「6・29宣言」発表。韓国与党の盧泰愚民主党代表、民主化要求受け入れ、反政府デモ拡大、大統領直接選挙制確定。7・8・9月、労働者大闘争
1988	池袋買春男性死亡事件で東京高裁、女性の正当防衛認め執行猶予判決。天皇制を問う女性の集会「このままでいいの？ 天皇の問題」など相次ぐ。エイズ予防法成立。女性労働者1615万人のうち3人に1人がパートかアルバイト就労	第二政務長官室発足。『女性新聞』創刊。拘束された性暴力犯、舌をかむピョンウォルス事件発生	「原発をとめよう1万人行動」2万人参加（東京）。リクルート事件。第13代大統領盧泰愚就任（第6共和国発足）。第24回オリンピック、ソウルで開催。第5共和国聴聞会。労働法改定闘争。汝矣島農民デモ。韓国民族芸術人総連合（民芸総）結成
1989	家庭科男女とも必修、保健体育男女選択可。福岡で提訴・セクシュアル・ハラスメント問題化。東京弁護士会「選択的夫婦別氏採用に関する意見書」法務省に提出。出生差別の法改正を求める女たちの会発足記念集会「女・こどもの人権宣言─非嫡出子差別は許さない」	韓国女性政治文化研究所設立。母子福祉法制定。全国女性農民委員会結成（委員長李ジョンオク）。韓国女性団体連合、家族法改正特委結成、対策活動。家族法3次改正。韓国女性団体連合、人身売買及び売春特委結成。韓国女性研究会創立。韓国女性民友会、生活問題に取り組む地域主婦運動を組織する生協運動開始	昭和天皇死去。消費税導入。総評解散、日本労働組合総連合会（連合）発足。文益煥牧師、北朝鮮を訪問。「全国教職員労働組合」（全教組）結成。全大協代表林秀卿、平壌で開かれた世界青年学生祝典参加。中国、天安門事件
1990	1.57ショック（合計特殊出生率、史上最低）。国会で日本政府、「従軍慰安婦」に軍の関与を否定。売買春ととりくむ会主催の集会で、尹貞玉来日、「従軍慰安婦」問題で「日本の人びとに訴える」の講演	37女性団体と個人により韓国挺身隊問題対策協議会（挺対協）結成。挺身隊研究会発足（'97年韓国挺身隊研究所に改称）	株価暴落。「全国労働組合協議会」（全労協）結成。現代系列4社労組の連帯スト。現代重工業労働者たちのコリア籠城開始。全労協、現代重工業労働者闘争を支持するゼネスト。ソ連と国交正常化。東西ドイツ統一。
1991	育児休業法成立（男性も対象に）。湾岸戦争反対の女性運動盛ん。改正児童手当法成立、第1子より支給、支給期間は3歳未満に（92年1月施行）。厚生省、妊娠検査薬を一般用医薬品として認可。熊本、女性市会議員、セクシュアル・ハラスメントをおこなった県議を告訴（熊本セクシュアル・ハラスメント裁判）（92年3月起訴猶予に）。合計特殊出生率1.53人	乳幼児保育法制定。韓国性暴力相談所（代表理事崔永愛）開設。湾岸戦争と韓国軍派兵に反対する母親会結成。元日本軍「慰安婦」金学順ハルモニ、被害事実を初めて公開。韓国女性団体連合、分断前後の南北女性代表の交流の集い開催（ソウル）。全国肢体不自由大学生連合、組織結成で障害女性の問題を提起。韓国女性団体連合、韓国女性ホットライン「性暴力特別法制定特委」結成。「金富男事件」発生	バブル経済崩壊。韓国・北朝鮮、国連同時加盟。第5次南北高位級本会談で南北基本合意書採択。ソ連邦解体、独立国家共同体（CIS）成立
1992	訪韓中の宮沢首相が「従軍慰安婦」問題について謝罪。職場のセ	挺対協、日本軍「慰安婦」問題解決のための定期水曜デモ開始。	PKO法成立、自衛隊カンボジアに海外派兵。韓国・中国国交樹

西暦	日本の女性たち	韓国の女性たち	日・韓および世界の主な出来事
1992	クシュアル・ハラスメント訴訟勝訴（福岡地裁）。政府、「従軍慰安婦」問題で軍の関与や強制性を認め、正式に謝罪。住友生命の既婚女性社員ら、結婚理由の昇進・昇格や賃金の男女差別にたいし均等法に基づく初の調停要請。人材派遣110番を全国7カ所で開設、解雇、休業保障などの訴え相次ぐ。日本軍「慰安婦」問題行動ネットワーク発足。東京高裁、警察署内の身体検査は人権侵害にあたるとの女性の訴えを認め、長野県に賠償命令。栃木県の女性、実名での報道を希望して元上司をセクシュアル・ハラスメントで告訴	全国女性農民委員会が全国女性農民総連合に名称変更。性暴力対策に関する特別法案、国会提出。平壌で南北韓女性交流第3次シンポジウム開催、日本軍「慰安婦」問題解決の連帯活動に合意。韓国女性労働者会がソウル女性労働者会に改称、あらたに全国組織・韓国女性労働者協議会創立。韓国女性団体連合、92年を性暴力追放の年に設定。全国女性農民総連合、女性農民改革案発表。政府、国連の女性差別撤廃委員会の女性暴力に関する一般勧告案19号採択。「尹今伊殺害事件」共同対策委員会結成。女性文化芸術企画創立。娘を性暴行した義父が殺された「キムヨンオ事件」発生	立。第14代大統領金泳三当選。ユーゴ解体、分離・独立
1993	非嫡出子の相続格差、東京高裁違憲判決。パートタイム労働法成立。最高裁、連合赤軍事件の永田洋子らの上告棄却、刑確定。労働省、事業所内託児施設助成金制度創設	ソウル大申教授のセクシュアル・ハラスメント事件発生。韓国性暴力相談所、性暴力被害者のための危機センター開設。韓国人初の同性愛者の会「チョドン」会結成	外国人登録法改正法施行、指紋押捺制度廃止。自民党分裂、非自民連立の細川内閣成立、細川首相、アジア太平洋戦争を侵略戦争と認め、アジア近隣諸国の犠牲者に哀悼の意を表明、自民党内に反発の声。第14代金泳三大統領就任。文民政府発足。金融実名制、実施。北朝鮮、核拡散防止条約（NPT）脱退宣言。欧州共同体（EC）12カ国で発足。パレスティナ暫定自治協定調印
1994	男女雇用機会均等法の指針と女子労働基準規則（女子保護規定）の一部削除。女の人権と性・実行委員会シンポジウム「女のからだ10年―リプロダクティブ・ヘルスと自己決定権」。日本女性学会、「キャンパスにおけるセクシュアル・ハラスメントとその背景」開催、声明書を文相に提出。日航定期航路に初の女性パイロット採用決定。自治省、住民票の続柄表記を嫡出子・非嫡出子を問わず「子」に統一を全国に通知（95年3月実施）	性暴力犯罪の処罰および被害者保護などに関する法律制定。女性同性愛者の人権サークル「キリキリ」結成。韓国女性団体連合と韓国女性団体協議会、割当制導入のための「女性連帯」結成、共同活動。韓国主要女性団体、第4回北京世界女性会議参加のための韓国女性 NGO委員会組織。障害友権益問題研究所、「門を開ける人びと」結成、障害者運動内で障害女性の問題を提起。韓国女性団体連合、家庭暴力防止法（DV防止法）制定のための全国連帯結成	自民・社会・さきがけの3党連立村山内閣発足。北朝鮮、金日成主席死去。朝・米ジュネバ合意。マンデラ、南ア大統領に就任
1995	ILO156号家族責任条約国会承認。北京で第4回世界女性会議「行動綱領」「北京宣言」採択。沖縄で米兵3人による小学生女児強かん事件。政府「女性のためのアジア平和友好基金」新設を発表。この民間基金にたいする批判・反対にもかかわらず、「女性のためのアジア平和国民基金」として強行発足。阪神・淡路大震災後の仮設住宅で1人暮らしの高齢者の孤独死相次ぐ	韓国教会女性連合、ハンソリ会、京畿道女技術学院放火事件対策協議会結成。性買売女性の人権問題世論化。第4回北京世界女性会議に参加、日本軍「慰安婦」問題を世界的に提起。2000年代女性地位向上のための行動綱領、女性と環境分科組織、女性発展基本法制定。淪落行為等防止法改正。男女雇用平等法 2次改正。韓国女性労働者協議会、5つの地域に平等の電話相談室開設	阪神・淡路大震災。オウム真理教による地下鉄サリン事件。地方自治制全面実施。元・前大統領全斗煥・盧泰愚拘束。5・18特別法制定。不動産実名制発表。世界貿易機関（WTO）発足。GATT解体。ウルグアイラウンド発効
1996	地方議会の女性議員、全国で2757人、4.2%。優生保護法改め母体保護法に。女性のための	農家主婦全国連合会結成。韓国女性農業人中央連合会結成。第1回全国女性障害者大会開催。	非加熱血液製剤でHIV感染した血友病患者に厚相陳謝

西暦	日本の女性たち	韓国の女性たち	日・韓および世界の主な出来事
1996	アジア平和国民基金、「償い金」支給手続開始。総理府、厚生省にたいし職場のセクシュアル・ハラスメントについて法的整備やガイドライン策定を勧告。「ストーカー」や女子中・高校生の「援助交際」問題化	基地村女性運動団体「セウムト」設立。挺対協、日本の国民基金に反対する「強制連行された日本軍『慰安婦』問題解決のための市民連帯」結成。韓国女性団体連合、家庭暴力防止法制定推進特別委員会活動。公権力による韓総連女子学生セクシュアル・ハラスメント告訴・告発	
1997	経企庁、無業の既婚女性の家事労働・介護など無償労働を金額にすると年間267万円と試算。改正男女雇用機会均等法成立(募集・採用・配置・昇進の差別禁止、セクシュアル・ハラスメントの防止等)(99年施行)。「キャンパス・セクシュアル・ハラスメント全国ネットワーク」結成。買春処罰規定を盛り込んだ改正東京都青少年健全育成条例成立・施行。介護保険法成立	世界女性の日、記念第13回韓国女性大会で父母姓使用運動宣言。女性文化芸術企画、第1回ソウル女性映画祭開催。憲法裁判所、家族法の同姓同本結婚禁止規定にたいして憲法不合致の判定。憲法裁判所、離婚財産分割にたいする贈与税賦課の違憲決定。家庭暴力犯罪の処罰に関する特例法と、家庭暴力防止および被害者保護等に関する法律制定。国籍法の性差別規定改正。子どもの国籍は父母両系主義、夫婦の国籍は選択主義採択。「平和をつくる女性会」創立。フェミニスト・ジャーナル『イフ IF』創刊	日米防衛協力指針(ガイドライン)決定。アイヌ文化振興法成立。労働法改悪に抗議し、民主労総と韓国労総がスト。通貨危機、IMF(国際通貨基金)に緊急救済金融を公式要請。香港、中国に返還。
1998	日本産科婦人科学会、受精卵の遺伝子診断認定。日本DV防止・情報センター設立。改正労働基準法成立、女性保護規定撤廃。改正労働基準法成立、深夜、休日、時間外労働に関する女子保護規定撤廃、時間外労働の男女共通規制を求めるべきなどの批判相次ぐ。人院令、国家公務員を対象としたセクシュアル・ハラスメントを防ぐための人事院規則公布、職場外の性的な言動についてもセクシュアル・ハラスメントと認定	性暴力特別法制定で女性危機電話「1366」開通。政府、大統領直属女性特別委員会新設。6部署に女性政策担当官室設置。独自の障害女性の会「障害女性共感」創立。法務省、家族法改正案試案準備。家族法改正公聴会開催。韓国女性神学者協議会付設機関で基督教女性相談所開設、教会の性暴力問題扱う。女性団体と市民団体、戸主制廃止のための市民連帯結成。政府、女性政策の5カ年計画発表。女性公務員採用目標制、公企業インテンティブ制導入。政府、日本軍「慰安婦」被害者に生活支援金支給	金融ビッグバン、戦後最悪の失業率。第15代大統領金大中就任、「国民の政府」発足。企業、銀行の構造調整。企業の連鎖不渡り、失業等相次ぐ。北朝鮮、金正日体制公式発足。鄭周永現代グループ名誉会長、牛500頭とともに板門店を通り北朝鮮を訪問。金剛山観光事業開始。コソボ紛争。対人地雷全面禁止条約発効
1999	改正男女雇用機会均等法施行。改正労働者派遣法成立、派遣労働の自由化、同一職場への派遣期間最長1年に。男女共同参画社会基本法成立。児童福祉法施行令改正、男女とも「保育士」に統一。児童買春・ポルノ禁止法成立・施行。中央薬事審議会、低用量ピル承認の答申、90年から異例の長期審議。要介護認定開始。厚生省、高齢者保健福祉計画「ゴールドプラン21」決定	女性起業支援に関する法律制定。中小企業庁に女性起業活動促進委員会設置。全国女性障害者組織・韓国女性障害者連合創立。韓国女性団体連合、戸主制廃止運動本部発足。「女性環境連帯」創立。全国50余の団体、戸主制にたいする被害事例申告電話運営。全国女性労働組合結成。全国女性労組連盟発足。国連人権委員会、韓国政府に戸主制廃止勧告。憲法裁判所、除隊軍人の公務員採用試験加算点制の違憲判決。韓国女性財団設立。男女雇用平等法改正に職場内セクシュアル・ハラスメント条項含める	労働者派遣法改正法成立、派遣労働の自由化。ガイドライン関連3法、国旗・国歌法、通信傍受法、改正住民基本台帳法成立。韓国、東チモール派兵
2000	ストーカー行為規制法成立。「女性国際戦犯法廷」、東京で開催、昭和天皇も有罪と認定翌年ハーグ法廷でも有罪認定。新幹線に初の女性運転手。改正介護労働者	全国女性労組、「パートタイム女性の権利獲得運動本部」発足。群山大明洞性売集結地火災事件をきっかけに女性界が性買売問題を世論化。「2000年日本軍性奴	改正介護労働者法成立。年金改革関連7法成立、給付水準抑制など。総選市民連帯、4・13総選挙で落選運動。平壌で南北首脳会談開催。「南北6・15共同宣言」

西暦	日本の女性たち	韓国の女性たち	日・韓および世界の主な出来事
2000	法成立。介護保険制度施行、保険利用のホームヘルパー派遣、施設介護等開始。児童虐待防止法成立、「児童虐待」の定義明確化。児童手当改正法成立、就学前まで支給拡大	隷制を裁く女性国際戦犯法廷（日本東京）で、天皇ヒロヒト有罪判決。女性史展示館開館。運動圏社会の性暴力根絶100人委員会結成、加害者の実名公開敢行。女性団体、反人権反女性的な政治家にたいする「落選運動」を積極的に展開	発表。金大中大統領、南北経済共同体提議
2001	配偶者からの暴力の防止及び被害者の保護に関する法律（DV防止法）成立。ジェンダー差別（社会的に作られた性差別）、男女共同参画にたいする反対、バックラッシュの動き。改正健康保険法施行、高齢者の本人負担を定率性に変更。児童虐待事件相次ぐ、虐待死56人。改正育児・介護休業法成立（2002年施行）	韓国女性団体連合、「性売買防止法制定のための特別委員会」構成。女性部発足。「移住女性人権連帯」結成。産休90日拡大、有給育児休職制導入などを骨子にした母性保護関連法改正。韓日「女性」共同歴史教材編纂作業開始	情報公開法施行、市民の開示請求権認める。日本で歴史教科書歪曲の動き。韓国、国家人権委員会発足。米、9.11事件（米、貿易センタービルなど崩壊）。米英軍、アフガニスタン攻撃
2002	昇格差別訴訟、勝訴、和解相次ぐ。文科省、小・中学校に「心のノート」配布。改正児童扶養手当法成立、母子家庭の自立支援。配偶者特別控除廃止決定（2004年施行）、特別扶養控除は存続	米軍装甲車女子中学生殺人事件	郵政公社関連4法成立。住民基本台帳ネットワークシステム稼動。サッカーW杯日韓共同開催。日朝首脳会談、平壌宣言。韓国SOFA改定を求めるろうそくデモ。第16代大統領選挙、盧武鉉当選
2003	少子化対策基本法成立。厚労省、ハローワーク（旧職業安定所）で新規求人の3割を「年齢不問」とする方針発表。定例東京都議会で七生養護学校等の性教育批判の質問、以後、都教委による性教育に関する調査・処分相次ぐ	盧武鉉政府、戸主制廃止を12の国政課題の1つに設定。国務会議、戸主制廃止を内容とする民法改正案議決。政府、保育業務を女性部に移管。韓国女性団体連合、イラク派兵反対運動。「平和博物館建設推進委員会」発足式	改正雇用保険法成立。個人情報保護法成立。有事法制関連3法成立、戦時体制整備目的。改正テロ特措法成立。第16代大統領盧武鉉就任。「参与政府」発足。イラク派兵反対ろうそくデモ。韓国、工兵部隊と医療部隊をイラクへ派兵。蝟島核廃棄場白紙化を要求し、扶安郡民デモ。北朝鮮、核拡散防止条約脱退宣言（NPT）。米英軍、イラク戦争開始
2004	改正DV防止法成立。改正児童買春・ポルノ禁止法成立。イラクで男女3人の拘束事件、1週間後解放、「自己責任」大噴出。NHK「女性国際戦犯法廷」改ざんで番組制作会社に賠償命令（東京高裁）	韓国挺身隊問題対策協議会、定期水曜デモ600回目。17代総選挙、女性国会議員の割合13%に。「レズビアン人権研究所」開設。「戦争と女性人権博物館建設委員会」発足式。サイバー平和博物館開館	新潟中越地震。自衛隊イラクに派兵。米軍ヘリ、沖縄国際大学に墜落事故。盧武鉉大統領弾劾。韓国戦闘部隊、イラク派兵。スマトラ沖大地震
2005	検定教科書から「従軍慰安婦」消える。女性天皇をめぐる議論。憲法9条・24条を守る動き活発化。女たちの戦争と平和の資料館開館	戸主制度廃止を内容とする民法改正案国会通過。女性家族部発足、女性・家族・幼児保育業務。第9回世界女性学大会、ソウルで開催。貧困と暴力に抵抗する女性、全地球横断継走世界女性行進（2005.3.8～10.17.）で韓国での7・3女性行進。日本軍「慰安婦」問題解決のための8・10世界連帯の日集会	日本、新しい歴史教科書をつくる会編の歴史・公民教科書、文部科学省の検定通過

編集を終えて──事実を知ることから

　本書『ジェンダーの視点からみる日韓近現代史』は、日韓の女性・市民が共同で作成した歴史教材です。近代の初めから今日にいたる歴史を女性と市民の視点から探ろうとしたものです。

　歴史認識をめぐって日韓の市民の間には深い溝があります。とりわけわたくしたち日本市民が近現代の日韓の歴史について基本的な事実をまずしっかりと知ることが大切だと思います。事実を知ることから互いへの理解がはじまり、信頼関係が築かれるものと信じてやみません。

　本書では、近代初期から1945年まで日本帝国主義が朝鮮・韓国を侵略・占領し、苛酷な植民地支配をおこなったこと、戦後の冷戦体制下で日本がアメリカの庇護のもとに侵略・植民地支配の清算を回避したこと、その結果がいまにいたる「戦後賠償」問題を未解決のままになさしめていることを事実にもとづき叙述しました。

　日韓「女性」共同歴史教材の編纂を計画した直接の契機は、2001年の「歴史歪曲」問題でアジアの共闘運動が展開されたときにさかのぼります。このときわたくしたちは教科書全体に「女性の視点」が欠落しているのを痛感しました。幸い、いわゆる日本軍「慰安婦」問題での日韓の女性・市民の間の10余年にわたる連帯運動がありました。その基礎の上に共同の教材編纂の作業が開始されました。はじめてからちょうど4年ようやく刊行にこぎつけました。初めての試みでもあり、不十分な点も多々あります。編集を終えたいま、これを日韓の歴史教育を深めていくうえで最初のステップとしたいと思います。

　本書が出るに際しては、とくに韓国からの留学生、洪玧伸さん、全成坤さん、金度希さんに翻訳協力、年表作成などでは宮崎黎子さん、植田朱美さんに格別のご尽力をいただきました。最後に梨の木舎の羽田ゆみ子さんには大変なお世話をおかけしました。あわせて感謝いたします。

　なお韓国語版は、図書出版ハヌルから『女性の目からみた韓日近現代史』として同時出版されます。

2005年10月11日
日本語版編集責任者　鈴木　裕子

編集を終えて──韓日の理解に寄与することを

　大変骨の折れる仕事の連続だった。日本の相次ぐ歴史教科書歪曲問題に直面したことが契機となり、アジアの近現代史で起きた人権侵害問題のために研究し、運動してきた韓国と日本の女性研究者と活動家たちが女性の目から、また被害にあった人びとの立場にたって歴史を新たに捉えなおしてみたいと思った。そうしてみると韓国や日本、一国の側からのみの歴史的事実では実状を知ることが難しいということが分り、二カ国で起きたこととその接点を一つの「出来事」として編みなおしてみようという点で意見がほぼまとまった。

　韓国側の筆者(鄭鎮星)と日本側の鈴木裕子氏が本書全体の編集責任を受け持った。韓国側は、この作業をはじめた最初の年には「日帝時期」の韓国の女性史、翌年には解放後の韓国の女性史を集中的に討論した。この討論にはこの本の執筆者以外の多くの研究者が加わったことで、本書の刊行が可能となった。韓国の原稿は原則として一つの章を一人の執筆者が書き、一つの流れを維持しながら重複を避けることができたが、一方、歴史の内容中で見過ごしたことがないのか、また観点が偏っていないか苦心した。

　韓国の執筆者内部、また日本の執筆者内部、さらに両国の執筆者の間で起こった多角的な葛藤と差異に対面することは挑戦そのものだった。韓日関係、そのなかでの女性、被害者の歴史も、やはり挑戦の過程ではなかっただろうか。わたくしたちが完璧ではないけれどもいよいよその実を結ぶようになったように、韓日の女性の歴史も形成過程であるといえよう。

　この作業において終始支えになってくださった尹貞玉先生に深い尊敬と感謝の言葉を捧げたい。本の形を整えるのに最後まで修正作業をおこなった朴貞愛さんの努力は筆舌に尽せない。会計や連絡を引き受けてくれた尹エリムさん、数回にわたり変更のあった韓国語原稿の日本語翻訳に最後まで責任を負ってくださった藤井たけしさんにも心から感謝する。最初から関心をもって本を出版してくださったハヌルの李ジェヨン理事に深く感謝申し上げる。なによりもこの作業に参加したすべての執筆者とともにわたくしたちの本の出版を祝いたい。

　韓国と日本の歴史教材水準が向上し、ひいては韓日の理解が深まり、この本が少しでも寄与することができることを願う。

2005年10月11日
編集責任者　鄭　鎮星

人名索引

あ
青山(のちに山川)菊栄→山川菊栄
秋月静枝…073
アレクサンドラ・コロンタイ…064
安敬信…063
安粉玉…081

い
生田花世…053
池田正枝…181
石垣綾子…246
石牟礼道子…246
石本→石本(加藤)静枝
石本(加藤)静枝…126,127
李順今…082
李小仙…243
市川房枝…058,172,185,257
伊藤千代子…075
伊藤野枝…053,054,055,068,073,099
糸若柳子…085
井上輝子…278
李効再…277
李華林…065
林鍾根…081
任永信…192
インダイ・サホール…309

う
植村環…176,203
ヴォートリン→ミニー・ヴォートリン

お
大須賀さと子…038,039
大妻コタカ…173
小笠原貞子…218
岡部よし子…085
奥むめお…059,126,127,173
奥村五百子…024,025
厳春子…082

か
景山(福田)英子→福田(景山)英子
金子文子…068,069,070,071
何碧珍…300
神川松子…038,039
姜周龍…092
姜貞淑…306
姜徳景…167,294,297,306,307
ガントレット・恒子…176,203
管野スガ→管野須賀子(スガ)
管野須賀子(スガ)…037,038
樺美智子…231

き
木内錠…052
菊竹トリ…085
岸田(中島)俊子…034
金・アレクサンドラ・スタンケヴィッチ…081
金一葉→金元周
金元周(一葉)…061,062
金玉珠…250
金信実…292
金繍準…080
金学順…290,317
金弼愛…080
金活蘭…062,083,084,168
金富得…081
金恵媛…292
金寶恩…285,287
金福童…298
金瑪利亜…050,051
金末峰…191
金満里…268
金明淳…061
金允玉…299,300

く
権仁淑…275
櫛田ふき…218
楠瀬喜多…034
九津見一燈子…075
九津見房子…073,074,075
久邇宮良子…105
久布白落実…056,176,218
熊沢光子…076
クマラスワミ→ラディカ・クマラスワミ
栗原貞子…181

け
ゲイ・マクドゥガル…313

こ
高元渉…080
高良とみ…173
小暮れい子…038,039
五島美代子…174
高鳳京…168

さ
齋藤史…174
坂井フタ…032
堺真柄…073
阪本和枝…085
サンガー→マーガレット・サンガー

し
柴原浦子…126
清水紫琴…036
沈美善…238
上代たの…203
ジョセフィン・バトラー…055
申孝順…238

す
杉谷つも…090

せ
清家(寺尾)とし…075

た
高橋くら子…085,086,087
高群逸枝…172
竹内政子…085
田島ひで…074
田中美津…233,255
丹野セツ…074,075

ち
崔恩喜…083
崔貞熙…169
朱世竹…080
曺亜羅…081
趙信聖…063,084
鄭靖和…065
鄭鍾鳴…080,083
鄭書云…298
鄭松明…297
全春心…236
丁七星…080,083
鄭香均…264,265
知里幸恵…086
陳桂英…139

つ
津田梅子…099
津田節子…168

な
永田洋子…232
長沼智恵子…053
中村鈴子…075
永山由美子…210
梨本宮方子…123
羅蕙錫…048,061,062
鍋山歌子…075

に
西川文子…038
西田ハル…085
西巻開耶…036

の
野上弥生子…203
野坂竜…074
盧天命…169
延岡(堺)為子…038
野村つちの…094

は
朴仁徳…168
朴元熙…080,080,083
朴順天…195
朴善淑…082
朴鎮洪…082
橋浦はる子…073
長谷川テル…170,171
波多野(福永)操…075
羽仁説子…173
羽仁もと子…173
林歌子…056,175,176
林芙美子…174
原ひろ子…278

ひ
平塚→平塚らいてう
平塚らいてう…052,053,054,055,056,058,059,077,172,203

ふ
黄愛施徳…050
黄信徳…083,195
福田(景山)英子…034,035,038
淵沢能恵…024,025,168,175

へ
ペリディス…218

ほ
許貞淑…064,080,084
洪善玉…306

ま
マーガレット・サンガー…126,127
松井やより…278,306,308,309,319,320
ミニー・ヴォートリン…138,139

み
深山あき…180,184
明成皇后…018,019,020,021

む
文明今…250

め
メアリー・キダー…109

も
物集和…052
毛允淑…169

や
ヤキン・エルチュルク…297
矢島楫子…056,057,109,175
安田皐月…053,054
山上喜美恵…089
山川→山川菊栄
山川菊栄…054,056,057,073,074,076,077,078,079,126,127,190
山崎竹幽…036
山代巴…218
山高(金子)しげり…173
山内みな…072,074,075,093,094
梁鉉娥…306

ゆ
兪珏卿…084,195
柳寛順…050,051
兪順姫…082
劉英俊…048,083,195
尹心悳…061
尹貞玉…290,292,293,295,303,309
尹熙順…042,043

よ
与謝野晶子…052,056,174
吉岡弥生…099,173
吉田ハマ…036
吉屋信子…174

ら
らいてう→平塚らいてう
ラディカ・クマラスワミ…297,307,313

わ
若林栄子…219
渡辺(志賀)多恵子…075

執筆者紹介

● 日韓「女性」共同歴史教材編纂委員会・委員
日　本（「女性・戦争・人権」学会）（人名のあとのカッコ内の数字は編集を担当した章）
　　　　鈴木裕子（編集責任者・第1章・第4章）
　　　　大越愛子（第2章・6章）　井桁　碧（第3章）　志水紀代子（第5章）　中原道子（第7章）

韓　国（人名のあとのカッコ内の数字は執筆を担当した章）
　　　　鄭　鎮星（編集責任者）
　　　　康　宣美（第1章）　申　栄淑（第2章）　金　恵慶（第3章）　朴　貞愛（第4章）
　　　　李　恵淑（第5章）　金　秀映（第6章）　安　　真（第7章）

● 執筆者一覧
日本（執筆順）

鈴木　裕子	（すずき・ゆうこ）	1949年東京生まれ。女性史研究者
井桁　碧	（いげた・みどり）	「女性・戦争・人権」学会
神谷　丹路	（かみや・にじ）	1958年生まれ。韓国・朝鮮研究
植田　朱美	（うえだ・あけみ）	1949年大阪生まれ。岩手女性史を紡ぐ会
神山　典子	（かみやま・のりこ）	「ミカエラ寮」勤務
山下　英愛	（やました・よんえ）	大学講師。女性学
宮崎　黎子	（みやざき・れいこ）	東京生まれ。足立女性史研究会
大越　愛子	（おおごし・あいこ）	京都生まれ。「女性・戦争・人権」学会。フェミニズム思想研究
星　玲子	（ほし・れいこ）	1926年北海道生まれ。公娼制度研究
宮城　晴美	（みやぎ・はるみ）	1949年沖縄生まれ。沖縄ジェンダー史研究会
金　栄	（きむ・よん）	1959年生まれ。在日朝鮮女性史研究者
熊本　理抄	（くまもと・りさ）	「女性・戦争・人権」学会
菊地　夏野	（きくち・なつの）	ポストコロニアル・フェミニズム研究
李　修京	（い・すぎょん）	東京学芸大学教員。日韓近代史
金　聖一	（きむ・そんいる）	「女性・戦争・人権」学会
北原　恵	（きたはら・めぐみ）	京都生まれ。甲南大学教員。表象文化論・美術史・ジェンダー論
神戸　修	（こうべ・おさむ）	近代日本思想史研究家。浄土真宗僧侶
金　友子	（きむ・うぢゃ）	立命館大学文学研究科博士課程単位取得退学
石島亜由美	（いしじま・あゆみ）	1980年生まれ。女性学・ジェンダー論専攻
箕浦　正樹	（みのうら・まさき）	1972年大阪生まれ。ライター
堀田義太郎	（ほった・よしたろう）	1974年名古屋生まれ。大阪大学大学院医学系博士課程
村田　晶子	（むらた・あきこ）	1956年生まれ。社会教育研究
森川万智子	（もりかわ・まちこ）	1947年生まれ。ビルマにおける日本軍「慰安婦」の研究
田代美江子	（たしろ・みえこ）	1962年東京生まれ。女子栄養大学教員
山下　明子	（やました・あきこ）	1944年生まれ。女性学研究者
佐藤　真	（さとう・まこと）	1957年青森生まれ。映画監督
渡邊　澄子	（わたなべ・すみこ）	東京生まれ。大東文化大学名誉教授。近代日本文学
志水紀代子	（しみず・きよこ）	1940年生まれ。追手門学院大学教員
清水さつき	（しみず・さつき）	1960年生まれ。恵泉女学園大学平和文化研究所
大林　美亀	（おおばやし・みき）	1939年生まれ。奈良女性史研究会
中澤紀美子	（なかざわ・きみこ）	1940年生まれ。奈良女性史研究会
藤目　ゆき	（ふじめ・ゆき）	1959年生まれ。大阪外国語大学教員
冨田　幸子	（とみた・さちこ）	1948年生まれ。高槻ジェンダー研究ネットワーク
柳本祐加子	（やなぎもと・ゆかこ）	「女性・戦争・人権」学会。名古屋経済大学教員。民法学、ジェンダー法学研究
牧原　憲夫	（まきはら・のりお）	1943年東京生まれ。東京経済大学教員。日本近代史
高原　幸子	（たかはら・さちこ）	大学非常勤講師
石川　雅也	（いしかわ・まさや）	1977年神戸生まれ。日本政治思想史専攻
水溜真由美	（みずたまり・まゆみ）	大阪生まれ。日本思想史専攻
方　清子	（ぱん・ちょんぢゃ）	「女性・戦争・人権」学会
洪　玧伸	（ほん・ゆんしん）	1978年ソウル生まれ。早稲田大学大学院アジア太平洋研究科博士課程。沖縄・韓国における軍事暴力研究
MOMOCO	（ももこ）	1980年生まれ。セクシュアリティ研究者。サークル「ROS」所属

舟場　保之(ふなば・やすゆき)		1962年生まれ。リベラリスト
中川志保子(なかがわ・しほこ)		1976年生まれ。ニューヨーク州立大学アルバニー校女性学部修士課程
日合あかね(ひあい・あかね)		1975年生まれ。ジェンダー／セクシュアリティ研究者
大橋　稔(おおはし・みのる)		「女性・戦争・人権」学会。城西大学教員
高城　たか(たかぎ・たか)		1943年秋田生まれ。「慰安婦」問題の立法解決を求める会
西野瑠美子(にしの・るみこ)		VAWW-NET Japan共同代表。女たちの戦争と平和資料館館長
中原　道子(なかはら・みちこ)		「女性・戦争・人権」学会。VAWW-NET Japan副代表
戸塚　悦朗(とつか・えつろう)		龍谷大学法科大学院教授。JFORジュネーブ国連首席代表
東海林路得子(しょうじ・るつこ)		日本キリスト教婦人矯風会「ステップハウス」所長。VAWW-NET Japan共同代表
池田恵理子(いけだ・えりこ)		テレビプロデューサー。VAWW-NET Japan会員。女たちの戦争と平和資料館運営委員長
本山　央子(もとやま・ひさこ)		「Women in black東京」メンバー。アジア女性資料センター運営委員

韓　国

編集責任者	鄭　鎮星(チョン・ジンソン)	
	1953年生まれ。米国・シカゴ大学社会学博士。ソウル大学校社会学科教授。国連人権小委員会委員。元・韓国挺身隊問題対策協議会共同代表。ソウル大女性研究所所長。韓国統一部(省)政策諮問委員。日帝強占下強制動員被害真相糾明委員会委員	
第1章	康　宣美(カン・ソンミ)	
	1957年生まれ。梨花女子大学校大学院女性学博士(女性学理論・女性史専攻)。駐韓ユニセフ事務所広報官。2005年世界女性大会事務局長。韓国国際協力団(KOICA)ペルー派遣女性政策専門家。ソウル市立大学校女性学講師	
第2章	申　栄淑(シン・ヨンスク)	
	1949年生まれ。梨花女子大学校大学院史学科博士。韓国近代女性史専攻。梨花女子大・ソウル女子大・漢陽大講師。元・韓国挺身隊研究所長。日帝強占下強制動員被害真相糾明委員会調査2課長	
第3章	金　恵慶(キム・ヘギョン)	
	1958年。梨花女子大学校社会学科博士。植民地時代家族史専攻。全北大学校社会学科教授。『フェミニズム研究』編集委員	
	蘇　賢淑(ソ・ヒョンスク)	
	1973年生まれ。韓国近代史・女性史専攻。漢陽大学校講師。	
	金　済正(キム・チェジョン)	
	韓国近代史専攻。ソウル大学校講師。	
第4章	朴　貞愛(パク・チョンエ)	
	1973年生まれ。韓国近代女性史専攻。祥明大学校講師。日帝強占下強制動員被害真相糾明委員会調査官	
	崔　炳澤(チェ・ビョンテク)	
	1970年生まれ。韓国近代史専攻。ソウル大学校講師	
第5章	李　恵淑(イ・ヘスク)	
	ソウル大学校社会学科博士。慶尚大学校社会学科教授。元・韓国女性学会理事	
第6章	金　秀映(キム・スヨン)	
	1966年生まれ。高麗大学校社会学博士。元・東京大学社会科学研究所・一橋大学大学院社会学研究科客員研究員。高麗大・中央大・ソウル大講師。中央大学社会科学研究所専任研究員。	
第7章	安　真(アン・ジン)	
	1958年全羅南道生まれ。ソウル大学校社会学博士。光神大学校社会福祉学科教授。光州女性民友会理事。光州全南女性連合政策諮問委員。全南地方労働委員会公益委員・雇用平等委員	
	申　蕙秀(シン・ヘス)	
	韓国挺身隊問題対策協議会常任代表。国連女性差別撤廃委員会委員	
	尹　貞玉(ユン・ジョンオク)	
	1925年江原道生まれ。元・韓国挺身隊問題対策協議会共同代表	
	安　妍宣(アン・ヨンソン)	
	ドイツ・ライプツィヒ大学東アジア学科研究員	

ジェンダーの視点からみる
日韓近現代史
2005年10月30日　発行
2006年 6月15日　2刷発行

編者
日韓「女性」共同歴史教材編纂委員会

発行者
羽田ゆみ子

発行所
有限会社 梨の木舎
〒101-0051 東京都千代田区神田神保町1-42
TEL:03-3291-8229　FAX:03-3291-8090
e-mail:nashinoki-sha@jca.apc.org

ブックデザイン
加藤昌子

DTP組版
石山和雄

印刷・製本所
株式会社 厚徳社

©日韓「女性」共同歴史教材編纂委員会
ISBN4-8166-0503-7 C0022

改訂版　教科書に書かれなかった戦争PART⑦
アジアの教科書に書かれた日本の戦争
東アジア編
越田稜編著
A5判/238頁/定価2,200円＋税　4-8166-9508-7

アジアの教科書には日本の戦争はどう書かれているだろうか。●中国●モンゴル●韓国●朝鮮●香港●台湾の教科書を翻訳。視点を変えて自国をみると新たな発見がある。7刷

増補版　教科書に書かれなかった戦争PART⑧
アジアの教科書に書かれた日本の戦争
東南アジア編
越田稜編著
A5判/326頁/定価2,500円＋税　4-8166-9509-5

PART⑦に続いてアジアの教科書の翻訳と解説●シンガポール●マレーシア●ミャンマー●タイ●ベトナム●ラオス●カンボジア●フィリピン他10カ国。東京新聞・朝日新聞で紹介。6刷

教科書に書かれなかった戦争PART⑮
ヨーロッパの教科書に書かれた日本の戦争
越田稜編・著
A5判/310頁/定価3,000円＋税　4-8166-9513-3

ヨーロッパの教科書は、日本の戦争をどうとらえ、どう伝えているだろうか。さらに自国の戦争は？　●イギリス●フランス●ベルギー●オランダ●ドイツ●イタリア●スイス　2刷

教科書に書かれなかった戦争PART㉙
歴史からかくされた朝鮮人満州開拓団と義勇軍
陳野守正著
A5判/211頁/定価2,000円＋税　4-8166-9802-7

朝鮮人満州移民が朝鮮総督府によって実施されていたこと、大人だけでなく子どもたちも送られていたことを知る人は少ない。数十万と思われる開拓軍・義勇軍の実態を追う。

教科書に書かれなかった戦争 PART㊱
日本と韓国の歴史教科書を読む視点
歴史教育研究会編
A5判／351頁／定価2,700円＋税　　4-8166-0004-3

本書は、日本と韓国の歴史研究者と現場の教師が自国の教科書を批判的に検討した。「日韓歴史教科書シンポジウム」の成果をまとめる。『国民の歴史』をくつがえす！先史時代から現代までの日韓関係史。

教科書に書かれなかった戦争 PART㊷
中国撫順戦犯管理所職員の証言
―写真家新井利男の遺した仕事
新井利男資料保存会編
A5判／480頁／定価3,500円＋税　　4-8166-0206-2

一人の死者も出してはいけない。殴ってはいけない。ののしってはいけない。肉親を殺された憎しみを背負いながら戦犯に最高の処遇をした中国人の倫理。新井利男の執念の仕事。

教科書に書かれなかった戦争 PART㊹
日本と韓国の歴史共通教材をつくる視点
歴史教育研究会編
A5判／300頁／定価3,000円＋税　　4-8166-0306-9

日本（東京学芸大学）と韓国（ソウル市立大学）の歴史研究者や教師たちは1997年以来教科書問題に関する話し合いをつづけてきた。双方がら共通教材の提案をする。先史時代から現代まで日本側韓国側、2つの案を掲載する。

教科書に書かれなかった戦争 PART㊼
アメリカの化学戦争犯罪
ベトナム戦争枯葉剤被害者の証言
北村　元著
A5判／384頁／定価3,500円＋税　　4-8166-0502-9

1961年8月10日、アメリカは枯葉作戦を開始。史上最強の猛毒・ダイオキシンは、ベトナムの人と自然を破壊し続けた。戦争が終結して30年間、何がおきていたのか。被害者、もと兵士、看護士、医者、弁護士などの証言から明らかにする。

武士道　日本文化論
海原　峻著

四六判上製／306頁／定価2,500円＋税　　4-8166-0501-0

グローバリゼーションのなかのサブカルチャー？　アメリカ主導のグローバリゼーションのなかで、サムライ・武士道文化は、地域的に限定されたサブカルチャーという側面をもって登場した。

シリーズ・平和をつくる1
いま、聖書をよむ
――ジェンダーによる偏見と原理主義の克服をめざして

高柳富夫著（日本基督教団　中野桃園教会牧師）

A5判並製／180頁／定価1,800円＋税　　4-8166-0406-5

一つの価値観をおしつけ、自由な批判精神を摘み取る点で、「キリスト教原理主義」と「日の丸・君が代原理主義」は同じ根をもっている。原理主義克服のために、原初史（創世記1章から11章）に託された真のメッセージは何かを問う。

教科書に書かれなかった戦争PART㊺
憲法9条と専守防衛
元防衛政務次官・元郵政大臣／箕輪登
弁護士／内田雅敏

四六判並製／150頁／定価1,400円＋税　　4-8166-0408-1

箕輪登氏は2004年1月28日、自衛隊イラク派兵差し止め訴訟を提訴、内田雅敏は3月17日に提訴した毎日毎日提訴運動の発起人で原告です。日本の保守政治家は、日本の防衛問題をどう考えてきたか。敗戦後憲法九条を持つ国として、日本の防衛をどう考えるか。

愛する、愛される
――デートDVをなくす・若者のためのレッスン7

山口のり子（アウェアDV行動変革プログラム・ファシリテーター）著

A5判並製／118頁／定価1,200円＋税　　4-8166-0109-X

愛されているとおもいこみ、暴力から逃げ出せなかった。愛する、愛されるってほんとうはどういうこと？　おとなの間だけでなく、若者のあいだにも広がっているデートDVをさけるために。若者のためのレッスン7。